Rudolf Schlichter · Die Verteidigung des Panoptikums

Wir danken Frau Viola Roehr von Alvensleben, München,
als Nachlaßverwalterin für die Druckgenehmigung der Texte sowie für die Erlaubnis zum Abdruck der Zeichnungen von Rudolf Schlichter.
Peter M. Grosz, Estate of George Grosz, Princeton, New Jersey, erlaubte großzügig den Druck der Briefe seiner Eltern Eva und George Grosz an Rudolf Schlichter; ihr Einverständnis gab auch die Houghton Library der Harvard University, Cambridge, Massachusetts, wo sich der Briefwechsel befindet.
Die Städtische Galerie im Lenbachhaus, München, Kubin-Archiv und das Deutsche Literaturarchiv, Marbach a.N., gestatteten jeweils freundlich den Abdruck der Briefe von Rudolf Schlichter an Alfred Kubin und Heinrich Maria Ledig-Rowohlt.

Satz und Druck:
Druckhaus Hentrich, Berlin

Lithos:
Reprowerkstatt Rink, Berlin

Buchbinder:
Buchbinderei Heinz Stein, Berlin

ISBN 3-89468-190-X
1. Auflage 1995
Printed in Germany

Rudolf Schlichter

Die Verteidigung des Panoptikums

Autobiographische,
zeit- und kunstkritische Schriften
sowie Briefe
1930–1955

Herausgegeben
von
Dirk Heißerer

Essay von Günter Metken

Mit 13 Zeichnungen von Rudolf Schlichter

EDITION HENTRICH

INHALT

AUTOBIOGRAPHISCHE PROSA UND GEDICHTE

ZEITKRITIK

KUNSTKRITIK

AUTOBIOGRAPHISCHE PROSA UND GEDICHTE

Die Verteidigung des Panoptikums

Erstes Kapitel

August 1914

Die Stadt brodelte. Sie erinnerte in diesem Zustand an die mit kochendem Schlamm gefüllten Erdlöcher der Solfatara in Neapel. Wie dort stiegen ununterbrochen schmutzige Blasen aus der grauen zitternden Masse, blähten sich momentelang in der Luft, um dann mit einem quappenden, häßlichen Geräusch zu zerplatzen. Vielleicht schon ein halbes Dutzend Mal schlenderte ich die Hauptstraße auf und ab, immer wieder von sich ballenden Gruppen und Haufen aufgehalten, die irgendeinem anonymen Straßenredner lauschten oder sich um die Verkäufer von Extrablättern scharten. Eine mit Unbehagen gemischte fiebernde Neugierde hatte sich meiner seit einigen Stunden bemächtigt. Manchmal blieb ich stehen und lauschte den Gerüchten, die von geschäftigen Neuigkeitskrämern der nachrichtenhungrigen Meute in den Rachen geworfen wurden. Einige Male entging ich nur mit knapper Not bösartigen Anrempelungen. Es genügte in diesen Tagen, durch ein ungewöhnliches Äußeres die Aufmerksamkeit der erregten Menge auf sich zu lenken, um sofort einen Haufen begeisterter Lyncher auf den Fersen zu haben, die mit dem schrecklichen Ruf »ein Spion« nicht zögerten, das ahnungslose Opfer ihres gerechten Zornes in eine unkenntliche Fleischmasse zu verwandeln. Es war vorgekommen, daß man harmlose Bürgersfrauen mit behaarter Oberlippe und etwas männlichem Gebaren in Hausgänge schleppte, dort splitternackt auszog und erst nach dem Eingreifen der Polizei aus den Fängen ließ. Bis jetzt war es mir trotz meiner auffallenden Kleidung immer noch gelungen, den Zugriffen der Eifrigen durch ein im breitesten Dialekt hingeworfenes Schimpfwort zu entgehen. Aber ich merkte, es wurde mit jeder Stunde gefährlicher, sich der steigenden Reizbarkeit der Patrioten auszusetzen, zumal ich hin und wieder Leuten in den Weg lief, die mich früher in der Gesellschaft russischer und serbischer Studenten gesehen hatten.

Um weiteren unliebsamen Begegnungen auszuweichen, begab ich mich durch einige Seitenstraßen nach der Akademie. Ich wollte Nikenin aufsuchen. Es interessierte mich, seine Meinung über die Ereignisse zu hören. Seit gestern befand sich das Deutsche Reich im Kriegszustand mit Rußland, es war also anzunehmen, daß wenigstens dieses Ereignis den sonst so gleichmütigen Mann aus der Fassung bringen würde. Mich reizte es im geheimen, seinen Fatalismus, der mich schon so oft geärgert hatte und den ich für eine Maske hielt, endlich wanken zu sehen.

Als ich durch das Tor des Sekretariatsgebäudes schritt, hörte ich aus dem Büroraum die klebrige Stimme des Akademiesekretärs schallen; das sonst so verbindliche Organ hatte plötzlich einen läppischen Kommandoton bekommen. Unangenehm berührt, beschleunigte ich meine Schritte. Eine Welle von Abneigung kroch in mir hoch, der Tonfall solcher Laute konnte bei mir einen Weltekel heraufbeschwören. Heiße Sympathie für Nikenin ergriff mein Herz. Ich nahm mir vor, ihm viele nette Dinge zu sagen, ihm durch mein Verhalten zu zeigen, daß blinder Nationalhaß keinen Platz in meinem Denken habe. Laut wollte ich ihm wieder meine Verehrung für die große russische Literatur bekunden, wollte ihm meine Liebe zum russischen Menschen, mein Mitgefühl für den leidenden Muschik vor die Füße legen. Mit einem Wort, es drängte mich jetzt, ihm nur Liebenswürdigkeiten zu sagen, ihm herrliche Komplimente zu machen.

Ich hatte rasch den Garten durchquert und war nur noch wenig vom Hauptgebäude entfernt, da wurde von innen die Tür geöffnet. Nikenin erschien in Begleitung eines Akademikers. Ich stürzte auf ihn zu.

»Was sagen Sie zu der russischen Kriegserklärung, Nikenin, ist das nicht traurig, glauben Sie, daß es Folgen für Sie hat?«

»Geht mich Krieg garr nichts an, kann ich kein Volk hassen, ist mirr ganz egall«, erwiderte er seelenruhig. Er lächelte wie immer und meinte dann: »Ist mirr jetzt sehrr unbequem, wollte nach Monte Carlo fahren diesse Tage, brauche Geld!«

Verdammt, hat er denn gar keine Nerven, dachte ich aufgeregt. Was uns im Innersten aufwühlt, bringt dem noch nicht einmal das Blut in Wallung. Mein Drang zur Liebenswürdigkeit verflog plötzlich, und ich war eben im Begriff, ihm eine spitze Antwort zu geben, als ich Schritte hinter uns hörte. Ich wandte mich um. Der Sekretär kam in Begleitung des Schuldieners, eines ehemaligen Feldwebels, gerade auf uns zugeschossen. Er trug Offiziersuniform. Seine Miene weissagte nichts Gutes, und die abgehackte, steife Bewegung, mit der er sich vor Nikenin aufpflanzte, ließ erraten, daß er im Begriff war, eine unumgängliche Amtshandlung zu vollziehen.

»Herr Nikenin, im Namen des Kreiskommandos, Sie sind verhaftet«, schnarrte er mit schiefem Maul.

Nikenins Gesicht überzog eine fahle Blässe.

»Wieso wollen Sie mich verhaften, was habbe ich getan, Herr Sekretär, warum sind Sie so unhöfflich?«

»Halten Sie Ihren Mund«, brüllte dieser, plötzlich von einer unerklärlichen Wut geschüttelt, »wenn Sie Widerstand leisten, lasse ich Sie mit aufgepflanztem Seitengewehr abführen, Sie, Sie . . .«

Seine Stimme schnappte über, die schlaffen, von Büroluft gebleichten Wangen bebten, die Zornesader schwoll an der flachen Schläfe, und auf der weißen Glatze erschienen Schweißperlen. Der hohe rote Kragen schien bersten zu wollen unter dem Druck des vor Entrüstung geblähten Halses.

Wir waren alle wie vor den Kopf geschlagen. Denn wir hatten den Mann bisher nur als den jederzeit verbindlichen und willfährigen Beamten der Anstalt gekannt, der sich, besonders wohlhabenden Ausländern gegenüber, nicht genugtun konnte in katzbuckelnder Unterwürfigkeit. Der jetzt so zornwütig vor uns belferte, war ein ganz anderer.

»Versteh' ich nicht, was Sie von mir wollen, bin ich doch nicht verantwortlich für russische Regierung . . .«

»Kein Wort mehr«, schnaubte der Sekretär, »Sie stehen unter Kriegsrecht, Herr Nikenin, Ihr Treiben hier hat jetzt ein Ende. –

Nehmen Sie eine andere Haltung an, wenn Sie mit mir reden, Sie, Sie ...«

Zum zweiten Mal war er nahe daran, eine Beschimpfung hervorzustoßen, besann sich aber noch zur rechten Zeit, in der Erkenntnis, daß zwar Schneid solchen Schlawaken gegenüber am Platze, jedoch sich zu Beschimpfungen hinreißen zu lassen eines deutschen Offiziers unwürdig sei. Anscheinend brachte ihn die lässige Haltung Nikenins gewaltig in Harnisch.

»Herr Fritsch, führen Sie diesen Herrn nach der Polizeiwache«, befahl er dem dienstbeflissenen Schuldiener.

Dieser packte Nikenin grob am Arm.

»Kommen Sie gutwillig mit, sonst muß ich von meiner Eigenschaft als Beamter Gebrauch machen«, schnauzte er dabei barsch.

»Lassen Sie meinen Arm los«, protestierte Nikenin, »Sie sind doch kein Polizist.«

»Was ich jetzt bin, geht Sie gar nichts an, Sie sind auf jeden Fall Arrestant und haben meinen Befehl auszuführen!«

Er schritt voran, und Nikenin folgte ihm mit totenblassem Gesicht. Dieser Bursche tat mit einem Mal so, als habe er Nikenin nie gekannt, als hätte er nie mit Bücklingen Trinkgelder von ihm angenommen, als hätte er noch nie nicht nur eines, sondern beide Augen zugedrückt, wenn die Freundin Nikenins abends über die vorgeschriebene Stunde im Atelier blieb.

Noch ganz entgeistert, starrten wir den beiden nach. Der Sekretär hatte sich mit kurzem militärischem Gruß ebenfalls entfernt.

»Der gibt's aber geschwollen«, bemerkte mit unsicherem Lächeln der Akademiker, »jetzt hat der Spaß aufgehört, jetzt wird's ernst.«

Ich antwortete nicht. Der Schreck war mir in die Glieder gefahren. Aus mit dem schönen Leben, war mein erster Gedanke. Von allen Seiten fühlte ich den Zwang wie einen riesigen, unsichtbaren Polypen auf mich zukriechen. Er umgab und preßte mich mit seinen kalten, fühllosen Armen. Ich war nicht mehr Herr meiner Bewegungen, ein Gefangener war ich, ein Objekt für Militärbehörden. Das Leben würde von nun an scharf eine andere Wendung nehmen, die Tore zur Welt eines nach dem andern zugeschlagen werden, und nur noch in Träumen würde es uns erlaubt sein, Ausflüge nach fremden Ländern und Kontinenten zu machen. Was meine Phantasie trotz aller Vorstellungskraft sich bisher nicht vorstellen konnte, würde nun mit einem Male Wirklichkeit.

»Das hätte sich Nikenin eigentlich denken können«, fuhr der Akademiker, als ob er ein inneres Zwiegespräch fortsetzte, ohne meine Antwort abzuwarten, fort, »das Garnisonskommando hat doch die Aufforderung erlassen, sämtliche verdächtigen Ausländer zu melden und der örtlichen Polizei zu übergeben. So viel ich weiß, sind die meisten hier ansässigen Russen und Serben bereits in festem Gewahrsam. Als wir Sie trafen, war ich gerade dabei, ihn eindringlich auf die Gefahr aufmerksam zu machen; leider vergebens, er nahm die Sache zu leicht. Daß das Unheil so überraschend hereinbrechen würde, hätte ich allerdings auch nicht erwartet, nun läßt sich freilich nicht mehr viel machen ... doch ich muß weiter, salut!«

Und mit einer sonderbaren Befriedigung in seinem nichtssagenden Gesicht verabschiedete er sich von mir.

Eine Weile noch blieb ich unschlüssig unter der Tür stehen. Es drängte mich, die Hiobsbotschaft sogleich Nikenins Freundin Ninon zu überbringen. Ich empfand jedesmal eine merkwürdige Lust bei der Mitteilung solcher Unheilsnachrichten. Schon der Gedanke daran verursachte mir freudiges Herzklopfen. Obwohl mich der Vorfall empörte, mischte sich in dieses Gefühl doch zugleich auch die Freude des Vorgeschmacks an der zu erwartenden dramatischen Szene.

Unerachtet der üblen Stimmung, in der ich mich befand, machte ich mich von neuem auf den Weg nach dem Nikeninschen Atelier. Aber ich fand die Tür verschlossen. Mißgelaunt begab ich mich wieder nach der Hauptstraße zurück. In der jetzigen, traurigen Verfassung brauchte ich Ablenkungen, sozusagen eine seelische Entlastung; ich klammerte mich an solche Ablenkungen wie ein Verurteilter an die vage Hoffnung einer Begnadigung. Das Bedürfnis, durch einen pathetisch vorgetragenen Abscheu mich vor mir selbst zu erhöhen und vor Ninon die dankbare Rolle des edlen Mitleidenden zu spielen, wuchs zusehends. Ich mußte meine Revolte, mein Anderssein an den Mann bringen, es irgendwem eindrucksvoll vorführen und wenn es auch nur dieses leichte Mädchen war, dessen geistige Fähigkeiten ich geringachtete, dessen Gunst ich aber leidenschaftlich begehrte.

Meine heimliche Hoffnung, Ninon zu begegnen, erfüllte sich nicht. Statt dessen geriet ich, was ich gerade hatte vermeiden wollen, in neue Massenansammlungen. Inmitten eines dichten Zuhörerkreises las ein Mann die neuesten Telegramme vor:

»Französische Flieger bei Nürnberg.«

»Hier trifft die Nachricht ein, daß heute vormittag in der Umgebung französische Flieger Bomben geworfen haben. Jedenfalls handelt es sich um einen Bruch des Völkerrechts, da bisher noch keine Kriegserklärung von Frankreich erfolgt ist.«

». . . die Kugel für Spione.«

»Berlin, 2. August. Sonntagnacht versuchten ein Gastwirt und sein Sohn in Cochem an der Mosel ein Tunnel zu sprengen, was mißlang. Beide wurden erschossen.«

»Bei Wesel wurde ein französisches Flugzeug heruntergeschossen.«

»Die Scherenschleifer«, setzte der Vorleser mit bierehrlicher Entrüstung hinzu. »Den Krage hätt' man dem Kerl abschneide solle und dann uffhenke!«

»Nein, z'erscht uffhenke, a Weile strawle lasse und dann den Krage abschneide – eine Kugel ischt viel zu gut für die Wakes«, näselte ein zerknittertes Rattengesicht.

»Ach was, Kuchel oder Strick, das ist doch nichts«, mischte sich ein großer, gutgekleideter, beleibter Kerl mit wulstigen Lippen und vorquellenden Säuferaugen in die Unterhaltung. »Jedes einzelne Glied müßte man den Bürsch'che abhacke und dabei müßte sie noch ›Heil Dir im Siegerkranz‹ singe.«

Dröhnendes Gelächter lohnte den guten Witz. Befriedigt und hämisch grinsend zog der Dicke ein Etui hervor und bot einem neben ihm stehenden Reservisten jovial eine Zigarre an.

Es wurden noch verschiedene Vorschläge gemacht. Einer kam auf die erfinderische Idee, den After der Spione mit Pulver zu stopfen und mittels einer Zündschnur zur Explosion zu bringen.

Angewidert wandte ich mich ab. Ein tiefes Entsetzen durchrieselte mich. Die Gesichter um mich herum verwandelten sich in höllische Fratzen. Ich hatte die Empfindung, mich unter völlig fremdartigen Wesen zu bewegen. Ekel und Haß schwollen in mir auf und jagten mein Blut schneller durch die Adern. Die Gefühle, die ich gegen diese Mitbürger hegte, waren nicht viel weniger abgründig als die ihrigen gegen einen ungekannten Feind. Der Widerwille, der mich durchdrang, war so heftig, daß mich jede zufällige Berührung mit ihren Leibern erschaudern ließ. Als ich mich der Menge entwand, hörte ich noch die Worte: »Alles wird eingezoche bis zum letzten Schwanz!« Das gab mir den Rest. Mir war es zumute, als ob man einen Sargdeckel über mir zuschlüge. In einer Art Betäubung wanderte ich die Straße hinab, ziellos und von quälender Angst erfüllt.

In der Nähe des Marktplatzes stieß ich auf eine lange Kolonne Grenadiere, die zum Bahnhof marschierte. Sie steckten alle in nagelneuen, feldgrauen Uniformen. Die meisten hatten die Helme, die Gewehrmündungen oder die Uniformröcke mit Blumensträußen geschmückt. Einige wurden von ihren Angehörigen begleitet, die teils mit bedrückten Mienen, teils eifrig schwatzend mit Paketen beladen neben dem Zug herliefen. Die Mehrzahl der Soldaten trug eine gezwungene Heiterkeit zur Schau. Ihr Lächeln glich auf ein Haar jener fatalen Gesichtsverzerrung, die man vielfach auf den Schnellaufnahmen der billigen Vorstadtphotographen beobachten kann. Viele versuchten sich durch eine ausgelassene, rohe Fröhlichkeit über den blutigen Ernst der Situation hinwegzuhelfen. Man hörte Zurufe wie »Ha, jede Kugel trifft ja net« oder »An Weihnachten sind wir wieder zu Haus«. Manche bramarbasierten: »Wenn wir in Paris sind, schick ich dir eine Ansichtskarte vom Eiffelturm.« Es gab aber auch eine Anzahl Männer, die gar nichts sagten; die wurden auch nicht von Angehörigen begleitet. Stumm, mit schwermütigen, ergebenen Mienen, trotteten sie dahin. Ihnen stand deutlich der Schmerz einer schweren Trennung, die Angst vor einem ungewissen Schicksal im Gesicht geschrieben.

Mechanisch lief ich mit der Kolonne bis zum Marktplatz. Dort verdoppelte sich das Gedränge, Hüte und Fahnen wurden geschwenkt, ein vielstimmiges Geschrei erschütterte die Luft. »Nieder mit Serbien, nieder mit Rußland, nieder mit Frankreich, hoch Deutschland«, schallte es aus tausend Kehlen. In diesem Augenblick setzte die Regimentskapelle ein. Wie ein elektrischer Schlag zuckte es durch die Menge. Alles sang mit. Die Soldaten gaben sich einen Ruck. Man sah, wie selbst die Verzagtesten sich bemühten, ein martialisches Gehobensein zu zeigen. Die Offiziere nickten leutselig von den Pferden herab oder hoben grüßend die behandschuhte Hand. Hier und dort sah man gutgekleidete Mädchen wichtigtuerisch auf diese Offiziere zustürzen und mit zitternder Hand, das Gesicht in eitler Röte erglühend, einen Blumenstrauß an die schneidige Brust heften.

Auch mich erfaßte die Stimmung der Stunde, eine unwiderstehliche Rührung überwältigte mich. Für kurze Zeit unterlag ich dem schwer zu widerstehenden Rausch der Massenseele. Ein schluchzendes Würgen schnürte mir die Kehle zu, meine Augen füllten sich mit Tränen. Der helle Himmel, die strahlende Sonne, die flutende Bewegung der sommerlichen Kleider, der Fahnen und Gesichter, die hinreißenden Klänge der Militärmusik, und dies alles auf dem dunklen, schicksalschweren Hintergrund einer blutigen Katastrophe, verfehlten nicht ihre Wirkung auf mein leicht entflammbares, dem Wechsel der sinnlichen Erscheinungen so sehr hingegebenes Gemüt. Ich erlag dem bunten Zauber, obgleich ich kurz vorher beim ersten Anblick der neugekleideten und festlich geschmückten Soldaten ganz anderen Gedanken Raum gegeben hatte. Wie armselige Opfertiere waren sie mir da erschienen, Opfertiere, die man mit bunten Blumen bekränzt zu riesigen Altären schleppte und denen man noch, wie dem sorgfältig gepflegten Menschenvorrat der aztekischen Teocallis, die erzwungene Hingabe ihres Lebens durch merkwürdige Auszeichnungen

und Hinweise auf einen ihrem Volke besonders gewogenen Gott schmackhaft zu machen suchte. Da ein wacher und kritischer Verstand mich immer wieder schnell dem Schwelgen in billigen Gefühlen entriß, hielt auch diese Begeisterung nicht lange vor. Meist folgte einer solchen, der Verführung des Augenblicks entsprungenen Bewegtheit ein Katzenjammer.

Auf dem Nachhauseweg begegnete ich einem Trupp Kriegsfreiwilliger, die mit Pappschachteln und Koffern ausgerüstet zur Kaserne zogen. Ihre blutjungen Gesichter strahlten, als ob sie das große Los gezogen hätten. Sie waren für tauglich befunden worden. Die ganze Ahnungslosigkeit und idealistische Unreife des angehenden Studenten aus mittlerem Bürgerhause spiegelte sich in ihrem Gehaben. Lachend und lärmend zogen sie vorbei, nicht ohne sich mit bösartigen Späßen über meine Person lustig zu machen: »Der ist ja in 'm Mehlsack gefallen, ha-ha, dem werden sie beim Kommiß schon seine Glockenhosen und Lackstiefel runterziehen, so rumzulaufen, Menschenskind, du gehörst in den Zirkus.«

Solche und noch andere Liebenswürdigkeiten bekam ich zu hören.

»Dumme Lappärsche«, murmelte ich empört, »euch wird das Lachen noch vergehen.« Ein wütender Ingrimm packte mich. Wie widerwärtig waren doch diese jungen Schnösel. Obgleich der Altersunterschied zwischen uns gar nicht so groß war, fühlte ich mich beinahe durch ein Jahrhundert von ihnen getrennt. Übrigens war mir auch hier wieder aufgefallen, daß sich fast nie Arbeiter unter diesen Freiwilligen befanden. So oft ich solchen Trupps begegnete, suchte ich zu erraten, welcher sozialen Schicht die jugendlichen Helden angehörten. Fast immer waren es Söhne von Bürgern aller Berufsklassen. Hin und wieder schimmerte allerdings auch der freche Blick des Portokassenjünglings oder das zynisch-spöttische Antlitz des Taugenichts aus der Masse der vorbeigleitenden Dutzendköpfe.

Zu Hause traf ich alle in der größten Aufregung an. Mein Schwager Emil war noch einmal von der Kaserne zurückgekommen, um Abschied zu nehmen. Er war seinem Beruf entsprechend der Feldbäckerei zugeteilt und sollte mit dem nächsten Transport ins Feld abgehen. Schwerfällig stand er im Laden und gab meiner Schwester die letzten geschäftlichen Anweisungen:

»Also, du weißt, auf den Friedrich kannst dich verlassen, der kennt den Betrieb genau, aber hinter den andern zwei Stiften muß er scharf her sein, sonst faulenzen die Kerle zu viel ... und Großmutter kann dir ja im Laden helfen ... eigentlich ist's eine Schand', daß man uns verheirate Männer wegholt vor den jungen Lappeln, die man noch überall rumlungern sieht«, schloß er mit einem mißbilligenden Blick auf mich.

Ich tat so, als hätte ich seine letzten Worte überhört. Ich wollte die Schwere der Abschiedsstunde nicht durch eine bittere Bemerkung trüben, obwohl ich diese Auslassung für ziemlich taktlos hielt.

»Also adieu, Klara, und auf baldiges Wiedersehen!« Seine Augen wurden naß, während sich an ihren herabgezogenen Mundwinkeln ein immer heftigeres Zucken bemerkbar machte.

»'s ist schlimm«, würgte sie mühsam hervor, »weißt, wenn alles so an einem allein hängt. Ich werd' mich schon dreinschicken, man muß sich jetzt eben nach der Decke strecken ... Aber die Kinder ... Ich heirat' nimmer, wenn du nicht wiederkommst.«

»Brauchst dir keine so große Sorge machen, Klara, der Krieg kann nicht lange dauern, er kost' zu viel Geld, an Weihnacht sind wir wieder daheim ... So ein Wahnsinn, die Lumpen, die das angestiftet haben, die sollt' man alle erschießen. Die Himmelfahrt möcht' ich nicht mitmachen, nein, was die auf dem Gewissen haben, man kann's gar nicht begreifen, daß vernünftige Leut' sich noch auf so was einlassen können ... Aber wir müssen raus; wenn wir nicht rausgehn, kommen sie eben rein und schlagen alles zusammen. Sein Vaterland darf man doch nicht im Stich lassen. Also sei ruhig, bis in die Feldküch' fliegen die Kugeln nicht, du kannst froh sein, daß ich vorderhand so 'n guten Druck hab'. Was meinst, was das für die verheirate Männer ist, gleich in die vorderste Front zu kommen.«

Er ergriff sein Gepäck und schnallte den Tornister fest. In diesem Augenblick erschien sein kleiner, sechsjähriger Sohn unter der Tür. Das Kind litt schon seit Jahren an einem hartnäckigen Ausschlag, der trotz aller Kuren nicht verschwinden wollte. In der letzten Zeit hatte man auf den Rat eines alten, erfahrenen Arztes den Versuch gemacht, durch Aufstreichen von Teer das lästige Ekzem zu beseitigen. Er nahm das schwarzgetünchte Kind auf den Arm, streichelte seine geteerten Wangen und sagte traurig:

»Armer Bub, hoffentlich bist gesund, wenn ich wiederkomm'... Sorg' bloß dafür, daß die Sauerei weggeht, Klara. 's ist schrecklich, was das Kind leiden muß... Ja, ich muß jetzt fort... Leb' wohl Mutter, adieu Rudolf, kannst von Glück sagen, daß du von dem Schlamassel noch verschont bleibst... No, wenn's einen treffen soll, dann trifft's einen eben.«

Resigniert wandte er sich ab. Meine Mutter zerdrückte gerührt einige Tränen, obwohl sie nie ein wärmeres Gefühl für diesen Mann aufgebracht hatte. Nur mit Widerstreben und unter dem gebieterischen Druck der Not hatte sie ihn damals als Gatte und Versorger der ältesten Tochter in Kauf genommen. Ihr Sinn hatte nach Höherem gestanden. Sie nahm es ihm persönlich übel, daß die Ungunst der Verhältnisse ihn ihr als Schwiegersohn aufnötigte. Er war das lebendige Mahnmal ihres gescheiterten Höhenflugs. Jahre hindurch war das Verhältnis zwischen beiden ein gespanntes gewesen. Sie kamen aus dem Dauerzustand einer gegenseitigen Mißbilligung nie heraus. Er ahnte, daß man ihn seinerzeit nur als Notstoppen benutzt hatte, und rächte sich nun dafür an beiden [Frauen] durch ein gelegentliches, brutales Betonen des »Herr-im-Hause«-Standpunktes. Den heimlichen Krieg, der von der Schwiegermutter gegen ihn geführt wurde, beantwortete er mit Maßnahmen beleidigenden Mißtrauens. Sie hinwiederum lud den Ärger darüber bei der Tochter ab, die jedoch klug genug war, solchen Aufstachelungen kein allzu williges Gehör zu schenken. Denn trotz der anfänglichen Abneigung gegen diesen Zwangsehegatten war im Laufe der Jahre eine schüchterne, etwas ärmliche Zärtlichkeit in ihr aufgekeimt, die in erster Linie in der Bewunderung seines unermüdlichen Arbeitseifers wurzelte. Während man in der ersten Zeit ihrer Ehe nie ein liebkosendes Wort von ihrer Seite gehört hatte, konnte man neuerdings von dieser sonst so harten, prosaischen Frau sonderbare Koseworte hören, die sich meist auf bestimmte Vorzüge seiner Leiblichkeit bezogen. »Er hat doch ein nettes Ärschle«, hörte ich sie einmal zur Mutter sagen, als diese, vielleicht zum tausendsten Male, mit eifervoller Beharrlichkeit seine bäurische Ungeschliffenheit und einfältige Bigotterie bemängelte. Man hätte manchmal glauben können, das streitlustige Weib versuche alles, um die Ehe der beiden zu demolieren. Dabei war gerade das Gegenteil der Fall, sie hatte mehr denn je das größte Interesse daran, in erhaltendem Sinn zu wirken. Aber ein dunkles »Es« schien sie zu zwingen, die durch den Verrat der natürlichsten Herzensregungen errungene Position immer wieder aufs Spiel zu setzen.

Indessen hinderte sie das gespannte Verhältnis in keiner Weise, gelegentlich voll Anerkennung von seinen guten Eigenschaften zu schwärmen, seine Tüchtigkeit zu rühmen und voll Biedersinn seinen hohen Wert als braver Ehegatte zu preisen.

Auch jetzt gewann die sentimentale Rührseligkeit bei ihr wieder die Oberhand. Ihr Familien- und Mutterinstinkt empörte sich gegen eine sinnlose Gewalt, die den Ernährer einer Familie Knall und Fall aus der Mitte seiner Angehörigen riß.

»Ich möcht' bloß wissen, zu was der Saudreck gut ist, die Kerle sollet's doch unter sich ausmachen, wenn sie Händel miteinander haben, aber nicht Millionen Unschuldiger mir nichts, dir nichts in Krieg hetzen. Geh' ja möglichst weit weg, wenn's gefährlich wird, nachher gibt dir doch keiner was, wenn du 'n Arm oder 'n Bein verlierst.«

Ein flüchtiges Lächeln glitt über sein Gesicht.

»Das wär' was, Großmutter, wenn sie dich in Krieg schicken täten ... Aber jetzt muß ich wirklich fort, adies.«

Schweren Tritts verließ er den Laden, nachdem er noch einen letzten Kuß mit Klara getauscht hatte. Wir schauten ihm winkend nach, bis er um die Ecke der Waldhornstraße verschwunden war.

Das Leben ging weiter seinen gewöhnlichen Gang; außer einer leichten Gedrücktheit verspürte man kaum eine Änderung im täglichen Ablauf der Geschäfte und Verrichtungen. Die Lücke, die der Abgang Emils verursachte, machte sich zunächst mehr im gewohnten Arbeitsprozeß fühlbar als in den Herzen. Ja, mit der Zeit entstand sogar eine gewisse Stimmung der Erleichterung. »'s ist doch komisch, wie ruhig alles seinen Gang auch ohne Emil geht«, bemerkte eines Tages meine Mutter, »Klara tut's ganz gut, wenn er eine Weile fort ist, zu lang darf's allerdings auch nicht gehen, die Kinder entfremden sich sonst zu arg von ihrem Vater.«

Mir selbst sank der Mut mit jedem Tag tiefer. Ich lebte unter einem schrecklichen Druck. Die Angst vor der drohenden Einberufung, der Zusammenbruch meiner Pläne und Hoffnungen, die täglich steigende, trübe Welle der Kriegspsychose, der mir völlig unverständliche, schlammflutartig anwachsende Nationalhaß, all dies stürzte gleich einer Wagenladung modriger Säcke auf mich nieder und drohte mich in einer stinkenden Nacht zu ersticken.

Zwei Tage nach Emils Abschied brachte die Presse in großem Fettdruck die Kriegserklärung Englands. Eine neue Raserei war die Folge. Die patriotische Hysterie schlug Purzelbäume. Haßgesänge füllten die Spalten der Zeitungen. Kein Gerücht, keine Nachricht konnte albern genug sein, um nicht geglaubt zu werden. Die Spionenfurcht bekam neue Nahrung. Sie nahm groteske Formen an. Es kam vor, daß selbst Leute, die sich jahrelang kannten, plötzlich die wildesten Verdächte gegeneinander hegten. Ein neues Kleid, ein neuer Hut genügte oft, jemanden als Landesverräter zu stempeln. Alte Stammtischfreunde trafen sich nach gegenseitiger anonymer Denunziation in demselben Polizeigewahrsam und wunderten sich über die Tücke des Schicksals, das die Entzweiten hier zusammenführte. Die Atmosphäre wurde allmählich so unerträglich, die Polizei in solch unverfrorener Weise für den einfältigsten Tratsch in Anspruch genommen, daß sich der Polizeichef zu folgendem Erlaß genötigt sah:

K. 7. August 1914

»Schutzleute, die Einwohnerschaft fängt an verrückt zu werden! Die Straßen sind von Weibern beiderlei Geschlechts erfüllt, die sich eines unwürdigen Treibens befleißigen. Jeder sieht in seinem Nebenmenschen einen russischen oder französischen Spion und meint, die Pflicht zu haben, ihn und den Schutzmann, der sich seiner annimmt, blutig zu schlagen, mindestens aber unter Verursachung eines großen Auflaufs ihn der Polizei zu übergeben. Wolken werden für Flieger, Sterne für Luftschiffe, Fahrradlaternen für Bomben gehalten. Telephon- und Telegraphendrähte, mitten in K., sollen durchschnitten, Brücken gesprengt, Spione standrechtlich erschossen, die Wasserleitungen vergiftet worden sein. Es ist nicht abzusehen, wie sich das alles noch gestalten soll, wenn die Zeiten einmal wirklich schwierig werden. Festgestelltermaßen hat sich bis jetzt hier nicht das geringste Bedenkliche ereignet. Gleichwohl meint man in einem Narrenhaus zu sein, während doch jeder, wenn er nicht ein Feigling und gefährlicher Müßiggänger ist, ruhig seine Pflicht tun könnte. Schutzleute, behaltet auch weiterhin kaltes Blut, seid wie bisher Männer und keine Weiber, laßt Euch nicht ins Bockshorn jagen und habt die Augen offen, wie es Eure Schuldigkeit ist!«

Offensichtlich wurde es den Urhebern des Paroxysmus selber unheimlich bei dem Aspekt, der sich hier eröffnete. Die Lügen, die sie in so unverantwortlicher Weise in die Welt gesetzt hatten, wuchsen zu gefräßigen Ungeheuern, die den letzten Rest von Verstand in den Köpfen der Leute aufzehrten. Die Geister, die sie riefen, drohten alles zu verschlingen und eine bunte Anarchie heraufzubeschwören.

Als ich den Aufruf las, fiel mir eine bisher noch nicht beachtete Eigentümlichkeit auf. Sonderbar, es war anscheinend nicht möglich, einen solchen Ukas zu verfassen, ohne den einen Teil der Nation, nämlich die Frauen, aufs gröblichste zu beleidigen. Warum, fragte ich mich verwundert, lassen sich die Frauen eigentlich diese fortgesetzte, verächtliche Herabsetzung ihres Geschlechtes gefallen, zumal sich doch bei derartigen Anlässen die Männer nicht weniger schwatzhaft erweisen und kopfdumm gebärden als die Frauen. Das ist wohl die Folge einer jahrtausendelangen Vergewaltigung des Hirnes und des Herzens; unter dem Mißbrauch eines ebenso rohen wie einfachen, nur durch die stärkere Physis bedingten Gesetzes zerbrachen der Stolz und die Selbstachtung des anderen Geschlechts, dachte ich, von einem warmen Mitgefühl durchdrungen. Ich hatte diese männische Redeweise nie geschätzt; bestimmte Wendungen im Sprachgebrauch erweckten in mir durch ihren verächtlich machenden, erniedrigenden Tonfall Übelkeitsgefühle. Das Weib saß hier als sichtbare Schuld des Mannes ihr Leben lang auf dem Strafbänkchen. Sie konnte diese Fehlleistung nur durch beharrliches Gebären im Dienste übergeordneter Ideologien korrigieren. Die Frau als Geliebte erschien diesen idealistisch ausgerichteten Zweckgehirnen von je als unerlaubter Abweg in fremde Verruchtheit. Sie konnten in ihrem dürftigen seelischen Hausrat keine derartigen Störungsmomente brauchen; denn solche unerwünschten Abweichungen vom Genormten lockerten das feste Gefüge ihrer Vorurteile, verführten zur Selbstironie, wurden als der männlichen Würde abträglich empfunden und untergruben die autoritativen Einrichtungen der Familie und des Staates. Das Weib figurierte, wenn auch uneingestanden, in ihrer Vorstellung als Sache, was sich für die wendigeren Intelligenzen unter ihnen ja schon aus dem sächlichen Artikel vor dem Substantiv Weib mit unwiderleglicher Sicherheit erweisen ließ. Wozu also Korrespondenz der Leiber und Seelen; eine Sache liebt man als Sache, und eine Sache hat bekanntlich kein Eigenleben zu führen, sondern dem Besitzer zu dienen, der sie dafür auch mit gebührendem Gemütsaufwand betreut. Und da der Besitztrieb, wie mir schien, hierzulande zu den am stärksten entwikkelten Eigenschaften gehörte, war es nicht verwunderlich, daß man eine solche »Sache« auch mit Klauen und Zähnen verteidigte, wenn man sie bedroht glaubte.

Ich hielt es zu Hause nicht mehr aus, ich mußte bei Nikenins Freundin das Herz ausschütten. Also setzte ich mich von neuem in Trab. Doch vermied ich diesmal die belebten Verkehrsstraßen und nahm meinen Weg nach der Akademie durch den Schloßpark, der ziemlich menschenleer war. Vor dem Akademietor stieß ich auf Ninon. Etwas verstört begrüßte ich sie; ich hatte fast vergessen, daß ich ihretwegen hierhergekommen war.

»Wissen Sie, was mit Herrn von Nikenin geschehen ist?« begann sie sogleich mit loderndem Blick. Sie pflegte, wenn sie in einer besonders ernsten Angelegenheit mit Freunden oder Fremden über Nikenin sprach, immer das Wörtchen »von« vor seinen Namen zu setzen, obwohl er in allen amtlichen Listen ganz einfach als Wladimir Nikenin figurierte. Aber irgendeine Nulpe hatte einmal aufs Geratewohl behauptet, Nikenin gehöre als Sohn eines Gutsbesitzers dem russischen Kleinadel an. Seitdem hatte sich in ihrem Kopf die Idee festgesetzt, in Deutschland müsse man diesen gesellschaftlichen Rang, entsprechend den hiesigen Verhältnissen, mit dem Adelsprädikat »von« unterstreichen. Sie merkte sehr gut, daß dieses Wörtchen hier noch eine große Zauberkraft besaß und die soziale Stellung seines Trägers beträchtlich erhöhte.

»Denken Sie sich, man hat alle feindlichen Ausländer interniert. Die Russen und Serben sind in Donaueschingen in ganz primitiven Baracken untergebracht. Es fehlt an allem, nicht einmal Decken haben sie. Ich habe Herrn von Nikenin besucht. Der arme Wlodschik! Kaum die paar Minuten, um mit mir zu sprechen, gönnte man ihm.«

Ihre Augen schauten groß und erzürnt ins Leere. Ich suchte zu ergründen, was sie jetzt wohl am meisten bewegte, die Lust an der Sensation, am Umtrieb, oder die Sorge um ihre materielle Existenz; war es das Mißbehagen über die jähe Störung eines bequemen, mit amüsanten Liebeleien ausgefüllten Lebens, oder war es vielleicht doch ein aus echter Zuneigung fließendes Mitgefühl? Wahrscheinlich von allem etwas, obwohl mir die vorherrschende Leidenschaft bei ihr – neben der Existenzsorge – doch die Lust am Sich-in-Szene-Setzen zu sein schien. Es ging ihr, soweit ich sie kannte, in jeder Situation einzig und allein um die wirkungsvollste Entfaltung ihrer Reize. Alle ihre Gefühle kreisten wie die Planeten im Sonnensystem um diesen Mittelpunkt. Sie bewegte sich auch im wildesten Schmerz wie vor einer unsichtbaren Galerie junger Männer.

»Haben Sie eigentlich etwas unternommen?« unterbrach ich ihren Redefluß.

»Alles, alles habe ich versucht. Ich habe Himmel und Hölle in Bewegung gesetzt. Bei Professor Trübner war ich, Wlodschik ist doch Meisterschüler bei ihm. Er empfing mich furchtbar nett und versprach, alles zu tun, was in seinen Kräften stehe. Aber glauben Sie, er hätte etwas erreicht? Nichts, gar nichts hat er ausgerichtet. Beim Sekretär K. war ich ebenfalls, das Schwein wurde auf einmal unverschämt, als ich mich bei ihm nach Herrn von Nikenin erkundigte. Wissen Sie, was mir dieser dreckige Kerl sagte? Was geht Sie Herr Nikenin an! Sie sind doch nicht seine Frau. Ich bin in keiner Weise verpflichtet, Ihnen Auskunft über ihn zu geben. Außerdem möchte ich Ihnen raten, Ihre Besuche in der Anstalt möglichst einzustellen, Sie haben da nichts zu suchen. Im Falle des Zuwiderhandelns lasse ich auch Sie verhaften und als lästige Ausländerin abschieben. Diese Späße haben jetzt aufgehört, das russische Luderleben wird nicht mehr geduldet. – Sie hätten dabei die Fresse dieses Saukerls sehen müssen. Früher hat er mich bis auf den Boden gegrüßt, der Schuft ... Wissen Sie, ich mag die Deutschen nicht, ich finde es einfach scheußlich, wie sie sich benehmen. Wlodschik hätte nach Paris müssen, schade, daß er so eigensinnig war, da säßen wir jetzt sicher. Wenn es so weitergeht, fahre ich nach Basel zu meiner Mutter. Was meinen Sie, was man tun soll? Wie steht es mit Ihnen, müssen Sie auch fort ins Feld?«

»Bis jetzt ist noch nichts erfolgt. Ich bin Ersatzreservist, Landsturm, ich glaube kaum, daß wir so rasch drankommen.«

Ich fühlte, wie ich bei dem Wort »Ersatzreservist« errötete. Es ging mir in ihrer Gegenwart schwer über die Zunge. Meine Erklärung kam mir, so simpel sie war, plötzlich lächerlich und unnatürlich vor. Ich schämte mich der absurden Lage, in die ich durch den dummen Krieg geraten war. Sie schien dasselbe zu empfinden, denn sie brach ganz unvermittelt in ein helles Lachen aus.

»Sie als Soldat! Das kann ich mir überhaupt nicht vorstellen. Was sollte man dort auch mit Ihnen anfangen. Sie würden sicher furchtbar komisch in einer Uniform aussehen. Dazu noch der geschorene Kopf, die blöde Mütze, die plumpen Stiefel, nein, zu scheußlich! Bei mir dürften Sie sich so nicht sehen lassen.«

»Nun, ganz so schlimm ist es nicht«, versuchte ich verwirrt einzuwenden, »man hat ja außerdem noch seinen Ausgehanzug.«

Aber kaum ausgesprochen, wurde mir auch sogleich das Alberne einer solchen Antwort bewußt. Ich sah es wieder verräterisch um ihre Mundwinkel zucken und wütete innerlich über meine Blödheit. Ihr Spott ärgerte und kränkte mich zugleich; zu all der Mißlichkeit der letzten Tage auch noch ausgelacht zu werden, verletzte mich. Was ich erwartete, war pathetisches Bedauern, Verständnis für meine Gequältheit.

»Ich sehe Sie ja noch nicht in Uniform«, lenkte sie begütigend ein, als sie meine Mißstimmung bemerkte. »Aber was sagen Sie zu diesem Krieg, glauben Sie, die Deutschen gewinnen? Für Sie muß es doch schrecklich sein bei Ihrer Vorliebe für alles Französische. Und Ihre Pariser Pläne, fallen die jetzt alle ins Wasser?«

Ihre gefühlvollen Worte richteten mich wieder auf. Unter dem Zauber ihrer anmutigen Erscheinung verflog der Unmut ebenso schnell wie er gekommen war. Beredt schilderte ich ihr den elenden Zustand, in dem ich mich seit einer Woche befand.

»Ach, wenn Sie wüßten, wie ich diesen Krieg verwünsche! Die dunkle Befürchtung eines etwaigen Sieges dieser tückischen Schwerfüßler vergällt mir alle Daseinsfreude. Ich kann mir vorstellen, wie der toll gemachte Spießer da drüben hausen wird. Feindesland, das bedeutet für die meisten, einmal unbeaufsichtigt ihren Brutalitätsinstinkten freien Lauf lassen zu können. Das Herz krampft sich mir zusammen, wenn ich an all die entzückenden Mädchen und Frauen denke, die vielleicht jetzt schon der Willkür rasender Tölpel preisgegeben sind.«

Einmal im Zuge, verlor ich alle Hemmungen. Und mit leidenschaftlichen Worten schleuderte ich Anklagen und Verwünschungen gegen die mutmaßlichen Urheber des Krieges.

»Das überlaute Geschrei von dem überfallenen Unschuldsengel Deutschland ist nicht mehr als ein plumpes Täuschungsmanöver, gerade gut genug für Oberlehrer und ähnliche Dummköpfe. Man braucht nur einen flüchtigen Blick auf die Gesichter und Gestalten zu werfen, um zu wissen, was es mit der beteuerten Unschuld auf sich hat. Schon auf Grund des puren Augenscheins glaube ich ihnen kein Wort von ihrem Reinwaschungsgeschwafel. Sie sind Lügner von Anbeginn an.«

Zitternd vor Erregung hielt ich inne. Ninon hatte mir anfänglich mit einem Gemisch von Staunen, Sympathie und Unruhe zugehört, folgte aber bald nur noch mit halber Aufmerksamkeit meinen Worten; augenscheinlich war sie von ganz anderen Gedanken besessen.

»Sie sind mir ein schöner Patriot«, antwortete sie zerstreut lächelnd, »nehmen Sie sich ja in acht und behalten Sie Ihre Gedanken für sich, die Leute sind jetzt verrückt und ganz unzurechnungsfähig. Merkwürdig, Herr Eschmann denkt ganz anders als Sie; ich habe schon mehrmals Krach mit ihm gehabt wegen des blöden Kriegs. Er ist natürlich froh, daß Herr von Nikenin fort ist, und hat es auch mir gegenüber ganz unverblümt geäußert. Jetzt, sagte er mir, sei der Moment gekommen, wo ich mich entscheiden müsse; er stelle es mir anheim, ob ich ihm oder Nikenin gehören wolle. Sie wissen, daß ich Herrn Eschmann liebe, aber diese Haltung Herrn von Nikenin gegenüber empörte mich. Ich bekam einen fürchterlichen Wutanfall, schimpfte ihn einen Idioten und gemeinen Kerl und fragte ihn, wie er sich das überhaupt denke. Ob er so viel Geld verdiene, daß wir ordentlich davon leben könnten. Dabei weiß er doch so gut wie ich, daß er noch nichts ist und daß es noch lange geht, bis er auch nur sich allein durchbringen kann. Sie wissen« – und hier erhob sich ihre Stimme zu dramatischem Tonfall –, »wer gegen Herrn von Nikenin auch nur das Geringste sagt, hat bei mir ausgespielt. Ich liebe Wlodschik und werde ihn nicht im Stich lassen. Er hat jetzt nur mich. Was fällt diesem egoistischen Menschen ein, er meint tatsächlich, Wlodschik müsse uns beide erhalten. Denken Sie sich, er hat allen Ernstes den Vorschlag gemacht, ich solle Herrn von Nikenin zwingen, für uns beide die Unterhaltskosten zu zahlen. Er behauptete, Wlodschik hätte nie die Absicht gehabt, mich zu heiraten, obwohl er mir seinerzeit das Versprechen gab. Dieses Versprechen habe er sogar in seiner Gegenwart widerrufen mit der Bemerkung, ›er heirate nie‹. Außerdem hätte ich ein Kind von ihm, er wäre also sowieso unterhaltspflichtig. Wie finden Sie das? Ich finde eine solche Spekulation gemein, das habe ich ihm auch auf den Kopf zugesagt. Er entgegnete mir darauf, mein Verhalten beweise ihm nur, daß meine Liebe zu ihm doch nicht so stark sei, wie er erwartet hätte. Ist er nicht verrückt und gemein dazu?«

Etwas aus der Fassung gebracht, hörte ich ihr zu. Ich suchte krampfhaft nach einer passenden Antwort. Auf eine derartige Aufrollung ihrer privatesten Sorgen war ich nicht vorbereitet. Ich wollte ein Echo meines Schmerzes hören und wurde statt dessen in ihre Liebesaffäre hineingezogen. Doch zugleich witterte ich auch instinktiv die gute Gelegenheit, hier vielleicht bald eine durch das Kriegsunheil entstandene Lücke auszufüllen, um dadurch der Verwirklichung stiller Sehnsüchte näher zu kommen. Nach einigem Zögern erwiderte ich:

»Ich habe von Herrn Eschmann nie etwas anderes erwartet. Der Mann hat keinen Geist; er ist im Grunde ein roher Mensch, ein echter Südstadtbrigant. Viel zu grob für Sie. Und für besonders talentiert halte ich ihn auch nicht. Sie haben sich von den breiten Schultern und dem smarten Boygesicht imponieren lassen. Glauben Sie mir, da steckt nicht viel dahinter. Mir klang es immer unnatürlich, wenn dieser Mann sich über Kunst oder Literatur ausließ; jedenfalls stehen ihm Gespräche über Sportereignisse besser zu Gesicht. Vergleichen Sie nur den Kopf Nikenins mit der Trainerphysiognomie Herrn Eschmanns. Da dürfte wohl kaum ein Zweifel bestehen, für wen man sich entscheiden muß. Wenn ich Ihnen raten darf, lösen Sie die Beziehungen zu diesem Boy...«

»Hören Sie auf, ich mag es nicht, wenn Sie in so herabsetzender Weise von Herrn Eschmann sprechen. Sie kennen Herrn von Nikenin noch nicht genug, er kann oft sehr ekelhaft sein. Er ist selbst schuld an meiner Untreue... Warum schauen Sie mich so stechend an? Ich mag es nicht, wenn Sie ein solches Gesicht machen, das ist mir unheimlich.«

»Wieso, ich mache doch kein besonderes Gesicht!«

»Doch, Sie haben plötzlich einen anderen Ausdruck bekommen, Sie sehen böse aus. Wenn Sie so blicken, haben Sie immer Hinterabsichten, das kenne ich ... Entschuldigen Sie, es ist höchste Zeit, mich zu verabschieden; ich muß auf die Post und nachsehen, ob Geld für Herrn von Nikenin da ist. Also Salut und auf Wiedersehen! Besuchen Sie mich bald wieder.«

Damit ließ sie mich stehen. Ich schaute ihr nach, bis ihre schlanke Gestalt jenseits des Akademieplatzes verschwand. Das allmählich verklingende Klipp-klapp ihrer zierlichen Absätze tönte spitz und herausfordernd an mein Ohr. Heftiger Ärger wechselte mit brennendem Verlangen. Das fatale Gefühl, mich recht eselhaft benommen zu haben, lag mir wie ein Klotz auf der Seele und trieb mir jedesmal, wenn ich daran dachte, Schamröte ins Gesicht. Ich schämte mich meiner durchsichtigen Lobrednerei auf Nikenin. Ich wollte wie ein Dieb den günstigen Augenblick benützen, um dort zu ernten, wo ich nicht gesät hatte. Ziemlich bedeppert machte ich mich auf den Heimweg. Ihre offenkundige Ablehnung verstimmte mich tief. Eitle Selbstgefälligkeit und narzistischer Hochmut verhinderten jedoch eine fruchtbare Selbstkritik. Ich sträubte mich mit aller Gewalt gegen die Erkenntnis meiner Charaktermängel. Ich wollte sie nicht wahrhaben, weil sie nicht zu dem Bild paßten, das ich mir von meiner Person machte. Nicht daß ich etwa davor zurückgeschaudert wäre, mir die Möglichkeit schwerer Verbrechen zuzutrauen. Oh nein, auf solche gefährliche Abwegigkeiten war ich sogar eher stolz; ich sah darin einen Hang zu düsterer Größe. Was mich so tief deprimierte, war die Ahnung, daß Ninon in meinem Verhalten wahrscheinlich nichts weiter als einen kleinen, profitlichen Egoismus erblickte, der auf Schleichwegen das zu ergattern suchte, was Mutigere sich in zähem Kampf eroberten. Je länger ich über ihre letzten Worte nachgrübelte, desto mehr schwoll die Wut über die Abfuhr, die sie mir erteilt hatte. Ich unterdrückte das peinigende Gefühl der eigenen Unzulänglichkeit und verhärtete mein Gemüt mit eigensinniger Dummheit gegen mein besseres Wissen. Der Zorn verblendete mich. Voll Ingrimm brütete ich darüber nach, wie ich mich für meine Taktlosigkeit an ihr rächen könnte. Da sie die Ursache meiner Entgleisung war, sollte sie auch dafür büßen. Warum trieb sie eigentlich dieses aufregende Spiel mit dem Feuer? Warum, haderte ich voll Bitternis, war sie so aufreizend sinnlich, so betörend anmutig? Zum Teufel mit diesen entzückenden Fratzen, erst verdrehen sie einem den Kopf, verwirren Sinne und Verstand, bringen das Blut zum Kochen, rufen die mordlüsterne Bestie auf den Plan und wundern sich dann über den Knalleffekt, den sie auslösen, gerade wie die Katzen, die sich über den Wutausbruch des Hausherrn wundern, dem sie sein kostbarstes Porzellan vom Tisch gespielt haben. Ach, wenn ich sie nur einmal in meiner Gewalt hätte, wehrlos, nur auf meine Gnade angewiesen, ich wollte sie schon kleinkriegen; winden sollte sie ihren biegsamen Körper unter meinen Fäusten ...

Wie ein Blinder legte ich den langen Weg durch den Schloßpark nach Hause zurück. Ich sah und hörte nichts von dem, was mich umgab. Mein Gang, erst schwer und schleppend, wurde mit jeder weiteren Steigerung meines leidenschaftlichen Monologs beschwingter. Zuletzt raste ich zähneknirschend und Verwünschungen ausstoßend die Waldhornstraße hinab, ohne auf die verwundert-höhnischen Blicke der Passanten zu achten. Der Krieg mit seinen drohenden Folgen rückte plötzlich in weite Ferne.

Indessen wurde ich sehr schnell und unsanft in seine blutige Wirklichkeit zurückgerissen. Denn das erste, was ich zu Hause vorfand, war jenes bekannte, grüne Kuvert mit dem Cellophaneinsatz, das die Einberufungsordre enthielt. Ich hatte mich am nächsten Morgen Punkt zehn Uhr in der Infanteriekaserne der Garnisonstadt R., einem Nest, das ungefähr eine Stunde Bahnfahrt von K. entfernt lag, zu stellen. Als ich den Wisch in der Hand hielt, konnte ich zunächst nicht recht fassen, daß es mich angehen sollte. Erst allmählich wurde mir die Tragweite meines Unglücks bewußt. Mit dem ganzen Aufwand meiner Vorstellungskraft versuchte ich, mich in der neuen Lage zurechtzufinden. Also von morgen ab bist du ein Rekrut, ein Stück Menschenfleisch mit einer Nummer, ein belangloses Objekt für Sprengstoffe, schoß es mir durch den Kopf. Eine Art Zuchthausdasein mit dem wahrscheinlichen, trüben Schlußpunkt eines Endes in Lehm und Kot würde von nun an mein Los sein. Das erschien mir so ungeheuerlich, daß ich unter der Wucht dieser Aussicht zusammenklappte. Mir war es, als ob die Sonne mit einem Mal ihren Schein verlöre und eine graue scheußliche Nacht heraufdämmerte. Ein Schüttelfrost befiel mich, ich zitterte heftig, meine Zähne schlugen klappernd gegeneinander. Kein Zweifel, ich hatte Fieber. In meinen Eingeweiden fing es wüst zu rumoren an; der Inhalt meiner Gedärme schien sich in gärenden Most verwandeln zu wollen. Eine leichte Angstdiarrhöe befiel mich. Infolge dieses Furchtanfalles verlor ich allen Appetit; ich fühlte mich wie ein Delinquent.

Es dauerte einige Stunden, bis ich die erste Panik überwand. Die Depression aber blieb, obwohl sich meine Mutter eifrig bemühte, durch aufmunternden Zuspruch meinen Mut zu heben.

»Ich glaub' kaum, daß sie dich behalten«, tröstete sie mich, »du bist doch kurzsichtig. Viele sind als überzählig zurückgeschickt worden, sie haben viel zu viel Leut' durch die Masse von Freiwilligen. Nimm's nicht so schwer, du kommst sicher wieder zurück. Aber zieh' dich anders an, wenn du morgen wegfährst. Und lass' dir die Haar' noch schneiden, sonst fällst zu sehr auf. Auch die feine Stiefel tät' ich nicht tragen, damit wirst bloß ausgelacht, die Simpel verstehen das doch nicht.«

Ihre Worte taten mir wohl, ich begann wieder einige Hoffnung zu schöpfen. Aber gegen Abend überfiel mich eine neue Welle des schwärzesten Pessimismus. Die trübe Aussicht, die sich mir selbst im günstigsten Fall als nur Garnisonsdienstfähiger eröffnete, nahm mir jede Lebenslust. Beim Abendessen konnte ich kaum einen Bissen hinunterwürgen, stumm saß ich am Tisch und hörte mit halbem Ohr auf die Trostreden meiner Mutter. Eine lähmende Apathie hatte sich meiner bemächtigt.

Nichts konnte mehr meine Anteilnahme erwecken, so sehr war ich mit meinem, wie ich glaubte, unabwendbaren Schicksal beschäftigt. Als meine Mutter gegen neun Uhr anfing, die ominöse Pappschachtel zu packen, hätte ich am liebsten losgeheult. Ein schreckliches Mitleid mit mir selbst, mit meinem armen Leib, der nun bald eine Zielscheibe für Blei- und Eisenstücke sein sollte, ergriff mich; nur mühsam behielt ich die Fassung. Voll Rührung schaute ich, während sie emsig packte, auf ihre rötlichen, kräftigen Hände, die von der vielen groben Arbeit, die sie in ihrem Leben schon verrichtet hatte, rissig geworden waren. Ein wildes Weh durchzuckte mich zugleich mit dem heißen Verlangen, mich hilfesuchend in ihrem Schoß zu bergen. Vergessen war in diesem Augenblick der jahrelange Zank, womit wir uns gegenseitig das Leben schwergemacht hatten; vergessen all die Schmähungen und Zwistigkeiten, die uns so oft einander entfremdeten, vergessen die Klüfte und Abgründe, die uns trennten. In meiner jämmerlichen Schwäche fühlte ich in ihr den einzigen Freund, der wirklich Anteil an meinem Schicksal nahm. Ich sah, daß auch ihr das Wasser in den Augen stand. Es ging ihr sehr ans Herz, ihren Jüngsten so schnell verlieren zu müssen, obwohl sie schon seit einer Woche mit dieser Möglichkeit rechnen mußte. In solchen Stunden des Abschieds brach bei ihre eine Weichheit und mütterliche Wärme von so auflösender Gewalt durch, daß man seine ganze Kraft aufbieten mußte, um nicht in einem Ozean kindlicher Gemütswallungen unterzugehen.

Ich verbrachte eine unruhige, von drückenden Träumen heimgesuchte Nacht. Zerschlagen und übernächtigt erhob ich mich am Morgen von meinem Lager. Aus der Küche drangen vertraute Geräusche, ich hörte meine Mutter am Spültisch hantieren. Sie bereitete den Kaffee und packte noch einige belegte Wecken in den Karton. Mir tat jeder einzelne Ton weh, erinnerte er mich doch alle Augenblicke an die unwiderrufliche Trennung. Ja sogar die leblosen Gegenstände gewannen für mich in dieser schweren Stunde die Bedeutung von lebenden Wesen. Sie erschienen mir plötzlich wie liebgewordene Kameraden. Sie traten aus ihrer gewohnten Starrheit heraus.

Es war mir, als ob die Kannen und Töpfe, die Wanduhr, das Büfett und das Straußenei mit dem Glasperlenüberhang unterm Spiegel beseelt würden, als ob sie ein warmes, fast menschliches Fluidum ausstrahlten. Und als meine Mutter das Frühstück brachte, war ich wieder nahe am Weinen. Sie merkte es, sagte aber nichts. Auch während des Essens wechselten wir wenig Worte, nur beim Abschied sagte sie: »Ich habe das sichere Gefühl, daß du heut' abend wiederkommst.« Ich war fast froh, als ich das Haus hinter mir hatte. Während ich mit schnellen Schritten nach dem Bahnhof hastete, kostete es mich große Mühe, das quälende Bild der verweinten Mutteraugen zu verdrängen, jedesmal, wenn ich daran dachte, ging mir ein Stich durchs Herz und ein würgendes Schluchzen stieg mir in die trockene Kehle.

Da es noch früh am Tage war, sah man wenig Menschen auf dem Bahnhof. Der große Platz vor dem Hauptgebäude lag öde und leer im morgendlichen Dunst. Nur vereinzelt bewegten sich junge Leute aus verschiedenen Richtungen her dem Eingangsportal zu. Sie trugen Pappschachteln in den Händen. Also Leidensgenossen, dachte ich. Ich war zeitig angekommen und drückte mich nun beobachtend an der Sperre herum. Dem Rate meiner Mutter folgend hatte ich die ältesten Kleider und Schuhe angezogen. Die Haare waren schon am Nachmittag vorher unterm Schermesser gefallen. So fiel ich durch nichts mehr aus dem allgemeinen Rahmen heraus. Um nicht in ein unerwünschtes Gespräch verwickelt zu werden, hielt ich mich etwas abseits; doch so, daß ich hören konnte, was gesprochen wurde. Ein Teil der jungen Leute schien sich zu kennen und die übrigen waren so anschlußbedürftig, daß sie sich rasch anfreundeten. Bald war eine laute Unterhaltung im Gang; man zog Zigarettenschachteln aus den Taschen und begann zu qualmen. Wir immer bei derartigen Ansammlungen machten sich einige durch besonders aufgekratztes Wesen bemerkbar. Sie rissen Witze, erzählten Anekdoten oder bramarbasierten in militärischen Fachausdrücken von ihrer zukünftigen soldatischen Laufbahn. Ging zufällig eine Frauensperson vorüber, so erfolgte automatisch eine Zote. Sie erinnerten mich in ihrem Gebaren an Hunde, die, einem eingewurzelten Zwange gehorchend, keinen Prellstein unbepißt lassen können.

Anfänglich achtete ich wenig auf ihre lärmende Unterhaltung, als aber einige Gesprächsfetzen an mein Ohr schlugen, aus denen ich entnahm, daß man die Chancen der Felddiensttauglichkeit oder -untauglichkeit erörterte, wurde ich aufmerksamer. Unter dem Haufen befanden sich, wie ich jetzt bemerkte, doch einige, die gleich mir nur mit Widerwillen den Dienst am Vaterlande auf sich nahmen und eifrig nach einer Gelegenheit spähten, dem unbequemen Zwangsheldentum zu entrinnen. Gierig lauschten sie dem Bericht eines redseligen Frisörgehilfen, der schon einmal das Glück gehabt hatte, als Überzähliger heimgeschickt zu werden. Auch ich hörte scharf hin, konnte jedoch aus dem verworrenen Geschwätz weiter nichts entnehmen, als daß die Neueingestellten besonders eingehend und mit peinlicher Sorgfalt untersucht wurden.

Ungefähr eine Viertelstunde vor der Abfahrt durften wir die Sperre passieren. Der Zug war gut besetzt. Ich sicherte mir einen Fensterplatz, drehte meinen Fahrgenossen den Rücken zu und schaute resigniert auf die glänzenden Schienenstränge, die da und dort von rangierenden Lokomotiven oder von leeren Wagenreihen unterbrochen wurden. Ich beneidete heimlich die Schaffner, die sich mit gleichmütiger Sorglosigkeit von Trittbrett zu Trittbrett schwangen, Wagen ankuppelten und Signale pfiffen. Jeder Zustand erschien mir wünschenswerter als der meinige. Auf einem Seitengleise stand zur Abfahrt bereit ein langer Truppentransportzug. Die Waggonwände bedeckten Karikaturen und Inschriften. Aus Langeweile entzifferte ich einige der Kritzeleien. Auf dem Gepäckwagen prangte der bekannte Vers:

»Die Serben sind große Verbrecher
Ihr Land ist ein finsteres Loch
Die Russen sind auch nicht viel besser
Aber Keile kriegen sie doch!«

Auf einem andern stand:

»Wenn wir in Paris fertig sind
Gehts nach London«

und:

»In Eile, Frankreich kriegt Keile!«

Daneben befand sich eine primitive Zeichnung, die einen deutschen Soldaten darstellte, der gerade einem Franzmann mit dem Kolben den Schädel zertrümmert.

Ein besonders findiger Kopf hatte den witzigen Einfall gehabt, folgenden Speisezettel unter den Waggonfenstern anzubringen:

»Zuavengulasch, junge Kosaken
mit Wutki, gebratene Spionen-
Schenkel in englischer Senfsauce,
englische Schlappmäuler in welscher Brühe.«

Während ich mich noch mit dem Entziffern der Inschriften beschäftigte, hörte ich eine lautschallende Stimme den Speisezettel ablesen. Sie kam vom Abteil nebenan. Ein brüllendes Gelächter folgte der Deklamation. »Do fehle jetzt grad noch serbische Hundsfotze mit kleine belgische Steinle«, schrie einer dazwischen. Erneutes Gelächter. »Rußland muß badisch werde«, gröhlte ein anderer. »Und Serbien muß sterbien«, ergänzte ein dritter. Wieder erscholl ein allgemeines Gelächter.

»Weischt schon's Neueschte«, fragte jetzt der erfolgreiche Deklamator von vorhin. »Net? Also paß uff:

Jeder Tritt ein Brit'
Jeder Stoß ein Franzos'
Jeder Schuß ein Russ'!«

»Bravo, gut ischt's, jawohl, so ischt's. Des ischt sauber Herrgottsakrament«, tönte es durcheinander. »Wo hascht denn des her?« »Wo ich des her hab? Mach doch deine Glotzbeck uff, du Dampedei, do drüwe steht's doch uff'm Wache!«

In dieser Weise ging es weiter, bis endlich das Abfahrtsignal des Zugführers die laute Fröhlichkeit unterbrach. Erlöst atmete ich auf; das Rattern der Räder übertönte für kurze Zeit das mißtönende Geschrei. Zum Glück saßen in meinem Abteil ruhigere Leute. Indes sollte ich mich nicht lange der Ruhe erfreuen, das einlullende, monotone Geräusch des fahrenden Zuges wurde bald wieder vom kräftigen Unisono menschlicher Kehlen übertönt. Die munteren Vaterlandsverteidiger hatten ein Lied angestimmt: »Morgenrot, Morgenrot, leuchtest mir zum frühen Tod«, klang es verheißungsvoll aus dem Abteil. Obwohl ich dieses Lied sonst mochte, klang es mir jetzt doch recht entmutigend in die Ohren. Es hatte plötzlich seinen ganzen Zauber, der sich an eine Jugenderinnerung knüpfte, verloren; wie ein düsterer Abgesang an das Leben begleitete es unsere Fahrt zur Prüfungsstelle des Menschenschlachthofes. Traurig starrte ich hinaus in die sonnenüberspülte Landschaft, sie schien mir wie zum Hohn auf meine Verzweiflung ein ganz besonders strahlendes, friedliches Gesicht aufgesteckt zu haben. Hin und wieder sah man Landleute in den gemähten Kornfeldern Ähren bündeln oder auf schwerbeladenen Wägen langsam dem Dorf zu fahren.

»Die sind auch unabkömmlich«, sagte ein Mann hinter mir.

»Ja, wo der Landmann sich mit Fleiß, den Wohlstand seiner Saaten preist«, deklamierte ein anderer als Antwort.

›Ja, Landmann sollte man sein‹, echote es in mir, ein Landmann, ganz unscheinbar, tief drin in den Bergen, unabkömmlich, nur mit dem Wohlstand der Saaten beschäftigt, nicht rechts und nicht links schauen, keine eitle Kunst machen, friedlich ein langes Leben leben bis zu einem sanften Ende bei Abendrot und Glockenklang. Aber nun war es zu spät, leichtsinnig hatte ich es versäumt, zur rechten Zeit Landmann zu werden; nun waren die Folgen da, als ein zum Tode Verurteilter fuhr ich einem düsteren Ende entgegen. Angesichts dieser Gewißheit hätte ich am liebsten laut über mich geweint. Völlig in meinen Angstschmerz versponnen, starrte ich auf die vorübergleitenden Berge, die ich wie fremde, unerreichbare Verheißungen empfand. Einer nach dem andern verschwanden sie nach rückwärts.

Das trockene Geräusch aneinandergestoßener Pappschachteln weckte mich aus meinem Brüten. Der Zug hatte seine Fahrt verlangsamt, an den das eintönige Klappern durchschießenden Stößen merkte ich, daß wir uns dem Bahnhof einer größeren Station näherten.

»Auf, auf zum Kampf, mir juckt die Säbelspitze!« sang ein aufgeräumter Jüngling.

»Dir wird das Jucken schon noch vergehen«, jaulte einer zurück. Einige lachten gezwungen, während der größere Teil mit gedämpfter Stimme erneut Mußmaßungen über die Möglichkeiten des Freikommens austauschte. Die Nähe der Entscheidung dämpfte bei vielen die Lust zur Angeberei.

Am Bahnhof wurden wir von einigen Unteroffizieren und Gefreiten in Empfang genommen. Darnach mußten wir uns vor dem öden Stationsgebäude in zwei Reihen aufbauen, abzählen, auf Namensaufruf »hier« brüllen und dann in Viererreihen durch die Stadt nach der Kaserne marschieren.

Der Raum, in den wir eingeliefert wurden, hatte schmutzigweiße Wände, die mit einigen Buntdrucken aus dem Soldatenleben und mit einem Kaiserbild geschmückt waren. Der Boden glänzte schwarzbraun-ölig, an den in halber Höhe sich hinziehenden Holztäfelungen standen Bänke; außerdem war noch ein Haufen übereinandergestellter Stühle da. Das blasse und doch zugleich grelle Licht, das durch die schmutzigen Scheiben fiel, gab dem Raum etwas Kaltes, Unbehagliches. Es roch nach ausgebranntem Tabak und Männerschweiß.

Einige Stunden ungefähr mochten wir, von nervöser Erwartung gepeinigt, in dem ungastlichen Raum herumgehockt und gestanden haben, als endlich ein Sanitäter erschien, der uns befahl, die Oberkleider abzulegen. Dann verlas er die ersten sechs Namen. Nur mit Unterhosen und Hemd bekleidet, die Einberufungsordre in der einen Hand, marschierten die Aufgerufenen in den Musterungsraum. ›Wie in einer Menschenfalle‹, dachte ich, als sich die Tür hinter dem letzten schloß. Nach geraumer Zeit schlug mein Name an mein Ohr. Fast automatisch und ein wenig übereifrig gehorchte ich; wie im Traum entledigte ich mich meiner Kleider, spazierte fröstelnd und halb bewußtlos in der Gänsemarschreihe durch die öminöse Tür in einen großen Raum hinein, in dem an einem langen Tisch fein Uniformierte saßen, die teils mit gebieterischem, teils mit lässigem Nicken und Zublicken einander fremdsprachige Worte zuriefen oder ins Ohr flüsterten. Auf den Gesichtern, die ich aber im einzelnen nicht wahrnahm, blinkten randlose Brillen, Zwicker und Eingläser.

Dann befand ich mich plötzlich an einer Meßstange, ein holziger Gegenstand legte sich auf meinen Scheitel. ›Die Guillotine‹, fuhr es mir bei dem Geräusch, das dabei entstand, durch den Kopf. Darnach wurde ich wie ein Schlachttier gewogen. ›Aha‹, ruminierte ich, ›daß man weiß, wie viel der Strick zu tragen hat, falls du gehenkt wirst.‹ Von der Waage weg ging es nach nebenan, hinter eine spanische Wand. Dort mußte ich die Brille abnehmen. Alsdann legte sich mir von hinten her eine rauhe Hand auf das eine Auge, und eine Stimme sagte: »Lesen!« In einiger Entfernung war eine weiße Papptafel aufgehängt, auf die Reihen von Buchstaben in verschiedensten Größen gedruckt waren. Die kleinen konnte ich überhaupt nicht lesen, von den größeren nur einige. Auch durch allerlei Gläser mußte ich schauen und die Buchstaben nennen, auf die ein Unteroffizier, der Sanitäter wahrscheinlich, abwechselnd das rechte und linke Auge bedeckend, zeigte. Nach dieser Prozedur wurde ich wieder in den Hauptraum geführt, der Sanitäter, der hinter mir herkam, schrie das Wort »Myopie« nach dem Tisch der Mächtigen hinüber. (Das ist das einzige fremde Wort, das ich behalten habe.) Ein dicker, rosiger, kahlköpfiger Mann mit Narben auf Wangen, über denen zwei harte Augen funkelten, beklopfte und behörte mich von hinten und vorne, hob wie bei einem Pferd, das beschlagen werden soll, erst den linken, dann den rechten Fuß, rief nickend einige fremde Worte zum Tisch und sagte: »Der Nächste.«

Als ich noch wie ein Kind beim Dreck gedankenlos dastand, packte mich der Sanitäter am Arm und flüsterte: »Mach daß du weiterkommst, du Traumfotze.« Ich ging, und beim Weggehen hörte ich mit Bewußtsein das zweite Wort in dieser Stunde. Es lautete »garnisondienstfähig«, dem leise der Satz folgte »vorläufig noch zurückstellen«.

Es kostete mich Mühe, den inneren Jubel nicht nach außen brechen zu lassen. Wieder im Vorraum, stürzte ich zu meinen Kleidern; ich zog mich hastig an, mit der Absicht, schnurstracks zu enteilen, aber der Unteroffizier streckte den Kopf zur Tür heraus und rief: »Daß mir keiner wegläuft, ihr bekommt noch eure Papier!« Nun befiel mich erneut die Angst, alles konnte nur ein schöner Traum gewesen sein, und ich mußte dennoch in die Hölle zurück, der ich mich entronnen glaubte. »Meinst du, wir kommen raus?« fragte ich einen Mann, der es ebenso eilig wie ich mit dem Anziehen hatte. »Wenn du garnisondienstfähig geschrieben und vorläufig zurückgestellt bist, kannst natürlich heut abend nach Hause fahren; ich jedenfalls fahr' mit dem 6-Uhr-Zug.« »Auf was warten wir eigentlich jetzt noch?« »Auf die Ausweispapiere, mußt doch eine Bestätigung haben, daß du g. v. Heimat bist.« »Ach so, daran habe ich nicht gedacht.«

»Heut' abend besaufe ich mich«, fuhr der andere aufgeräumt fort, »das muß gefeiert werden, der ganze Krieg kann mich vorläufig am Arsch lecken.« Er lachte leichtsinnig. Als er fertig war, forderte er mich auf: »Kommst mit, wir schwabbeln einen da drüben in der Kneipe, das muß gleich begossen werden.«

Ich sagte zögernd zu, ärgerte mich aber sofort hinterher über diese Zusage, denn sympathisch war mir keiner dieser Burschen. Doch irgend etwas Dumpfes trieb mich, meine wiedergewonnene Freiheit in der Gesellschaft der gleich mir dem Verhängnis Entronnenen zu feiern. So ließ ich mich, nachdem wir die Militärpässe in Empfang genommen hatten, nach der Kneipe mitschleppen.

Dort begrüßten uns schon einige ebenfalls Ausgemusterte mit lautem Hallo. Der Übermut über ihr Glück quoll ihnen aus allen Poren. Sie waren in ziemlich angeheiterter Stimmung. Einige gaben Geschichten von kleinen, ziemlich primitiven Betrugsmanövern zum besten, womit sie die Musterungskommission hinters Licht geführt haben wollten.

»Wißt ihr, was dem langen Lulatsch, der den Dickohrigen markierte, passiert ist?« kicherte einer schadenfroh.

»No was denn, erzähl?«

»Der ist grad um eine Minute zu früh weggetrete, zuerst hat er partout nix g'hört, jeden Befehl mußten sie mindestens dreimal in seine Schlappohre belle. Aber als der Stabsarzt garnisondienstfähig sagte, ist der Dampetei gleich weggeloffe, gerad um ne Minut' zu früh. Natürlich haben sie ihn sofort zrückgeholt, mächtige Anschnauze und K. V. Infanterie.«

»Dem ist's eben gegange wie dem Rekrut aus dem Oberland«, meinte ein anderer.

»Wie war's mit dem?«

»Alles herhören«, erwiderte der also Aufgeforderte. Und er begann mit verschmitzter Miene zu singen:

»Ein strammer Rekrut dort vom Oberland ra
Des war ein wahrhaftiger Tausendsassa,
Gab an bei der Mustrung, es fehlt ihm an G'hör,
Damit er frei werden soll vom Militär.«

»Mitsingen!« kommandierte er, sich unterbrechend.

»Gab an bei der Mustrung, es fehlt ihm an G'hör,
Damit er frei werden soll vom Militär.«

»Dunnerwetter, hat die Holz vorm Haus«, sagte mein Nebensitzer. Unsicher schielte ich seitwärts. Ein wabbelnder Mädchenbusen beugte sich über meine Schulter, ein voller weißer Arm griff nach dem leeren Bierglas des Sprechers.

»Mir zwee würden gut miteinander strample«, lachte er angegeilt.

»Da würd ich mir schon 'n annerer aussuche, einen, wo was dran ist, keen so Zahnstocher«, kam die spitze Antwort.

»Hahaha, so 'n Zuav mit 'ner Negergosch, he!«

»Die fresse mer uff'm Sauerkraut«, mischte sich einer ein.

»Aber sauber ischt's doch, wenn mer heut nacht in der eigene Falle schnarchelt«, erwiderte der Animierte.

Der Sänger fuhr unentwegt fort:

»Auf d' Schulter der Arzt ihm ein Zwanzgerle legt,
Er soll mal vorwärts marschieren unentwegt.
Auf die plumpe Prob' fall i scho net rein,
Dacht der junge Mann, hell muß man sein.
Und als nun das Zwanzgerle fiel auf die Erd',
Der schlaue Rekrut das natürlich nicht hört.«

»Bravo, bravo, der hat was druff g'habt, der war hell in der Kapell!«

»Daraufhin sagt der Arzt zum Offizier im Flüsterton:
's ist wirklich schad um den Sohn,
Wir müssen ihn freigeben, 's hilft alles nix
Der Mann ist nicht tauglich für Säbel und Büchs.«

»Weißt du Schatz, daß sie das Theaterstück Iphigenie umgetauft haben«, schrie mein Nebensitzer der enteilenden Kellnerin nach, »es heißt jetzt: ich ficke nie!«

Sichtlich zufrieden, sich auf diese Weise für seine vorherige Abfuhr gerächt zu haben, leerte er sein Bierglas in einem Zug. Vom Tischende her klang es:

»Dies hörte der schlaue Rekrut in sein Ohr,
Drum lächelt zufrieden er, der dumme Tor.
Dieweil er gehört hat das Flüsterwort gut,
Muß er jetzt Soldat sein mit sei'm Heldenmut.
Gezogen ward er zur Kavallerie,
Geholfen hat nix die Verstellungsmanie.«

»Ist's schon aus?« fragte einer der Mitsänger.

»Frag net so saudumm, oder willst auch noch den ganze Lebenslauf von der Wiege bis zum Grabe als Gratisbeilage haben?«

Alle lachten und brüllten durcheinander. Man kam wieder auf den Krieg zurück. Hochgemut und zuversichtlich bestätigte man sich gegenseitig, daß die Scheiße nicht länger als ein Vierteljahr dauern könne, »wenn's dann Friede wird, dann wolle man sich einen Rausch ansaufen wie noch nie«. Darin waren sich alle einig; auch darüber, das der Friede in Paris diktiert würde.

Auf dem Weg zum Bahnhof merkte ich: Wir hatten alle mehr oder weniger schwer geladen. Einige brauchten die ganze Straße, sie torkelten, vom Geist des Alkohols getrieben, wie losgerissene Fischerboote bei schwerer Bö. Ihre lärmenden Fröhlichkeitsausbrüche waren vorwiegend vom Drang zum andern Geschlecht bestimmt. Kaum ein weiblicher Passant blieb ungeschoren. Ich hatte den Eindruck, als ob in ihren Köpfen kein anderer Gedanke mehr Raum hätte, als der an geschlechtliche Insulte. Das Gefühl, dem möglichen Heldentod entronnen zu sein, weckte unbändige Begattungslust.

Auch in mir rumorten die wieder erwachten Lebensgeister gewaltig. Ich konnte die Freude, dem Leben wiedergegeben zu sein, kaum bewältigen. Die im Westen stehende Sonne flimmerte glückverheißend auf Gebäuden und Bäumen, auf Gärten und Plätzen; sie illuminierte meinen Freudentag mit festlichem Glanz. Die vielgestaltige bunte Kleinwelt der niedrigen Fachwerk- und kleinen zwei- bis dreistöckigen Backsteinhäuser, über die majestätisch langsam rosa schimmernde Wolken durch den blauen Himmel segelten, lagen wie göttliche Geschenke um mich herum. Dieselbe blinde, gedankenlose Lebenslust, die bei meinen zufälligen Schicksalsgenossen eine frenetische Beischlaflust hervortrieb, beherrschte auch mich, sie unterschied sich nur in der Höhenlage, hatte aber denselben Untergrund. Der dräuende Knochenmann war verscheucht, zurückgejagt in das Dunkel, wohin er gehörte. Was scherte mich jetzt dieser Krieg, ich war vorläufig seinen Fängen entwischt, mochten die andern sterben, ich lebte, wollte leben um jeden Preis; Gott sei's gelobt, getrommelt und gepfiffen, ta-ta-ta-ta, taramtata!

Der große, funkelnde Sternenhimmel zog ergreifend mit mir vom Bahnhof bis zur Wohnung. Wir hatten auf der Heimfahrt durch einen Truppentransport noch eine Stockung gehabt und waren darum anderthalb Stunden später als vorgesehen in K. eingetroffen. Wir, die Glücklichen, hatten lange in die Gesichter der mit Sträußchen geschmückten Infanteristen gestarrt, hatten den Blut- und Dreckkandidaten alberne Trostsprüche zugerufen, die mit erzwungener Heiterkeit und mit ebenso leeren Redensarten erwidert wurden. Der unfreiwillige Aufenthalt war für beide Teile quälend gewesen, für uns, weil wir Eile hatten, nach Hause zu kommen; zudem war uns jede Erinnerung an unsere Bestimmung als wehrpflichtige Bürger eines kriegführenden Staates unbehaglich. Für die andern war der Anblick der fröhlichen Heimkrieger sicher nicht weniger ärgerniserregend, sie hatten es auch an anzüglichen Bemerkungen nicht fehlen lassen. Dann – nach langem Warten – waren beide Züge in entgegengesetzter Richtung weitergefahren; der eine nach der Zone des Todes, der andere hinein ins gesicherte Hinterland.

Doch das war vorbei. Ich dachte an Mutter; wie die sich freuen wird, ihren Jüngsten wiederzuhaben. Und Ninon und Anny! Wieder die kleinen Füßchen der beiden wollustvoll betrachten können, welche Wonne, welcher Genuß! Dazu Nikenins gebrochenes Deutsch! Vermutlich ist er wieder zurück aus dem verdammten Lager, möchte ihn wahrhaftig nicht missen; dann das Kino, das Theater, die Staatsbibliothek, Tausendundeine Nacht, Firdusi, China; auf französische und englische Bücher wird man freilich verzichten müssen, das war natürlich blöd. Na, man wird ja sehen. Ist ja alles vorderhand nicht so wichtig, Hauptsache, ich lebe, lebe, lebe, bin frei, kann tun und lassen, was ich will.

Hastig eilte ich die finstere Treppe empor.

»Mutter, ich bin zurückgestellt als Ersatzreservist, ich bin nur garnisondienstfähig – mach mir eine Pfanne voll Spiegeleier, ich habe einen Mordshunger.

Ihr Gesicht strahlte, dann sagte sie: »Das hab ich gewußt, daß sie dich nicht behalten, du paßt doch nicht zum Soldaten. Hoffentlich hast jetzt eine Weile Ruh'.«

»Denke schon! Morgen gehe ich zu Ninon.«

Zweites Kapitel

Das Hinterland

»Seit wann sind Sie wieder hier?«

»Seit vorgestern abend«, antwortete mir an Stelle Nikenins Ninon, »und denken Sie sich, er darf kein Lokal besuchen, nur bestimmte Straßen gehen und muß sich dazuhin noch jeden Tag auf der Polizei melden. Ist das nicht empörend?«

»Reg dich nicht auf, Ninon, ist sich Kriegg, muß man sich függen«, erwiderte Nikenin gelassen.

»Nun, wir werden uns dann eben bei Ihnen treffen anstatt im Café«, bemerkte ich, »ich denke, Sie sind alle damit einverstanden.«

»Werde ich mallen wie sonst, habe ukrainische Landschaft angefangen.«

»Natürlich sind wir einverstanden«, sagte Wärmer, der Bildhauer. Er war Österreicher und verkehrte schon seit einiger Zeit im Nikeninschen Kreis. Seine gedrungene, vierschrötige Gestalt, die in einem unmöglichen schmuddligen und dazu noch spießigen Anzug steckte, wollte nicht so recht in diesen Kreis modisch gekleideter Polen und Russen passen. Auch war er der einzige, der aus irgendeinem unerfindlichen Grunde einen lockigen Vollbart trug. Dieser Bart schimmerte rötlich, er verlieh seinem weichlichen Gesicht das Aussehen eines kitschigen Apostelkopfes à la Fugel. Als Wiener fühlte er sich zu einer witzigen Redeweise verpflichtet, die indessen nie so recht wirksam wurde, weil er sehr langsam sprach, so daß die Pointen meist im allgemeinen Gesprächsgesumm untergingen.

Nikenin hatte die ukrainische Landschaft hervorgeholt. Auf dem halbfertigen Bilde waren einige primitiv gepinselte Bauernhäuser mit dazwischen gestreuten Kühen in rhythmischer Anordnung zu sehen.

»Will ich das Mystische unserer Landschaft hineinlegen.«

»Da dürfen S' die Wodkaflasche nicht vergessen, Schnaps plus moralischen Katzenjammer ergibt Mystik, wenigstens im

Osten; bei uns in Wien säuft man Heurigen, das Resultat ist Resignation, die sich im Raunzen verströmt!«

»Beides immer noch besser als die tüchtige, biedermännische Borniertheit des deutschen Allerweltsverschlingers«, widersprach Herr Gerhardt.

Gerhardt gehörte seit einiger Zeit zum engeren Kreis des Nikeninschen Ateliers. Dieser sanfte, blonde, idealisch gestimmte Mann war eine Aquisition Ninons; dank ihrem unwiderstehlichen Sex-appeal war er in unsere Gesellschaft geraten und flatterte nun wie ein gefangener Vogel auf der Leimrute, eifrig bemüht, durch willfährige Ergebenheit die Gunst der Herrin zu erlangen. Er studierte an der hiesigen Akademie und verfocht dort, auch den Professoren gegenüber, mit hartnäckiger Unbeugsamkeit die Thesen der modernen französischen Malerei.

Herr Rosen lachte hämisch. Mit einer Geste demonstrativer Ablehnung schlug er ein Bein über das andere.

»Die in der Wilhelmstraße werden sich wundern, wenn erst einmal die russische Dampfwalze in Bewegung gerät. Rußland ist noch nie ernsthaft geschlagen worden. Wenn es schon Schweden und Frankreich nicht gelang, wie soll es den Piefkes gelingen! Sei's um vier, fünf Wochen, dann werden wir ja sehen, wie's mit dem Sieg aussieht, den sie schon in der Tasche zu haben glauben – oder sind Sie etwa anderer Meinung, Herr Zachara?«

Der Angeredete war gerade dabei, den fünften oder sechsten Wecken zu verschlingen. Grinsend und kauend erwiderte er:

»Ist mir gleichgültig, wer von beiden Räubern siegt, wird uns Krieg der sozialen Revolution mit riesigem Schritt näher bringen. Ist sich alles Folge des Antagonismus in der kapitalistischen Gesellschaft, muß Krieg führen, kann sonst das gesellschaftliche Problem nicht lösen. Diesse Kriege sind nur ein Ausweichen vor der unvermeidlichen sozialen Revolution.«

»Reden Sie keinen Unsinn, Herr Zachara, Sie werden mir doch zugeben, daß mit einem Sieg des deutschen Imperialismus auf lange Zeit hinaus die Chancen einer sozialen Revolution verpatzt sind.«

»Nein, werden deutsche Imperialisten nicht fertig werden mit Problem. Wird ihr Sieg im Gegenteil revolutionäre Entwicklung beschleunigen.«

»Sie sind ein Kindskopf, Herr Zachara, ein ideologischer Träumer, nehmen Sie's mir nicht übel.«

Herrn Rosens Stimme bekam, als er dies sagte, einen leicht kreischenden Unterton. Sie war sehr unangenehm anzuhören.

»Gehn S', streiten Sie sich nicht um ungelegte Eier«, versuchte Wärmer zu vermitteln.

Nun griff Ninon ein:

»Keinen Streit, meine Herrn; ich glaube nicht, daß die Deutschen siegen. Ich kenne übrigens auch Deutsche, die nicht mitmachen, die genau so denken wie Herr Gerhardt, Herr Schlichter und Herr Wärmer. Prof. I. z. B. ist schrecklich empört über diesen sinnlosen Krieg. Haben Sie übrigens Herrn Jutzi schon in Uniform gesehen? Der Kerl ist sogar Kavalleriehauptmann, sieht aber aus wie ein Schimpanse im Dompteurkostüm.«

Alle lachten, und da nun einmal das Lästern im Gange war, gab jeder ein Anekdötchen über diesen oder jenen Bekannten, den er in Uniform gesehen hatte, zum besten. Erst spät abends trennte man sich.

Karl, der Terrorist

Portrait eines Berufsrevolutionärs

Wir waren auf dem Weg zu einer neu eröffneten Weinstube. Plötzlich blieb mein Begleiter stehen, packte mich am Arm und flüsterte halblaut: »Nicht weitergehen, dem Mann da vorne möchte ich nicht begegnen!« Ich schaute nach der Richtung, wohin die Bewegung seines Kopfes wies. Ein dicklicher, kleiner Mann von ungefähr fünfundvierzig Jahren überquerte gerade einige Schritte vor uns die schwach beleuchtete, nächtliche Straße. Auf dem gegenüberliegenden Gehsteig angelangt, schaute er sich nochmals sondierend um und verschwand dann in der nächsten Querstraße.

»Gott sei Dank, daß er mich nicht gesehen hat«, meinte mit einem Schnaufer der Erleichterung der Freund, »hätte er mich gesehen, wäre ich ihn heute abend nicht mehr losgeworden, wie eine Klette hängt sich der an einen, vorgestern abend saß er geschlagene fünf Stunden in meinem Atelier und entwikkelte wie ehemals mit einer alle Lebensgeister tötenden Beharrlichkeit seine verschrobenen Theorien – er ist ein alter Revoluzzer von damals, als wir noch alle hoffnungsvoll der chiliastischen Sonne der klassenlosen Gesellschaft nachjagten. Aber warte, bis wir im Lokal sind, ich erzähle dir die Geschichte unserer Begegnung, sie ist dramatisch und voll erstaunlicher Wendungen. Du wirst dann auch verstehen, warum ich dem Mann aus dem Wege gehe.«

»Eines Tages«, begann er, nachdem wir in einer Ecke des Lokals Platz genommen hatten, »erschien eben dieser Mann – er war damals noch nicht so dick wie jetzt – bei mir im Atelier mit einer Empfehlung von einem der leitenden Köpfe der Bewegung und forderte Quartier. Ich wußte, daß die Polizei für seine Ergreifung eine ziemlich hohe Summe ausgesetzt hatte, denn er war einer der fähigsten Organisatoren der über das ganze Land operierenden sogenannten Fünfergruppen und selber Führer eines kleinen Stoßtrupps von waghalsigen Aktivisten. Es gehörte zum Aufgabenkreis der innerhalb des bürgerlichen Rahmens lebenden Genossen, die illegalen Kämpfer für die gute Sache aufzunehmen und zu verbergen, gegebenenfalls in andere Quartiere weiterzuleiten. Wer sich dieser Pflicht entzog, riskierte den Ausschluß aus der Bewegung oder noch Schlimmeres.

Ich lebte damals mit einem ehemaligen Kontrollmädchen, einem gerissenen und ziemlich skrupellosen Geschöpf, das auf eine lange, solide Erfahrung mit den Organen der öffentlichen Sicherheit pochen konnte. Mit kundigem Blick nahm sie sich sofort Karls – so hieß unser neuer Logisherr – an.

›Du mußt dir die Augenbrauen über der Nasenwurzel wegmachen, das ist ja der reine Steckbrief, komm', ich rasier sie dir aus.‹

Tatsächlich waren die Brauen über der Nasenwurzel zusammengewachsen. Mit dem Stück Augenbraue rasierte sie ihm zugleich auch das kleine Bärtchen weg und schnitt ihm obendrein noch einen Haufen Haare ab. Nach dieser Prozedur hielt sie ihm den Spiegel vors Gesicht.

›So, jetzt können dich die Schucker nicht so schnell wiedererkennen‹, kicherte sie befriedigt.

Ein flüchtiges Lächeln huschte über Karls Gesicht. ›Tüchtige Genossin!‹ Das war alles, was er sagte.

Er war ein schweigsamer Gast, der nur beredt wurde, wenn das Gespräch um irgendeine politische Doktrin ging. Die Reinheit der Lehre war sein Allerheiligstes und die Taktik der direkten Aktion sein Steckenpferd. Solange er bei uns war, habe ich ihn nie lachen gehört, nie kam ein Scherz über seine strengen Lippen. Eine gläserne Sprödigkeit, die sich mitunter zur unmenschlichen Härte steigern konnte, machte ihn unempfindlich gegen alle unbeschwerten Freuden. Eine Marotte hatte er allerdings: er war ein leidenschaftlicher Sexualreformer.

Wir gingen, um uns ein wenig Bewegung zu machen, des öfteren nach eingebrochener Dunkelheit aus. Eines Abends hielt uns ein Bettler an und bat um einige Groschen. Als ich das Portemonnaie ziehen wollte, verhinderte er dies mit den Worten: ›Ich gebe keinem Bettler etwas!‹ Dann zu dem Mann gewendet: ›Warum holen Sie sich das Geld nicht dort, wo es liegt, bei den Bourgeois?‹

Damit ließ er den verdutzten Mann stehen.

Eine Woche nach diesem Vorfall kündigte er mir an: ›Heute abend kommen die Genossen meiner Gruppe zur Besprechung, sorge dafür, daß wir nicht gestört werden.‹

Und sie kamen; nicht zusammen, sondern nacheinander in bestimmten Zeitabständen. Das war eine recht merkwürdige Garnitur von Menschen. Als erster kam ein früherer Schiffskoch, gebürtiger Elsässer, der lange in Rußland gelebt und dort den Bürgerkrieg mitgemacht hatte. Sein Gesicht glich einer aus Sauerkraut und geriebenen Karotten geformten Leninmaske. Nach ihm kam ein Schriftsetzer, dessen Züge an die japanische Fratze eines Europäers erinnerten; ein stereotypes Lächeln spielte ständig um seine von einem englisch gestutzten Bärtchen beschatteten dicken Lippen. Der dritte war ein Maschinenschlosser a. D. mit blondem Schopf und breitem, nichtssagendem Allerweltsgesicht. Der vierte präsentierte sich als Zigeunerabkömmling, bräunlich, schlank und schwarzhaarig.

Zunächst wurde der übliche Parteihader durchgesprochen, Fragen der Taktik erörtert, und endlich kam man auf den eigentlichen Zweck der Zusammenkunft, die Finanzierung des Parteiblättchens. Da sich diese Gruppen wegen ideologischer Differenzen von der großen Mutterpartei getrennt hatten, waren sie gezwungen, ihr Organ aus eigenen Mitteln zu finanzieren. Es war geplant, sich durch eine großangelegte Expropriation diese Mittel zu beschaffen. Das Objekt der Aktion war eine Filiale der Dresdener Bank in C. Man beschloß, die Hälfte der Strecke mit der Bahn zurückzulegen, die andere Hälfte aber im Auto, das einer der dortigen Kumpane nach dem Umsteigeort fahren sollte.

›Das macht am besten der Spandauer Paul, der ist Chauffeur und hat seine Verbindungen‹, meinte der Maschinenschlosser.

›Und wie steht's mit den Waffen?‹ fragte Karl.

›Ist all right‹, erwiderte der Schriftsetzer.

›Halt, ich habe keine Pistole mehr, ist mir bei einer Razzia abhanden gekommen‹, meldete sich der Schiffskoch.

Der Schriftsetzer grinste ihn sarkastisch an, dann sagte er: ›Na, dann nimmst eben den Schießprügel, den unser Kunstmaler da in der hohlen Wand stehen hat; ist ein gutes Infanteriegewehr, Modell 98, kaufst dir noch ein Futteral dazu und ein grünes Hütchen. Wette, daß dich so jeder gute Bürger für einen revolutionären Förster hält mit deinem schönen Nudelbart.‹

Die andern lachten, nur Karl blickte streng verweisend zu dem Witzbold hinüber. ›Unterlaß' diese Scherze, Genosse‹, rügte er ihn humorlos. ›Wir müssen den ganzen Plan nochmals genau durchsprechen. Übrigens fällt mir gerade ein, du wolltest doch Schreibmaschinen für unser Pressebüro besorgen?‹

Die Frage war an den Schiffskoch gerichtet. Der Angeredete wurde rot, dann platzte er zornig los: ›Das hat der Spandauer Paul leider total vermasselt. Stell' dir vor, ich und der Kuno fahren mit einem Handwägelchen extra nach Neukölln, wo der Paul den Speicher von der Firma ausbaldowert hat. Erst sind wir stundenlang im Regen gestanden, weil wir abwarten wollten, bis die dämlichen Kleinbürger in den Federn schnarchelten. 's war schon über zwölfe, als wir endlich rauf auf den Speicher konnten. Nu, die acht Kästen standen richtig hinterm Verschlag; ich also schnell rin und packe den ersten besten. Wunderte mich gleich, wie federleicht der war, drehe ihn also um: von einer Schreibmaschine keine Spur. Ich sehe die andern nach: lauter leere Kasten, aber nirgends auch nur eine Maschine. Hab' schier 'n Tobsuchtsanfall bekommen da oben in dem verdammten Speicher.‹

Alle lachten wieder bis auf Karl, dessen Gesicht sich zu einer Maske grimmiger Enttäuschung versteinerte.

Nachdem noch eine Weile über einen Posten Eierhandgranaten hin und her geredet worden war, wurde der Plan in allen Einzelheiten geprüft und hernach die Rollen verteilt. Ich merkte dabei, daß Karl schon eine gewisse Routine in derlei Unternehmungen verriet. Gegen Morgen verließen alle, wie sie gekommen waren, nacheinander das Haus. Als letzter ging Karl.

Zwei Tage hörten und sahen wir nichts von Karl. Am dritten las ich in der Morgenzeitung eine fettgedruckte Überschrift mit einer kurzen Notiz:

Frecher Raubüberfall! Wildwest in Sachsen.

Gestern früh um einhalbneun Uhr drang eine fünfköpfige Bande maskierter Männer in eine Filiale der Dresdener Bank ein und erzwang mit vorgehaltenen Revolvern die Herausgabe des dort deponierten Geldes. Den Banditen fielen ungefähr 250.000 Mark in die Hände.

Tags darauf erschien bei uns ein junger Mensch. Er trug das bei der Arbeiterjugend übliche Habit mit Schillerkragen, kurzer Hose und Sandalen. Über seinem Rücken hing, in ein schmutziges Futteral gehüllt, eine Guitarre. Ohne viele Worte zu verlieren, zeigte er uns einen von Karl unterschriebenen Ausweis.

Ich führte ihn in unsere kleine Schlafkabine. Dort zog er zunächst seine Guitarre aus dem Futteral und begann zu unserer Verwunderung, die Rückseite des Instruments zu zertrümmern. Aus dem Innern des Schallkörpers quollen in rauhen Mengen Geldscheine aller Art, Hunderter, Fünfziger, Zwanziger.

In die Augen meiner Freundin kam ein gieriges Flackern. Sie fragte: ›Was sollen wir damit?‹

›Aufbewahren, bis es abgeholt wird‹, erwiderte er, ›es sind revolutionäre Gelder.‹

›Und wir, was fällt für uns ab?‹

›Das entscheidet die Gruppe.‹

Sie zog ein schiefes Maul. ›Na, wenn sie jetzt nur nicht in ihrem Ganovenjargon losplatzt‹, dachte ich. Aber sie schwieg, anscheinend verschob sie ihre Ansprüche auf einen günstigeren Moment.

Während der Junge auf dem Closett war, sagte sie: ›Ist doch ein arger Knauser, dein Freund Karl.‹

›Revolutionäre verstehen in Geldfragen keinen Spaß, am allerwenigsten einen auf ihre Kosten‹, erwiderte ich.

Mit Einbruch der Dunkelheit erschien Karl. Er zeigte gute Laune, soweit man bei ihm überhaupt von einer solchen sprechen konnte. Doch selbst in dieser, sagen wir gehobenen Stimmung verließ ihn nicht der Geist der Kontrolle und beobachtenden Aufsicht, der seine Gegenwart so unbehaglich machte. Beim Abendbrot fragte ich ihn: ›Nun, wie war's?‹

›Ist gutgegangen‹, erzählte er schwach lächelnd, ›wir setzten im Vorraum die Masken auf und dann ging's blitzschnell rin in den Hauptraum. Die Angestellten waren gerade dabei, die Pulte und Schubladen aufzuschließen. Die Angst hielt sie so in Bann, daß keiner einen Piepser tat, nur eine Stenotypistin fing an, laut zu flennen. Ich setzte ihr sogleich mein Kommißmesser auf die Brust und sagte: Fräulein, flennen Sie nicht so laut, sonst muß ich zustechen. Ich flenne ja nicht mehr, schluchzte sie. Einer wollte allerdings einen Kassenschrank, weiß der Teufel warum, nicht öffnen, aber eine Ohrfeige Pauls brachte ihn schnell zur Vernunft. Den Rückzug deckte ich mit einer Eierhandgranate; ich drohte ihnen, wenn einer etwa vorzeitig ans Telephon laufe oder sonst Lärm schlage, würde ich das Ding mitten unter sie werfen. Zum Glück liegt die Filiale am äußersten Rand des Vororts, 's waren wenig Menschen zu sehen, und die wenigen kümmerten sich nicht um das Auto und die Verladetätigkeit der paar Männer. Die Masken hatten wir natürlich im Vorraum wieder abgenommen.‹

›Und das Auto?‹

›Haben wir auf halbem Weg in der Nähe einer kleinen Station im Wald stehenlassen. Das Geld bekamen die Kuriere, um es an den verschiedenen Sammelstellen unterzubringen.‹

Mehr teilte er uns nicht mit, er verlor auch kein Wort über unsern Anteil.

Morgens um acht Uhr – wir saßen gerade beim Kaffee – klingelte es. Ich ging hinunter und öffnete. Ein kräftiger Herr mit Panamahut und Stock stand im Türrahmen.

›Kriminalpolizei‹, legitimierte er sich, indem er kurz seinen Ausweis vorzeigte. Dann sagte er noch: ›Wir suchen jemand, der uns sehr am Herzen liegt; ich muß Ihre Räume durchsuchen. Ist noch jemand außer Ihnen in der Wohnung?‹

›Nein‹, sagte ich stotternd, ›hier wohnt niemand … das heißt, 's ist schon jemand da außer mir und meiner Freundin …, ein Kollege kam gestern, wollte verschiedenes mit mir besprechen …, haben dann einen miteinander gekübelt.‹

›So, wie heißt denn Ihr Freund, – na wollen ihn mal selbst anschauen!‹

Er ging mir voran, die Wendeltreppe hinauf, die in unsere kleine Kombüse führte.

Du kanntest unser damaliges Atelier nicht. Ich mache dir darum eine kleine Beschreibung davon. Stelle dir vor: ein sehr großer Atelierraum, dessen eine Wand ein riesiges Glasfenster einnimmt. Auf Dreiviertelhöhe an der gegenüberliegenden Wand eine Art Galerie, zu der eine Wendeltreppe führt. Am rechten Ende der Galerie stand ein Bett, davor eine zweiflügelige spanische Wand ohne Füße; am linken Ende gelangte man über drei Stufen in die Wohn-und-Schlafkabine. Hinter dieser befindet sich noch ein schmaler schlauchartiger Raum, in dem wir schmutzige Wäsche liegen hatten. Unter einem Haufen solcher Wäsche lag das geraubte Geld. In unserer Kabine befand sich nahe beim Fenster ein Bett und weiter herein eine Chaiselongue. Von der Galerie führte eine Tür, die jedoch meist abgeschlossen war, auf die Bodenräume und das Klosett.

Ich trat mit dem Kriminaler ins Zimmer. Meine Freundin lag noch im Bett, und Karl saß beim Frühstück. Er war, als wir eintraten, aufgesprungen. Bemerken muß ich noch, daß an der Tür zu dem schlauchartigen Raum sein Jackett hing, in dessen einer Tasche eine Eierhandgranate steckte. Karl hatte mir übrigens einige Tage vorher versichert, sollte hier ein Polizist eindringen, würde er ohne Rücksicht auf uns diese Granate werfen.

›Wie heißen Sie?‹ fragte der Kriminaler.

›Helmer‹, antwortete Karl, ohne sich lange zu besinnen. (Dieser Helmer war ein gemeinsamer Bekannter von uns.)

›Vorname?‹

›Fritz.‹

›Wo wohnen Sie?‹

›Katharinenstraße 2.‹

›Was machen Sie hier? Haben Sie Papiere?‹

Karl wurde ein bißchen nervös.

›Wir haben Ausstellungsfragen besprochen und dann noch 'n wenig Allasch getrunken ... Papiere habe ich natürlich keine bei mir, wozu auch, ich werde doch keine Papiere mitnehmen, wenn ich zu einem Kollegen geh ..., das werden Sie doch verstehen, wäre ja der reine Blödsinn.‹

Der Kriminaler blätterte in seinem Notizbuch.

›Da steht aber Wieland Helmer?‹

›Stimmt, die Wohnung gehört meinem Bruder, ich bin in Untermiete bei ihm.‹

›Seit wann?‹

›Erst seit ein paar Tagen.‹

›Gut, ich hoffe für Sie, daß Ihre Angaben stimmen.‹

Dann wieder sich zu mir wendend: ›Ist sonst noch jemand bei Ihnen?‹

›Nein.‹

›Zeigen Sie mir noch die anderen Räume‹, gebot er mir, sichtlich mißgestimmt.

Ich führte ihn in den Schlauch. Er stocherte mit dem Stock in der schmutzigen Wäsche herum, zum Glück an der falschen Stelle. Darauf begab er sich auf die Galerie. Er schritt auf das Bett zu, ich halb bewußtlos vor Schreck dicht hinter ihm. Einige Schritte vor der spanischen Wand hielt er an. Das Bett, das man zur Hälfte sah, war leer. Von dem jungen Kurier keine Spur.

Ziemlich fassungslos starrte ich hinter ihm auf das Bett, ich konnte mir nicht erklären, wohin der Junge verschwunden war; denn unter dem Bett war er nicht. Wäre er auf den Boden hinaus, hätten wir ja das Geräusch der Türe hören müssen; hinunter ins Atelier konnte er auch nicht, da die alte Treppe so laut knarrte, daß es meinem Besucher schwerlich entgangen wäre. Nun, du wirst staunen, wenn ich dir sage, wo er steckte: Er war aus dem Bett gesprungen und hatte sich einfach dicht hinter die spanische Wand gestellt. Der Kriminaler hätte diese nur wegziehen brauchen, dann hätte er ihn gehabt.

Das tat er aber nicht, sondern er richtete an mich die Frage:

›Hier hat wohl Ihr Kollege geschlafen?‹

Ich bejahte, immer noch wie im Traum.

Er verlangte dann, daß ich ihm die Bodenkammer zeige, schnüffelte noch ein wenig im Klosett herum und verließ nach dieser Inspektion das Atelier mit einer freundlichen Verwarnung an mich.

Kaum war er die Treppe hinunter, eilte ich an das oberste Treppenhausfenster und spähte vorsichtig hinab. Die Aufgänge der Seitenflügel waren rechts und links mit je zwei Kriminalern besetzt, ebenso das Tor des Vorderhauses, das zur Straße führt; es wäre für Karl nur die sehr gefährliche Flucht über die Dächer übriggeblieben. Ich sah, wie die sechs Greifer eine Weile noch miteinander redeten, dann aber schließlich doch abzogen.

Eine Stunde nach diesem unliebsamen Intermezzo verließ Karl das Atelier. Er begab sich in das für einen solchen Fall bereits vorgesehene Reservequartier. Das Geld nahm er in einem kleinen Handkoffer mit. Gleich nach ihm verschwand auch der Kurier aus dem Hause.

Mir kommt es heute noch wie ein schieres Wunder vor, daß wir so leichten Kaufs davonkamen. Denn alles schien eigentlich so angelegt, daß ein Entkommen fast nicht mehr denkbar war. Es trat aber plötzlich eine solche Häufung von ganz unwahrscheinlichen, glücklichen Zufällen ein, daß ich den guten Ausgang dieses Abenteuers nicht anders als eine Fügung der Vorsehung ansehen kann. Wäre es anders abgelaufen, mein Leben hätte eine völlig andere Wendung genommen.

Wir erfuhren nie, wen die Polizei tatsächlich suchte.«

»... Was wurde aus Karl?«

»Die Polizei schnappte ihn einige Monate später bei einer illegalen Sitzung der Streikleitung in H. Dabei wurde er ziemlich übel mißhandelt. Die Verhandlung fand in L. vor dem Staatsgerichtshof statt. Das Urteil lautete: Fünfzehn Jahre Zuchthaus.«

»Verhältnismäßig milde, die Republik war zweifellos sehr human. Was ihr allerdings von ihren Gegnern nicht gedankt wurde. Hat er die Strafe abgesessen?«

»Nicht ganz, er wurde nach sieben Jahren amnestiert. Während seiner Gefangenschaft schrieb er ein Buch, Eros im Zuchthaus. Ein findiger Verleger, der der Bewegung nahestand, witterte das Geschäft und brachte das Buch mit einem knalligen photomontierten Umschlag versehen heraus. Es wurde in der Tat ein gutes Geschäft. Mit dem Geld gründete Karl einen Bund für Ehereform und freie Liebe. Das Unternehmen erwies sich als rentabel, denn abgesehen von den Mitgliedsbeiträgen warf ihm auch eine Zeitschrift, die er herausgab, eine erkleckliche Summe ab. Er war nie ein schlechter Rechner gewesen und ist heute ein noch besserer als früher. Sparsam und genau führt er wie ehemals ein strenges Regiment unter seinen Anhängern. Inzwischen ist er, wie du sahst, dick geworden – ein Schicksal, das die meisten Terroristen früher oder später ereilt, falls sie das Glück haben, nicht auf der Strecke zu bleiben.«

»Warum hast du eigentlich so eine Abneigung vor einer Begegnung mit ihm?«

»Weißt du, ich kann diese Redereien nicht mehr ertragen, es wird mir physisch übel davon, auch erweckt seine Gegenwart ein peinigendes Schamgefühl in mir; also gehe ich ihm eben aus dem Weg.«

»Ich verstehe.«

»Und dann gibt es da noch einen Grund: die unmenschliche Kälte, die von ihm ausgeht. Der Mann kann nicht lieben. Übrigens habe ich diesen Zug bei fast allen Berufsrevolutionären festgestellt. Sie sind zwar hoffnungslose Phantasten und Utopisten in allem, was die Zukunft des Menschengeschlechts betrifft, haben aber keine Ahnung vom wirklichen Menschen; außerdem sind sie auch gar nicht an ihm interessiert, da er für sie ein Phantom ist. Das, was wir am Menschen als Ausdruck seines Menschseins schätzen, ist für sie wie bei ihren Gegenspielern, den Männern des Geschäfts, ein Nicht-sein-Sollendes, etwas, das man im Interesse der Gemeinschaft ausmerzen muß. Doch haben sie einen feinen Riecher für das Vorhandensein dieser gefährlichen und ihrer Meinung nach schädlichen Substanz. Darum betrachten Karl und seinesgleichen diese Kraft als absoluten Störenfried, den radikal zu beseitigen die Aufgabe jedes echten Revolutionärs ist. Es wird dann nur noch das Notwendige und In-den-Dienst-Gestellte geben. Ich bekam durch ihn einen Vorgeschmack von dem, was uns erwartet, sollte die Menschenwelt einst ihrem Ansturm erliegen. Und dieser Vorgeschmack ließ mich bis in die letzte Seelenfalte erzittern.«

Mich hatte während seiner Rede ein tiefes Unbehagen ergriffen, jenes Unbehagen, das einen ergreift, wenn man unvermutet in der Dunkelheit an einen Abgrund gerät, aus dem verlokkend die stumme Aufforderung zum Absprung spricht. Aus meiner lähmenden Depression heraus brachte ich es nur zu der etwas nichtssagenden Frage:

»Du glaubst also, daß so ungefähr der neue Mensch aussieht?«

»Allerdings«, erwiderte er, während wir uns anschickten, das Lokal zu verlassen, »wenn nicht ein Wunder geschieht, wird er ungefähr so aussehen: ohne Liebe, ohne Humor, ohne Barmherzigkeit und ohne Demut.«

Flucht auf den Hohentwiel

Dumpf brütend saß ich im Abteil dritter Klasse der kleinen Lokalbahn und starrte auf die eilig vorüberfliehenden traumhaften Gebilde der in ein unbestimmtes Zwielicht getauchten blauen Juraberge, die sich von Zeit zu Zeit überraschend über den dunklen Wäldern und bräunlichen Hügeln der Bahr erhoben, auf Momente verschwanden, dann plötzlich erschreckend naherückten, um bei der nächsten Biegung wieder in unwirkliche Ferne zu entschwinden. Eine schmerzhafte, bittersüße Erinnerung an die unwiederbringlich verlorene Welt meiner Jugend stieg mir quälend ins Gehirn, vermischt mit Gedanken an zweifelhafte, wissenschaftliche Behauptungen und mythologische Überlieferungen über die Entstehung jener eindrucksvollen Bergformen; in seltsamem, überirdischem Licht schimmernde Bilder tauchten auf und wechselten mit trüben, unheimlichen Nachtgesichten. Ein bohrendes Weh, das ich vergeblich mit nüchternen, verständigen Erwägungen zu übertäuben suchte, bemächtigte sich meines Gemütes, und als sich der Zug der Station Trossingen näherte, erlebte ich, vollständig und fast wider Willen entrückt in jene vergessenen Tage, alle Freuden und Leiden wieder, die damals mein kleines Leben bestimmten und doch schon alle Möglichkeiten der Welt in sich bargen. Zum Greifen deutlich sah ich den Lehrer Kasimir Scheele vor mir, der sich einst die Hand und das Geld meiner Base Anna mit guten Worten erschwatzt hatte und bei dem ich damals als Kunstgewerbeschüler meine Ferien zubrachte.

Dieser, in die Einöde der Bahr versetzte dickblütige, an Herzbeschwerden leidende Mann wartete mit Sehnsucht das ganze Jahr hindurch auf die Tage, wo er sich in der Residenz, befreit von dem lästigen Schuldienst und von der noch lästigeren, schon ältlichen Frau, den zweifelhaften Genüssen der großstädtischen Bodegen und Likörstuben hingeben konnte. Ich erinnerte mich noch genau an alle Einzelheiten im Äußeren dieses Mannes, an das feiste, mit einem strammen blonden Schnurrbart und einem randlosen Zwicker geschmückte

Gesicht; an den kleinen, dicklippigen Mund, der mit behaglichem Schmatzen die übelsten Zoten von sich geben konnte; an den dicken Lodenanzug und vor allem an seine merkwürdigen Stiefel, die sehr plump und sehr solide gearbeitet waren, aber vorn in eine überraschend scharfe Spitze ausliefen und die schöne Eigenschaft der Vertauschbarkeit besaßen, d.h. man konnte den rechten am linken Fuß tragen und umgekehrt. In diesen Schuhen offenbarten sich für mein Gefühl sehr ausdrucksvoll die hervorstechendsten Charaktereigenschaften dieses Mannes, das höchst komische Gemisch von wohltemperierter Genußfreudigkeit, Begehrlichkeit und Sparsamkeit. »I muse jetzt noch ein Stramperle (Schnaps) habe«, diese so ungemein charakteristische Äußerung nach jedem Ausbruch in die Bezirke ungeregelter, verbotener Lust klang mir, als hätte ich sie erst gestern gehört, wieder in den Ohren. Wie gesagt, ich wohnte damals vierzehn Tage bei ihm, und ich weiß noch gut, mit welch instinktivem Gefühl der Ablehnung ich seine handgreiflichen Annäherungsversuche an Kellnerinnen und Dienstmädchen beobachtete, wie widerwärtig mir sein kleiner, rosiger, leicht lächelnder und ewig feuchter Mund war; wie unangenehm mich das gehorsame Lachen, die geschmeichelten Mienen der albernen Weibsbilder berührten. Zudem konnte ich mir auch gar keinen Vers darauf machen, worin nun eigentlich der Reiz solcher Griffe bestehen sollte, warum man an dem Kneifen und Herumfingern bei Frauen einen so großen Spaß haben konnte; ich hielt das, weil es so ganz außerhalb meiner Empfindungswelt lag, einfach für einen verwerflichen Übermut. In meiner unschuldigen Narretei erzählte ich einmal, weil es mich schon lange danach juckte, meiner Base von den ungebührlichen Gepflogenheiten ihres Mannes, ohne zu wissen, welches Unheil ich damit anrichtete. Zwar sprach sie in meiner Gegenwart kaum ein Wort mit ihm über diese Ungehörigkeiten; schweigend, mit einer stillen Resignation schien sie diese frivolen Eskapaden ihres Gatten zu ertragen. Aber einige Tage darauf war ich nachts, als ich lange nicht einschlafen konnte, Zeuge einer merkwürdigen Auseinandersetzung. Ich hörte, wie meine Base plötzlich mit trauriger, hölzerner

Stimme anfing, ihm sanfte Vorwürfe zu machen: »Du, Kase, dös ischt onrecht von dir, so an de Mädle herumzutappe, dös macht doch kein verheirater Ma, und außerdem ischt's eine schwere Sünd, du magsch mi halt nimme!« Nach einer Weile Stille hörte ich ihn brummen: »Dös ischt doch dummes Zeug, was du do schwäzsch, der Rudolf, der heillose Schlenkel, hat dir wieder amol Mucke in Kopf g'setzt«, und nach einer weiteren Pause: »Der windige Kerl muß mer bald aus dem Haus mit sein'm dumme G'schwätz«. Ich spitzte scharf die Ohren, hörte aber nur noch eine Zeitlang ein leises Gemurmel, hin und wieder unterbrochen von einem halblauten, trostlosen Heulen und einem schmatzenden Beschwichtigungsgeflüster. Bald darauf hörte auch das auf, und nur noch Kases sinnlich brutales Schnarchen drang aus dem Schlafzimmer zu mir herüber.

Mit Traurigkeit und Scham im Herzen erwachte ich des Morgens; ich verwünschte meine Schwatzhaftigkeit, mir ahnte, als ich das verhärmte Gesicht meiner Base sah, daß ich hier etwas Böses heraufbeschworen hatte. Voll Verzweiflung ergriff ich meinen Stock und lief, zunächst ganz ziellos, zum Dorf in den grauen Morgen hinaus; ich hatte das Gefühl, jetzt um jeden Preis entfliehen zu müssen. Mit nervöser Eile hastete ich über die windige, steinige Hochebene, bedrückt durch die Erkenntnis, daß mich ein unwiderstehlicher Zwang zur Störung des Friedens und seelischen Gleichgewichts meiner Umgebung beherrschte, und der mich, obwohl ich tief im Innern die Folgen solchen Tuns deutlich fühlte, immer wieder dazu trieb, alle Ansätze zu einer ruhevollen Beschaulichkeit, zu einem mittleren Glückszustand gründlich zu zerstören. Es ist immer wieder dasselbe, dachte ich, erst genoß ich mit fiebrigem Behagen die Auswirkungen meiner Verrätereien; aber wenn sie mir über den Kopf wuchsen und, wie es meist der Fall war, unvorhergesehene Ausmaße annahmen, oder wenn gar die üblen Resultate meiner Boshaftigkeit auf mich selbst zurückfielen, dann brach ich zusammen, meine moralische Widerstandskraft zerschellte an der resignierten Feststellung, daß unter der lächelnden Oberfläche des geselligen Lebens ein blinder Schädigungsdrang, eine teuflische Vernichtungswut hause; daß es im

Grunde unmöglich sei, in diesem traurigen Mischreiche je zu reinen Beziehungen und aufrichtigem Verhalten dem Nächsten gegenüber zu gelangen. »Wo ist die Liebe, die Liebe«, brüllte ich vor mich hin! »Kannst du überhaupt lieben? Nein, du kannst es nicht, im Grunde hassest du alle und alles, oder bestenfalls bist du stumpf, du willst nur schaden!« Die lächerlich hölzerne Steifheit der Base Anna fordert ja nur deine grausame Spottlust, anstatt dein Mitleid heraus, ihre aufreizende Unfähigkeit zu jeder, auch der kleinsten anziehenden Geste macht dich rasend (denn ich liebte damals schmerzhaft die Schönheit); mit Ingrimm stellte ich fest, daß mein Gefühl gerade dafür ausreichte, mich egoistisch unter die mütterlichen Fittiche einer Frau zu flüchten, daß ich aber im übrigen ein wildes Tier sei mit dem blutdürstigen Trieb zum Biß in die Gurgel, ein Hund, der nur deshalb schweifwedelte, weil er Furcht vor Schlägen hatte. – Auf einmal zwang mich ein unvermuteter warmer Sonnenstrahl, meine düsteren Gedanken zu unterbrechen. Ich hob den Kopf, und mein Auge fiel unwillkürlich auf die hell bestrahlte Felsenwand des Dreifaltigkeitsberges; tröstlich verheißend schimmerte die Dreifaltigkeitskapelle im nunmehr blau gewordenen Himmel. Ein angenehm beruhigendes Gefühl ergoß sich in alle meine Glieder, mein Kopf wurde frei, eine seltsame Lust überfiel mich beim Betrachten und Nachgehen der Konturen von Kirche, Kreuz und Berg. »Bei dir, bei dir ist Friede und Seligkeit«, jubelte es mit Inbrunst aus mir heraus. Ich hatte es wiedergefunden, jenes beseligende Reich unschuldiger Freuden. Ein neuer Mut kam über mich, dunkel fühlte ich die göttliche Kraft, die mich vorwärtstrieb; immer wieder brach ich in lauten Jubel aus, und je weiter ich mich vom Orte meines schmählichen Verrates entfernte, je fremder und unbekannter das Land wurde, durch das ich zog, desto freier fühlte ich mich.

Als ich mich den Ruinen der Festung Hohentwiel näherte, glaubte ich mein seelisches Gleichgewicht wiedergefunden zu haben, eine tiefe Heiterkeit erfüllte mich beim Anblick des Heggau mit seinen hellen Bergen und bunten Städten; von ferne glänzte der Spiegel des Radolfzeller Sees herüber, ein eigentümliches Vibrieren, eine traurig- und zugleich wollustvollmachende Fremdheit lag über der Landschaft. Aber mir fiel plötzlich eine Schilderung aus der Erzählung »Kreuz und quer durch Indien« ein, die ich in meiner Schulzeit immer und immer wieder mit leidenschaftlichem Interesse verschlungen hatte und die mir damals ungemein eindrucksvoll die Stimmung des merkwürdig unsicheren Zustandes zwischen kurzem, sonnigem Glück und geahnter, aber nicht genau gewußter dunkler Gefahr vermittelt hatte. Dort wurde geschildert, wie zwei junge deutsche Leichtmatrosen in Gesellschaft von Gauklern und Schlangenbeschwörern durch das geheimnisvolle Land zogen und zuletzt durch den Verrat des Führers der Truppe in einem alten Mahrattenschloß der Mördersekte der Thugs in die Hände fielen, wo sie nur mit knapper Not dem furchtbaren Schicksal entrannen, als Opfer am Altar der Göttin Kali geschlachtet zu werden. »Hell schien die Sonne über den Udgirihügel«, fing jenes Kapitel an, an dessen Ende sich die dramatischen Vorgänge überstürzten und wo zwei lebensfrohe Knaben von einem tückischen Verräter durch die düsteren Greuel wildesten Heidentums geschleppt, sich nur unter Verlust ihres treuesten Freundes, eines indischen Führers, und durch die Schnelligkeit des unübertrefflichen Elefanten Dschumbo vor den Krallen der teuflischen Mörder retten konnten. Mir wurde es wieder einmal klar, daß, wenn die Sonne so »hell über den Udgirihügel schien«, der Friede nicht weit her sein konnte, daß eben doch das Elend, die Gefahr des Sturzes ins Bodenlose, die düstere Ausweglosigkeit einer lichtlosen Welt hinter der strahlenden Außenseite lauerte. Juble nicht zu laut, lache mit Vorsicht, warnte mich eine innere Stimme. Vorbei war es wieder mit meinem eingebildeten Gleichgewicht! Aufs neue bedrückt durch beunruhigende Gedanken, angefüllt mit unbehaglichen Gefühlen begann ich den Ruinenberg hinaufzusteigen. Von Zeit zu Zeit blieb ich stehen und beschaute mir die Gegend; sonderbar, je höher ich stieg, desto größer wurde meine Unruhe, die noch durch die Spannung, mit der ich die Wirkung des Panoramas erwartete, erheblich gesteigert wurde. Als ich an den ersten Vorhof der

verfallenen Festungswerke kam, mußte ich an den humorigen Haudegen Konrad Widerholt denken, der im Dreißigjährigen Krieg diese Festung gegen fünf Belagerungen hielt und durch kühne Reiterstückchen, durch abenteuerliche Späße und durch skurrile Narreteien ein unverwischbares Andenken bei der Bevölkerung hinterlassen hatte. Trotz meiner inneren Unruhe mußte ich unwillkürlich laut auflachen, wenn ich mir jene Szene aus dem Bericht über die Belagerungszeit vergegenwärtigte, wo die Besatzung nach dreitägiger vergeblicher Beschießung der Feste durch den kaiserlichen Generalfeldzeugmeister Sparr zum Ärger der Belagerer ein großes Spottbild oben heraushing, auf dem der Generalfeldzeugmeister in einem Narrengewand gemalt war und das die Unterschrift trug: »Der Sparr ist ein Narr!« Auch an jene komische Szene mußte ich denken, wie die wohlversorgten Festungsinsassen die ausgehungerten Belagerer durch das Heraushängen von Würsten und Schinken so reizten, daß den armen Teufeln der kaiserlichen Armada das Wasser zum Maule herauslief und sie fluchend den Abbruch der Belagerung forderten. Leider hielt die durch den alten Haudegen wiederholt hervorgerufene Fröhlichkeit nicht allzulange an; kaum war ich oben auf der äußersten Zinne des Burgplateaus angelangt, überfiel mich angesichts der aus einem unheimlichen Meere treibender Wolken herausragenden gespenstig phosphoreszierenden Alpenkette das beängstigende Gefühl einer unsäglichen Verlorenheit, eines hilfslosen Hinausgeschleudertseins in den unendlichen Raum. Ein leichter Schwindel erfaßte mich bei der Vorstellung, nicht mehr als ein zwischen Himmel und Erde herumvagierendes ohnmächtiges Blut- und Kotbündel zu sein. »Wo bist du, o mein Gott«, schrie eine panische Angst aus mir, während sich meine Blicke verzweiflungsvoll in das undurchdringliche Blau des weiten Firmaments bohrten. Und während ich noch mit bebenden Lippen den Namen Gottes murmelte, wurde ich von einer schweren Übelkeit befallen; es war mir, als drücke mir der ungeheure Raum das Gehirn in den Magen. Voll Schrecken rannte ich zurück in den schützenden Bereich der alten Mauern; ich spürte, daß noch länger hier oben weilen die unbekannten Mächte versuchen hieße und unfehlbar mit einem Sturz in den Abgrund endigen müßte.

Müde und niedergeschlagen machte ich mich auf den Rückweg; in Singen angekommen, zauderte ich einen Moment: sollte ich weiter wandern oder zurück? Aber eine dunkle Ahnung, eine unerklärliche Besorgnis zwang mich schließlich doch zur Rückkehr. Also löste ich mir eine Fahrkarte nach Spaichingen. Es dunkelte bereits, als der Zug von Singen abfuhr. Ich war beinahe allein in dem mit einer trüben Funzel beleuchteten Abteil der Holzklasse, außer mir saß noch zwei Bänke weiter rückwärts eine schwarzgekleidete Bäuerin mit einem rotgeweinten Gesicht; ihre Augen waren geschwollen, der dicke Mund bläulich und aufgesprungen. Eine gute Weile grübelte ich darüber nach, was wohl an einer solchen Frau liebenswert sein könnte, dann kehrten meine Gedanken wieder automatisch zu Kasimir und Anna zurück; eine würgende Angst stieg mir in die Kehle, es könnte eines von den beiden in meiner Abwesenheit gestorben sein, unversöhnt mit mir vom Tode überrascht von dannen gegangen sein. Ich bereute bitter meine überstürzte Flucht, mich quälten die Verwünschungen, die in meiner Abwesenheit sicher gegen mich geschleudert wurden, ich fühlte die Fernwirkung des Hasses, den ich heraufbeschworen hatte. Voll von trüben Gedanken starrte ich durch die Scheiben hinaus in die dunkle Nacht und malte mir mit steigendem Entsetzen die möglichen Folgen meines unzeitigen Schwatzens aus; in einer Art Angstdelirium steigerte ich den Konflikt ins Gigantische. So geht alles zugrunde, schoß es mir durch den Kopf, alles: Familie, Glück, Liebe, Zusammengehörigkeitsgefühl; und wodurch? Nur durch ein paar dumme, leichtsinnig hinausgeplapperte Worte, die einem einfach aus dem Maule laufen wie das Wasser aus einer schwachen Blase. –

Der Zug hielt mit einem plötzlichen Ruck, die Stimme des Schaffners riß mich jäh aus meinem trübsinnigen Dösen. »Tuttlingen, alles aussteigen«, grölte zum zweitenmal die Stimme. Ich kletterte aus dem Wagen, die Bahnhofsuhr zeigte einhalb elf. Hastig schritt ich über einige Gleise und spähte eifrig nach dem Anschlußzug nach Spaichingen, vergebens! Außer dem

Zug, mit dem ich gekommen war, war weit und breit nichts zu sehen. Ich rannte nach dem Perron zurück und erwischte dort glücklich den Zugführer. »Wo steht der Zug nach Spaichingen?« fragte ich atemlos. »Heit geht koiner mehr nach Spaichinge, morgen früh siebe Uhr zehn geht oiner«, lautete der wenig tröstliche Bescheid. Da überfiel mich eine hoffnungslose Verzweiflung, denn ich sah in dieser Unterbrechung einen tükkischen Hieb des Schicksals aus dem Hinterhalt. Es war der Wille einer bösen Macht, daß ich wahrscheinlich zu spät kommen mußte. Also unversöhnt mußten sie von dieser Erde weg, war meine aberwitzige Schlußfolgerung; ich war jetzt beinahe fest überzeugt, daß ich die beiden nicht mehr lebend antreffen würde. Zu allem Unglück machte ich auch noch die fatale Entdeckung, daß ich kein Geld mehr hatte. Was nun? Wo sollte ich übernachten? Vollständig verwirrt lief ich die endlose Bahnhofsstraße hinab, ganz ziellos, ohne zu wissen warum und wozu. Schließlich zwang mich die Kühle der Nacht doch, mich nach einer Unterkunft umzuschauen. Ich entdeckte einen Neubau und beschloß, dort zu nächtigen. Zunächst kroch ich in das Erdgeschoß, da lag Kalk und Mörtel drin; außerdem stand das Wasser in Pfützen auf dem Boden. Deshalb stieg ich die Leiter, welche die einzelnen Stockwerke miteinander verband, empor und entdeckte bald im ersten Stock eine leidliche Unterkunft; ich breitete meine Pelerine auf einem Haufen Sand aus und versuchte einzuschlafen. Das wollte mir zuerst gar nicht gelingen; ich fror gewaltig und zudem war mein Gehirn noch angefüllt mit quälenden Vorstellungen und abstrusen Bildern. Endlich fiel ich doch in eine Art unruhigen Halbschlaf, aus dem ich jedoch bald wieder auf eine unheimliche Weise geweckt wurde. Der Schlag der nahen Turmuhr, vermischt mit einem verdächtigen Geräusch von schleichenden Schritten und bröckelndem Mörtel, ließ mich auffahren. Mit bang klopfendem Herzen starrte ich auf die leere Fensterhöhle, in der Erwartung, gleich etwas Ungeheures auftauchen zu sehen. Und plötzlich erschien der Kopf eines großen Hundes und stierte unter dumpfen Knurren mit glühenden Augen nach mir hin. Mein erster Gedanke war nun nicht etwa, dies ist ein gewöhnlicher Hund, jag ihn einfach weg; nein, mir fuhr sofort der vertrackte Gedanken durch den Schädel: nachts verkriecht sich der Teufel leicht in einen Hundeleib, um den Menschen zu äffen und in Abgründe zu locken; das kann man ja überall nachlesen! Mich erfaßte ein unbeschreibliches Grauen, ich fühlte, wie sich mir die Haare sträubten, ich zitterte, meine Kiefer schlugen klappernd gegeneinander; ich hatte gerade noch so viel Besinnung, meine Pelerine und meinen Stock zu ergreifen und Hals über Kopf die Leiter hinunterzustürzen; ich wunderte mich später baß darüber, daß ich nicht Hals und Bein gebrochen hatte. Wie ein Irrer rannte ich durch die menschenleere Straße, wohl wissend, daß dies alles über mich verhängt war und seinen Sinn hatte. Wie lange ich so lief, weiß ich nicht mehr; ich weiß nur noch, daß ich mit einem Mal vor der Polizeiwache stand und daß mir die glückliche Idee kam, du könntest doch eigentlich ganz gut bei der Polizei übernachten, wozu ist die denn sonst da! Mutig trat ich also in die Wachstube und meldete mich als obdachlos. Zuerst wurde ich von den anwesenden Polizisten mißtrauisch gemustert; aber nachdem ich meinen Fall erklärt hatte, wurde mir freundlich bedeutet, für diese Nacht mit dem Arrestlokal vorlieb zu nehmen, da sonst keine Unterkunftsräume vorhanden wären. Ich erklärte mich einverstanden und wurde nun von einem Polizisten nach dem Arrestlokal geführt, wo ich, nachdem ich vorher die nötigen Anweisungen betreffs des Kübelreinigens und des Pritsche-in-Ordnung-Bringens empfangen hatte, eingeschlossen wurde. Vor dem Einschlafen überlegte ich mir ernsthaft, was ich wohl anfangen würde, wenn durch eine unvermutete Katastrophe wie ein plötzliches Hochwasser, ein Erdbeben oder eine Feuersbrunst die Stadt von Vernichtung bedroht würde; ich fühlte mich recht hilflos und wehrlos einer stumpfen, gleichgültigen Gewalt ausgeliefert. – Um sechs Uhr früh rasselte das Schloß; ich wurde, nachdem ich unter Aufsicht und Mithilfe des Polizisten alles in Ordnung gebracht hatte, aus meinem Gefängnis entlassen. –

Als ich in Spaichingen aus dem Zuge stieg, wunderte ich mich selbst über meine fatalistische Gelassenheit, die sich meiner, jetzt so nahe vor dem gefürchteten Ziel, bemächtigt hatte. Ich war auf schlechthin alles gefaßt und glaubte mich so gefestigt, dem Schlimmsten ruhig ins Antlitz schauen zu können. Von der Station aus war es noch eine gute Stunde bis zu dem Dorfe, in dem Kase sein Lehramt ausübte; ich hatte also genug Zeit, mir, falls ich die beiden noch lebendig antreffen sollte, die Entschuldigungen und guten Worte zurechtzulegen. Ich muß allerdings gestehen, je mehr ich mich dem Dorfe näherte, desto stärker überwog die Neugierde, wie ich die beiden wohl antreffen würde, alle anderen Gefühle; ja ich erwischte mich sogar bei dem teuflischen Wunsch, in eine richtige Tragödie hineinzuplatzen. In der Dorfstraße war alles wie sonst, ein paar Bauern, denen ich begegnete, schauten mir verwundert nach, was ich sogleich damit deutete, daß doch etwas passiert sein mußte, was mit mir in Zusammenhang stünde. Vor der Tür des Lehrerhauses angelangt, zögerte ich einige Augenblicke, dann trat ich entschlossen ein. In der Stube saß Kasimir in einem Lehnstuhl, die Augen mit einem feindseligen und zugleich blöden Ausdruck auf mich gerichtet, ich sah, daß er die Lippen bewegte, aber keinen Ton herausbrachte. Erschrocken wandte ich mich zu Anna; sie gab mir einen Wink, »gang nach der Küche«, sagte sie halblaut. Nach einer Weile kam sie nach und erklärte mir mit ihrer hölzern, tonlosen, keiner Modulation fähigen Stimme, als ob es sich um die alltäglichste Sache von der Welt handelte: »der Kase hat a Schlägle kriagt, der Doktor hat g'sagt, es käme vom viele Weintrinke, und weil er ein schwaches Herz hätt', könnte er's nit vertrage.« Sie teilte mir noch mit, daß er auf der einen Seite gelähmt sei, daß sich das aber bald wieder bessern würde, man müßte ihn nur sehr schonen und vorsichtig behandeln. Auf meine Frage, was ich nun machen sollte, meinte sie, das beste wäre, wenn ich abreiste. »Weischt, der Kase hat ebe ein Zorn auf dich, er mag dich jetzt net sehe, do ischt's am beschte, wenn du heim nach Karlsruhe fährscht.« Was sollte ich noch sagen? Ich war wie vor den Kopf geschlagen, alles hätte ich erwartet, nur nicht diese bare Ernüchterung, diese beziehungslose Fremdheit dunkler Schuldverstrickung und kreatürlichem Jammer gegenüber; ich war vollkommen aus der Fassung gebracht, mir fehlte der Schlüssel zu diesem dumpfen Seelenbezirk, die Angelegenheiten dieser Welt erschienen mir rätselvoll und unentwirrbar, und doch spürte ich einen geheimen Sinn, das Walten einer unbekannten, nur schwach geahnten Ordnung dahinter. Im höchsten Maße verstört und unfähig, noch weitere Erklärungen zu verlangen, verließ ich das Haus.

*

... Die Station Trossingen lag schon weit hinter mir und während mich das rumpelnde Vehikel der kleinen Lokalbahn dem Schwarzwald zuführte, auf derselben Strecke, auf der ich einst, das Herz voll von verzehrenden Zweifeln, einer dumpf hindämmernden Zwischenwelt entfloh, dachte ich daran, wie mir durch jenes bedrückende Erlebnis das Bild dieser Landschaft mit unauslöschlichem Stempel in die Seele gebrannt worden war. Und wenn mir auch die blauen Höhenzüge, die sanft gewellten kahlen Hochebenen mit den dunklen Wäldern in tröstlicherem Lichte erglänzten wie damals, so konnte ich doch nicht ganz eine leise Trauer überwinden, wenn ich rückschauend jenes seltsamen Ehepaares gedachte, das mich, ohne Wissen und Wollen zum erstenmal mit erschreckender Unmittelbarkeit in die Abgründe des menschlichen Herzens schauen ließ.

Gedichte

Haigerloch

Ein zartes Rosa flimmert weich
Im unerbittlich harten
Felsgestein,
Den gelblich grauen Muschelkalk
Umspielt
Ein silbern Grün,
Auf dem in drückend heißen Nachmittagen
Die Ahnung eines Unheils blüht.
Die Hänge fallen steil
Und schwindelnd
Hinab zum Fluß;
Seltsam Gespinst, verwirrendes Geäder
Bedeckt die eh'rne Stirn des Abgrunds,
Der tückisch lockend
Das Gehirn umnebelnd
Den zagen Fuß zum Sprung verlockt.
Und von der Spitze einer schroffen Zinne
Blinkt drohend
Doch zugleich verheißungsvoll
Das schimmernde Symbol
Des Kreuzes
Gleich zwei gebleichten
Überlangen Menschenknochen
Reckt es die Arme in den undurchdringlich blauen Grund.

August 1931

Drohende Katastrophe

Ein schwefliggraues Firmament
Spannt brütend über'm schwülen Tale,
Die hohen Semaphoren stehen stumm
Im trüben Zwielicht bunt und seltsam leuchtend.
Der Brodem wilden Hasses kreist
Zum Himmel auf in unsichtbaren Schwaden
Und heisre Stimmen fordern ungestüm
Die Rettung eines untergehenden Volkes!
Blauweiße Blitze zucken längs
Des Horizonts gezackter Wipfelreihe
Und ew'ges Feuer hüllt erschütternd
Die arme Seele in ein flammend Kleid.
Aus einem fahlen Giebel krächzt es drohend:
»Wir wissen nicht, wohin die Fahrt jetzt geht!
Wir werden alle noch in leeren
Wohnhöhlen leben und von Sägmehlbrot!«
Und drückend bange Ungewißheit lastet
Schwer auf den hilflos treibenden Gemütern;
Des Regens endlos rhythmisches Geplätscher
Dringt quälend tief ins leere dumpfe Hirn.
Furchtbar wie vor dem Jüngsten Tage
Liegt Gottes Hand verheerend auf den Fluren;
Es rast der letzte Zug mit gellem Pfeifen
Dem Untergang entgegen durch den finstern Grund.
Verhallend dröhnt es nach und dampfend
Steigt aus den schwarzen Wäldern bös Gedünst,
Erfüllt die Seel' mit bangem Zagen
Vor der Vernichtung grauenvoll erhabenem Bild.

August 1931

Hymne an den Schwarzwald

Aus ferner Kindheit Tage
Erglänzt dein Bild
O heiliges Gebirg'
Wenn ich
Gedenke
Jener Wälder
In den Kanadas
Der dunklen See'n
Und
Des Gefälles
Wilder Klippen
Im Sankt Lorenzostrom.
In deinem
Überhängend
Leichtbewegten
Knisternden
Gezweig
Lag oft
In heißem Schatten
Träumend
Bang
Der eigenwillige
Wilde Knabe
Und lauschte
Trunken
Deiner düst'ren Wipfel
Schwermutvollem Rauschen;
Wenn
Wie zur Urzeit
Zwischen grünlich
Grauem
Blühendem Geflecht
Ein funkelnd Auge
Durch das Dickicht
Deines Unterholzes
Brach .....
Und es erstand
Die Welt
Der großen Schlange,
Das Tepée
Kriegsgewohnter
Mohigans
Vor meinem
Inneren Gesicht.
Hoch in den Lüften
Über deiner
Gezackten
Kronen
Krausen Filigran
Schwebt heut
Wie einst
Der Schrei des Bussard
In die blaue Weite. – – –
Du heiliges Gebirg'
Wenn ich in dunkler
Brünstiger
Not
Im nächtlich
Schwarzen
Schweigen
Verzweifelt
Aus den finst'ren Schächten
Der tief gequälten Seele schrie
Wandt' ich
Den tränumflorten
Blick
Zu Euch
Ihr runden

Immergrüne
Kuppen,
Auf denen
Gottes Odem
Leibhaftig
Mir
Zu wohnen schien.
Und wenn Ihr
Im fahlen Leuchten
Und in dem
Wütenden
Gedröhn'
Der wilden Stürme
Gelassen standet
Gleich ew'gen Häuptern
Das Herz
Beim blauen Licht
Der Blitze
Mit Furcht
Und ahnungsvollen Schauern
Füllend,
Verehrt' ich Euch
Ihr unvergeßlichen
Schwarzdunklen
Nebelschwangeren Berge. – –
Auch deiner
Engen Täler
Wirre
Moosbärtig
Üppigen
Getürmten Felsenmeere
Und
Der schimmernd
Rissigen
Gestämme
Hochauf
In dunkelblaue Ferne schießend
Gedenk' ich oft
Beim Starren
In der
Leichten Wolken
Luftig Spiel.
– – – – – –
Oft in der Städte
Brünstig
Geilem
Treiben
Und in der Hast
Geschäftig
Leeren
Eil'gen Feilschens
Um zweifelhaftes Gut,
Im wohlig lauen Brei
Verworfner Lüste
Bei weichlich
Traurigem Geschwätze,
Verfall'n
Den Räuschen
Fremder
Unbekannter Zonen,
Vergaß ich Euch
Ihr traulich holden Täler
Mit Euren wildhinströmenden
Gewässern
Doch nie verließet Ihr
Mich ganz,
Weil unverlöschlich
Auf dem dunklen Grund
Der Seele
Das Bild der Welt
Durch Euch empfangen ward!

September 1931

Die Alb

Die kühnen Zinnen ragen jäh in stumme Regionen
umsäumt von weißlich leuchtenden Terrassen
der dunkle Kranz der spitzgewölbten Bastionen
will schützend einen Riesenleib umfassen.

Der schneebedeckten Matten schimmernde Verheißung
bricht funkelnd in das lichte weitgestreckte Tal
Trost spendend winkt aus lichten Gründen Heilung
von schwerer Pein und dumpfer Erdenqual.

Das kalte Blau unendlich tiefer Himmelsräume
drückt lastend in das schwindelnde Gehirn
den Leib umspannt der Schatten kahler Apfelbäume
und milde Wärme rieselt über Kopf und Stirn.

Indessen ich gesenkten Blickes tapfer vorwärts schreite
beginnt sich der Gedanke schreckensvoll zu regen
daß ich mechanisch weiter stapfend unmerklich gleite
aus schweren Träumen dunkler Ewigkeit entgegen.

1932

Wetterwolken über dem Jura

Der Regen strömt aus lichtem Firmament
graublaue drohende Wolkenwand verbirgt
die Aussicht auf die nahen Berge.
Doch plötzlich springt aus treibendem Gebräu
der sieben Zacken wunderbar Gebild.
Die Nebel glühen weiß, durchschossen
vom Blitz der heißen Julistrahlen.
Da geht im magisch leuchtenden Gewölk
ein seltsam wildes Treiben los
als wär der weite Himmelsraum
ein sturmgepeitschtes sagenhaftes Meer.
Ein fahles Grün taucht grell aufleuchtend
im dunklen Dunst nur für Momente auf
und sinkt gleich einer Geisterinsel
mit Blitzesschnelle wieder in den finstern Grund.
Und wo vorher vom hohen Bergeshang
ein lachend Bild herabgeglänzt
ist nun ein graues Nichts gespannt
aus dem ersäufend Flur und Drift
der Fluten ungehemmte Menge bricht.

[Juli 1933]

Juratäler

I.

Mir war, als ob eine lange gesuchte Heimat aus unendlicher Ferne mich rief, zurückzukehren in ihren Schoß, dem ich einst entsprossen. Mit jedem Schritt, den ich auf der steinigen Steige tat, die aus dem Mössinger Tal zum Salmendinger Hochland führt, wuchs die Sehnsucht, und als ich oben am Rande der letzten schluchtartigen Einbuchtung stand, konnte ich kaum der Rührung Herr werden, die mich angesichts der vor meinen Augen ausgebreiteten Herrlichkeit überfiel. Von dem näheren Talgrunde mit dem sanft zwischen spitzen Kuppen und mächtigen Tafelbergen gebetteten Dorfe schweifte das trunkene Auge über das helle blitzende Hügelland nach der verheißungsvollen Ferne des bläulich-violetten Horizontes. Wie in früher Jugendzeit umfing mich wieder jenes tiefe, mit Angst gemischte Entzücken, das mich jedesmal ergriff, wenn auf der Fahrt zur Vatersheimat, nach Durchquerung des letzten, aus engen düsteren Waldschluchten führenden Tunnels sich unerwartet die weite wellige Hochebene entrollte, die sich vom Rande des Schwarzwaldes bis zum Fuße des Jura erstreckt, begrenzt von den wundersam geschweiften Bergzügen der Alb. Seit ich es zum ersten Male sah, hatte dieses Gebirge mein Denken und Sinnen beschäftigt, meine Phantasie in exotische Fernen entführt. Wie oft hatte mein Herz Trost gesucht im Anblick der schimmernden Konturen, die in melodiöser Schwingung sich rings unter der großen Himmelskuppel ins Unendliche zu verlieren schienen.

Ich war wieder zurückgekehrt, – zurückgekehrt nach jahrzehntelanger Abwesenheit, nach zermürbendem Leben in den großen Städtehaufen. Wie vertraut begrüßte mich nun das beruhigende Rauschen der mächtigen Buchenwälder, mit welch unsagbarer Lust sog ich wieder den herbsüßen Duft der blühenden Gründe ein! Langsam, jeden Augenblick das Behagen von zehntausend Wonnen kostend, wanderte ich die weiße Landstraße empor, an ockerfarbigen opalschimmernden Steinbrüchen vorbei, zwischen grünen Flureinschnitten, am Rande tropisch wuchernder Hänge. Der Weg stieg immer noch bergan, er schien im feurigen Blau des Himmels zu endigen. Wunderbar, wie berauschend ein solcher Weg, ein solches Stück Wiese, das seine zitternden Halme im Äther zu baden scheint, auf das menschliche Gemüt zu wirken vermag. Es war mir für kurze Minuten zumute, als ob das ganze Glück des Menschenlebens in diesen flüchtigen trunkenen Augenblick gebannt sei. So und nicht anders, dachte ich, muß die Seligkeit sein.

Fast bedauerte ich es, daß nach dem Überschreiten der letzten Anhöhe der Traum beinahe jäh abgebrochen wurde. Die Szene hatte sich verwandelt: eine mannigfaltig gestaltete weite und flache Talmulde bot sich meinen Blicken dar. Im Hintergrunde schließt ein langgestreckter bewaldeter Bergrücken, die höchste Erhebung der Gegend, diese Landschaft ab. An seinem Fuße liegt das Dorf Salmendingen, überragt von der hochgelegenen Barockkirche. Links vom Dorfe öffnet sich das breite Laucherttal, eingerahmt von dichten schweigenden Laubwäldern. Die Fortsetzung der linksseitigen, das Lauchert-tal begrenzenden Hügel bildet gegen den Steilabfall des Gebirges zu ein kahler mit Schafweiden bedeckter Berg, der abrupt in einem mit Mischwald bedeckten Riffe endet. Dieser Berg beschwor durch seine merkwürdige Gestalt, durch die fast baumlose Glattheit seiner sanften Rundung und durch das stumpfe Grün seiner unbebauten und nur hie und da durch graugelb schimmernde Felsen unterbrochenen Matten Erinnerungen an biblische Orte herauf. Wo hatte ich diese Landschaft schon gesehen? Ich dachte nach. Langsam formte sich in meinem Gedächtnis das Bild: es war der Berg der Seligkeiten, ich hatte ihn einst in einem Kalender abgebildet gesehen; er war mir dann immer wieder begegnet, auf Gemälden, die biblische Stoffe zum Vorwurf hatten, in geographischen Abhandlungen über das heilige Land, in vergleichenden geologischen Strukturdarstellungen der hiesigen und dortigen Gebirgsformationen. Froh wanderte mein Auge an der großartig ausschwingenden Linie seines Rückens entlang, folgte kosend dem Auf und

Ab seiner Schwellungen und blieb endlich an den duftigen Flächen seiner Fluren haften. An der Gabelung der Straße, dicht neben dem Wegkreuze, ließ ich mich auf einem Steinhaufen nieder, um mich ganz der Betrachtung seiner Schönheit hinzugeben. Seltsames Land! Die Ruhe, die über dieser Landschaft lagert, scheint alle Möglichkeiten denkbarer Ruhezustände in sich zu bergen. Liegt auf dem unheimlich einsamen Laucherttale die drückende Ruhe des unvermeidlich herannahenden Verderbens, so ändert sich das Bild gleich am ersten Wiesenrain des Berges der Seligkeiten, der die Ruhe seliger Gefilde atmet. Richtet man den Blick jedoch weiter nach rechts und links, so erschreckt einen die drohende Ruhe unvermittelt aufschießender Kegel oder vorgepreschter Tafelberge, die gleich sich bäumenden erstarrten Ungeheuern am Rande des steilabfallenden Plateaus Wache zu halten scheinen, während auf dem düsteren Saume langer Wälderketten die trostlose Ruhe der Verlassenheit lastet und an krüppelig bebuschten Halden die melancholische Ruhe der Vergessenheit brütet.

Eine geraume Zeit mochte ich so gesessen haben, als ein Bauer vorüberkam. Ich fragte ihn, welchen Namen jener schöne Berg bei den Dorfbewohnern führe. »Der heißt bei uns der Himmelsberg«, erwiderte er.

Erstaunt horchte ich auf. Es überraschte mich, daß der Berg dem einfachen Menschen dieses abseits liegenden Landstriches dasselbe Bild vermittelte wie mir. Beim Weiterschreiten auf der vielfach gekrümmten Landstraße genoß ich immer neue Ausblicke auf den wundersamen Berg. Je mehr ich mich dem Dorfe näherte, desto klarer entfaltete sich das Bild der Landschaft. Plötzlich stockte mein Fuß: aus dem leuchtenden Grün der Laubwälder, auf den Höhen jenseits der Lauchert, gerade oberhalb des Dorfes M., bleckten drei graue Zinken gespenstisch in die Luft. Sie sahen aus wie die willkürlich in den Boden gesteckten Teile eines Skelettes. Weißlich blinkend starrten sie in die Stille des Tales hinaus. Einem Zwange folgend, bog ich zum Dorfe ab. Schläfrig lag es im heißen Sonnenlicht; seltsam leuchtend und düster gekrönt von den drei Zinken, die den Odem der Vergänglichkeit ausströmten. Metallisch glühend schlug das mächtige sommerliche Firmament auf braune Dächer und leise vibrierende Sträucher. Die Dorfstraßen waren leer, nur vereinzelten, sonntäglich gekleideten Bauern begegnete ich; ihre Gesichter erschienen mir fremdartig wie aus einem anderen Erdteil. Doch grüßten sie freundlich; manche blieben auch stehen und schauten mir nach mit jenem kritischen Blick, hinter dem sich Neid und spöttische Schadenfreunde nur schlecht verbergen.

Beinahe am Ende des Dorfes lag etwas erhöht mitten in einem ummauerten Friedhof die Kirche, ein festes Bauwerk aus dem siebzehnten Jahrhundert. Als ich das alte Tor öffnete, klappten an den gegenüberliegenden Häusern einige Fenster auf, aus denen mißtrauische Gesichter lauerten, die aber gleich wieder verschwanden. Ich wanderte zwischen den Grabsteinen und hölzernen Kreuzen umher. Der Gottesacker glich der verlassenen Zufluchtsstätte einer vor der Kriegsfurie geflüchteten Bevölkerung. In der linken Ecke der Umfriedung befand sich eine Art Nische aus Kalkstein, in der buntbemalte steifverrenkte Figuren vor einer grell gepinselten Landschaft agierten. Das Bild stellte die Gefangennahme Jesu am Ölberge dar. An einigen Grabmälern hatte man Photographien in den Stein oder in Glasperlenkränze eingefügt; sie schauten mit verblichenen Gesichtern und süßlichem Lächeln aus ihrer pompösen Umrahmung. An andern wieder hatte man sich bemüht, den Steinkreuzen durch geschickte Bearbeitung Holzcharakter zu verleihen. Nachdem ich, um eine aus der Seele aufsteigende Unlust zu überwinden, einige Dutzend Grabinschriften entziffert hatte, trat ich in die Kirche und setzte mich in eine der vorderen Bankreihen. Trotz der Roheit der Bilder und Statuen, die irgendein namenloser Bauernmaler des Barock im Auftrag eines adligen Herrn verbrochen haben mochte, hatte der Raum etwas ungemein Beruhigendes. Die Stille des dämpfigen Nachmittags brach durch die bunten Scheiben der Fenster; in den langen Sonnenstrahlen, die über die Altäre zitterten, sich über die Ampel des Ewigen Lichtes ergossen und auf alten Steinfliesen verebbten, summten große Stallfliegen. Ungeachtet aller Dürftigkeit schwebte in dem Raume noch der Zauber uralter beunruhigender Mysterien, der selbst durch die unzulänglichen Gestalten grober Bildnerei, die das Alter mit der mildernden Patina des Zerfalls überzog, nicht gebrochen wurde.

Ich hatte das Dorf verlassen. Keuchend klomm ich den steilen Hang hinauf, der gleich hinter der Kirche beginnt und den Auftakt zum Ruinenberg bildet. Am Waldessaum blieb ich stehen und schaute zurück. Das Himmel hatte sich bezogen, ein bleifarbener Dunst lag über den Mulden und Hügeln, während vom Neckarvorlande tintige Wolkenballen heranzogen. Ungeachtet eines fernen warnenden Rollens eilte ich hastig weiter, den dämmerigen Zickzackpfad empor, zwischen dichtem Unterholz und jungen Buchen, deren grünes Blätterdach sich hallenartig über meinem Haupte wölbte. Der Schweiß rann mir übers Gesicht, als ich oben ankam. Durch das lichter gewordene Buschwerk schimmerten die Mauerreste der Burg. Den ganzen Bau umgab ein breiter Graben. Zwischen geborstenen Pfeilern und aus leeren Fensterhöhlen quoll leuchtend das Laub der Bäume. Im Innern des Hauptgebäudes türmte sich ein Haufen Steintrümmer. Eine wirre Vegetation von Gräsern, Kräutern und Farnen blühte zwischen dem Schutt; halbverfallene Türme drohten von schroffen Felsenkanten in das Tal hinab. Das Gemäuer atmete noch den Geist mühseliger Selbstbehauptung und abweisenden Trotzes. Roh und dürftig mußte das Leben in diesen primitiven Raubnestern gewesen sein, voll umständlicher Plackereien um zusammengeraubtes Gut. Voll Kargheit die langen Wintermonde, unterbrochen nur von anstrengenden Hetzjagden nach eßbarem Wild in vereisten Forsten oder von wüsten Zechgelagen, gewürzt mit groben Scherzen. Ständig auf der Hut vor der Tücke leibeigener Knechte, die mit Freßkorb und Schlägen im Zaume zu halten waren. Bisweilen mochte es vorkommen, daß man zum Spaß ins nächste Dorf brandschatzen ging. Oder man schickte einem in der Nähe hausenden Raubgenossen den Fehdebrief und raufte sich aus Langeweile einige Wochen herum, jagte einander die Beute ab, hieb sich gegenseitig die Obstbäume um, verbrannte die Getreidefelder und setzte den roten Hahn aufs

Dach schutzloser Meierhöfe. Oft genug litt man peinigenden Hunger, würgte monatelang mit saurem Gesicht den schalen Hirsebrei hinunter und schlug sich dann plötzlich wieder nach einem gelungenen Beutezug gegen fette Krämerzüge einige Tage den Wanst mit seltenen Gewürzen und unbekannten Lekkerbissen voll. Nach solchen Handstreichen konnte man die Ehehälften dieser Herren stolz auf dem ärmlichen Burghof umherspazieren sehen, den groben mitgenommenen Zwillich mit florentinischer Seide oder mit byzantinischer Goldstickerei behängt. In diesen entlegenen Diebeshöhlen gab es weder Minnesang noch Frauendienst, und feinere Sitten kannte man kaum vom Hörensagen. Im übrigen lebte man in Furcht und Zittern vor einigen dämonischen Gottheiten, als die man Christus und die Heiligen verstand und die Strafgewalt besaßen in Gestalt von Blitzen, Hagel, Erdbeben und Donnerwettern. Die finsteren Wälder waren bevölkert von Heeren kleiner, teils böser, teils wohlwollender Kobolde. So lebte man seine kurzen Tage, wurde hin- und hergetrieben zwischen grauser Furcht und fröhlicher Nichtswürdigkeit, zwischen viehischer Lust und wütender Zerknirschung. Hie und da kam es vor, daß man in plötzlich ausbrechendem unmotiviertem Grimm den nächsten Besten anfiel und ihm in blöder Wut sein Eisen in den Schädel hieb. Dann hieß es für feindliche Sippen Wergeld zusammenkratzen oder mit Leib und Leben geradestehen.

Dann kam einmal der Augenblick, in dem das Nest in Flammen aufging, entweder durch die Hand eines besser gerüsteten Nachbarn oder durch die der Reichsexekutive. Die Dorfbewohner des Tales holten sich die besten Steine zum Bau ihrer Häuser aus den Trümmern. Bald hörte auch dies auf, und durch Jahrhunderte hindurch brach keine menschliche Stimme mehr das Rauschen des Waldes. Dann bemächtigte sich das Landesamt für Denkmalspflege des Platzes, legte Pfade an, pflanzte ein Bäumchen in die zerfallene Zisterne und stellte in die Nähe eine Ruhebank für Sonntagsausflügler auf.

Das waren die Gedanken, die mir beim Herumstöbern in den Mauerresten durch den Kopf gingen. So zog das Leben der Vergangenheit, das Leben längst hinabgesunkener

Geschlechter an meinem Innern vorüber. Traurig schaute ich in die wunderbare Landschaft hinaus. Ihr verwirrender Linien- und Flächenteppich lag erwartungsvoll zu meinen Füßen. Stumm dürsteten Felder und Wiesen dem ersehnten Naß entgegen. Ringsum ertönte das lebhafte Gezwitscher der Vögel. Als das aufgeregte Lärmen der Tierchen immer mehr zunahm, wurde ich aufmerksam. Ich blickte zum Himmel empor. Hinter den Baumwipfeln breitete sich eine blauschwarze Wand aus, drohend wie ein Drommetenchor zum Jüngsten Gericht. Grell stach das hellere Grün der Baumkronen in das dunkle Unheil. Ein krachender Donnerschlag, gefolgt von dicken Regentropfen, mahnte mich zur schnellen Umkehr. Eilig rannte ich den schmalen Randpfad hinab. An seiner Mündung in freies Gelände hielt ich an. Zu spät! Es goß in Strömen. Da drüben am jenseitigen Höhenrand sah es aus, als ob der ganze Kosmos in neblichte Äonen zerrinnen wollte; ein trüber Regenvorhang senkte sich über das Land und hüllte alles in ein nasses Leichentuch. Ich hatte mich wieder in das bergende Laub zurückgezogen. Dort saß ich wie ein verregneter Schuhu, geschützt durch das dichte Blätterdach der Buchenzweige, und schaute dem Toben des Unwetters zu. Vielleicht, dachte ich, fröstelnd, werden wir einst von ungeheuren Wassermengen ins Unbekannte geschwemmt. Schon einmal, in einem früheren Erdzeitalter, hatten die Fluten eines großen Meeres diese Täler und Hügel bedeckt. Noch zeugen zahlreiche Versteinerungen, die man hier oben allerorten findet, von einer erstaunlichen Meeresfauna. Überall stößt man auf Ammoniten, Seelilien, Fische, auf allerlei größere und kleinere Seetiere. Es gibt Mulden und Bodenwellen, die aussehen, als seien erst ganz kurze Zeitspannen verstrichen, seit der Gewässer Gewalt sie formte.

Zum Glück verebbte die Heftigkeit des Wetters ziemlich rasch; der Regen ließ nach, die Blitze, die eine Zeitlang in beängstigender Schnelligkeit aufeinanderfolgten, wurden seltener, die Donnerschläge verwandelten sich in ein allmählich immer schwächer werdendes Rollen. Aber es wollte nicht mehr so recht hell werden. Ununterbrochen trieben Wolkenfetzen am Himmel und verdeckten für geraume Zeit die Sonne, so daß die Landschaft zeitweise in ein melancholisches Zwielicht getaucht war.

II.

Ich hatte mich wieder auf den Weg gemacht. Dasselbe zwingende Gefühl, das mich zum Dorfe und zum Ruinenberge zog, trieb mich weiter, das unheimliche Laucherttal bis zur nächsten Bergwand, die es scheinbar abriegelte, zu durchwandern. Sonderbar: der Eindruck befremdender Verlassenheit, den ich schon von weitem verspürt hatte, verstärkte sich mehr und mehr. Dieses Tal gleicht einem Tag des Abschiednehmens, obwohl es sich durch keinerlei besondere Merkmale von anderen Tälern unterscheidet. Es ist weit und geräumig; die Höhen sind von herrlichstem Buchenwald bedeckt. Fruchtschwere Felder dehnen sich von der einen Seite zur anderen, die Wege säumen dichtes Gestrüpp von Heidenröschen, Weißdorn, Königskerzen und Holunder. Die Hänge bis zum Waldessaum sind mit reizvollen Buschinseln bestanden, die von schmalen Streifen Gesteins oder nackter Erde unterbrochen sind. Also alles wie geschaffen, heitere, friedliche Empfindungen in der Seele zu erwecken. Und doch rief der Anblick bei mir gerade den entgegengesetzten Eindruck hervor. Ich habe mich seitdem öfter geprüft, ob mein erstes Empfinden nicht durch meinen damaligen Gemütszustand bedingt gewesen sei, habe aber bei jedem weiteren Besuch meine ursprüngliche Beobachtung bestätigt gefunden. Ebenso hatten mir Freunde, mit denen ich das Tal besuchte, dieses Gefühl drückender Schwermut bestätigt. Doch ich will damit nicht sagen, daß es mich nur unangenehm berührt hätte. Wahrhaftig nicht. Gerade diese wollustvolle Trauer, die mich beim Anblick des Tales ergriff, vermittelte einen eigentümlichen Schauder, dem ich mich gerne hingab, trotz gelegentlich aufsteigender panikartiger Angst.

Nach dreiviertelstündiger Wanderung erreichte ich das Dorf S. Dieser Flecken sah aus, als läge er am Ende der Welt. Eben brach die Sonne wieder durch das treibende Gewölk und zeichnete scharfe, schwärzliche Schatten auf die Erde. Im Zwielicht ihrer aufblitzenden und verschwindenden Strahlen gingen, fast unwirklich, Gestalten der Dörfler ihrer Beschäftigung nach. Kreischende Kinder huschten über die Straße, bösartige Gänse versuchten ihre Schnäbel in meine Beine zu hacken. Auf dem sonnengefleckten Platze einer Straßenkreuzung fiel mich ein großer schwarzer Hund mit wütendem Gekläffe an, der von einer scharf krächzenden Stimme zurückgeherrscht wurde. Ein vages Gefühl der Unsicherheit kroch in mir hoch. Zudem verspürte ich einen brennenden Durst, die Zunge lag mir wie ein trockenes Stück Leder im Munde. Ich schaute mich nach einem Wirtshaus um. Etwas von der Straße zurück stand ein großes breitschultriges Gebäude, das ein Gasthausschild zierte. Ich trat ein – und prallte vor Schrecken beinahe wieder zurück. An der Wand hinterm oberen Ende des Wirtstisches saß in schlichter bäuerlicher Kleidung leibhaftig der chinesische Kriegsgott. Nicht weit entfernt an einem runden Tisch hockte ein Oger, und gerade vor mir, dem Eingange gegenüber, saß ein hageres buckliges Wesen mit einem ungeheuren Schnurrbart. Ich drückte mich scheu in die entfernteste Ecke der Wirtsstube.

»... Sonntagschänder«, setzte nach einer längeren, von dumpfem Mißtrauen erfüllten Pause der Bucklige das unterbrochene Gespräch fort, »meinetwegen, aber ehnder daß ich die Frucht verrecken lasse, nehm ich die Sind' auf mich. ›Sonntagsarbeit bringt kein Segen‹, hat er gesagt – no, davor hab' ich kei' Angscht. Wer gibt mir was dafür, wenn mei Zeugs hin ischt?!«

»...'s ischt unrecht, sag ich dir, werktags taglöhnen und sonntags auf dem Feld schaffe«, mäkelte der Oger neben ihm. »Du sollst den Sabbat heiligen, heißt's – dafür mußt du eben mit den schwarzen Raben zur Hölle traben – am jüngsten Tag«, fuhr er höhnisch fort. Dabei schaute er ihn schadenfroh von der Seite an. »... du hascht überhaupt ein leichtes Gewisse! In deiner Haut möcht' ich net schtecke, ... wenn's zur Abrechnung kommt!«

»Was weischt denn du von meinem Gewisse!« schrie der Bucklige erbost, »kümmere dich doch um dein eigenes, wir werden schon handelseinig werden, der Teufel und ich.«

Und er lästerte voll Ingrimm, schlug auf den Tisch, bramarbasierte, schimpfte gegen weltliche und geistliche Gewalten, verschwor sich, daß er nun zum Possen Sonntagsarbeit tun werde und daß er weder Hölle noch Teufel fürchte.

»Des wollen wir doch sehen«, lärmte er verzückt, »ob ich mein Geld nicht verdienen kann, wann und wo ich will – und wer mich hindern will, den mach' ich hin . . . , den mach' ich hin, hört ihr's?«

»Halt's Maul jetzt und laß dein hoffärtiges Reden«, mischte sich der Kriegsgott mit funkelnden Äuglein in den Streit, »du hofierst ja doch die Hosen voll, wenn's ans Schterbe kummt, denk' dran, daß geschrieben steht: Das ist der Wurm, der nicht stirbt, und das Feuer, das nicht erlischt . . .«

Das Weitere hörte ich nicht mehr; denn ich hatte mein Bier bezahlt und war gegangen. Schnell machte ich mich auf den Rückweg, diesmal auf der andern Seite des Tales. Das Dorf M. ließ ich rechts liegen und bog in einen breiten Waldweg ein, der auf eine sattelartige Senkung zwischen zwei Bergen zuführte. Auf der Höhe des Sattels erhob sich mitten in einer buschumrahmten Lichtung ein hölzernes Kreuz, an dem ein hellrosafarbener Christusleib hing. An dieser Stelle wurde der Weg von einem den Höhenrücken entlanglaufenden grasbewachsenen Waldpfade gekreuzt; ich nahm an, daß er nach dem Köbele, dem höchsten Punkte der Umgebung, führte. Ich blieb stehen und überlegte. Wenn ich meine Route weiterverfolgte, mußte ich in die vom Lauchertgrunde abzweigende Talmulde jenseits der Salmendinger Höhen gelangen. Es hatte mich schon vorher nicht wenig gereizt, die hinter jenen einsamen Kuppen liegende Gegend zu durchforschen. Darum beschloß ich, jetzt das Versäumte nachzuholen und steuerte rüstig auf die helle Öffnung am Ende des langen, abwärts führenden Laubenganges zu.

Als ich aus dem Waldesdunkel trat, hemmte ich überrascht den durch die Erwartung beflügelten Schritt: wie ein im Sturm erstarrtes Meer wogten Hügel und spitze Kegel auf den rollenden Wellen des Berghochlandes. Gerade vor meinen Augen, vielleicht einen Kilometer entfernt, schoß der Salmendinger

Kapellenberg unvermittelt aus dem Gewoge; rechts davon stieg in einem wundervollen konvexen Bogen der Bühlberg himmelan, gekrönt von zwei bewaldeten Höckern, die ihm das Aussehen eines breit auf die Lande hingelagerten Riesendromedars verliehen. Und dazwischen bewegte sich das tanzende Gewirke der Felder. Der dunkelbraune mit weißblinkenden Steintrümmern besäte Humus der Äcker schimmerte warm zwischen den allmählich sich verfärbenden Fruchthalmen: in sommerlicher Pracht entfaltete blumige Wiesen wechselten mit saftgrünen Kleefeldern, Fußpfade und Feldwege durchschnitten nach allen Richtungen die bewegte Fläche; reizvoll, wie zarte Ornamente schmückten sie den Leib der Erde mit ihren Bändern, fügten sie sich kosend jeder Krümmung, jeder Hebung und Senkung des Bodens. Angesichts der erregenden Schönheit rings um mich her wich sehr bald die Benommenheit von mir, die noch als Nachwirkung der gespenstigen Szene im Dorfe durch meine Seele gezittert hatte. Lustspendend strömte die milde Wärme des Sommernachmittags durch Brust und Kopf, wollustvoll badete ich meinen Leib in der mit würzigen Düften geschwängerten Luft. Ich eilte dem immer näherrückenden Kornbühl zu; deutlich sah ich jetzt drei dunkle Kreuze vor der hellen Wand der Kapelle in den nunmehr blauen Äther ragen. Ich konnte es kaum erwarten, auf den Berg zu kommen. Endlich hielt ich an seinem Fuße, dort wo der alte Weg von der neuen Landstraße wegführt und eine flach ansteigende Alm den bequemsten Aufstieg verspricht.

Dies ist der Kornbühl von Salmendingen; ein steiler steiniger Pfad, durch die mahnenden Male eines Kreuzweges unterbrochen, endet im flutenden Lichte des Himmels, in dessen blendendem Glanze sich die drei grauen flechtigen Kreuze erschreckend scharf abzeichnen; eine moosüberkleidete Felsenplatte zwingt zur Ruhe auf der niederen hölzernen Bank, die einer Schaftränke gleicht. Ich folgte der stummen Mahnung und setzte mich auf den äußersten Rand des Felsens. Beinahe erfaßte mich der Schwindel, als ich den Blick nach unten richtete. Wie ein verrücktes Karussell kreisen die Felder rund um den Berg, der sich gleich einem umgestülpten Kreisel aus ihrem verwirrenden Rhythmus schraubt. Ein Heer dunkler Wacholdersträuche bedeckt in ungleichen Haufen, hier und dort zerstreut, den steilen Hang, weiß glänzend schmiegt sich die Silberdistel am lichten Rain, und im Frühjahr und im Herbste leuchten die blauen Sterne des Enzian am kurz geschorenen Rasen. Wie keine andere Landschaft in deutschen Gauen erinnert diese mit ihren geröllbedeckten Halden und den Inseln wilden Gestrüpps an die kargen Schafweiden Galiläas.

Entzückt ruht das Auge auf der klargegliederten Vielgestalt dieses schönen Erdenleibes. Gleich einem mächtigen bezotteten Tierrücken erhebt sich das wunderlich gebuckelte Tafelmassiv des Farrenberges aus der Tiefe, umklammert von den weit ins Land hinaus gereckten Bergesarmen, die sich in dreifacher Stufung nach den fruchtbaren Gefilden des Steinlachtales öffnen. An diesen Steilabfällen findet man Stellen, die in ihrer steinernen, nur durch das Gewimmel knorriger Krüppeleichen gemilderten Nacktheit an die pittoreske Wildnis der Abruzzen erinnern, und wieder andere, die die traumhafte Schönheit ozeanischer Inseln heraufbeschwören. Hier ist die Formenfülle südlichen Geländes mit transalpiner Herbheit glücklich gepaart. Edelste Gestalt, durch die formende Hand des Menschen nicht zerstört, sondern gesteigert.

Langsam umschritt ich das schmale, schief geneigte Rasenstück, auf dem die baumbeschattete Kapelle steht. Nach allen Seiten richtete ich den suchenden Blick, ich wollte mir nichts entgehen lassen. Dort im Nordosten schaute Salmendingen mit der hochgelegenen Kirche zwischen dem Monkberg und dem Köbele herauf. Dahinter glänzte, überstrahlt von der Abendsonne, der Himmelsberg wie das Tor zu Arkadien. Schmerzhaft berührte mich der tiefe Friede, der über diesem Bilde schwebte. Die Vorstellung des verlorenen Paradieses ließ für Sekunden mein Herz in bitterem Weh sich krampfen. Und doch spürte ich in solchen Augenblicken mit eindringlicher Deutlichkeit: es ist der Traum, von dem wir leben und der uns den Impuls verleiht zur Sichtbarmachung des Schönen; der uns treibt, herauszutreten aus bloß vegetativem Dämmern, aus animalischer Geborgenheit. Wie eine Verheißung schimmerte das weite Land, das sich am Horizonte hinter dichten Nebelschleiern in unbekannte Räume verlor. Hügelreihe hinter Hügelreihe schwang sich in wechselvollem Reigen um das Bergmassiv, und weit hinten im Südwesten versanken des Schwarzwaldes dunkelblaue Konturen im schweren Dunste der Gewitterwolken. Über den schwärzlichen Randwäldern des riesigen gegen Süden bis zur Schlatter Wand hingelagerten Plateaus ragte die abenteuerlich gezackte Silhouette der Hohenzollernburg; in einigem Abstand davon zog sich eine Bergkette wie eine wilde fremdartige Melodie nach Südosten hin.

Die Abendschatten legten sich schon über das Land, als ich mich zum Abstiege anschickte. Von der Paßhöhe aus schaute ich noch einmal zurück. Scharf zeichnete sich der Berg gegen den sich langsam verdunkelnden Himmel ab. Die dem Untergange zuneigende Sonne überschwemmte gleichsam zum Abschiedsgruß die Landschaft mit goldenem Licht. Aus dem Osten flutete wie ein lautloses Meer die Nacht heran; ganz allmählich stieg sie am Firmament empor und hüllte Berge und Ebenen in ihren farblosen Schatten. Ich hatte mich auf dem Abhang oberhalb des mit Obstbäumen bestandenen Weges niedergelassen; dort wartete ich das Ausklingen des Tages ab. Die Wolken wurden wieder dichter, Nebelschwaden flatterten wie die Stücke eines großen zerrissenen Gewebes darüber weg, ein tolles Treiben hob auf dem undurchdringlichen Grund des dunkelblauen Äthers an. Ständig änderte sich das Bild, und zeitweise verschwand die Sonne vollständig in dikken Wolkenmassen. Doch bevor sie ganz versank, machte sie sich noch einmal sichtbar, diesmal als ein feuriges Bündel, das blutigrot zwischen zwei Wolkenbänken leuchtete. Es sah aus, als ob sie für immer verschwinden wollte, ehe ein ungeheurer Brand unseren Erdball verzehrte.

Drunten im Dorfe war es ruhig geworden; als ob nichts vor noch nach ihm wäre, sank es unbekümmert in Schlummer. Aus einigen Fenstern blinkten Lichter, hie und da drangen vereinzelte Stimmen zu mir herauf. Dann verglomm der letzte Schimmer des Tages, und im fahlen Licht der vereinzelt aus den Wolkenlücken glänzenden Sterne stieg ich in das Dorf hinab. Die Dorfgassen lagen leer und friedlich im grauvioletten Dunst der Nacht. Suchend spähte ich die Häuserfronten entlang; man hatte mir im Unterland das Gasthaus zum »Lamm« als Unterkunftsstätte empfohlen. Ich brauchte nicht lange zu suchen. Auf der Hauptstraße des Dorfes sah ich ein langgestrecktes Gebäude, dessen Eingang von den breiten Kronen einiger Bäume beschattet wurde. Nach einem kurzen Imbiß, der mir von der Tochter des Wirtes mit freundlicher Miene und höflicher Aufmerksamkeit gespendet wurde, sank ich müde auf das frische Leinen der hochbeinigen bäuerlichen Bettstatt. Bald verschwammen die lebhaften Bilder des Tagtraumes mit den nicht weniger eindrucksvollen der Nacht und bildeten so eine ununterbrochene Kette von Gesichten, die das ganze Dasein in das bunte beunruhigende Wechselspiel unwirklicher Traumgebilde verwandelten, in dem die Grenzen zwischen Schein und Wirklichkeit aufgehoben waren. Ohne fühlbaren Übergang versank das Bewußtsein im Ozean des Schlafes.

Der Mann, der nicht lachte

Moritz Steger hielt sich gerade im Zentrum der Stadt auf, als die Einwohner der Befehl der Obrigkeit erreichte, die Rede des Staatsoberhauptes zu einer neuen Kriegserklärung abzuhören. Er begab sich in ein nahe gelegenes Kaffeehaus, um – freilich widerstrebend – seiner Pflicht als Bürger des Landes nachzukommen. Da geschah es, daß er an der Stelle, »wenn ich wenigstens wirkliche Staatsmänner vor mir hätte, aber mich mit Idioten und Trunkenbolden abzugeben«, vergaß, in das vorgeschriebene brausende Gelächter einzustimmen. Ja, er brachte es noch nicht einmal zu einem vielsagend zustimmenden Grinsen, sondern er saß wie ein mit unruhigen Kröten gefüllter Sack auf seinem Stuhl und fixierte mißlaunig die gegenüberliegende Hauswand. »Ihnen paßt es wohl nicht?« belferte es plötzlich an sein Ohr. Er fuhr zusammen, die beruhigende Hauswand verschwand aus seinem Blickfeld, an ihre Stelle traten Haare, Ohren, schadhafte Zähne, Krägen und Schaufelfinger. »Hat allen Grund, käsweiß zu werden, kennt man, die ewigen Meckerer«, eiferte ein Gegenüber. Ssst, ruhig, nicht quatschen, maulte es ärgerlich hinter seinem Rücken. Moritz drehte sich zuvorkommend nach der Seite und dann nach hinten. »Ich habe doch kein Wort« – »Schnauze halten, Sie Staatsfeind«, schnaubte sein Stuhlnachbar feindlich, »durch Ihr Gequatsche gehen einem ja die schönsten Perlen der Rede verloren.«

Moritz schwieg gehorsam. Eine angreifende Unruhe wellte über ihn. Brust und Kopf wurden heiß, Schweißperlen erschienen auf seiner Stirn, sein Magen rutschte fühlbar nach unten, und in seiner Kehle ballte sich würgende Appetitlosigkeit. (Er war nämlich sonst ein starker, gelüstiger Esser.) Aus einem einige Tische entfernt befindlichen finnigen, gut gekleideten Kopfungetüm traf ihn ein forschend lächelnder Blick. »Du bist erkannt«, zuckte es ihm durchs Gehirn, von wo aus ein leichtes Schauergefühl bis zum Eingeweide hinunterrann. Er schielte nach der Toilette, aber die war unerreichbar, denn der Raum war gerappelt voll. Fliegen, über die Köpfe weg, sollte man können, dachte er. Dann sang es in ihm, »Wenn ich ein Vöglein wär«, während zu gleicher Zeit in einer Kammer seines Denkgehäuses der Satz kreiste: »Wie schön wäre jetzt eine Entleerung.«

Langsam ebbte die Unruhe ab. Aber für Moritz hatte sich die Situation jäh verändert. Er spürte den Argwohn aus allen Ecken kriechen, er verdichtete sich sozusagen zu massiven Schemen von irritierender Ungreifbarkeit. Als der Lautsprecher schwieg, wollte er den Kellner mit einer selbstverständlichen Geste heranrufen, aber seine Bewegungen, das fühlte er, waren übertrieben, fast beschwörend; er merkte es auch an den Blicken, die ihn aufmerksam visierend überliefen. Mit einiger Mühe gelang es ihm, unauffällig, wie er glaubte, zu bezahlen. Schleunigst nahm er seinen Hut, erhob sich, stieß das Wasserglas des Nachbarn an, warf den Kaffeelöffel zu Boden und verließ gelassen und doch fluchtartig das Lokal. Er hörte noch, wie ein lautes Geschnatter hinter ihm drein scholl, aus dem er die Worte »der hat allen Grund, so schnell zu verschwinden« wie die Zähne eines eisernen Kammes in den Nacken dringen spürte.

Als er draußen stand, überlegte er einige Minuten, dann kehrte er wieder um und betrat noch einmal das Kaffeehaus. Auf der entgegengesetzten Seite seines vormaligen Platzes schlängelte er sich durch die Stuhlreihen und verschwand in der Toilette. Nach einigen Minuten erschien er wieder, blaß und scheue Blicke um sich werfend. »Wo ist der Kerl, der mich so verdächtig angeblickt hat«, dachte er. Auf der Straße beschleunigte er seinen Gang. Er hatte sonderbare Begegnungen, ganz andere als er sie vor der Staatsrede im Kaffeehaus hatte. Da er noch fremd war in der Stadt, betrachtete er aufmerksam die Häuser und Menschen, die an ihm vorbeizogen, aber eine sich steigernde Unruhe ließ ihn nicht zum Genuß des Angeschauten kommen, ließ ihm Dinge bedeutungsvoll erscheinen, die er sonst nicht beachtet hätte. Als er sich einmal umdrehte, schaute er wieder in das Gesicht jenes Kopfungetüms, das ihn schon im Kaffeehaus erschreckt hatte. Wieder lächelte es ihn mit forschend freundlichem Blick an. Rasch bog er in eine Seitenstraße, dann in noch eine, schließlich landete er auf einem kleinen freien Platz. Auf dem stand ein großes Gebäude, das im unteren Stockwerk vergitterte Fenster hatte. Vom Balkon hing die Fahne der Regierungspartei herab. Eine Weile stand er träumend vor dem Haus, bis er plötzlich in einem Fenster zwei kalte Augen aus einem grauen Löschpapiergesicht fixierend auf sich gerichtet sah. Zugleich hörte er hinter sich Schritte. Ein bewaffneter Uniformierter faßte ihn grob am Arm. »Was haben Sie hier herumzustehen und Maulaffen feilzuhalten, gehen Sie weiter!« Etwas aus der Fassung gebracht, begab er sich eilig auf die andere Straßenseite, wobei er indes nicht wagte, einen Blick hinter sich zu werfen. Er fühlte jetzt die Blicke von mindestens einem halben Dutzend Augenpaaren auf dem Rücken ruhen, wußte, in den dazugehörigen Köpfen war es entschieden: Ein verdächtiger Mann, kein Mann der Zustimmung, sondern der Ablehnung; sein Gang, seine Bewegungen, seine Gesten, ja das Mahlen seiner Hinterbacken, der Faltenwurf seiner Hosen tragen das Zeichen eines Ablehnenden, Beiseitestehenden. Erst als er sich in einer gewissen Entfernung von dem Gebäude befand, faßte er neuen Mut. Sein Blick wanderte noch einmal zurück zum Portal des finsteren Hauses. Da sah er gerade noch das freundlich forschende Kopfungetüm in der Tür verschwinden, nicht ohne daß sich ihre beiden Blicke noch einmal abschätzend kreuzten. Er hatte aber auch noch gesehen, wie sein Verfolger einem bürgerlich aussehenden Mann auf dem andern Gehsteig grüßend zuwinkte. Dieser kam gerade auf ihn zu. Seine Panik einigermaßen überwindend, faßte er blitzschnell den Entschluß, den einsamen Spaziergänger auf jede Gefahr hin um Auskunft zu bitten. »Entschuldigen Sie bitte, was ist dies für ein Gebäude?« Der Angeredete – er offerierte dem Fragenden ein mildes liberales Gesicht mit einer Hornbrille – schaute ihn erstaunt an, dann erwiderte er freundlich beflissen: »Da drin ist der Geheime Ermittlungsdienst, früher war es das Haus des Adelsklubs!« Er wollte gehen, doch Moritz ließ sogleich zitternd die zweite Frage folgen: »Können Sie mir noch sagen, wer der

Herr war, den Sie vorhin so freundlich grüßten?« Ein merkbarer Unwille, gemischt mit mißtrauischem Erstaunen, erschien auf dem Gesicht des Angesprochenen. »Hören Sie, Ihre Frage erscheint mir sehr indiskret, ich sehe, Sie sind hier fremd, nun einem Fremden gibt man gerne Auskunft, ich habe jedoch keine Lust, eine – milde gesagt – so deplazierte Frage zu beantworten. Jetzt möchte ich Ihnen fast die Gegenfrage stellen, was veranlaßt Sie eigentlich als Wildfremder, mir eine solche Frage zu stellen oder vielmehr, wer berechtigt Sie dazu, mir am hellichten Tage auf offener Straße ...« – »Verzeihen Sie, aber dieses Kopfungetüm« – »Kopfungetüm, Sie sind wohl nicht ganz bei Trost, diesen Herrn ein Kopfungetüm zu nennen. Der Herr ist Inspektor des Sicherheitsdienstes, ein durchaus ehrenwerter Bürger unserer Stadt! ... Doch das geht Sie ja eigentlich gar nichts an, überhaupt wenn Sie im Dienste gewisser Auftraggeber stehen, so sind Sie bei mir an die falsche Adresse geraten. Dieser Forschergeist ist mir äußerst zuwider, lassen Sie sich das gesagt sein. Ich bin ein guter Staatsbürger, kritisiere und meckere nicht und tue meine Pflicht, Gott befohlen!« Zürnend entfernte er sich in entgegengesetzter Richtung. Als Moritz sich einige Male umschaute, bemerkte er, daß auch jener seinen Blick des öfteren ängstlich nach rückwärts wandern ließ. Offensichtlich hatte ihm die Frage Moritzens ein beträchtliches Unbehagen verursacht.

Von einer ständig wachsenden, fressenden Angst gebeutelt, irrte Moritz über die Plätze und Straßen der fremden Stadt. Das unbehagliche Gefühl, dem Würgegriff einer erbarmungslosen Maschinerie schutzlos preisgegeben zu sein, versetzte ihn in eine Art Lähmung. Hinzu gesellte sich noch das andere, nicht minder störende Gefühl, dem unter einer harmlosen Außenseite schlummernden Vernichtungswillen der Einheimischen ausgesetzt zu sein. Dicke Schwaden aus Haß und Disziplin hingen über der Stadt, ein unsichtbares, umfassendes Walten legte sich wie ein Alp auf seine Seele und ließ ein nichtendes Schaudern aus ihr aufsteigen. Es breitete sich um und über ihn, es vernichtete Stück für Stück das Bewußtsein eines Zusammenhanges mit Vergangenem und Zukünftigem. Je wei-

ter er sich zeitlich und räumlich aus dem schützenden Gespinste, das er aus Phantasie und tätiger Liebe um sich und seine Geliebte gewoben hatte, entfernte, desto mehr verstärkte sich der Eindruck, auf einem toten Gestirn zu wandern. Alles, was er an Figuren in seiner Geborgenheit um sich herum gebildet hatte, jene bunte Welt vertrauter Gesellschafter aus Geschichte und Literatur, jene Wesen aus Herzblut und Imagination, vertraute Möblierung voll Wärme und Schönheit, alles dies schien zu vergehn unter dem eisigen Hauch tötender Fremdheit. Schon konnte er sich kaum mehr das Antlitz der Geliebten vergegenwärtigen, es erblaßte und rückte in immer weitere Ferne. Ein Weinen stieg in ihm hoch, ein schluchzendes Gebet aus grenzenloser Verlassenheit an einen Gott, der nicht mehr als ein vages Wähnen war und von dem er keine andere Vorstellung hatte als die auf dem Kommunionbildchen seiner Knabenzeit; ein Gebet, das die Angst aus ihm herausheulte. Und obwohl er sich seines Menschenhasses wohl bewußt war, obgleich er voll liebloser Abneigung die Mißgestalten auf seinem Wege mit bösem Blick umriß, glaubte er doch völlig grundlos einer besonderen Erhörung teilhaftig zu werden.

Ein großes lateinisches H stand dumpf leuchtend im Dunst der Dämmerung. »Haltestelle!« Sein Marsch endete zwischen Klumpen von Kleidern und Hüten, aus denen böse und leere, glasige und interessierte Augen blinkten. »Ich gehe ins Kaffeekonzert, dort ist Licht, Musik und Vergessen.« Es traf ihn aber plötzlich ein Etwas im Rücken, er spürte, wieder ruhte ein Blick von seitwärts hinten auf ihm, er drang ihm bis auf die Haut. Eine halblaut quirlende Unterhaltung hob an. »Von der Stelle weg wurde er verhaftet, hatte nicht bemerkt, daß der Mann vom Sicherheitsdienst war und ordentlich ausgepackt.« »Wo war das, bitte schön, wo war das?« entfuhr es ihm. Sein Herz pochte schnell und heiß. »Im großen Kaffeehaus am Iplatz«, erwiderte der Angeredete mißtrauisch. Moritz machte verlegen eine halbe Wendung von dem Sprecher weg nach der andern Seite; ein blaßrosarotes Quallengesicht, das einem unpersönlichen Stangenanzug entquoll, starrte ihm entgegen. Ein hämisches Lächeln zitterte darüber hin, als sich ihre Blicke kreuzten. Und er wußte sogleich, es hatte am selben Tische geklebt, an dem das Kopfungetüm saß. ›Weg von hier‹, durchfuhr es ihn drängend; ›hier wimmelt es von verdächtigen Gestalten.‹ Aber er konnte nicht. Ein lähmender Bann lag auf ihm. ›Wenn du jetzt wegrennst, hast du eine ganze Meute hinter dir‹, sagte er sich. So blieb er wie angeschmiedet stehen. Schließlich hielt er es nicht mehr aus, mit einem Ruck wechselte er ein klein wenig die Stellung, der Bann war gebrochen. Unauffällig versuchte er wegzuschlendern. Da gab es einen harten, schmerzhaften Stoß an seiner Fußspitze, er kippte vornüber und schlug der Länge nach zu Boden. Die Stimmen hinter ihm schwollen zu einem gefühllosen Lachen auf. Zwei Hände griffen behilflich unter seine Arme und zogen ihn hoch. Sein verstörter Blick schweifte der Fortsetzung dieser Hände nach und endete in dem Quallengesicht. »Das sind die verdammten überstehenden Bordsteine«, kam es bedauernd aus dem dazugehörigen Munde, über dem ein widerwärtiges blondes Bärtchen vegetierte. »Da kann man Hals und Bein brechen, hoffentlich haben Sie keinen Schaden genommen. Sie sind wohl fremd hier? ... Wo wollten Sie eigentlich so eilig hin?« Die letzte Frage klang hart, lauernd. »Ins Café Franzmann«, stotterte Moritz verwirrt; kaum ausgesprochen, wurde er sich seiner Dummheit bewußt. ›O du Idiot!‹ dachte er. Doch der andere schien keine Notiz von seiner Antwort zu nehmen, er hatte den Kopf abwärts der Straße zu gedreht und schien zu lauschen. »Da kommt übrigens die Bahn, Heil!« Er zückte grüßend den Arm. Hastig beeilte sich Moritz, mit demselben Gruß zu erwidern.

Es blieb ihm nun nichts übrig, als einzusteigen. Er wagte es nicht mehr, die nächste Bahn abzuwarten oder an eine der nächsten Haltestellen zu gehen. Von nun ab bewegte er sich im Bannkreis einer unwiderstehlichen Gewalt. ›Jetzt bin ich drin, muß sehen, wie ich mich losreiße‹, grübelte er beim Einsteigen. ›Ich werde mich anbieten, einen gefährlichen Auftrag auszuführen‹, nahm er sich vor. Eingezwängt zwischen warm dünstenden Menschenleibern, irrte sein Blick liebedienerisch durch den Wagen, er suchte das Quallengesicht. Richtig, dort stand es, auf der vorderen Plattform, das ausdruckslose Profil mit dem unausstehlich gerade sitzenden Hut trug jetzt die Maske der Interesselosigkeit.

»Sie Idiot, Sie trampeln ja auf meinen Zehen herum«, schrillte eine weibliche Stimme an seinem Ohr vorbei. »Hinten habe ich keine Augen«, sagte an seiner Stelle kalt sein Nebenmann, »außerdem bin ichs nicht gewesen, Sie dumme Pute.« Moritz sagte nichts, mit einer schwachen Erleichterung genoß er kurz die stellvertretende Schuldübernahme des zu Unrecht Beschuldigten. Er verfiel wieder ins Grübeln, er stellte eine genaue Gewissenserforschung an, ob ihm nicht doch an irgendeinem Ort eine unerwünschte Äußerung unterlaufen sei. »Habe ich Ihnen schon eine Fahrkarte gegeben?« fuhr ihn der Schaffner unvermittelt an. Sein Blick bewanderte ihn forschend von oben bis unten. ›Auch der hat dich erkannt‹, dachte er schaudernd, ›auch er weiß, daß du unvorschriftsmäßig denkst. O, könnte ich mich doch in ein ganz kleines, ganz winziges Wesen verwandeln, dann wäre ich aller Pein enthoben! – – –‹

Die Konturen der Häuser wurden allmählich von der hereinbrechenden Dunkelheit aufgesogen. Moritz überwältigte mehr und mehr das abscheuliche Gefühl, er fahre durch eine unterweltliche Stadt, in die nie ein wirkliches Licht fällt. Gleich hinausgeworfenen Verdammten standen und saßen die Fahrgäste um ihn herum. ›Wie eine Höllenfuhre‹, dachte er. Er sank grübelnd in sich hinein, die Außenwelt verlor mehr und mehr an Wirklichkeit, andere Bilder erschienen und zauberten eine Welt, die jenseits aller Bedrängnisse die Erfüllung tiefster Wünsche gaukelte. In solchen Augenblicken war kurz das Glück da. Solange er diesen Bildern nachhing, war sein Inneres gegen alles Außen abgedichtet, fühlte er sich gefeit gegen alle störenden Einwirkungen der zufälligen Umgebung. Er hatte für eine kurze Zeitspanne seine schützende Aura wiedergewonnen; selbst sein leibliches Auge wurde blind, sehend sah er nicht mehr, er nahm die Welt um ihn nicht mehr wahr; doch hinter den Bildern floß der Strom der Angst weiter, wie ein entferntes Rauschen drang er hin und wieder durch die Abdichtung.

Er schreckte jäh auf. Wie ein Signal war es in ihm aufgeblitzt, ›du hast ja einen Auftrag mitbekommen von ihr, der geliebten Frau!‹ Was war es nur? Ah, jetzt hatte er es! Zugleich mit dem Bewußtsein stieg der Widerwille hoch! Er sollte nach Paula Holl, dem Dienstmädchen, sehen. Sie war beurlaubt worden; sie wollte zu ihrer kranken Mutter fahren, die hier in der Stadt wohnte, und war nicht mehr zurückgekehrt. Diese Hausgehilfin war ihm stets unbehaglich gewesen, er empfand sogar einen leichten physischen Ekel vor ihr, wenn sie sich in seinem Zimmer zu schaffen machte. Merkwürdigerweise rief der Schaffner gerade jetzt, als er voll Widerwillen daran dachte, die Haltestelle aus, an der er aussteigen mußte, um zu ihr zu gelangen. Ein Wink des Schicksals! Nach einigem Hinundherirren in öden Seitengassen stieg er mißgelaunt in einem kahlen, schmutzigen Haus drei enge Treppen hoch. An einer Tür des dritten Stocks mußte er drei- bis viermal heftig klopfen, ehe sich schlürfende Schritte vernehmen ließen. Ein schmaler Spalt klaffte auf. »Zu wem wollen Sie?« maunzte es daraus entgegen. Im ungewissen Licht der abgedunkelten Treppenbeleuchtung erkannte er eine kleine verschrumpelte Gestalt, durch Türrahmen und Türe beiderseitig beschnitten.

»Ich möchte Fräulein Holl sprechen.«

»Sie ist nicht da, wer sind Sie? Was wollen Sie von ihr?«

»Sie ist nicht mehr zu uns zurückgekommen, obwohl ihr Urlaub schon eine Woche abgelaufen ist.«

»Sie kommt überhaupt nicht mehr zu Ihnen.« Dies wurde mit merklichem Gift herausgespritzt.

»Warum nicht?«

»Bei Ihnen verkehren schlechte Menschen!«

»Was fällt Ihnen ein!«

»Sie haben sie unzüchtig angeschaut!«

»Was noch?« Moritz lachte ärgerlich.

»Sie haben ihr rotes Samtkleid versteckt.«

»Sie hatte ja gar keines!«

»Doch, gehen Sie, Paula geht nicht mehr zu Ihnen zurück, ich bin ihre Mutter, ich bin krank, ich brauche sie. Der Herr Apotheker will es auch nicht, er wird sie heiraten, sie darf nicht mehr in einem so schlechten Haus dienen.« Moritz summte der Kopf, eine unbändige Wut kreiste in ihm.

»Hören Sie, es ist strafbar, straf-bar, einfach aus einer Stelle, ohne zu kündigen, davonzulaufen. Ich werde Ihre Tochter auf dem Arbeitsamt melden. Haben Sie denn gar keinen Anstand im Leib, Sie unverschämtes Volk, mit der Peitsche sollte man euch verleumderisches Kroppzeug zur Arbeit treiben . . .«

Seine Stimme schnappte über, er stockte, wollte von neuem anheben, aber die Türe hatte sich wieder geschlossen. Heulendes Jammern, untermischt mit Hilferufen, drang alarmierend durch die Türwand. Und schon regte es sich empört im Innern der gegenüber und einen Stock tiefer gelegenen Wohnungen. Rasch eilte er die Treppe hinab. »So ein gemeiner Kerl«, hörte er noch hinter sich aus einer Türöffnung kreischen; dann stand er auf der Straße, immer noch kochend vor Wut. Da rannte er mit einem Frauenzimmer zusammen. »Ui!« grillte dieses. Im blauen Schein einer Glühbirne, die matt einen Hauseingang beleuchtete, erkannte er Paula. Zugleich öffnete sich eine Ladentüre auf der schräg gegenüberliegenden Seite und ließ aus dem Innern einer Apotheke ein helles Licht auf die Straße fallen.

»So, gerade recht, daß ich Sie treffe«, schnaubte er sie an, »warum haben Sie uns versetzt?«

Sie war rasch von ihm zurückgetreten und hatte sich an die Hauswand gedrückt. Über ihr langes Pferdegesicht mit den stumpfen, irren Augen schwelte eine krankhafte Furcht. Er trat wieder auf sie zu, sie wich vor ihm zurück wie vor einer Strafmaschine.

»Ist es Ihnen bewußt, daß Sie sich strafbar, hören Sie, strafbar gemacht haben?« schalt er streng. »Und was haben Sie über uns zusammengeschwindelt. Das wird Sie teuer zu stehen kommen. Ein Kleid soll ich Ihnen gestohlen haben und gar noch ein rotsamtenes, . . . ich glaube, Sie spinnen, Sie müßten von Rechts wegen in eine Anstalt!«

»Hilfe, Hilfe, er will mich vergewaltigen, er hat mich in den Abort gesperrt, er hat mein rotes Samtkleid mit der Schleppe gestohlen«, brach sie plötzlich gellend los.

»Mit der Schleppe? Das ist die Höhe!« Sein Verstand geriet ins Wanken.

Im Türrahmen der Apotheke zeichnete sich die feiste Gestalt eines Mannes in weißem Arbeitsmantel ab. »Was ist mit dir los, Paula, was brüllst du so, als ob du am Spieß steckst. Was will er von dir? ... Vergewaltigen, dem wollen wir abhelfen!«

Der Weißmantel kam mit forschen Polizeischritten über die Straße gelaufen. Ein breites fleischiges Gesicht pflanzte sich vor Moritz auf.

»Lassen Sie das Fräulein in Ruhe.«

Er sagte es gebieterisch, keinen Widerspruch duldend.

»Ich habe mit ihr eine geschäftliche Angelegenheit zu regeln«, erwiderte Moritz, »sie war bei mir in Stellung.«

»So, der sind Sie«, unterbrach ihn der andere, »dann sage ich erst recht, lassen Sie das Fräulein in Ruhe, sonst hole ich die Polizei. Sie sind schon längst durchschaut. Mit Leuten Ihres Schlags pflegen wir nicht lange zu fackeln.«

Verschiedene Türen hatten sich geöffnet und eine Anzahl dunkler Gestalten ausgespien, sie sammelten sich um die Streitenden.

»Auch so ein perverser Spargelfresser«, grölte eine abgesoffene Stimme, »verführen arme Dienstboten und lassen sie dann hocken!«

»Gib ihm Saures, Pillendreher, ein Volk, ein Reich, ein Chef«, spottete ein anderer.

Moritz war Antwort heischend erneut auf Paula zugetreten, wie beschwörend hob er die Hand.

»Er will mir was antun!« gellte sie wieder. Dies war wie ein Signal. Die Stimmen schwollen zum Angriffsschrei. Seine Blicke flogen, Verständnis suchend, von einem zum andern. Aber er begegnete nur noch einer kaum verhehlten Grausamkeit, die nach Befriedigung lechzte. Die Gefahr erkennend, durchbrach er unerwartet den Ring der Gestalten und lief, was seine Kräfte hergaben. Der plumpe Umriß eines Polizeibeamten bewegte sich heran. »Was geht hier vor?« bellte seine jugendliche Stimme unter dem Tschako hervor: »Ach, so ein perverser Spargelfresser«, tönte es noch einmal aus dem Haufen.

Moritz verdoppelte seine Schnelligkeit. Mund und Schlund wurden trocken vor angstbeschwingter Anstrengung. Der harte klopfende Schall verfolgender Schritte ließ ihn instinktiv in die nächste Seitenstraße einbiegen. Am Ende dieser Straße lag eine langgestreckte niedere schwarze Masse, eine dunkle Öffnung klaffte ihm entgegen. Er stürzte hinein, lief einen langen Stollen entlang, bog in einen Seitengang ein, er spürte tastend eine Nische, in die er sich, stoßweise atmend, kauerte. »M'aaha, M'aaha«, röchelte er triumphal, als er die Stimmen draußen allmählich verhallen hörte.

Ein Wispern aus dem langen Stollen ließ ihn erschreckt aufhorchen. »Sakrament ist das Ding schwer«, sagte eine keuchende Stimme. »Schau mal nach, ob die Luft rein ist.« Vorsichtige Schritte bewegten sich dem Ausgang des Stollens zu. Er hörte, wie sie sich nach außen entfernten. Einige Minuten darnach unterbrach eine scharfe Stimme die Stille. »Halt, stehenbleiben oder ich schieße.« Ein schnelles Trappeln klang von der Straße herüber, der scharfe trockene Knall eines Schusses folgte, einige weitere Schreie, noch ein Schuß aus weiter Entfernung, dann senkte sich wieder die abendliche Ruhe mit den gewohnten Geräuschen über die Straße.

Nach ungefähr einer halben Stunde kroch er, sich abklopfend, aus seinem Versteck. »Ich muß das loswerden, ein Quentchen unbeschwerte Luft brauche ich jetzt; Kaffeekonzert, Licht, Musik, Vergessen!«

Die Szene mit der Holl fiel ihm wieder ein. Er schaute sich vorsichtig um. »Verbrecher, Schurken, Mörder, niedriges Gesindel«, tobte er kurz. Es riß ihn schier um. »Na, na, was ist denn los«, tönte eine Stimme aus einem kleinen dunklen Garten, »nicht so wild, es wird schon noch werden.« Moritz verdoppelte seine Eile. Wo war nur die verfluchte Haltestelle? Er spähte die Straße hinunter. Da vorne schritt ein Mann mit schweren Schritten in derselben Richtung. Knapp vor der nächsten Ecke erreichte er ihn.

»Entschuldigen Sie, wie kommt man von hier zur nächsten Haltestelle?« Der Mann blieb stehen und betrachtete ihn streng fixierend von oben bis unten. Ein grüner Hut mit Gamsbart saß über einem eckigen unfreundlichen Knochengesicht; von da ab gab es einen Lodenmantel und Bergstiefel.

»Sind Sie Jude?«

»Nein, was denken Sie, ich bin Deutscher.«

»So, dann ist es gut, wären Sie nämlich ein Jude gewesen, hätte ich Ihnen den Weg nicht gezeigt! Gehen Sie also noch ein Stück geradeaus, dann biegen Sie rechts ab bis zur nächsten Querstraße, diese hinunter, dann wieder links. Alsdann kommen Sie zu einem freien Platz, und da ist die Haltestelle, Heil!«

... Mit noch stark benommenen Kopf betrat Moritz das Café; er nahm an einem runden Tischchen Platz, das von einem Urlauber gehalten wurde. Um ihn herum Lichter, Musik, Vergessen. Verschabter Kaffeehausprunk der 90er Jahre funkelte auf eine gleichförmige, in graue oder braune Stoffe gefüllte Menge, die auf Gesichtern und Röcken noch die Spuren eines öden Werktages in Kaufhaus und Büro trug. Das eintönige Kolorit wurde da und dort unterbrochen durch die dürftige Buntheit weiblicher Anschlußwesen, die gleich anilinfarbenen Papierblumen in dem allgemeinen schwärzlichgrauen Menschenbrei schwammen. Im künstlichen Licht der Kronleuchter entfalteten sie ihre kargen Reize, schwatzten, kicherten, zankten oder knabberten an sonderbaren, lederartigen Erzeugnissen einer verdächtigen Konditorenkunst. Das lief alles wie auf leeren Spulen, man wußte nicht wozu und weshalb. Wie enttäuschend war ein solcher Auftakt zu lustvollem Vergessen; mit Mühe unterdrückte er die ödende Unlust, die sich seiner zu bemächtigen drohte. Da kam ihm ein Hoffnungsstrahl vom Konzertpodium; dort setzte eben die Kapelle zu einem neuen Stück an. Ach, nun wollte er sich wiegen in Puccini und Mascagni, fliegen, nach Sorrent und Sizilien, zurück in jene Zeit, die erregend aus dem Herbarium alter Zeitschriften duftete, zurück ins Paradies der Damen mit Pleureusenhüten und Knöpfstiefeletten, zu den Kavalieren mit Cape und Chapeau claque.

»O, Frau Welt, wie schön warst du einst, als du noch, ausgehalten vom Reichtum beider Kontinente, auf stolz geschmücktem Rosse prächtig paradiertest, die Zügel locker, den Anzug straff und das Antlitz strahlend in verhaltener Wollust. Jetzt watest du, armselig aufgeputzt, durch abgedunkelte Vergnügungshallen, hinter denen das Grauen der Mörderfaust lauert.«

Vom Podium her ertönte das Hindulied von Rimsky-Korsakow. Es klang nach Abendröte, nach Melancholie des Untergangs. Nicht weit von ihm saß um einen großen Tisch ein Haufe noch wohlgenährter Bürger. Sie sahen aus wie chemisch gereinigte Geschäftsführer, die in Freudenhäusern mit Stoppuhren idyllische Ideale pflegen.

Irgend etwas in ihren Gesichtern ließ Moritz mehr als tunlich zu ihnen hinüberstarren. Sie spürten seine Blicke ebenso, wie er vor einigen Stunden die des Quallengesichts. Ihre Unterhaltung wurde plötzlich gedämpfter, einige schielten verwirrt, mit deutlichen Zeichen des Unbehagens, zu ihm her.

Der Soldat schaute ihn gleichfalls forschend an. Moritz war es zumute, als ob ihm von unten her ein zu enges Trikot über den Leib heraufgezogen würde. Aber zum Unterschied der vielen Blicke, denen er seit der unglücklichen Szene im Kaffeehaus am Iplatz ausgesetzt war, hatte der des Soldaten etwas menschlich Vertrauenerweckendes. Es lag eine Trauer und ein Ernst in ihm, der wohltat, aber zu gleicher Zeit auch etwas, was beunruhigte. Der Mann schien große Lust zu haben, ein Gespräch mit ihm zu beginnen. Endlich, während einer Musikpause, nahm er die Gelegenheit wahr.

»Schlimm, schlimm ist das«, fing er an, »die Welt geht schlechte Wege.« »Das kann man wohl sagen«, quetschte Moritz heiser heraus. »Das ist die Strafe für unsern Hochmut und für unsere Gier«, kam die Erwiderung. »Ich meine natürlich die ganze Menschheit«, setzte er vorsichtig hinzu.

»Gäbe es kein Mittel, dem allen ein Ende zu machen?« lautete Moritzens ebenso vorsichtige Gegenfrage.

»Nein, jetzt nicht, wir müssen die Strafe auf uns nehmen; die Reiche der Welt haben alle mit der großen Buhlerin Babylon gehurt, deshalb müssen sie zugrunde gehen. Es ist übrigens alles prophezeit, die Reiche der Welt sind trunken vom Blute der Heiligen, darum wurde Satan die Macht über sie gegeben.«

Dies sagte er glänzenden Auges und mit gedämpfter Stimme. Dann beugte er sich begeistert zu ihm herüber: »Wissen Sie, daß die Hölle fast leer ist, die Teufel sind alle auf der Erde, ja!«

»Woher wissen Sie das?«

»Woher? Ein Bruder unserer Gemeinschaft hat es mitgeteilt bekommen. Noch mehr wurde ihm gesagt, aber dies bleibt geheim!«

»Aber Sie sind Soldat, wie reimt sich das mit Ihren Anschauungen?«

»›Widerstehe nicht dem Übel‹, heißt es, wir müssen alle bestraft werden, ich z. B. indem ich Dienst tun muß, um das Strafgericht mit zu vollziehen helfen... Warum schauen Sie eigentlich immer wieder zu dem Tisch dort hinüber?« unterbrach er unerwartet seine Ausführungen.

»Ich weiß nicht, ein Zwang vielleicht!«

»Lassen Sie das, wenn ich Ihnen raten darf, es ist heutzutage gefährlich, Leuten länger, als unbedingt notwendig ist, in die Gesichter zu sehen! Über jenen schwebt die Hand des Todes!«

Etwas starr Wahnhaftes war bei seinen letzten Worten in seine Züge getreten. Moritz befiel eine leichte Übelkeit. Das Klappen der Drehtüre, das bisher durch längere oder kürzere Intervalle den Rhythmus des Kommens und Gehens bestimmte und sich unauffällig in das gedämpfte Orchester der gewohnten Geräusche einfügte, schlug in die kurze Gesprächs- und Musikpause wie ein aufforderndes Zeichen. Unwillkürlich wurde sein Blick nach dem Türvorhang gezogen; er sah, wie er sich bewegte. Und es geschah das ungewiß Erwartete: Das Quallengesicht löste sich aus den Falten! Seine Augen überflogen prüfend den Raum, bis sie auf Moritz haften blieben. Es sah aus, als ob er sich einen Augenblick besinne, dann aber nickte er ihm hämisch freundlich zu. »Armer Teufel«, schien das Gesicht zu sagen, »du magst anstellen was du willst, uns entrinnst du nicht.« Indes, nicht nur er war durch das Erscheinen dieses Mannes in Unruhe versetzt worden; als sein Blick wieder zu der Gesellschaft am großen Tisch hinüberschweifte, bemerkte er, daß sie wie ein Rudel plumper Masttiere, die ein Raubtier wittern, die Köpfe noch enger zusammensteckten und noch leiser flüsterten als vorher. Er winkte dem Zahlkellner. Doch der kam nicht zum Zahlen. Ein heulender auf- und abschwellender Ton zerschnitt den Beginn eines Verdipotpourris. Die Musik verstummte jäh. »Alarm!« schrien einige Stimmen. Wie von einem mächtigen Sog erfaßt, leerten sich im Nu die Stühle, die Menschen wurden zu einem zappelnden Wurm, der von einer Schlauchöffnung in der Wand allmählich verschlungen wurde. Es war unheimlich und lächerlich zugleich. »Das hat gerade noch gefehlt«, sagte der Soldat etwas gezwungen lächelnd. Ohne allzu große Eile schnallte er seine Koppel um und stülpte seine Mütze auf. Trotz seiner betonten Ruhe zitterten ihm leicht die Hände. »Die Teufel gehen um und schleudern uns von einer Prüfstelle zur andern, bis unsere verhärteten Sünderherzen mürbe werden«, meinte er noch im Hinausgehen. Dann wurden sie getrennt.

Ein Labyrinth langer, niedriger Kreuz- und Quergänge, durch die Wasserleitungsröhren liefen, nahm die sich drängende und schiebende Menge auf. Sie hatte sich noch um eine Anzahl notdürftig bekleideter Personen vermehrt, die Koffer und Packen mitschleppten. In dem Gebäude gab es offenbar ein Fremdenheim.

Eine ordnende Stimme ertönte humorig von irgendwo her. »Keine Panik, meine Herrschaften, immer die Ruhe bewahren, es kommen alle noch dran, wenns hier einschlägt, können wir heute Nacht noch ein warmes Bad nehmen.« Einige lachten unsicher oder versuchten ebenfalls mit einem Witz aufzutrumpfen. Die meisten schwiegen jedoch oder unterhielten sich in halblautem Ton, ohne dem Witzbold weitere Beachtung zu schenken.

Moritz hatte sich fast willenlos vom großen Strom schieben lassen. Seine Stimmung pendelte zwischen wilder Verzweiflung und Apathie hin und her. Nun saß er verwirrt auf der Ecke eines fremden Koffers, in naher Berührung mit einem fremden Fleisch, das unangenehm durch billige Kleider dünstete. Angestrengt lauschte er von Zeit zu Zeit auf das ferne Surren der Propeller im nächtlichen Himmel, verfiel dazwischen hinein in dumpfes Brüten, aus dem ihn wieder durch würgende Angst hervorgerufene Schüttelfroste aufscheuchten. »Gott, laß diesen Kelch am mir vorübergehen«, betete er inbrünstig. Er verstand nicht, wie Menschen in solchen Stunden Scherzworte über ihre Lippen lassen konnten, wo er sich selbst das leiseste Lächeln untersagte. Eines spürte er, lange hielten seine Nerven die Belastungsprobe nicht mehr aus, seine Beherrschung mußte bald aus den Fugen geraten. »Wo ist eigentlich der abscheuliche Kerl geblieben?« Er schaute den Gang hinunter. Ach, dort stand er, nicht weit von ihm, hart am Treppenaufgang. Wie in der Straßenbahn, anscheinend völlig desinteressiert an seiner Umgebung, nur mit sich selbst beschäftigt.

Die Spannung wuchs von Minute zu Minute, manchmal glaubte er ferne Detonationen zu hören. Aus bangen Leibern stiegen Schwaden von Ungewißheit und fiebriger Erwartung. Die Unterhaltung stockte nun häufiger und wurde nur noch murmelnd geführt. Viele starrten stumpf vor sich hin, man konnte von ihren reglosen Gesichtern nicht ablesen, was hinter ihren Stirnen vorging. Zuweilen zog ein düsterer älterer Mensch verdrossen seine Uhr aus der Tasche, ließ den Deckel mit leisem Geräusch aufschnappen und sagte mit gedämpfter Stimme die Zeit an. Es war wie ein Wartesaal des Todes.

Zwei Männer flüsterten neben ihm. Ohne ihrem Gespräch Aufmerksamkeit zu schenken, erreichten dennoch einige Fetzen just wie für ihn bestimmt sein Ohr.

»Wo war das?«

»Im Café am Iplatz. Er sagte, Mist sei das, andere, die bei ihm saßen, stimmten zu, zum Teil sagten sie noch Schlimmeres. Der, welcher vom Mist quasselte, ging aber gleich nach Beendigung der Rede weg, ich habe ihn mir genau angeschaut, er war glatt rasiert und trug eine Hornbrille. Die andern wurden nachher auf frischer Tat ertappt und abgeführt. Brr, mir gruselt's, wenn ich daran denke, was mit denen geschieht; dem andern ist übrigens auch einer nachgegangen.«

»Hat man ihn gefaßt?«

»Weiß ich nicht.«

Moritz spürte einen widerwärtigen Schweiß an verschiedenen Stellen seines Körpers. Er erhob sich und begab sich an eine etwas dunklere Stelle des Ganges, wo er sich auf dem Boden niederließ. Verzweiflungsvoll vergrub er das Gesicht in seine Hände. Wie wäre es, wenn er einfach zu dem Quallengesicht ging und laut bekennen würde: »Ja, ich bin ein Staatsfeind. Ich war es von je, von Kindesbeinen an, schlechte widersetzige Sklavenrasse bin ich, ich müßte vernichtet, ausgetilgt, ausgemerzt werden, ich bin nicht zu ändern! Aber geben Sie mir eine Chance – gut durch die Nase sprechen, etwa so ›Changse‹ – ich werde für den Staat eine große Tat vollbringen, ich werde versuchen, mich seiner würdig zu erweisen. Sie ahnen nicht, ich habe soldatische Züge in mir, habe das Zeug zur Aufopferung, heldenhaft, Opferer und Geopferter, aber ich will jetzt leben, ich bin im Grunde ein ganz stiller Mensch, mache ruhig meine Sache, es ist im besten Sinne eine nationale Sache, obwohl ich dieses Volk unerträglich finde, aber bloß in seinen Lastern, mein Herr, was könnte dieses Volk sein, wenn es nicht so saudumm, egoistisch und gefühllos wäre, so stur, so bar jeder Feinfühligkeit. Der Trotz, ja der Trotz ruiniert dieses Volk, es ist der Trotz Hagens, des herrlichen! Herrgott, es hat gekracht, nein ich möchte nicht hier herumschwimmen als häßliche, ersoffene Leiche mit dem offenen Maule nach oben, faulig schimmernd im fahlen Schein der Birne – nein und auch nicht herumspazieren als Zebra, nein!! ...« Seine Gedanken verwirrten sich zu einem unklaren Brei. Eine aberwitzige Todeslust drängte ihn einen kurzen Augenblick bis an den Rand der Selbstvernichtung. Fast besinnungslos malte er sich sogar aus, welchen Effekt er mit einer solchen Handlung machen würde.

Aber es ging vorüber, Gott sei Dank, etwas faßte ihn hinten und zog ihn mit Macht zurück, hinderte ihn an dem verzweifelten Sprung. Wieder verfiel er in ein vages Hinbrüten. Zuweilen erhob er sich daraus, indem er auf den Schwingen seiner angstbefeuerten Phantasie einen kurzen Exkurs in eine traumhafte Welt unwahrscheinlicher Sicherheit unternahm; doch jedesmal stürzte er nach solchem Gedankenflug mit um so härterem Aufschlag auf den Boden seines trostlosen Hierseinmüssens zurück.

Eine weitere halbe Stunde hatte sich endlos gedehnt, als es mit einem Mal lebhaft in den Gängen wurde. »Entwarnung«, sagte jemand und stieß ihn an die Schulter, »ich glaube gar, Sie sind eingeschlafen!«

Er erhob sich schnell, ein wohltuend entspannendes Stimmengebrodel wallte auf; merklich beruhigt fühlte er sich in dem allgemeinen Aufatmen. Er schaute nach der Treppe, das erleichternde Gefühl verstärkte sich: das Quallengesicht war verschwunden.

»Jetzt rasch ins Hotel und schleunigst ins Bett, dort bin ich wenigstens für diese Nacht geborgen.« Unterwegs malte er sich aus, wie er, in den warmen Kissen ruhend, angenehmen Gedanken nachhängen konnte. Während seines eiligen Laufes durch verdunkelte Straßen überlegte er, ob er wohl die Vorhalle des Hotels leer antreffen würde oder ob er auch dort eine unbehagliche Ansammlung bedrohlicher Mienen zu durchschreiten hätte. So kam es, daß er, vor der Hoteltüre angelangt, eine gute Weile zögerte, einzutreten. Er hegte die unbestimmte Hoffnung, daß, solange er hier abwartete, doch vielleicht etwaige unliebsame Gäste ihr Zimmer aufsuchen würden. Erst als schon eine geraume Zeit verstrichen war, faßte er Mut und trat ein. Der Vorraum war menschenleer. Nur hinter dem Pult zur Eintragung der Gäste döste noch der Nachtportier. Moritz verlangte hastig seinen Zimmerschlüssel, der ihm mit einem mißtrauisch-abschätzenden Blick ausgehändigt wurde.

In seinem Zimmer angekommen, unterzog Moritz seinen Koffer und sein Bett einer nachdenklichen Untersuchung. Indes kein Anzeichen deutete darauf hin, daß fremde Hände an die Dinge gerührt hätten. Nach vollzogener Prüfung blieb er eine Weile sinnierend auf dem Bettrand sitzen; dann begann er langsam seine Oberkleider auszuziehen, Unterhose, Hemd und Socken behielt er jedoch an. »Es ist vielleicht gut, wenn ich morgen gleich abmarschbereit bin«, überlegte er. Müde kroch er unter die Decken, aber er konnte trotz seiner Müdigkeit nicht schlafen. Sein Bewußtsein weilte noch lange in einem unguten Dämmerzustande, auf der ungewissen Grenze zwischen Wachsein und Schlaf. Es schien fast so, als wolle er, Gefahr witternd, die Schwelle zum andern Bereich nicht überschreiten.

Einmal war es ihm, als ob ein gedämpftes Licht ihn umflute. Der Tag mußte angebrochen sein. Er schaute auf – zweifellos, die Stadt, die da vor ihm lag, war in ein befremdendes Licht getaucht. Er selbst befand sich in einer öden Straße, die auf ein Wäschegeschäft einmündete. Als er näherkam, sah er zu seinem Schrecken sich selbst notdürftig bekleidet mit einer fein punktierten Tätowierung versehen, und die Füße in hochabsätzigen Damenschuhen steckend, im Schaufenster liegen, um ihn herum ein bunter Wald von Flaggen aller Nationen. Man hatte ihn aus irgendeinem Grunde unkenntlich geschminkt. Zugleich wurde ihm bewußt, daß er von einer bösen Gesellschaft für dunkle Unternehmungen mißbraucht wurde. Doch sah er zu seiner Beruhigung, daß von den zufälligen Passanten niemand ahnte, wer hinter dieser Maske steckte. Eine warnende Stimme veranlaßte ihn, umzukehren und die Straße zurückzuwandern; er betrat ein nahes Café, wobei er bemerkte, daß er nur mit einem zerschlissenen Morgenmantel bekleidet war. Hier geriet er in eine Gesellschaft von Männern, halb Milizer, halb Studenten, die sich in rohen Scherzen über den merkwürdigen Burschen lustig machten, der bei H. im Fenster lag. Während dieser Unterhaltung wurde eine in der Zeitung erschienene Karikatur herumgereicht, die ihn in abstoßender Pose in eben jenem Fenster liegend zeigte. Trotz der drohenden Reden lachte er kameradschaftlich mit, jedoch innerlich von entsetzlicher Angst geschüttelt. Ein zufälliger Blick, den er von ihrem Tisch aus auf das Schaufenster richtete, ließ ihn erkennen, daß die Tätowierungen, die auf seinem Körper immer sichtbarer wurden, nichts anderes bedeuteten als die Chiffren seiner geheimsten Gedanken. Nun, die Burschen wußten ja zum Glück nicht, daß diese blutig verhöhnte Figur zwischen ihnen saß, halbnackt in voller Kriegsbemalung, ebensowenig schienen sie die Tätowierung entziffern zu können. Etwas beruhigter bestellte er ein Bier. Auch der Kellner wußte anscheinend nicht, daß er identisch mit der Schaufensterfigur war, obgleich er täglich hier sein Frühstück einnahm. – Nach einer Weile erhob er sich und verließ, ohne zu zahlen, unauffällig das Lokal, denn er hatte entdeckt, daß er kein Geld bei sich hatte. Eilig rannte er die öde Straße hinunter. Dabei bemerkte er, daß das Gehen ihm große Mühe machte; er schaute auf seine Füße: kein Wunder, er hatte den einen Hausschuh völlig verkehrt am Fuße. Besorgt schaute er sich nach dem Lokal um. Die ganze Gesellschaft stand vor der Tür und schaute ihm interessiert nach. Als sie sahen, daß er zurückblickte, schrie einer: »Der hat ja einen linken Kratzer!« Es klang drohend. Da erfaßte ihn eine tödliche Angst, die Entdeckung war nahe. Schnell bog er in die nächste Querstraße ein. In einem Hausgang fand er seinen bürgerlichen Anzug wieder. Rasch kleidete er sich um und erschien als harmloser Passant auf der Straße. Er lief, was er konnte, in die Richtung, wo er sein Hotel vermutete; er mußte ein sicheres Asyl erreichen. Inzwischen war der Bürgerkrieg ausgebrochen, Kanonenschüsse dröhnten, untermischt mit dem Knattern von Maschinengewehrsalven. Dennoch erreichte er unangefochten sein Hotel. Atemlos stürzte er die Treppe hinauf, stieß die Tür auf und sank erschöpft auf die Chaiselongue.

Er schloß die Augen. Als er sie nach einiger Zeit wieder öffnete, war es draußen stockfinster, nur sein Zimmer war schwach erleuchtet. Leise, leise, wurde jetzt die Türe geöffnet. Eine hohe, schöngewachsene Frauengestalt schritt, in ein allegorisches Gewand gekleidet, auf sein Bett zu. Sogleich wußte er, das ist die Britannia! Als sie ihn zum Tanz aufforderte, bekam er plötzlich Gewissensbedenken. Aber sie sprach ihm so milde und tröstend zu, daß er sich doch entschloß, zu tanzen. Je länger er tanzte, desto mehr durchströmte ihn ein großes Glücksgefühl, das nach und nach in eine trostvolle Ruhe überging. Dann begann allmählich alles in einen halbbewußten Zustand hinüberzuschwingen, der sehr angenehm war, doch nicht das Gefühl von längerer Dauer zuließ. – In dieses lullende Wiegen seiner Seele drang zuerst leise, dann lauter ein störendes Geräusch. Zunächst beachtete er es nicht, nun aber wurde es ihm bewußt. Man klopfte an seine Tür! Er ermannte sich: »Wer ist draußen?« rief er etwas verstört. »Es ist sieben Uhr«, antwortete die Stimme des Zimmermädchens. Ach ja, er hatte sie angewiesen, ihn um sieben zu wecken.

Über den Dächern graute das Nebellicht eines Spätherbstmorgens. Da er schon halb angekleidet war, brauchte er nicht viel Zeit zur Herrichtung seines äußeren Adams. Er packte seine wenigen Utensilien in seinen Koffer und ging nach unten. Am Frühstückstisch überfiel ihn wieder der Ärger über seine blöde Scheu. »Leg ab die Menschenfurcht«, rief er sich zu, während er sich bemühte, am Tische eine möglichst selbstverständliche Haltung einzunehmen. Er hatte die Empfindung, als ob die Leute, die um ihn herumsaßen und deren Mienen nichts weiter als eine liebenswürdige Abgestumpfheit widerspiegelten, seine abseitigen Gedanken witterten. Stieß er zufällig einmal entschuldigend an den Stuhl des Nachbarn oder erbat er sich den Aschenbecher, so folgte dieser Handlung jedesmal eine halb drohende, halb lächerlich flehende »Tu mir nichts zuleide«-Geste. Doch geschah dies, wie er bald bemerkte, nicht nur von seiner Seite; auch die Tischgäste legten in ihre Stimmen einen zuvorkommenden bibbernden Schmelz, gleichsam als beschwörten sie ein verborgenes Messer, ja nicht sichtbar zu werden. Nur einige wenige Unangreifbare saßen mit selbstsicheren Ochsenköpfen vor ihrem Frühstück. Sie übten vermutlich eine staatlich organisierte Tätigkeit aus und fühlten sich darum in sich fest, gesichert, jedem Angriff – komme er, woher er wolle – gewachsen. Man spürte, eine solche nach staatlichen Maximen genormte Lebensführung bot eine gute Deckung. Sie waren gerecht und gerechtfertigt, ganz gleich, ob sie heute einen Widersetzigen zu Brei zermalmten oder ob sie morgen eine Familie in alle vier Winde rissen. Von Zeit zu Zeit schickte er einen loyalen, verständnisheischenden Blick zu ihnen hinüber. »Man muß mit ihnen wie mit anderen Menschen verkehren, sich an ihren Anblick gewöhnen, sie verstehen lernen, ihnen furchtlos und frei ins harte Auge schauen; mit einem Wort, ganz selbstverständlich tun, vor allem aber, sich kinderlieb zeigen«, sagte er sich beruhigend. Jedoch der Kellner respektierte ihn nicht, stellte er peinlich berührt fest. Jedesmal, wenn er vom Tisch der Gefestigten kam, brachte er Moritz einen vollen Löffel Mißbilligung mit, den er ihm, sorgfältig dosiert, mit herablassender Nachlässigkeit servierte. Zurück bei den Gefestigten, hatte er die gehärtete Überzeugung, sich einem verdächtigen Minderen gegenüber vergeben zu haben.

Beim Begleichen der Rechnung wurde Moritz durch ein scharfes Rascheln hinter seinem Rücken aufgescheucht. Er wandte den Kopf halb zur Seite. Schattenhaft nahm er wahr, wie ein Mann eine Zeitung an den Haken hing, eilig Mantel und Hut anzog und sich anschickte, das Lokal zu verlassen. Er hatte diesen Mann, der beim Eintritt im dunkelsten Winkel saß, nicht beachtet, zumal sein Gesicht hinter der Zeitung verborgen geblieben war. In dem Augenblick aber, als er dem Kellner das Trinkgeld hinschob, verließ jener den Raum. Moritz erhaschte gerade noch einen Schein des Gesichtes, das sich schon außerhalb der Tür befand. Er erschrak. Kein Zweifel, es war das Kopfungetüm! Hastig griff er nach seinem Handkoffer und eilte dem Ausgang zu, gefolgt von den erstaunten Blicken der Gäste, die seinen überstürzten Aufbruch sichtlich störend empfanden.

Er schlug den Weg zur Tramhaltestelle ein. Hinter ihm ertönten eilige Schritte. Zwei Männer überholten ihn und stellten sich ihm in den Weg.

»Kommen Sie mit«, sagte der eine. Es war in der Tat das Kopfungetüm, dem das hämisch lächelnde Quallengesicht assistierte.

»Warum?« fragte Moritz dumm. Er fühlte, er war kreidebleich geworden.

»Das werden Sie zeitig genug erfahren«, sagte der andere barsch. »Machen Sie keine Umstände, hier ist mein Ausweis!«

Er öffnete seinen Mantel, an der Innenseite des Revers klebte das Abzeichen des »Geheimen Ermittlungsdienstes«.

Sie gingen in der Richtung zur Tramhaltestelle. Moritz folgte maschinell, fast abwesend. Seine Gedanken verkrampften sich zuerst zu einem wirren unbeweglichen Klumpen, dann lösten sie sich und stoben durcheinander wie die Flocken eines

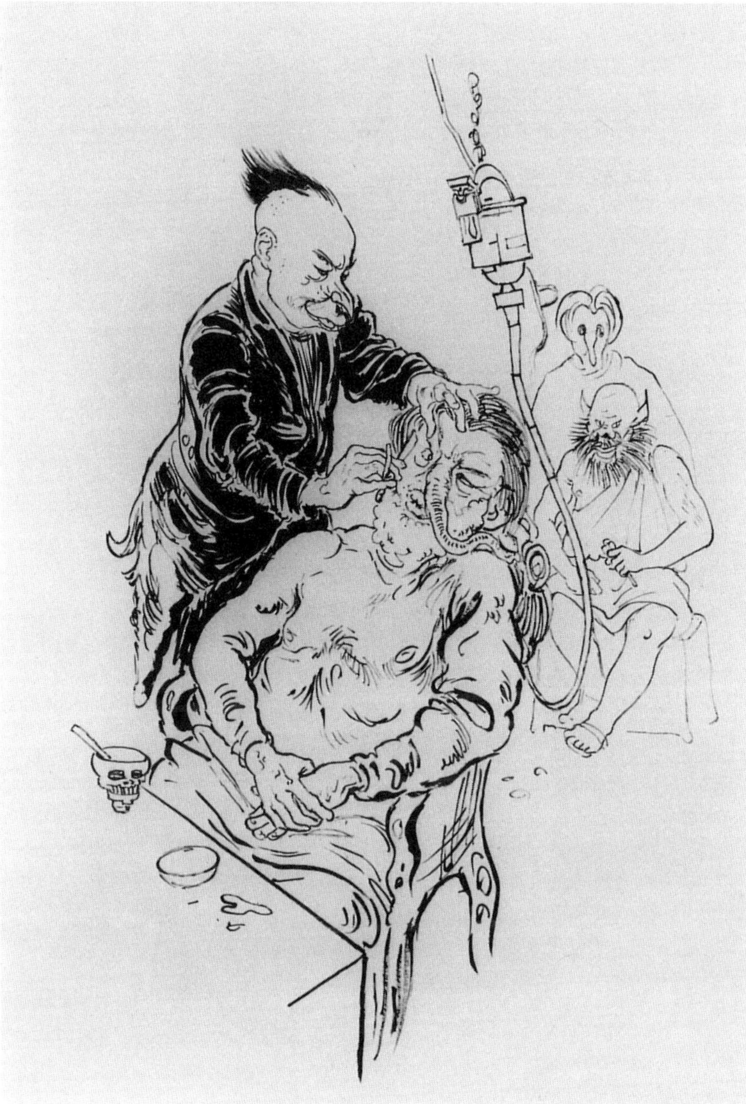

Schneegestöbers, sammelten sich wieder an einem toten Punkt, kreisten von neuem auf und bewegten sich wild um ganz nebensächliche Wahrnehmungen. Wieder hatte sich, wie in der vergangenen Nacht, die Welt um ihn herum verwandelt. Häuser, Bäume, Himmel; Menschen, die unbeschwert ihrer Beschäftigung nachgingen, all dies schien plötzlich durch eine dicke undurchdringliche Glaswand von ihm getrennt. Er nahm sie wahr, hatte aber zugleich die Empfindung, er sei durch einen bösen Zauber unwiderruflich für immer von ihnen geschieden.

Dann schlang ihn ein weitläufiges rötlich-graues Gebäude ein. Es ging über dunkelbraun geölte Treppen, durch öde geweißte Korridore, an unzähligen Türen und an vergitterten Fenstern vorbei und endete in einem hohen, schwärzlich-schmutzigen Raum. Ein dickliches, wie aus altem Teig zusammengeknetetes und in einen alten Uniformrock gezwungenes Mannsbild nahm ihn in Empfang. Zwei laue, grobe Hände durchfieselten seine Kleider, entleerten seine sämtlichen Taschen und tasteten wie die Tentakeln einer widerlichen Amphibie seinen Leib ab. Hierauf wurden seine beiden Zeigefinger auf eine mit schwarzer Farbe bestrichene Scheibe und darnach auf ein liniertes Papier gepreßt. In einem zweiten Raum setzte man ihn in einen Stuhl, stellte seinen Kopf gerade und richtete die Linse eines schwarz umhüllten Kastens wie eine Gewehrmündung auf sein Gesicht und dann auf das Profil. Nach dieser Prozedur brachte man ihn in eine düstere Zelle. Im Halblicht sah er einen jungen Mann, den Kopf in beide Arme vergraben, mit dem Gesicht gegen die Wand lehnen; er schaute kaum auf, als Moritz die Zelle betrat. Dieser ließ sich erschöpft auf einen Hocker fallen, eine dumpfe Geschlagenheit verbreitete sich in seinen Gliedmaßen, sein Gehirn wurde zu einem angehitzten Topf, vollgefüllt mit halbgaren Gedankenfetzen. Seine Seele torkelte ratlos hin und her. Noch zehrte sie von dem in den neuen Zustand mitgeschleppten, aber nun rapid schwindenden Vorrat an Fluidum seines bisher sich frei bewegenden Fleischgehäuses; der schmerzhafte Prozeß der Einwohnung in eine völlig veränderte Lage war noch in vollem

Gange und hielt ihn in einer Art Betäubung. Je massiver ihm das Verhängnis der unwiderruflichen Fixierung seiner leiblichen Existenz auf einige Meter kurzen Raumes zwischen vier unerbittlichen Wänden auf den Leib rückte, desto gieriger ließ ihn eine wachsende Panik nach dem letzten Glimmerschein von Hoffnung spähen. So heftete sich auch jetzt wieder sein Blick hilfesuchend auf den Rücken seines Zwangsgefährten. Als ob er es fühle, löste sich dessen Gestalt von der Wand. Langsam drehte er sich um. Obwohl er den Blick auf Moritz gerichtet hatte, schaute er ihn eigentlich doch nicht an, etwas Fremdes, Abwesendes, Verlorenes lag in seinen dunklen Augen. Er war augenscheinlich so mit sich und seinem Geschick beschäftigt, daß er ihn zunächst nur als störenden Fremdkörper in seiner bereits wohnlich gewordenen Verzweiflung zu empfinden schien. Mit einem Mal huschte etwas wie eine freundschaftliche Regung über seine starren, im Kummer versponnenen Züge. Er sprach zu ihm. Aber es waren fremde, unverständliche Worte, die sein Mund formte. Ein Ausländer aus irgend einem Balkanwinkel, stellte Moritz resigniert fest. Der verheißend aufgeflammte Lichtschimmer schrumpfte wieder zu einem trüben Glosen. Der junge Mann wäre ihm recht sympathisch gewesen, vielleicht hätte er ihm zu irgend etwas behilflich sein können, doch nun trennte sie die Wand der fremden Sprache. Kein Austausch war möglich, keine Korrespondenz als die unzulänglicher Gesten.

Der junge Mann – er schien ein Arbeiter zu sein – hatte jenes wahnsinnige Auf- und Abgehen begonnen, das nur Gefangenen und in zu enge Käfige gesperrten Raubtieren eigentümlich ist. Von Zeit zu Zeit gestikulierte er wild mit den Armen, welche Bewegungen er mit teils heftigen, teils sanften Lauten begleitete; dem Klange nach waren es Verwünschungen und Anrufungen. Moritz verfolgte seine Bewegungen mit jener abwesenden Aufmerksamkeit, die einen auch befällt, wenn man in ein loderndes Feuer, das die eigene Habe verzehrt, starrt. Er genoß sozusagen die eigene Ohnmacht in den rhythmischen Wiederholungen der Verzweiflungsausbrüche des anderen. Ja, sie vermittelten ihm sogar einen gewissen Trost.

Nach einiger Zeit wurden zwei weitere Männer in den Raum geschoben. Sie hatten grobe, gewöhnliche Gesichter, in denen nichts geschrieben stand als die Zeichen eines in den Niederungen der menschlichen Gesellschaft verbrauchten Lebens. Sogleich machten sie sich an den jungen Ausländer heran und versuchten, ihm – freilich vergebens – die Ursache seines Mißgeschickes zu entlocken. Schließlich wandte sich der eine auch an Moritz mit der Frage: »Was hast denn du ausgefressen?« »Weiß nicht«, antwortete dieser, »wahrscheinlich eine Verwechslung.« »Weiß schon«, griente der andere, »staatsfeindliche Reden, da kannst dich auf Steinbruch gefaßt machen!« Dies sagte er mit einer gewissen Befriedigung. »Bist wohl zum erstenmal hier?« fuhr er aufgeräumt fort, »ich kenne diesen Kasten schon von früher, ist das miserabelste Loch in der Stadt, unten im Zentralgefängnis ist's viel besser.« Mit einer leichten Verachtung in der Miene wandte er sich ab und seinem Genossen zu, mit dem er eine eifrige Flüsterunterhaltung begann.

Ungefähr eine Stunde nach dem Mittagessen, das aus einem trüben Matsch mit wenig Brot bestand, wurde Moritz von einem Gefängnisbeamten abgeholt. Wieder ging es durch lange Korridore und über ölig-modrig stinkende Treppen. Eine schwache Hoffnung durchbebte ihn; sollte er wieder freigelassen werden?

Sie wurde schnell zunichte, als er, im Hofe angelangt, ein großes graues gummiberädertes Schalentier liegen sah. Der Hauptraum des Vehikels war bereits überfüllt. Als ihn der Fahrer durch die dichten Reihen der Insassen stieß, übermannte ihn spontan eine abgrundtiefe Hoffnungslosigkeit. Er mußte an sich halten, nicht laut aufzuheulen. Der kurze Blick, den er in die rasch vorbeigleitenden Gesichter der Mitgefangenen warf, ließ kein anderes Gefühl in ihm aufkommen als das der fürchterlichen Fremdheit, die Mensch von Mensch trennt. Es blieb ihm indes keine Zeit, in selbstbemitleidendem Schmerz zu verweilen; wie in der letzten Nacht überstürzte sich der Szenenwechsel in rascher Abfolge. Gleich einem halbbetäubten Schlachtochsen bewegte er sich in einem Katarakt von Unglück. Weder Brüllen noch Flehblick bewegte die Diensttuer dieser Vorhölle; sachlich, ohne großes Aufheben, verrichteten sie ihr gewohntes Geschäft.

In der Rückwand des Wagens gab es zwei kleine Kabinen, in denen je ein Sitz angebracht war. Sie glichen aufrechtstehenden Särgen und boten auch nicht mehr Raum als solche; es hatte gerade ein Mann sitzend darin Platz. Der Transportbegleiter öffnete die Tür und schubste Moritz hinein. Er fiel auf einen menschlichen Körper. »Schafskopf«, murrte eine unwirsche Stimme aus dem Dunkel. Eine kurze, von der Angst hervorgetriebene Empörung preßte aus Moritz einen zaghaften Protest heraus. »Man kann sich da drin doch nicht zu zweit aufhalten«, wehrte er sich. »Da sind schon viere drin gefahren«, kam gefühllos die Antwort. Die Tür wurde brutal zugedrückt und abgeschlossen. Nun lag er auf dem anderen in völliger Finsternis; schwer atmend stützte er sich mit beiden Händen über dem Kopf des Mitinsassen an die Wand. Die Luft war trotz der kleinen, an der Decke angebrachten Ventilation erstickend. Zum Glück dauerte die Fahrt nicht lange.

Im Hofe des Zentralgefängnisses wurden sie eingeteilt. Ihn wies man mit sechs oder sieben älteren Männern zunächst in eine Art Warteraum. Dort saßen sie wie Auswanderer vor der Prüfungsstelle in Ellis Island, jeder in Gedanken versunken, wohin ihn der nächste Schicksalshieb wohl treiben würde. Da er annahm, diese Männer würden seine Zellengenossen sein, unterzog er ihre Gesichter und Gestalten einer eingehenden Musterung. Indes keiner von ihnen erweckte seine Sympathie oder auch nur das Bedürfnis nach Annäherung, obwohl er sich notgedrungen mit dem Gedanken einer längeren Zwangsgemeinschaft vertraut machen mußte. Angesichts dieses leidigen Umstandes überkam ihn eine große Niedergeschlagenheit, die mit dem langsamen Versickern der Stunden allmählich in ein traurig-stumpfsinniges Brüten überging.

»Moritz Steger, ist der hier?« ertönte es gegen Abend von der Türe her.

»Ja, hier!« Moritz erhob sich.

»Mitkommen!«

Gehorsam folgte er dem vorangehenden Schließer, der ein großes Schlüsselbund in der Hand trug. Sie stiegen in einen weiträumigen Bau, der durch Galerien in vier Stockwerke eingeteilt war, vier Treppen empor. Ganz am Ende der letzten Galerie schloß der Beamte eine Tür auf. Moritz befand sich in einer sauberen Zelle mit Pritsche, Hocker und Tisch ausgestattet; sogar ein Klosett war da. In der Türe war eine mit einer Klappe verschlossene Luke angebracht, darüber eine kleine, mit Glas versehene runde Öffnung. Durch ein hoch oben befindliches vergittertes Fenster fiel das Licht in den Raum.

Als die Tür hinter ihm zuklappte, wußte er zunächst nicht, was er mit sich anfangen sollte. Eine gute Weile hockte er verloren auf dem Rand der Pritsche. Er suchte seine Gedanken zu sammeln; es gelang ihm nicht, denn was er in sich vorfand, war ein unklares Quirlen und Jagen von unzusammenhängenden traumähnlichen Schreckbildern. Nachdem er sich so eine Zeitlang vergebens abgemüht hatte, Ordnung in seinem Denkgehäuse zu schaffen, gab er es resigniert auf und lauschte auf die Geräusche, die von draußen kamen. Aus dem Innern des großen Gebäudes drang ein nervenzermahlendes Klingelkonzert. In kurzen Intervallen folgten in verschiedener Tonhöhe Klingelzeichen; dazwischen hörte man Türen zuschlagen, Schlüsselgerassel, Kommandostimmen und hin und wieder langgezogene Schreie. Das dauerte ununterbrochen bis zur Schlafensstunde. Bald ging ihm dieser Lärm so auf die Nerven, daß es ihn nicht mehr auf seinem Sitze litt; er erhob sich und tat nun dasselbe, was er vor einigen Stunden seinen Zellengenossen hatte tun sehen: Er lief gleich einem aufgezogenen Automaten mechanisch auf und ab.

Mitten im Hinundherwandern fühlte er, wie ein erstickendes Etwas auf ihn zukam; es verengte spürbar seinen Existenzraum, drang wie schwere, sich langsam bewegende Eisenwände von allen Seiten auf ihn ein, zwängte ihn in äußerste Lebensnot. Er mußte seinen Lauf unterbrechen, sich hinlegen, sonst verlor er den Verstand. Halb von Sinnen warf er sich auf die Pritsche und versuchte, wiederum vergeblich, irgendwelche ablenkenden Gedanken zu mobilisieren. Das bohrende

Weh tiefster Verlassenheit schnürte indes jeden Ansatz zu tröstender Besinnung ab. Er war ein Mensch ohne Hinter- und Vordergrund geworden, in ihm und um ihn starrte eine nichtende Leere, aus der ununterbrochen Verzweiflung kreiste. Nichts gab es mehr, woran er sich klammern konnte. Alles war erbarmungslos und undurchdringlich geworden. Die vier kahlen Wände stierten grausam stumm auf ihn nieder, und selbst die wenigen Gegenstände seiner Zelle zeigten eine harte abstoßende Miene.

In der Tiefe der unheimlichen Leere bildete sich nun langsam ein Knäuel sinnloser Gedanken; er ward zu einem endlosen Wurm, der sich, auf- und abschwellend, ruckweise durch sein Gehirn bewegte. Eine Zeitlang war er nichts weiter als die willenlose Beute dieses Gedankenwurmes, der seine Nerven rücksichtslos mißbrauchte. Schließlich gab er sich mit dem letzten Rest von Willenskraft, der ihm noch zu Gebote stand, einen Ruck; gewaltsam versuchte er mit Hilfe einer Änderung seiner körperlichen Lage seinen Sinn auf andere Dinge zu lenken. Er ging in seiner Erinnerung zurück auf die letzten Abende in seinem Heim. Was hatte er doch zuletzt getan? Ja, gemeinsam hatten sie irgend etwas gelesen, das heißt er hatte ihr vorgelesen. Gelesen! Plötzlich kam ihm alles Gedruckte, was er sich bisher einverleibt hatte, wie ein eitler, irrealer Zauberspuk vor; wie ein von einer unfaßbaren Instanz hohnvoll praktizierter Trick, um uns mitsamt unseren künstlichen Kulturparadiesen ein lächerlich-belangloses Vaudeville über einem bodenlosen Abgrund spielen zu lassen. Und jetzt war er allein gelassen, allein ohne die Hilfsmittel und Laufkrücken seiner bisherigen Existenz. Mit dumpfem Schrecken erkannte er: Der Inhalt seines Denkbehälters schrumpfte ohne die fortwährende zerstreuende und zugleich mehrende Stoffzufuhr von außen zu einem geringfügigen Rest zusammen. Um der existenzbedrohenden Verödung wirksam zu begegnen, griff er zur letzten Zuflucht so vieler in kreatürliche Schwachheit Gefallener und in Finsternis Geworfener. Er versuchte zu beten. Aber Gott blieb stumm; ringsum, außen und innen war Schweigen, das beredte Schweigen der Abwesenheit. Dennoch schien es ihm, als ob in diesem fürchterlichen Schweigen ein Etwas sei, ein Etwas, das gerade durch sein Nichtvorhandensein seine Existenz erwies. Obwohl er weiterhin in vager, fast ungläubiger und äußerst marternder Ungewißheit verharrte, unterließ es ein anderer in ihm doch nicht, sich durch ununterbrochenes Flehen die Geneigtheit jenes unfaßbar Abwesenden zu sichern. Es schrie nach ihm gleich einem unmündigen Kinde, das nach seinem toten Vater schreit, weil es trotz aller Augenscheinlichkeit und Gegenwart des Leichnams nicht glauben kann, daß er wirklich tot sei.

Es war Nacht geworden. Sterne erschienen hier und dort am Himmel. Tröstlich und zugleich unheimlich funkelten sie durch die vergitterten Scheiben. Eine unsägliche Müdigkeit begann sich allmählich durch seinen Leib zu verbreiten; die beklemmende Bedrängnis wich einer wohligen Erschöpfung; er schloß die Augen.

Dennoch konnte er nicht schlafen. Angestrengt bemühte er sich, dem ins Leere sich verflüchtenden Grübeln zu entgehen, die Züge der Geliebten zu fixieren. Aber sie verflossen immer wieder oder vermischten sich recht unangenehm mit denen einer anderen Frau, mit der er einst im Dickicht großstädtischer Dschungel düstere Jahre verlebt hatte. Der verzweifelte Versuch, aus den zwei sozusagen übereinanderkopierten Erinnerungsbildern eine klare Gestalt zu gewinnen, verlief ergebnislos. Da geschah es nach einer Reihe vergeblicher Anläufe, ihre Gestalt eindeutig zu imaginieren, daß die graue Nacht sich langsam lichtete. Er sah sich auf einem ordentlichen Bett liegen, neben ihm lagen seine beiden Freunde Fridolin und Edgar, etwas entfernter von ihm seine Geliebte, mit der so wohlbekannten Steppdecke bedeckt. Diese Betten standen auf einem großen, geräumigen Balkon, der auf beiden Seiten geschlossen und mit einem Dach versehen, dessen offene Vorderseite jedoch auf ein schönes Juratal zugekehrt war. Ein sommerlicher erlösender Himmel vibrierte über der Landschaft. Seine Geliebte hatte sich etwas aufgerichtet und den Kopf in die Hand gestützt. Sie schaute lächelnd zu ihm herüber. »Wir gehen nach dem Glastal«, sagte sie, »ich freue mich schon auf das Camping, wir werden nackt in der Sonne liegen, ich muß wieder einmal verwildern!« »Wir können doch gar nicht heraus, das Haus ist abgeschlossen«, erwiderte Fridolin, »immerhin haben wir von hier aus einen wunderbaren Blick in die Landschaft, besser können wir ihn gar nicht haben.« Edgar bestätigte seinerseits Fridolins Äußerung durch eine zustimmende Geste. »Die Hauptsache ist, daß wir zusammenbleiben«, bemerkte er dann besorgt, »ich glaube überhaupt, daß es vorläufig nicht ratsam ist, das Haus zu verlassen.« Moritz hatte bis jetzt noch kein Wort gesprochen; so wohl er sich anfänglich in dem gemeinsamen Wiegen auf dem sommerlich durchfluteten Balkon gefühlt hatte, so sehr quälte ihn jetzt die jäh auftauchende Vorstellung einer bösen Verpflichtung. »Mein Liebes«, wandte er sich an seine Geliebte, »ich kann leider weder hier bei euch bleiben noch mit ins Glastal gehen, so gerne ich auch möchte, ich muß mich heute noch melden!« »Wo melden?« fragte sie beunruhigt. »Nun, du weißt doch, unten am Bach beim Gefängnisaufseher. Es handelt sich nur noch um ein paar Tage, die ich absitzen muß, dann habe ich's hinter mir.« Aber während er dies sagte, ward er sich bewußt, daß der wahre Sachverhalt ihn Lügen strafe, daß die Dinge viel komplizierter waren und daß es gar nicht so sicher sei, ob er je wieder zu seinem gewohnten Leben zurückkehrte. Aber er wollte ihr den Schmerz einer fast aussichtslosen Gewißheit ersparen, ebenso wie er auch in sich selbst das kleine, ängstlich flackernde Flämmchen der Hoffnung nicht ganz ersticken wollte. Indes merkte er, daß es inzwischen langsam Abend wurde, von der Decke des Balkons leuchtete eine trübe Birne. Außer ihm schliefen alle. Leise erhob er sich und verließ das Haus, es war, was er ohne Erstaunen hinnahm, gar nicht verschlossen. Schmerzenden Herzens schritt er den Pfad zum Gefängnis hinab. »Melde mich zur Stelle«, sprach er, stramme Haltung einnehmend, zu dem Aufseher. Das Gefängnis – es war nach Art einer Blockhütte aus roh behauenen Balken zusammengefügt – stand an einem Bach. Die Landschaft, in der es lag, war teils sonnig, blühend, teils – besonders in der unmittelbaren Umgebung – grau und voll Unrat. »Gehen Sie einstweilen hier herein«, sagte der Beamte freundlich, indem er eine Türe aufschloß, »länger als drei Tage wird's nicht dauern, dann haben Sie es überstanden.« Die Türe schlug hinter ihm zu und wurde von außen abgeriegelt. Da überwältigte ihn die schiere Angst, er wußte plötzlich, er war für unabsehbare Zeit hier eingeschlossen; alles war eine böse Falle, die freundlichen Worte des Beamten weiter nichts als tückische Verstellung. Er versank in ein Meer dumpfer Traurigkeit. In dieses apathische Brüten hinein drangen erst wie aus weiter Ferne, dann aufstörend nahe Klingelzeichen. Das letzte riß ihn förmlich von seiner Pritsche empor. Schritte hallten im Korridor, Schlüssel drehten sich metallisch kreischend in Schlössern, Klappen wurden auf- und zugeschlagen. Das Zwielicht des anbrechenden Tages schien durch das vergitterte Fenster.

Auch seine Klappe klaffte auf, ein hackfleischähnliches Gebilde, aus dem zwei stechende, wie blaue Stecknadelköpfe blinkende Äuglein in den Raum stießen, erschien auf dem dunklen Grund der Öffnung. Dann wurde mit schlürfendem Geräusch ein Napf nebst einem Brot hereingeschoben. Nach dieser Verrichtung schwand das Gesicht wieder wortlos in den dämmrigen Raum zurück, und unmittelbar darnach flog mit hartem Schlag die Klappe hoch.

Nach einer guten halben Stunde knirschte der Schlüssel im Schloß. Im offenen Türrahmen stand ein junger Kerl, durch dessen prall sitzende Uniform die rohe Kraft eines muskulösen Körpers dünstete. Aus einem breiten, brutal-bäuerlichen Gesicht sprang zwischen zwei harten glitzernden Augen eine gebogene Nase wie ein Hackinstrument hervor. Kaum hatte er auf Moritz einen Blick geworfen, als ein leises Zittern seine Gestalt überlief, zugleich schien seine Haut zu schwellen und um einen Halbton blässer zu werden. »Was, du Schwein, noch nicht die Zelle in Ordnung gebracht, wart' du Traumfotze, dir will ich!« Der Brüllton schnappte in einen spitzen Kopfton über, eine schwere Hand klatschte wie ein Feuerbrand auf Moritzens Wange, ein kantiger Tritt traf schmerzhaft in seine Hinterbacken, und eh' er sich's versah, lag er am Boden. Als er sich schnell wieder emporraffte, geschah es eigentlich nur, um in den Empfangsbereich eines zweiten Backenstreiches zu geraten. Jetzt brannte sein Gesicht lichterloh. Mit hastiger Beflissenheit stürzte er sich zur Pritsche und brachte in rasendem Tempo Strohsack und Decken in Ordnung. Dann folgte er, durch einen weiteren Stoß angespornt, dem voranschreitenden Strafengel. Im Parterre des Gebäudes wurde er von einem kleingewachsenen, mit Pistole bewaffneten Polizisten in Empfang genommen. Dieser zog zunächst aus seiner Tasche einen blinkenden Gegenstand hervor, der sich um das Gelenk des Arrestanten schloß. »Es ist Vorschrift«, sagte er entschuldigend, wobei ein verlegenes Lächeln über sein zerknittertes, sommersprossiges Gesicht zitterte. Moritz atmete schwer; er fühlte eine eisige Totenhand an jene Stelle greifen, wo der Hals in den Schädel mündete. Wie ein frisch eingefangenes Raubzeug wurde er von seinem Begleiter wieder durch lange hohe Gänge und über breite Treppen geleitet. Eilige, geschäftige Gesichter, auf denen wie eine alte Staubschicht der gleichgültige Ernst und die lächerliche Wichtigkeit von Blitzphotographien lag, kreuzten ihren Weg; graue unauffällig ordentlich gekleidete Gestalten, die Aktenfaszikel in stubenfarbenen Händen schwenkten, glitten an ihm vorbei. Ihr hastiges Tun ließ die verborgene Kraftstation eines geheimnisvollen Apparates ahnen, der das Ganze in Bewegung setzte. Aber das alles war nicht mehr jener guten greif- und faßbaren Welt zugehörig, in der es Sonnenschein und vollatmende Natur gab und die für ihn so jäh versunken war, sondern er bewegte sich jetzt in einem infernalischen, auf entsetzliche Weise körperhaft gewordenen Schemenreich, zwischen bürgerlich verkleideten Totenrichtern, Höllenwächtern und lemurischen Schreibgehilfen.

Eine hohe, schöngetäfelte Tür öffnete sich. Er wurde vor einen langen, mit Akten und Papieren bedeckten Schreibtisch dirigiert.

Dort saß eine dürftige, in einen soliden Anzug gehüllte Figur, die in einem verbauten blassen Gesicht mit schütterem blondem Haar endete. Auf der Nase saß, wie die Sehorgane eines seltsamen Insektes, eine randlose Brille. Ruckartig erhob sich jetzt dieses Gesicht zu ihm und richtete durchbohrend zwei kalte, machttrunkene Augen auf ihn. Moritz wurde einen Moment lang so schwach, daß er sich auf die Pultkante stützen mußte. »Sie sind Moritz Steger«, fing der Blaßgesichtige zu examinieren an. Seine Stimme war schneidend und ohne irgendwelchen Gefühlston.

»Ja.«

»Sie waren zwischen drei und vier Uhr während der Rede des Staatsoberhauptes – ihm sei Heil – im Café Franzmann?«

»Ja.«

»Sie machten dort die Bemerkung: ›das ist ja Mist‹, ferner taten Sie die Äußerung, das Inselreich habe noch jeden Krieg gewonnen?«

Er unterbrach sich und musterte Moritz vom Kopf bis zu den Füßen, ein zorniger Unwille huschte über seine Züge.

»Nehmen Sie Haltung an, wenn Sie mit mir sprechen, und tun Sie gefälligst die Hand von der Pultkante!«

Moritz versuchte, die vorgeschriebene Haltung einzunehmen, doch griff seine Hand unwillkürlich nach der Lehne des seitwärts von ihm befindlichen Stuhles.

»Weg mit der Hand, habe ich Ihnen gesagt, und ran an die Hosennaht«, kam es mit verstärktem Ton aus dem kleinen, mit unregelmäßigen Zähnen besteckten Munde des Blaßgesichtes. »Sie sind doch hier nicht zu Hause. Also noch einmal, haben Sie diese Äußerungen getan?«

»Nein.«

»Also Sie leugnen, es gibt aber Zeugen dafür! Dann haben Sie nachher an dem Tisch gesessen, wo diese unglaublichen Hetzreden gegen das Staatsoberhaupt gehalten wurden. Auch sollen Sie eine mißbilligende Miene gezeigt haben, als während seiner Rede unser verehrtes Staatsoberhaupt sein Genie in einigen vorzüglichen Witzworten aufblitzen ließ. Sie sind einer Verhaftung an Ort und Stelle nur dadurch entgangen, daß Sie sich vorzeitig entfernten.«

»Ich saß nicht an dem Tisch, von dem Sie reden, ich weiß überhaupt nichts von den Vorgängen, an denen ich beteiligt gewesen sein soll.«

Der Untersuchungsrichter blätterte in dem vor ihm liegenden Akt. Währenddem öffnete sich wieder die Tür; ein älterer gepflegter Herr in Begleitung einer Dame wurde hereingeführt. In weinerlich lamentierendem Tonfall begann er sogleich auf das Blaßgesicht einzureden.

»Hier muß ein Irrtum vorliegen, die Darstellung meines Falles ist vor Tagen an die Staatskanzlei abgegangen, sie ist, wie ich hörte, bereits in den Händen des Staatssekretärs. Ich bin das Opfer einer unerhörten Kabale geworden, meine Gattin berichtete mir eben, die Entlassung sei schon angeordnet...«

»Aber Sie sehen doch, Herr Untersuchungsrichter«, mischte sich jetzt die Frau ein, »mein Mann ist ja krank, er laboriert schon seit Jahren an einem schweren Blasenleiden, er kann die Haft unmöglich ohne schwere Schädigung seiner Gesundheit überstehen...«

»Schweigen Sie und warten Sie gefälligst, bis Sie drankommen«, zürnte der Inquisitor, dann, als ob er sich plötzlich auf die Anstandsregeln seines Standes besinne, fuhr er in milderem Ton, durch den aber eine schlecht verhehlte Schadenfreude zitterte, fort: »Bitte, nehmen Sie inzwischen Platz, bis ich mit diesem Fall zu Ende bin, es wird nicht mehr lange dauern.«

Er wandte sich wieder Moritz zu.

»Sie pflegen Verkehr mit dem bekannten und um die Erneuerung unseres Vaterlandes sehr verdienten Juristen Adamschek, wie kommen Sie zu dieser Bekanntschaft?«

»Ich lernte ihn schon vor Jahren in einem literarischen Zirkel kennen.«

»So, hm, das ist sehr merkwürdig! Woher kennen Sie übrigens Herrn von R.?«

»Auch den habe ich dort kennengelernt.«

Der Blaßgesichtige schwieg. Moritz atmete erleichtert auf; schien es ihm doch, als sei der Tonfall bei den letzten Fragen merklich höflicher geworden.

»Rufen Sie den Wachtmeister herein«, wies er nach einer längeren Prüfung der vor ihm liegenden Akte die Stenotypistin an, »er soll den Mann abführen.«

Der Wachmann erschien, das Blaßgesicht gab ihm in halblautem Ton einige Anweisungen, die Moritz jedoch nicht verstehen konnte. Dann wurde er abgeführt.

Zu seinem nicht geringen Erstaunen kam er nicht in seine alte Zelle zurück, sondern er wurde in den grauen Kastenwagen verfrachtet. In dem stickigen Raum befanden sich schon fünf Personen. Moritz kam zwischen zwei Männern zu sitzen. Der eine zog, kaum hatte sich das Vehikel in Bewegung gesetzt, ein dickes Stück altes Brot hervor, das er seelenruhig zu kauen begann. Nachdem er ungefähr die Hälfte davon verschlungen hatte, glaubte er seinem Nachbarn einige Aufmerksamkeit schenken zu müssen.

»Wieviel Knast?« fragte er kurz. Sein Gesicht und der Tonfall seiner Stimme verrieten ein inniges Vertrautsein mit der Luft von Strafanstalten.

»Ich weiß noch nicht, bin erst seit gestern früh in Haft«, erwiderte Moritz schüchtern.

»Politisch?« fragte der andere zurück.

»Ich glaube ja.«

»O waih g'schrien«, meinte er bedauernd, »da kannst dein Testament machen. Wenn du nämlich den normalen Knast abgemacht hast, kommst in Schutzhaft oder in'n KZ und da gibt's viel Knüppelsuppe mit wenig Nahrhaftem drin ... na, wenn du Glück hast und dich gut führst, kommst vielleicht mit vier, fünf Jahren davon.«

Moritz antwortete nicht, seine von einer vagen Mutmaßung belebte Hoffnung war schnell wieder auf den Nullpunkt gesunken. So saß er zwischen den beiden gleich einem medizinischen Versuchskaninchen, dessen Organismus man durch üble Experimente langsam auf ein Minimum von Lebensfähigkeit reduzierte. Erst als der Wagen nach dreiviertelstündiger Fahrt hielt, wich unter dem Eindruck der neuen Umgebung allmählich der Alpdruck, den ihm die düsteren Prognosen seines Fahrtgenossen verursacht hatten.

Er wurde in eine größere Zelle mit drei Betten eingeschlossen. Sie hatte schon einen Insassen. Am Tisch saß ein kleiner blaßgelber Mann mit Glatze, der kleine viereckige Schächtelchen zusammenklebte. Er sah aus, als ob er lange in einer Gruft gelegen hätte. Eine Zeitlang hockten sie sich stumm gegenüber, dann kam vom anderen die Frage:

»Sie machen so etwas wohl zum erstenmal mit?«

»Ja und nein«, erwiderte Moritz, in dem der anteilnehmende menschliche Ton, der aus der Stimme des Mannes klang, ein jähes Glücksgefühl auslöste.

»So, also doch schon ein gebranntes Kind?«

»Ja, aber nicht ernstlich.«

»So, so!« Wieder langes Schweigen, dann wiederholte sich die Frage, die ihm schon im Wagen gestellt worden war:

»Politisch?«

»Ja, und Sie?«

»Auch politisch.«

Das Gespräch stockte wieder. Moritz fühlte, eine lastende Wolke von Mißtrauen hing zwischen ihnen. Wie mit kleinen Amphibienfingerchen tastete jeder durch eine dicke Schicht von Schutzhüllen hindurch nach des anderen Wesenskern. Zwar rochen sie sich irgendwie die gemeinsame Ablehnung des derzeitigen Regimes, das sie hier zusammengeführt hatte, an, aber die durch eben dieses Regime erzeugte demoralisierende Unsicherheit ließ sie immer noch zögern, sich gegenseitig zu öffnen. Jeder hielt, selbst im Hinblick einer etwaigen Verständigung, heimlich noch eine letzte Reservestellung bereit, auf die er sich, sollte er einer Täuschung zum Opfer gefallen sein, immer noch als letzte Rettungsplanke zurückziehen konnte.

Da der blasse Mann weiter hartnäckig schwieg, ergriff Moritz die Initiative zu einem Gespräch.

»Sind Sie schon lange hier?«

»Fünf Monate.«

»Warum sind Sie in Haft?«

Ein forschender Blick traf ihn; es sah aus, als ob er sich die Antwort sorgfältig zurechtlegte, ehe er sie aussprach.

»Ach, das ist eine ganz harmlose Geschichte; wir hatten als ehemalige Gewerkschaftsmitglieder des öfteren Zusammenkünfte. Man ratschlagte, was mit dem Vermögen der Gewerkschaft geschehen sollte, da ja alle derartigen Organisationen aufgelöst worden waren. Der GED scheint eine Art Verschwörung dahinter vermutet zu haben. An einem Sonntagmorgen wurden wir alle kurzerhand verhaftet, abtransportiert und hierher eingeliefert.«

»Abtransportiert, Sie sind nicht von hier?«

»Nein«, erwiderte er vorsichtig zögernd, »ich bin vom schwarzen Walde, aus einem kleinen Fabriknest.«

»Gab man Ihnen Gründe an für diese Maßnahme?«

»Nein, warum auch, die werden schon ihre Gründe haben!«

»Das ist aber eine unverschämte Willkür«, entfuhr es Moritz wider seinen Willen.

Der andere schien von seiner Reaktion sehr sympathisch berührt:

»Ja, willkürlich ist das alles, aber wahrscheinlich ist das meiste auf das Konto untergeordneter Organe zu setzen. Vieles geschieht gegen den Willen des Staatschefs.«

›Aha, er baut vor‹, dachte Moritz, ›schieben wir das Gespräch auf ein anderes Geleise, vielleicht kommt man auf diese Weise eher aus der demoralisierenden Atmosphäre des Mißtrauens heraus.‹

Als ob sein Partner seine Gedanken erraten hätte, sagte er plötzlich:

»Sie üben sicher einen freien Beruf aus?«

»Ja, ich bin Schriftsteller, mein Name ist Moritz Steger!«

»Und ich heiße Hiller, Reinhold Hiller!«

Von da ab wurde er zusehends umgänglicher. Zwar befleißigte er sich immer noch einer gewissen Zurückhaltung, aber er behandelte Moritz mit sichtlichem Wohlwollen, leistete ihm allerlei kleine Dienste und gab ihm nützliche Winke.

Tags darauf kamen sie wieder ins Gespräch. Dieses Mal war es Hiller, der die Deckung verließ. Er las gerade eine Nummer der Tageszeitung, die ihm beim Spaziergang durch einen Häftling zugesteckt worden war. Plötzlich stieß er hervor:

»Brutal feiges Gesindel!«

Moritz schaute ihm gerade ins Gesicht, dann setzte er alles auf eine Karte.

»Herr Hiller, machen wir uns nichts vor, Sie hassen diese Kerle genauso wie ich.«

»Und ob ich sie hasse! Diese Volksbetrüger, diese Falschmünzer! Klauen sich aus dem Ideengut des Sozialismus die Rosinen heraus, manschen sie in ihren völkischen Mistkuchen hinein und servieren ihn dann als Patentlösung dem verschnupften Proleten. Allerdings den Kleinbürger bescheißen sie genauso, versprechen ihm Schutz gegen die Allmacht der Konzerne und liefern ihn hintenherum eben diesen Konzernen ans Messer.«

»Widerlich«, beeilte sich Moritz beizupflichten, »mir sind sie von je auf die Nerven gegangen.«

»Das habe ich Ihnen gleich angesehen«, erwiderte Hiller trocken, »Sie müssen sich ein anderes Gesicht ausborgen, es verrät zuviel. Wenn ich trotzdem auch Ihnen gegenüber vorsichtig war, so nur aus dem Grunde, weil man heute überhaupt nicht vorsichtig genug sein kann, unter zehn Menschen sind mindestens acht Spitzel oder Denunzianten und das meist aus Charakterschwäche.«

Moritz wurde es wieder schwummrig; er spürte den Finger des Idealisten in bedenkliche Nähe eines wunden Punktes geraten. Um ihn abzulenken, sagte er:

»So harmlos, wie Sie mir's anfänglich darstellten, war die Geschichte mit den Gewerkschaften wohl nicht?«

Hiller zögerte einen Augenblick, ehe er sich zu dieser Antwort entschloß:

»Da haben Sie schon recht, unsere Absichten gingen natürlich weiter, leider hatten wir so ein Reptil in unserer Gruppe, und der hat uns dann auch verpfiffen.«

»Wie geschah denn die Verhaftung, ich meine in welcher Form?«

»Nun, wie das in solchen Fällen immer geschieht. Wir wurden fünfzehn Mann hoch von den GED-Milizern in ein Lastauto gepackt. Unterwegs mußten wir wie Statuen, die Hände auf den Knien, stocksteif sitzen, ohne uns zu rühren. Und das sechs Stunden lang. Verließ einer diese Grundstellung, dann hagelte es Schläge. Kurz vor dem Eintreffen in S. hatte ich das

Pech, aufzufallen. Als der Wagen – bei rasender Fahrt – eine Kurve nahm, griff ich, wie man das so instinktiv tut, um nicht herauszufallen, nach einer der Stangen für das Schutzdach. Der Milizer, der bei uns drinsaß, verabreichte mir wegen dieser unvorschriftsmäßigen Bewegung einen Kinnhaken, der mich gleich zwei Zähne kostete. Ich konnte es nicht einmal riskieren, mir das Blut abzuwischen, denn sicher wäre ein zweiter Kinnhaken die Folge gewesen. Am Ende der Fahrt bedeckte eine dicke Kruste von Blut und Dreck mein Gesicht. So wurde ich ins Stadtgefängnis eingeliefert. Die Zelle, in die man mich stopfte, war ein dunkles Loch, in dem es infolge der hohen Hauswände ringsum nur in den Mittagsstunden Tageslicht gab. Und auch das nur in spärlichen Dosen. Von ärztlicher Behandlung keine Spur, obwohl ich an einem bösen Wundfieber litt. Konnte nur dünne Suppen und in Kaffeebrühe aufgeweichtes Brot hinunterwürgen. In diesem Loch lag ich circa zwei Monate.«

»Und Ihre Kameraden?!«

»Was mit denen passiert ist, wußte ich zunächst nicht; erst nach einigen Wochen erfuhr ich durch Kassiber, daß alle hopsgegangen waren, auch die, die an jenem Sonntag nicht mit von der Partie waren. Nur unseren ehemaligen Schriftleiter haben sie nicht geschnappt. Er wohnt hier, aber ganz legal. Übrigens sieht er Ihnen ähnlich. Zum Glück habe ich am Sonntag vorher, wie in Ahnung kommenden Unheils, die Listen verbrannt. So haben sie wenigstens keine schriftlichen Unterlagen. Wegen dieses Schriftleiters habe ich allerdings ein bißchen Schiß, er ist zu temperamentvoll, kann den Mund nicht immer zur rechten Zeit halten.«

Während seines Berichtes wechselte der Ausdruck seines Gesichtes von selbstbewußter Verschmiztheit zu entschlossener Unbeugsamkeit. Es war von jenem hartnäckigem Idealismus geprägt, der sich durch keinerlei Fehlschläge beirren läßt und der nur Menschen, die sich einer nie angezweifelten Doktrin verschrieben haben, eigentümlich ist. Dieses unscheinbare Männchen, das spürte Moritz, besaß die Zähigkeit eines vielstrapazierten Leders; sein Intellekt hatte lang genug in der

Lauge des Ideologie gelegen, um gegen alle Einwirkungen anderer Geistsubstanzen genügend gehärtet zu sein. Seine Humanität trug die spröden Züge eines aus der freudlosen Notgemeinschaft der Werktätigen destillierten Ideals; sie war unpersönlich und ohne Eros.

»Was halten Sie von der jetzigen Lage?« unterbrach Moritz seinen Redestrom.

Ein trockenes, höhnisches Lachen brach aus seinem dünnlippigen, zahnlückigen Munde, als er erwiderte:

»Der Krieg ist verloren, trotz aller Siegesmeldungen, mit denen wir zur Zeit überschüttet werden. Diese Bande brutalfeiger Abenteurer und Verbrecher wird sich zu verdrücken versuchen, wenn die Karre endgültig in den Dreck gefahren ist. Dann beginnt die Aufgabe der Arbeiterschaft. Sie wird schwer sein, aber sie muß bewältigt werden. Der Militarismus mit all seinen Nutznießern muß radikal ausgerottet werden. Ich bin Pazifist bis auf die Knochen!«

»Haben Sie eigentlich irgendwelche Aussicht, in absehbarer Zeit hier herauszukommen?«

Ein schlaues Lächeln glitt über sein Gesicht.

»Ich habe eine Chance, sogar eine große Chance, glaube ich. Ich bin doch gelernter Uhrmacher und habe außerdem in meiner Freizeit viel gebastelt. Schon vor Jahren plagte ich mich mit der Konstruktion eines neuen Zielfernrohres ab. Kurz vor meiner Verhaftung ist das Ding fertig geworden. Würde dies Zielfernrohr in unserer Wehrmacht eingeführt, so würde das einen gewaltigen Vorsprung gegenüber den anderen Armeen bedeuten, wir wären ihnen absolut überlegen. Natürlich rücke ich mit dieser Erfindung erst heraus, wenn mein Prozeß stattfindet und ich einigermaßen weiß, wie der Stecken schwimmt.«

Moritz war durch diese letzten Worte etwas fassungslos geworden. Seine Anteilnahme an diesem Mann schrumpfte plötzlich auf den Nullpunkt zusammen.

»Mein Sohn ist Zahlmeisteraspirant in einem Wehrmachtsbüro«, fuhr der andere munter fort, »der Junge hat schon mit zwanzig Jahren kapituliert. Kürzlich schrieb er mir, er hätte verschiedene Offiziere für meine Erfindung interessiert. Wenn es also hier nicht klappen sollte, dann klappt es vielleicht dort... Aber was ist mit Ihnen los, Sie sind ja ganz weiß geworden, ist Ihnen schlecht?...«

Moritz war es in der Tat plötzlich speiübel geworden. Er sank vom Hocker. Hiller fing ihn gerade noch auf und bettete ihn sorgsam auf die Pritsche.

»Ja, ja, das packt im Anfang jeden, 's ist sicher nicht das letzte Mal, wird noch öfter passieren, bis Sie einigermaßen abgehärtet sind!«

Die Augen Moritzens irrten hilfesuchend auf das rote Dach eines Hauses, dessen oberer Teil, von dem kahlen Geäst eines Baumes gekrönt, durch das kleine Gitterfenster sichtbar war. Kopf und Brust schienen unter einem unerträglichen Druck bersten zu wollen. Hinaus! Hinaus! Sein ganzer Leib mit allen Organen wurde zu einem einzigen Verzweiflungsschrei. Sein Blick verlor sich in dem Stückchen Himmel, das sich blau über dem Dach wölbte und durch das eine weiße Wolke langsam südwärts segelte.

Da ging eine merkwürdige Verwandlung in ihm vor. Etwas Unbeschreibliches strömte aus dem stummen Blau mit der weißen Wolke in ihn ein. Es war aus seiner Verborgenheit herausgetreten; wie ein magisches Narkotikum besänftigte es das wilde, empörte Toben seines Blutes. Der Gruß, der von dort kam, gab seiner Seele Schwingen, sie enthob sich, wurde eins mit dem Unbekannten, in dem die Welt weste. Dort, wo die Äste des Baumes im tröstlichen Licht zitterten, schien das Heil für ihn zu erblühen. Das ganz andere traf ihn wie ein göttlicher Anhauch aus zeitentrücktem Hier und Nirgendwo. Für eine kurze Spanne Zeit schwanden die Mauern, die ihn umschlossen hielten, hinweg wie unwirkliche Attrappen, sein Leib verlor seine Schwere und verwandelte sich in ein empfindungsloses Gehäuse; er meldete keine störende Forderung mehr an, sondern verhielt sich wie ein unauffälliger, gefügiger Diener, dessen Anwesenheit man nicht mehr spürt. Dennoch ließ er seine Seele nicht ganz los, und selbst in jenem beglückenden Augenblick, wo sie, fast aller Haft entbunden, im Zenit süßen Eingetauchtseins vollkommener Harmonie teilhaftig wurde, machte sich sekundenlang die Fessel bemerkbar, die ihn an ein fatales »Hier« band, denn dieses Glück befand sich immer jenseits des »Hierunten«. Seine Erinnerung flog auf dunkel rauschenden Flügeln zurück in längst hinabgesunkene Jahre. Dieses Außer-sich-sein, diese glückspendende Enthebung in das andere, er hatte sie früher schon erfahren, oft war er davon wie aus einem zu seinem Wohl gelegten Hinterhalt überfallen worden. An den Ufern eines wunderbaren Flusses, angesichts ferner rötlicher Hügel, im Glanze weckender Frühjahrssonne, vor alten vergilbten Häusern, hinter denen sich mattgelbe Kalkfelsen in das Firmament zeichneten, manchmal auch im Hofe einer zwischen bewaldeten Bergen liegenden alten Gasanstalt, auf deren rauchenden Schlackenhalden er als Jüngling seinen Schmerz in das Zwielicht eines Gewittertages hinausweinte, an all diesen Orten – ob schön oder häßlich – hatte ihn dieses Unaussprechliche angerührt, hatte ihm eine unhörbare Stimme zugerufen: Knie nieder, hier ist heiliges Land! ... – – –

»Helfen Sie mir, sagen Sie mir, ist es möglich, daß sie dasselbe Schicksal ereilte?«

Seine mit Tränen gefüllten Augen hingen verzweifelt an den Lippen Hillers, als ob von dort die Entscheidung über Leben und Tod käme. »Warum schweigt sie, warum kommt keine Nachricht von ihr? Vielleicht ist sie schon tot; sie ist ja ein Wesen ohne Haut, sie hält das nicht aus!«

»Sie ist nicht in Haft, das versichere ich Ihnen«, antwortete Hiller ruhig. »Ich kenne die Gepflogenheiten dieser Burschen, und – nach allem, was Sie mir von dieser Frau erzählten, ist sie ihnen gewachsen. Ich bin gewiß, sie arbeitet schon mit aller Energie an Ihrer Befreiung. Warten Sie doch ab, so schnell geht es in diesem Apparat nicht mit der Nachrichtenübermittlung an Angehörige. Ich habe zwei Monate warten müssen, bis ich den ersten Brief bekam. Das gehört zur Nervenfolter, mit solchen Mitteln hofft man das Opfer zu zermürben.«

»Jeden Morgen schaue ich in den Hof, wenn die Frauen Spaziergang haben; und jeden Morgen zittere ich, sie unter ihnen zu sehen.«

»Das ist ja Unsinn, überlegen Sie sich doch. Sie werden sie nie dort unten sehen«, Hiller sagte das mit großer Bestimmtheit, »selbst wenn sie wirklich in Haft wäre, würde sie doch nicht extra hierher transportiert werden, um eventuell mit Ihnen zu konspirieren. Ich kann Ihnen genau sagen, wie das vor sich geht: Besuche von Schnüfflern, Haussuchungen, Durchstöbern von Kisten und Kasten, Würmer aus der Nase ziehen mit Hilfe fingierter Geständnisse.«

Obwohl Moritz von der Willkür und Unberechenbarkeit des GED tief überzeugt war und jede, auch die absurdeste Maßnahme von dieser Seite für möglich hielt, vermittelten ihm die Worte seines Gefährten doch einen gewissen, wenn auch schwachen Trost. Auch vertraute er ihrer Schlauheit und Intelligenz, die ihn schon aus mancher gefährlichen Klemme gerissen hatte. Aber die Unruhe ließ ihn trotz aller beruhigenden Überlegungen nicht los, und nach einiger Zeit begann er wieder, nervös auf und ab zu marschieren.

Auf dem Korridor hörte man die schweren Schritte des Aufsehers. Moritz schaute gespannt auf die Tür; eine vage Hoffnung bewegte ihn. Die Schlüssel rasselten verheißungsvoll im Schloß.

Der Beamte, ein alter umgänglicher Kommißkopf der alten Zeit, erschien; er hielt einige Briefe in der Hand.

»Herr Moritz Steger, ein Brief für Sie und einer für Sie, Hiller.«

Moritz las hastig die ersten Zeilen.

»Sie lebt«, jubelte er, »sie ist in Freiheit. Sie haben recht behalten, Hiller! Mein Gott, ich danke dir!« In überschwenglicher Freude tanzte er in der Zelle umher.

Ein halblauter Fluch Hillers ließ ihn aufhorchen. Dieser saß in seinen Brief vertieft und noch blässer als sonst auf seinem Schemel.

Moritz schämte sich seines kindischen Freudenausbruches. Bestürzt und etwas hilflos stand er vor dem sonst so gelassenen Mann. Auf seine wiederholte eindringliche Frage antwortete er nur:

»Unser Schriftleiter ist verhaftet worden. Wenn der ein

Geständnis macht, sind wir alle verratzt! Jetzt hilft nur noch das Zielfernrohr.«

Nach diesen Worten versank er wieder in düsteres Schweigen. –

In der dritten Woche hatte die Zelle Zuwachs erhalten. Er bestand aus einem arbeitslosen Winkelkaufmann, dessen Kragenöffnung das mit einem randlosen Zwicker dekorierte Gesicht eines Kaulkopfes entstieg, und einem jungen schlaksigen Individuum, das sich als Mitglied der Staatsmiliz vorstellte. Ihre Anwesenheit verbreitete eine Atmosphäre des Mißtrauens und gegenseitigen Belauerns, obschon der Kaulkopf sich alle Mühe gab, durch schmierige vertrauliche Mitteilungen aus seinem Eheleben eine Art Kaschemmenbrüderlichkeit zu inszenieren. Die widerlichen Einzelheiten, mit denen er aufwartete, erfüllten den Raum mit Übelkeit erweckenden Schwaden sexuellen Miefs. Anscheinend war er von der eignen Frau aus Eifersucht angezeigt worden. Im Verlaufe seiner unerwünschten Mitteilungen pflegte er sie abwechselnd mit den gemeinsten Schimpfworten zu verunglimpfen oder im weinerlichsten Tonfall mit den süßesten Kosenamen anzurufen. Er hatte zudem die lästige Gewohnheit, gleich nach dem Aufstehen Opern- und Operettenmelodien zu pfeifen oder zu summen. Sowohl Hiller als auch Moritz gingen die musikalischen Gratisdarbietungen nicht wenig auf die Nerven.

»Muß das sein?« fragte ihn eines morgens Moritz.

»Ja, das muß sein«, erwiderte er frech. Dann einlenkend: »Mir schmeckt einfach das Frühstück besser, ich brauche das für mein Gemüt. Wissen S', ich war früher beim Theaterchor des Mannemer Landestheaters, ich pfeife Ihnen, wenn Se wollen, jede Oper vor, vom Tannhäuser bis zum Bajazzo. Was wollen S' hören?«

Er spitzte herausfordernd die dicken auslaufenden Lippen. In seinen trüben Augen, die an die Abwässer einer Kloake erinnerten, schwelte ein öliges Leuchten.

»Nichts will ich jetzt hören, und ich glaube, ich spreche auch im Namen Herrn Hillers, wenn ich Ihnen sage, daß wir auf Ihr

Morgenkonzert gerne verzichten, uns ist's nicht nach Musik zumute.«

»Wer will mir das verbieten, wenn ich nun mal Lust zum Pfeifen habe?« murrte er störrisch. Doch schwieg er von nun an, er fühlte, gegen zwei konnte er seine Marotte nicht durchsetzen.

Indes offenbarte er noch eine andere und viel störendere Seite seiner aufdringlichen Gegenwart. Moritz war es schon einige Male, wenn er zufällig vor der festgesetzten Zeit zum Aufstehen erwachte, aufgefallen, daß der musikfreudige Kaulkopf sich unter Stöhnen und Röcheln auf seiner Pritsche hin- und herwälzte. Einmal kam Hiller nach Verrichtung eines Bedürfnisses – der Kübel stand am Fußende des Kaulkopfes – an Moritzens Lager. Als er sah, daß dieser wach war, flüsterte er ihm zu: »Haben Sie's auch schon bemerkt, der Kerl kann nicht genug kriegen, pfui Teufel, muß man denn zu allem hier auch das noch in Kauf nehmen? Es ist ein bißchen viel!«

»Was können wir machen?« erwiderte Moritz, ebenfalls flüsternd, »nachdem wir ihm das Pfeifen untersagt haben, können wir ihn nicht auch noch dieser Freuden berauben. Übrigens kann er's immer ableugnen oder sich auf den Standpunkt stellen, das sei Privatsache und ginge keinen Dritten etwas an.«

Hiller schlüpfte resigniert unter seine Decke, holte eine Zigarette aus dem Strohsack und begann zu rauchen. Drüben im Bett des Choristen war wieder Stille eingekehrt. Der junge Milizman schien überhaupt nichts gehört zu haben. – – –

Sie saßen schon geraume Zeit stumm um den Tisch, jeder in seine eintönige Beschäftigung mit den Pappschächtelchen vertieft. Hinter den gesenkten Stirnen gingen die Gedanken hin und her, kreisten besorgt um das eigene und mißtrauisch um das fremde Geschick. Der Kaulkopf hätte zwar gerne schon längst sein übliches Pfeifen begonnen, um auf diese Weise die auch ihn quälenden Verdächte über nicht vorauszusehende Niederträchtigkeiten seiner ehelichen Komplizin zu verdrängen, doch der abweisende Ernst der anderen hielt ihn im Zaum.

Träume

Traum 1 (Vor Anfang des Krieges 1939)

Wir waren, Speedy, meine Freunde (darunter auch Brecht) und ich, in unserer Wohnung versammelt. Die Gespräche, die wir führten, waren düster und pessimistisch. Es lag wie eine trübe Vorahnung auf unseren Gemütern, daß bald eine Katastrophe erfolgen müsse. Der Raum, in dem wir uns befanden, war lang, fensterlos, und eine schwache Lampe verbreitete ein rötliches schwaches Licht. Nach langen wirren Gesprächen erfolgte plötzlich ein lang anhaltendes Erdbeben. Es wurde dunkel. Wir alle wußten, jetzt ist das Unheil da. Aber in diesem Moment verwandelte sich für mich die Szene. Ich stand mit Speedy auf einer Anhöhe. Unter uns lag, halb in Trümmern, meine Heimatstadt Calw. An dem uns gegenüberliegenden Kapellenberg spielte sich nun folgende Szene ab. Eine dicke Nebelwand senkte sich über den Bergeshang und bedeckte ihn ganz. Aus diesem Nebel brach plötzlich ein weißes glänzendes Pferd hervor und galoppierte gen Himmel. Ehe es jedoch in den Wolken verschwand, verwandelte es sich in einen weißen Hirsch, der wie der Hirsch des St. Hubertus ein Kreuz zwischen dem Geweih trug. Hier war der Traum zu Ende.

Traum 2 (während der ersten Phase des Krieges)

Ich befand mich in einem hoch gelegenen Stadtteil einer Stadt am Meer. Die untere Stadt lag am Strand. Ich spürte die Katastrophe herannahen. Doch zu meinem Erstaunen merkte außer mir niemand von den Einwohnern das nahende Unheil. Plötzlich ward der untere Teil der Stadt vom Meere überflutet. Und ich hörte Stimmen, die sagten: »Niemand ist entkommen!« Sie sagten dies ruhig, ohne größere Erregung. Indes ich durch die Straßen der oberen Stadt ging, sah ich aber doch die Men-

schen eifrig mit dem Verpacken ihrer Habseligkeiten beschäftigt. Ich verließ die Stadt und begab mich auf die freie Hochebene. Diese glich genau dem Hochplateau oberhalb meiner Heimatstadt im Schwarzwald. Nur die Schafscheuer, die dort steht, fehlte hier. Da zog eine tiefschwarze Wolkenwand aus dem Tale der Stadt herauf und verfinsterte den Himmel. Eine furchtbare Beklommenheit ergriff mich. Ich wandte mich zur Flucht nach der anderen Seite, wo das Plateau zum Hirsauer Tal abfällt. Aber ein ungeheures Meer brandete von dieser Seite her auf mich zu. In trostlosem Entsetzen schrie ich nach Rettung. Doch die schwarze Nacht der Wolkenwand fiel auf mich, und ich fühlte: jetzt ist's aus. Indes, ein merkwürdiger Lebenswille ließ mich die Augen wieder öffnen, die ich einen Moment geschlossen hatte. Ich befand mich wieder in der oberen Stadt, und die Bewohner dieses Winkels waren immer noch mit Packen und Fortschaffen ihrer Habseligkeiten beschäftigt. Doch all dies geschah in einem merkwürdigen Zwielicht. Hier endete der Traum.

Traum 3 (nach der Niederlage Frankreichs)

Wir wohnten in einer kleinen sonnigen Stadt. Das Leben war heiter und geruhig. Plötzlich erhob sich hinter der Stadt eine schwarze Wolkenwand, die sich rasch näherte. Ich verließ das Fenster, durch das ich schaute, und rief Speedy zu, sich auf schleunige Flucht vorzubereiten. Als wir im Begriffe waren, aufzubrechen, brach auch schon das Unwetter herein. Ungeheuere Wassermassen ergossen sich in die Straßen des Städtchens. Ich dachte, jetzt ist's schon zu spät. Wir warteten eine kleine Weile. Während einer der kurzen Pausen, die von Zeit zu Zeit in dem Toben der Wasser eintraten, begaben wir uns ins Freie. Und, o Wunder, das Wasser floß ganz seicht durch die Straßen; wir konnten bequem durchwaten, es reichte kaum etwas über die Knöchel. Wir flüchteten eilig nach einem nahe gelegenen Hügel und erklommen ihn keuchend. Als wir oben angelangt waren, schauten wir zurück und erschraken. Das

Städtchen war vom Wasser völlig zugedeckt, doch sah man die Häuser deutlich durch das Element hindurchschimmern. Eine tiefe Freude ergriff uns über unsere Rettung. Wir richteten uns auf dem Hügel, der außer uns noch einer großen Zahl Menschen Zuflucht gewährt hatte, häuslich ein. Dies ist das Ende des Traumes.

Traum 4

Von einer bösen Gesellschaft wurde ich dazu mißbraucht, als lebende Figur im Schaufenster eines Wäschegeschäfts zu liegen und zwar in weiblicher Rolle, unkenntlich geschminkt und mit Knopfstiefeln an den Füßen. Niemand ahnte, wer hinter dieser Maske steckte. Dabei wußte ich genau, daß ich zur Anlockung für abscheuliche dunkle Zwecke diente. Ich fühlte, ich lebte im Zustand verworfener Lüsternheit, doch empfand ich zugleich eine große Wollust. Nachher begab ich mich, nur mit einem Morgenmantel bekleidet, nach einem nahen Café, und geriet dort in die Gesellschaft von mir bekannten Studenten, die sich in rohen Scherzen über den merkwürdigen Burschen lustig machen, der bei N... im Fenster liegt; während dieser Unterhaltung wird eine in der Zeitung erschienene Karikatur herumgereicht, die mich in widerwärtiger Stellung zeigt, fett, faul, wollüstig und abstoßend. Trotz des drohenden Radaus lache ich mit, innerlich allerdings von Entsetzen geschüttelt, daß man mich entdecken könnte. Die Rohlinge wußten ja nicht, daß diese blutig verhöhnte Figur zwischen ihnen saß, halbnackt, in voller Bemalung und mit Schmuck unter dem alles verdeckenden Mantel, den sie nur wegzuziehen brauchten, um mich zu entlarven. Ich hatte ein Bier bestellt. Auch die Kellner dieses Lokals ahnten nicht, daß ich identisch mit der Schaufensterfigur sei. Denn ich pflegte jedesmal nach meiner Schaustellung hier unerkannt ein Frühstück einzunehmen. Zum Glück hatte ich die hohen Damenknopfstiefel, die ich im Schaufenster trug, schon mit Hausschuhen vertauscht. Trotzdem erhob ich mich nach einer Weile, von schierer Angst gefoltert, und verließ, ohne zu zahlen, unauffällig den Tisch und das Lokal. Denn ich hatte entdeckt, daß ich kein Geld mehr bei mir hatte. Eilig rannte ich durch die Straße unserm Wiestal zu. Da bemerkte ich zu meinem Schrecken, daß ich einen Hausschuh völlig verkehrt anhatte. Ach, also deshalb konnte ich so schlecht laufen. Besorgt sah ich zurück zum Lokal. Die ganze Gesellschaft stand vor der Lokaltür und schaute mir nach. Als sie sahen, daß ich zurückblickte, schrie einer: »Schau, der hat ja einen linken Kratzer!« Da erfaßte mich wilde Angst. Die Entdeckung war nahe! Rasch bog ich in eine Seitenstraße. Dort änderte ich schnell meinen Aufzug und betrat dann, in eine armselige ältliche Hure verwandelt, mit dem Gefühl der Sicherheit wieder die Hauptstraße unseres Wiestals. Erleichtert atmete ich auf. Wieder einmal der Gefahr entronnen, dachte ich! Inzwischen war Bürgerkrieg ausgebrochen. Nächtliche Kanonenschüsse dröhnten, überall war es unsicher. Hier endet der Traum.

Traum 5 (Anfang Mai 41, vielleicht 2. oder 3.)

Wir befanden uns in Calw im Hause Kurts. Es war Fastnacht. Wir versuchten uns zu kostümieren. Ich ziehe eine Art Morgenmantel an, hänge einen Revolver und einen Kavalleriesäbel meines Vaters um und setze einen rosaroten Trichter als Helm auf den Kopf. Dann gehe ich mit Ozef, nachdem ich mich von Speedy und Kurt verabschiedet habe, auf den Brühl. Wir erreichen ihn jedoch nicht. Denn als wir den Himmel anschauen, sehen wir, daß er mit schwarzblauen Wetterwolken bedeckt ist. Unheilverkündend steht eine düstere Sonne am Himmel; sie ist rötlich und sieht aus, als ob sie mit Geschwüren bedeckt sei. In den Himmel steigen ungefähr über dem Ort, wo der Brühl liegen muß, Scherzartikel wie Kinderballons, Papierdrachen, Konfettischlangen etc. ... Wir beide verlassen Kurts Haus und beeilen uns, an unser Ziel zu gelangen. An einer Straßenlücke, die Ausblick ins Freie gewährt, sehen wir zurück. O Schrecken! Zwei ungeheure Windhosen, tief schwarz, marschieren auf uns zu unter furchtbarem Geräusch. Ich rufe Ozef zu, sich nach rechts in eine Seitengasse zu schlagen, um aus der Richtung der Windhose zu kommen, folge auch selbst sofort diesem Rat, denn dies schien mir der einzige Weg unserer Rettung. »Ja, das ist schon recht«, gibt er zur Antwort, »wenn nur die arme Wuwu in Sicherheit wäre!« Ein schrecklicher Jammer erfaßt mich bei seinen Worten, und ich erwachte.

Ein Traum, der einige Zeit zurückliegt

Ich befinde mich bei einem Priester, und ich glaube, er hörte mir die Beichte ab. Dieser Priester war unsagbar schön und trug zum Teil die Züge von Speedy. Rostbraune Locken bedeckten seinen Kopf, das blasse Gesicht war geschminkt, das Gewand schwarz, aber elegant. Er war eine seltsame Mischung von Engel, Priester und Frau und zwar unverkennbar nicht von einer x-beliebigen Frau, sondern von Speedy. Doch war auch Speedy in ihrer eigenen Gestalt noch da, hielt sich aber im Hintergrund. Eine leidenschaftliche und unsagbar beglückende Liebe zu diesem Priester erfüllte mich. Ich gestand ihm diese Liebe und forderte eine Vereinigung mit ihm. Er lehnte mich mit sanften schmerzlichen Worten ab. Es gehe nicht, ich müsse unbedingt verzichten, er sei Priester, es könne keine Vereinigung geben, aber ich dürfe ihn trotzdem weiter lieben. Da kehrte ich zu Speedy zurück, suchte und fand Trost bei ihr. Hier verschwindet meine Erinnerung. Ich möchte nur noch hinzufügen, daß ich noch nie, weder im Leben noch im Traume, ein so intensives berauschendes Liebesgefühl von solch gewaltiger Schönheit verspürt hatte.

Traum 1943

Ich ging in einer hügeligen galizischen Stadt spazieren. Überall waren jüdische Geschäfte zu sehen, deren Türen und Schaufenster öde und ausgeräumt auf die leeren, mit holprigem Pflaster versehenen Straßen starrten. Doch hatte ich die Empfindung, als ob hinter den verrammelten Türen und Fenstern ein geheimnisvolles Leben blühte, zu dem ich mich mit allen Sinnen hingezogen fühlte. Während ich so wanderte, geriet ich nach einigem Hin und Her in den Bereich der uralten Stadtkirche, die mächtig wie ein mittelalterlicher Belfried auf der höchsten Erhöhung der Stadt lag. An ihre Grundmauern stieß ein dunkelfarbiger melancholischer Teich, der durch einen alten gewölbten Torbogen, gedämmt von einem Rechen, seinen Abschluß fand. Als ich etwas düsteren Gemüts aus diesem Torbogen trat, sah ich seitlich von mir einen romanischen Kampanile riesig und schwarz den mit einer gotischen Spitze bekrönten Turm der Kirche in die zwielichternden Wolken ragen. Der Turm erregte indes keine schreckhaften Empfindungen in mir; im Gegenteil, sein Anblick verursachte mir ein tief befriedigendes Gefühl von Geborgenheit und Ruhe. –

Wie ich um die Kirche herumkam und schließlich in ihrem Innern landete, weiß ich nicht mehr. Plötzlich stand ich unter einer andächtigen geschmückten Menge in einem schönen spätbarocken Schiff, über mir eine herrlich bemalte Decke. Gerade vor mir befand sich der Hochaltar, von dem unter feierlichen Klängen ein schöner eleganter Kardinal, bedient von wunderhübschen Ministranten, die Messe zelebrierte. Eine amouröse Atmosphäre lag über der Szene. Ich spürte deutlich – obwohl ich ihn nicht überschauen konnte –, daß der Raum angefüllt war mit entzückend gekleideten Mädchen und Jungen. Das wunderbarste jedoch in dem heiligen Spiel war ein Ministrant, der bei der Opferung das Rauchfaß schwang. Halb Mädchen, halb Knabe löste seine Erscheinung in mir ein unsagbares Entzücken aus, das durch das reizvolle Kostüm und das feine Spiel der schlanken, türkisch beschuhten Füße zur sinnlichen Wonne gesteigert wurde. Ich sage mit Absicht »sinnliche Wonne«, denn es war, so seltsam es klingen mag, die begierdenfreie Wonne der reinsten schönheitstrunkenen Liebe. Hier endet der Traum.

12. Juni 1944

Mir träumte: Ich empfange in München den Besuch meines ehemaligen Freundes Weinhold. Wir gehen zusammen durch einige halbzerstörte Gassen, Häuserdurchbrüche, alte Passagen, bis wir endlich zu meinem Arbeitsraum gelangen. Hier führe ich eine Reihe Aquarelle vor, die ich als außerordentlich gelungene und reife Arbeiten ansprechen muß. – Sonderbar, eines davon kann ich ganz genau beschreiben, obgleich ich nie etwas Derartiges weder gemalt noch konzipiert habe. Und doch lag es genau in der Richtung meines damaligen Schaffens. Es stellte das Verdeck eines Dampfers dar, der dem Untergang nahe war. In der Mitte ragte der riesige schwarz-rot angestrichene Schornstein, welcher das Bild in zwei Hälften teilte. Dahinter sah man berghohe Wogen vor einem sehr düsteren Himmel. Das in den Vordergrund auslaufende Verdeck war mit Leichen bestreut. –

Außer diesen waren noch einige sehr eindrucksvolle Arbeiten da, an die ich mich aber nicht so deutlich erinnere. – Wir gingen dann zu Speedy. Sie lag noch im Bett und benahm sich sehr kühl, aber doch ungeheuer auf uns bezogen. Es kam zu einer Unterhaltung, aber hier verwandelt sich das Traumbild – Ich befinde mich in Amerika; mein Atelier ist im soundsovielten Stock eines Hotel-Wolkenkratzers. Es ist noch ein Freund bei mir, doch kann ich nicht sagen, ob es Willy oder jemand anders ist. Aber ich glaube, bei längerem Nachdenken, es ist doch Willy. Plötzlich habe ich im Traum ein Traumgesicht. Ich sehe, wie unter riesigem Donner und schrecklichem Getöse die Erde sich spaltet und ein Canyon entsteht. Breit und finster klafft sein Maul in der Landschaft. Das Gesicht verschwindet wieder, indes das Getöse und Donnern weitergeht, ja sogar anschwillt. Und nun schwankt unser Zimmer wie im Sturmwind hin und her, man hört das Prasseln zusammenstürzender Häuser. Brände lohen irgendwo. »Ein Erdbeben!« schreie ich. In diesem Augenblick bricht der tröstliche Gedanke auf: »Die amerikanischen Hochhäuser sind ja mit Stahlgerüsten gebaut und die halten erfahrungsgemäß den Erdbeben stand.« Tatsächlich war dies auch der Fall. Wieder verwandelt sich die Szene. Ich bin mit Willy und Speedy allein in einem netten Zimmer. Willy ist auf Besuch da. Er liest uns ein Gedicht vor. Auch hier dasselbe Phänomen: Ich lese das Gedicht Zeile für Zeile, Strophe für Strophe und erinnere mich dabei, nie ein ähnliches Gedicht von Willy gelesen zu haben. Dabei war es so charakteristisch für Willys Denkungsweise, aber die Form, in der sie zum Ausdruck kam, war eine ganz andere als die uns bekannte seiner Gedichte. Ich lobte das Gedicht; Speedy tadelte es in der gewohnten Schärfe. Ich glaube, sie sagte ihm sogar, er sei kein Dichter oder so etwas ähnliches. Hier verwirrt sich und dann schwindet meine Erinnerung. – Ich glaube, dieser Traum ist bedeutungsvoll. Erdbeben soll eine entscheidende Änderung im Leben bedeuten, laut Traumbuch!

Die Heimreise

Ein Alptraum

Franz trat fertig angezogen in die Küche, die im trüben Schein einer kleinen Birne gloste. Hastig machte er sich an seine beiden Koffer, um noch die letzten Sachen hineinzupacken. Hinten am Küchentisch saßen die Haustochter und das Küchenmädchen und schälten Kartoffeln. Sie sprachen nichts, schauten aber von Zeit zu Zeit stier und abwesend zu ihm hinüber. Es war still, so still, daß er es mit der Angst zu tun kriegte. ›Wo sind meine beiden Mäntel‹, fuhr es ihm mahnend durch den Kopf, ›ah, Gott sei Dank, da sind sie ja.‹ Drei Mäntel mit dem, den er auf dem Leibe hatte. Aber wie sie verstauen? Gleich einem Berg stürzte dieses Problem auf seine Seele. Hilflos schaute er sich um, sein unruhiger Blick fiel auf die Uhr. ½ 8 Uhr wies der Zeiger. »Himmel Herrgott«, fluchte er nervös, »und um 9 Uhr fährt der Zug!« »Ziehen Sie doch einfach einen Mantel über den anderen an«, rief jetzt das Küchenmädchen. Obwohl ihn ihre Stimme schrecklich anwiderte, folgte er doch ihrem Rat. Rasch stülpte er den dünnen Sommermantel über seinen dicken Winterpaletot. Gut bewegen kann ich mich so nicht, dachte er verdrießlich, aber was macht's, manche haben heutzutage überhaupt keinen, ja nicht einmal einen richtigen Anzug. Bei diesen Gedanken preßte er vor innerer Lust die Zähne aufeinander. »Wo ist Herr Willy und Herr Julay«, schrie er, sich mit Schrecken der fast vergessenen Freunde entsinnend, den beiden Weibspersonen zu. »Schon runtergegangen«, erwiderte das Küchenmädchen. Die andere sagte nichts. Mechanisch fuhr das kleine Küchenmesser im Spiel ihrer Hände hin und her und entließ eine enthäutete Kartoffel nach der anderen. Franz schaute ihr wie gebannt einige Minuten zu. Da sah er, daß sie schlief. Sein Interesse erlosch ebenso schnell, wie es erwacht war. Nun wanderte sein Blick wieder zur Uhr. »Verdammt, schon 10 Minuten vor 8, und um 9 fährt mein Zug.« Während er mit übertriebener Eile die heiße Brühe schlürfte und das düstere, harte Brot hinunterwürgte, hörte er unter der Haustüre Willy und Julay sprechen. Ihre Stimmen klangen monoton, traurig, wie vom Ende der Welt her. Er verfiel in eine kurze Träumerei. Der schwarze Saft wollte kein Ende nehmen, und das Brot schien unerschöpflich zu sein. Aber da fiel es ihm mit einem Male siedend heiß ein: Er mußte ja noch eine Ansprache an die Dorfbewohner halten. Seinen dritten Mantel auf dem Arm, den Hut auf den Kopf gestülpt, schoß er mit dem Oberkörper senkrecht hinauf zur Dachluke, wobei seine Beine, wie er wohl merkte, in der Küche wurzeln blieben. Er stieß das Lukenfenster auf, streckte den Kopf hinaus und schickte sich an, zu den draußen versammelten Dörflern zu reden. Doch die hatten sich, des Wartens müde, inzwischen wieder verlaufen. Franz schraubte sich zurück und befand sich wieder in der Küche. Die beiden Frauenzimmer waren verschwunden; dort, wo sie gesessen hatten, hing jetzt ein Reklamebild zur Bekämpfung der Küchenschabe. Darauf sah man riesengroß eine angefressene Wurst nebst einem großlöcherigen, angeknabberten Brotstück und daneben eine überlebensgroße Schabe mit detaillierten Einzeldarstellungen ihrer Organe abgebildet; das ganze Bild schimmerte in verblichenen Farben. Von einem unheimlichen Widerwillen gepackt, rannte er weg und befand sich sehr bald auf dem kleinen Bahnhof.

Es war wieder dunkel geworden, der Zug gerammelt voll und schwach beleuchtet. Franz türmte seine beiden Koffer auf drei andere, obwohl dies eigentlich nach den Gesetzen des Raummaßes nicht anging. ›Wenn ich nur bald am Ziel wäre, zu Hause, um endlich auszuruhen‹, dachte er, ›der ländliche Aufenthalt ist mir gar nicht bekommen; anstatt erholt, habe ich mich über Gebühr angestrengt. Warum das wohl alles so ist?‹ – Eingeklemmt zwischen dem bestofften Fleisch der anderen Fahrgäste, die durchdringend, wie er selbst, aus ihren Kleidern dünsteten, atmete Franz schwer. ›Es menschelt halt überall‹, kreiste ihm der Spruch seiner Mutter im Kopf. Wäre doch nur das Endziel der Reise in Sicht. Dort, nur dort, würde es wirklich hell sein, dort würde er endlich die Ruhe finden, die er nirgends gefunden und die er zuletzt auf seinem Landaufenthalt gesucht hatte. Fast immer war es tagsüber trüb gewesen oder quälend zwielichtig. Und die Nächte meist stockfinster, ohne Sternenlicht oder Mondschein.

Ein fürchterliches Gepolter riß ihn aus seinem Grübeln. Sein schwerer Koffer war einer Frau auf den Kopf gestürzt und hatte diesen zertrümmert. Der tote Körper war dem gegenübersitzenden Mann in den Schoß gefallen. Da lag er nun schief querüber, die verglasten Augen starrten scheußlich aus dem entstellten Gesicht auf Franz. Ein entsetzliches Geschnatter hub an, in das hinein eine Stimme von der Bank dahinter gröhlte: »Warum mußte sich die dumme Person auch gerade unter den Koffer setzen!« »Was sagt der?« empörte sich einer. »Sie Hundsknochen«, schrie ein anderer Franz ins Gesicht, »Sie haben den Koffer so blödsinnig gestellt, daß er herunterfallen mußte.« »Ja, natürlich«, pflichtete ein Dritter bei, »der Verbrecher!« Und es erhob sich ein drohendes Grollen um ihn, Fäuste reckten sich, und krallige Finger bohrten sich in seinen Überzieher. »Aber der Mann kann doch nichts dafür, wenn sein Koffer runterfällt, er ist doch nicht schuld daran«, versuchte sich eine schüchterne Stimme durchzusetzen. »Was«, dröhnte es durcheinander, »ob er was dafür kann oder nicht, schuldig ist er auf jeden Fall, wollen gleich Gericht abhalten über ihn!«

Es kam indessen nicht mehr dazu. Fünf niedere Beamte mit viel Würde und guter Haltung erschienen im Abteil und schafften schweigend die Leiche fort. Ihr Schweigen teilte sich auch der Menge mit, und zwar so stark, daß es fast hörbar wurde. Dafür verstärkte sich jetzt das unaufhörliche Sokopauno, Sokopauno, Schikaneder, Schikaneder des Fahrgeräusches, dessen Tempo sich spürbar beschleunigte. Franz wurde es immer banger ums Herz. Wie weit war er wohl vom Ziel, vom rettenden Hafen entfernt? »Schau, Mutti, der schöne Wasserfall da draußen«, rief plötzlich ein kleines Mädchen und deutete entzückt durch die Scheibe. Obwohl der Ausruf an die nebensitzende Mutter gerichtet war, beugte sich auch Franz, seine Knie streng an die der Mutter gepreßt, pflichtschuldig mit einem etwas dummen Lächeln zum Fenster und folgte mit den Augen dem

ausgestreckten Händchen des Kindes. Da draußen im hellen Sonnenlicht zog ein glitzernder Wasserfall vorüber, hinter dem sich eine wunderbare Gebirgslandschaft ausbreitete. »Wie schön!« rief er, »wer dort leben könnte, der wäre glücklich.« Alles starrte wie hypnotisiert auf den Wasserfall. Nur eine dicke Stimme direkt hinter seinem Rücken brummte: »Armer Irrer, dort gibt's überhaupt nichts zu essen außer Fettkreide, nicht jeder verträgt das. Ich mochte sie gerne, hier habe ich noch einige Stückchen, versuchen Sie's mal, meine Herrschaften!« Er reichte die Stücke wie Hostien herum. »Fettkreide, er hat Fettkreide«, wisperte es ringum. Franz sah, wie alle Kiefer leise zu malmen anhuben, zugleich entdeckte er, daß sämtliche Fahrgäste Fischmäuler hatten. »Lassen Sie mich«, stammelte er verstört, »ich vertrage keine Fettkreide.« Aber sein Hintermann rückte mit einem großen Stück unerbittlich seinem Munde näher, schon spürte er seinen Gaumen zum Fischmaul werden, spürte den faden, fettigen Geschmack auf der Zunge, die wie ein Blutegel, der sich vollsaugt, aufschwoll. Da sah er in einiger Entfernung, getrennt durch enggestaffelte Menschenleiber, Willy und Julay stehen; letzterer lachte lautlos in sich hinein, während Willy ihm starr in die Augen schaute. Beide trugen Eisenbahneruniformen. »Helft mir«, schrie er ihnen zu. Aber jene sagten nichts. Sie machten eine eckige Rechtsumkehrtwendung und verließen, den Mann mit der Fettkreide in ihre Mitte nehmend, das Abteil.

Nun sank ein grauer Schleier auf das helle Bild, der Wasserfall wurde durch eine finstere Steinwand ausgelöscht, ein häßliches Murmeln hob wieder an. Franz hatte das unbehagliche Gefühl, als ob der Zug nun rückwärts fahre und er immer weiter vom Ziele käme. So stand er stundenlang, düster träumend, geschüttelt vom Rattern des Zuges, dessen Tempo schneller und schneller wurde. Die schwärzlichen Steinwände schienen kein Ende nehmen zu wollen; eine löste die andere ab. Manchmal gab er sich einen Ruck, kehrte den Sinn nach innen, beschwor Bilder der nahen Zukunft herauf, malte sich aus, was er alles unternehmen, wo er zuerst beginnen würde. All dies sah er in einem nicht ganz natürlichen Licht vor sich gehen. Er spürte, wie er von Minute zu Minute müder wurde. Eine beängstigende Schlafsucht befiel ihn, und nur noch ein im Grunde seiner Seele schlummerndes Entsetzen hielt ihn wach. Doch der Schlaf, den er so fürchtete, rückte mit unwiderstehlicher Macht näher und näher. Nochmals schaute er sich mit letzter Kraft um. Die Menschen um ihn herum waren ganz still geworden, ebenso wie er erstarrten sie immer mehr zu massiven Schemen. Es fiel ihm noch auf, daß sie in diesem Zustande schlecht geschnitzten dilettantisch bemalten Figuren aus einer hölzernen Kindereisenbahn glichen. Und geradeso wie er selbst, litten sie anscheinend an einer steigenden Atemnot. Das Fahrgeräusch hatte sich unterdessen zu einem ungeheuren, alles vernichtenden Lärm gesteigert, ›dies ist vielleicht der endlose Tunnel‹, dachte er mit letzter Kraft, ›der, von dem ich als Kind immer glaubte, er ende nie!‹ Dann überwältigte ihn die Schlaftrunkenheit, er sah und hörte nichts mehr.

Der Zug und Franz kamen nie am Ziel ihrer Reise an.

Der Skulpteur

Wir lagen beide nebeneinander in dem lauen Wasser der halbvollen Badewanne. Als ich den Blick zufällig auf die Füße Otto Meßners schweifen ließ, bemerkte ich zu meinem Erstaunen, daß er, obwohl sonst völlig nackt, Schuhe und Strümpfe anbehalten hatte. Um diese Füße herum färbte sich das Wasser mit jeder Sekunde dunkler; es wurde allmählich schmutzig grauschwarz. »Warum haben Sie nicht Ihre Schuhe ausgezogen?« fragte ich ihn. »Das mache ich nie«, kam seine Antwort, »bei mir zu Hause ist eine dumpf-feuchte Luft, auch gibt es dort viel unsichtbaren Schmutz, der sich überall, ohne daß man's merkt, festsetzt. Besonders Schuhe und Strümpfe sind sehr anfällig dafür, sie kleben unter der Einwirkung der Ausdünstungen einfach an den Füßen fest. Wahrscheinlich kommt das alles aus dem Boden. Man sagt, unter dem Hause, in dem ich wohne, seien früher Katakomben gewesen, worin Mönche und Nonnen schlimme Dinge trieben, dann sei eines Tages die Strafe gekommen, die Katakomben seien eingestürzt und hätten die ganze Gesellschaft unter sich begraben. Seitdem steigen dort üble Dünste auf, die in den Wohnräumen jenen feuchten Mief erzeugen, der das Wohnen in diesem Hause so unbehaglich macht.« Bei diesen Worten drehte er mir sein Wieselgesicht mit den schrägstehenden Augen zu, um die ein verschmitztes Lächeln irrlichterte. »Ob die Geschichte wahr ist, weiß ich nicht, aber das mit dem Gestank und der Feuchtigkeit stimmt.« »Warum ziehen Sie nicht aus?« »Wo sollte ich hin? Wir sind arm, die Aufträge sind rar, der Wohnungsmangel groß, und vom Ordinariat bekomme ich nur Trostsprüche und aufmunternde Ermahnungen. Obwohl meine Frau voriges Jahr auf den Muttertag anläßlich ihres fünften Kindes eine Auszeichnung erhielt und als beispielhafte Gebärerin dem Volke vorgestellt wurde, hat sich bis heute noch nicht viel geändert. Einzig der Pfarrer Scham, wissen Sie, der, der immer mit dem offenen Brustlatz herumspaziert, hat mir einen Auftrag für die Kanzel der Wallfahrtskirche gegeben; ich soll die vier Evangelisten schnitzen. Kürzlich war übrigens einer vom Ordinariat bei uns und besichtigte meine neue Arbeit ›Stillende Mutter‹. Er lobte mich, rückte aber keinen Pfennig heraus; meine Frau fragte er zu guter Letzt – weil er wohl merkte, daß wir auf etwas Greifbares warteten –, wie es ihr gehe und was sie mache. Eine dumme Frage, nicht? Sie gab ihm auch gleich die richtige Antwort. ›Was ich mache?‹ sagte sie, ›ich mache auch Kunstwerke‹, dann auf ihre vier Gören deutend, sagte sie: ›Das sind meine Kunstwerke, Herr Zeremoniar!‹ Darauf konnte er nicht viel sagen und zog mit verlegenen Redensarten ab. Vielleicht hat's genutzt, vielleicht auch nicht, lange mache ich das Hungerleben nicht mehr mit. Da geht man fleißig zur Kirche, macht Kinder, wie's erwünscht ist und hat doch nichts davon.« Seine Stimme sank zu einem grollenden Murmeln herab und vermischte sich mit dem glucksenden Schwappgeräusch des leise bewegten Wassers. Seine Schuhe und Strümpfe hatten sich nun vollends gelöst, so daß er beide von den Füßen streifen und über den Bord der Badewanne werfen konnte. Sie sahen jetzt aus wie aufgeweichte Dachpappe. »Bis ich nach Hause gehe, sind sie wieder trocken«, meinte er grinsend ...

»Gieß den Kaffee ein«, sagte Emmy. Wir saßen, Meßner, meine Gattin und ich, zu dritt in dem langen sargartigen Wohnzimmer an dem langen wurmstichigen Tisch. Meßner hatte während der Gespräche eine mysteriöse Miene aufgesteckt, er blinzelte vielsagend von einem zum anderen. »Sie waren also auch Soldat im letzten Krieg?« Bei dieser Frage bohrte Emmy ihre grauen Augen durchdringend forschend in das Gesicht Meßners, »wie haben Sie sich eigentlich durchgeschlängelt, ohne an die Front zu kommen?« »No, ich hatte Glück«, erwiderte er mit gedämpfter Stimme, »unser Spieß hatte es auf junge Muschkoten abgesehen, auf mich war er besonders scharf, er hatte an mir – ich weiß nicht warum – einen Affen gefressen. Oft ließ er mich abends auf seine Stube kommen, wo wir miteinander saßen und soffen, hernach mußte ich splitternackt, nur mit den Kommißpotten an den Füßen, vor ihm auf- und abmarschieren, wobei er fortwährend in die Hände klatschte und dazu ›das klappt, das sitzt, das hat einen akkuraten Schwung‹ jaulte. Das ging so eine Weile, bis er eines Abends handgreiflich wurde. Da wurd' es mir doch zu dumm, ich griff mein Seitengewehr, zückte es gegen seine Fresse und sagte: ›Wenn Sie nicht die Finger von mir lassen, spalte ich Ihnen den Schädel.‹ Er wurde plötzlich nüchtern, bat mich um Verzeihung und schickte mich weg. Nun, ich hatte ihn in der Hand und benutzte dies; jedesmal, wenn ein Zug für die Front zusammengestellt wurde, ließ er mich aus, er hatte da einen Trick gefunden – welchen, weiß ich nicht –; auf jeden Fall bekam ich auf diese Weise nie einen Schützengraben zu sehen, und außerdem ließ er mich nun mit solchen Anträgen in Ruhe. Es blieb beim üblichen Spiel.«

Er blickte uns aus seinen schwarzen schräggeschlitzten Augen schief an, gleichsam, als ob er unsere Gedanken einer Prüfung unterzöge. Ich sagte nichts. Durch das Zimmer schwang eine Welle beklemmenden Miefs. Es war sehr unbehaglich geworden. Emmy stand auf und öffnete die Fenster. In seinem Ausschnitt erschien der Turm des Seminars mit den alten Giebelhäusern davor. Er sah aus wie ein Senftopf mit einem farbigen Zelluloidverschluß. Dünne Wasserfäden näßten vom grauen Himmel herab und hüllten die Szenerie in das bleigraue Laken trübseliger Zeitlosigkeit. »Warum setzen Sie eigentlich so viel Kinder in die Welt, wenn Sie's nicht ernähren können«, platzte Emmy unvermittelt heraus, »können Sie das nicht verhüten?« Er lächelte verlegen und verständnisinnig. Dann sagte er: »Ich hab's wohl versucht, aber es hat bis jetzt nicht geklappt. Außerdem will sie nicht, sie mag Kinder, je mehr Gören, desto mehr Unterstützung, meint sie.« Er sah nach der Uhr »Ich muß jetzt nach Hause, gehen Sie mit, ich möchte Ihnen gerne mal meine Arbeit zeigen.« Wir erhoben uns. Im Weggehen bemerkte ich, wie Emmy die Tasse, aus der er getrunken hatte, beiseite stellte, wie ein Gefäß, das Gift enthält. Dann machte sie sich mit einem feuchten Lappen über den Stuhl her, auf dem er gesessen hatte.

»Passen Sie auf, da kommt der Scham«, flüsterte er mir zu, als wir unter dem dünnen Regen durch die menschenleere Straße stapften. »Guten Abend, Herr Scham«, grüßte er devot. Eine dunkle Gestalt im Priesterrock glitt langsam wie ein schwarzes Kohlenschiff an uns vorüber, ein feistes Haupt nickte murmelnd. Ich schaute neugierig hin; er hatte tatsächlich den Rock oben aufgeknöpft, ein weißes Hemd mit steifem Kragen schimmerte unter dem dicken Hals. »Machen wir schnell, daß wir weiterkommen«, wisperte er aufgeregt, »hoffentlich hat er Sie nicht erkannt, der Herr sieht mich nicht gerne mit Ihnen. Ich muß mich gut halten und einwandfrei führen, verstehen Sie?«

Wir betraten den im Erdgeschoß liegenden, schlauchartigen Arbeitsraum. Vor unserem Eintritt hatte ich über der Türe flüchtig in altmodischen verblaßten Buchstaben das Wort »Skulpteur« gelesen. »Ist noch aus der Zeit der französischen Emigration 1796«, klärte er mich auf. In der Mitte der Werkstatt hockte breitbeinig eine weibliche Gestalt aus Holz mit einem Kind an der Brust. Ein schmaler Tisch an der Wand war mit allerlei grob geschnitzten Figuren bedeckt, darunter eine heilige Familie. Feierlich trat er vor die »stillende Mutter« und dreht langsam die Scheibe, auf der sie ruhte, wobei ein verklärter Schimmer über sein Gesicht huschte. Ich schaute etwas traumverloren auf das Ding, dessen Gesichtszüge durch die gleitende Beleuchtung von dumpfer Stupidität zu dummdreister Schlauheit hinüberwechselten. Dann blieb mein Blick im schwarzen Dunkel des hinteren Teils seiner Arbeitsstätte hängen. Dort, schien es mir, grunzte etwas schwer und leidensvoll. »Lassen Sie sich nicht stören«, sagte er mit einem undefinierbaren Grinsen auf seinem Wieselgesicht, »das ist der Drache Ischtach, den ich dort an die Kette gelegt habe. Wir können diesen Gesellen nicht brauchen, wenn Schmalhans Küchenmeister ist.« »Ischtach«, sagte ich, ihn nachdenklich anstierend, »was ist das nur?« »Na, Sie haben doch auch Karl May gelesen!« Er lachte blechern. »Das ist arabisch und heißt Appetit.« Während er sprach, hatte sich dort etwas erhoben und war blitzschnell durch eine kleine Seitentür hinausgewischt. Ich sah gerade noch ein paar schwarzbehaarte Beine und einen sonderbar gebuckelten fetten Rücken in der Öffnung verschwinden ...

Um jene Zeit fiel eine lang andauernde Plage auf das Land. Die Menschen ächzten unter einem schweren Alp. Wenn zwei sich begegneten, drehten sie als erstes die Köpfe nach hinten, als ob ihnen ein Lauscher im Rücken stände, dessen Notizen Kerker und Tod bedeuteten. An den Grenzen lohte ein verheerendes Kriegsfeuer, und tagtäglich sah man Schwärme junger Leute mit Abzeichen an den Röcken durch die Straße einem unbekannten Ziel zu marschieren. Der Tod hatte alle Stirnen gezeichnet, und in den Nächten heulten langgezogene Töne Vernichtung kündend über die Dächer. Das ging so Jahre hindurch ...

Ich trat in das graurosa gestrichene Haus und klomm eine enge Stiege empor. Gemessen an ihrem damaligen Heim war dieses solid bürgerlich. »Sie sind's«, begrüßte mich unter der Tür Frau Meßner nicht eben freundlich. »Ja«, antwortete ich entgegenkommend, »wir haben uns lange nicht gesehen.« Sie war wieder schwanger, ungefähr im siebten Monat. In der Stube wimmelten lärmend sechs Kinder herum. Aus der Ecke, wo früher das Kruzifix hing, starrte mir die Kriegsfahne und das Gesicht eines uniformierten Mannes entgegen. »Ja, Sie staunen«, gellte sie mich an, »den alten Juden habe ich rausgeschmissen, die dort oben«, sie deutete nach dem Ordinariat, »können mir mit blank gewichsten Stiebeln den Buckel runterrennen, wenn's nach denen gegangen wär, hätten wir an Hunger krepieren können, ... Regina, verfluchtes Luder, Regina, nimm den Finger aus der Nase, die frißt ihre eigenen Popel, ekelhaft ... Du, Reinhold, wenn du nicht gleich deine dreckigen Klauen aus dem Pißpott nimmt, haue ich dir eine runter, daß du nach Gott schreist, ... sind ungezogene Rangen, fehlt eben der Vater!« »Wo ist er?« »Bei der Miliz.« »Ach so«, sagte ich etwas fassungslos, »wie kommt er denn dahin?« »Hat sich freiwillig gemeldet ... Erika, laß den Pudding in Ruh ... was, kleistern willst du verdammte Kröte damit, das fehlte noch ... wir haben's satt gekriegt mit den Schwarzen, wir halten's jetzt mit den Vaterländischen, seit wir bei ihnen sind, geht's uns besser, die da oben zittern ja in ihren stinkigen Hosen ... und Sie, Sie gäben doch auch noch 'nen strammen Soldaten ab, trotz der grauen Haare.« Ein wüstes Kreischen unterbrach ihre Rede. Regina hatte ihrem kleinen Brüderchen einen Kochtopf über den Kopf gestülpt und brachte ihn nun nicht mehr herunter. Das Kind rannte, hohl brüllend, wie eine gefangene Ratte verzweifelt im Zimmer umher. »Hol den Schlossermeister Epple, du verdammtes Biest«, fuhr die Mutter das Mädchen an, während sie sich vergeblich abmühte, den Topf vom Kopfe des Kindes zu entfernen. Inzwischen schwoll das Gekreisch der Kinder zu einem mißtönenden Konzert an, der Kleine schoß immer schneller in der Stube herum, rannte an Tischecken, Stühle und Wände an, wozu der Topf mit seinem dumpfblechernen Kling-Klang die Begleitmusik abgab. »Schauen Sie«, schrie Frau Meßner im hohen Diskant, »die sorgen wenigstens für eine kinderreiche Familie, nicht wie die schwarzen Buhmänner, die bloß von ihrem alten Juden salbadern, aber sonst einen in der Tinte sitzen lassen!« »Ich muß jetzt gehen«, schrie ich zurück. »Adieu, kommen Sie morgen wieder vorbei«, schrillte sie mir noch nach.

Als ich die Treppe hinuntereilte, begegnete ich dem Schlossermeister Epple. Er hatte eine Werkzeugkiste unterm Arm. Ihm folgte auf dem Fuße Regina, das verschlagene Gesicht zu einer impertinent neugierigen Fratze verzogen. Am unteren Treppenabsatze blieb ich stehen und lauschte. Das Geschrei hatte etwas nachgelassen, dafür hörte ich Hammerschläge, begleitet von den aufmunternden Zurufen Epples und den keifenden Mahnungen Frau Meßners. Plötzlich hörte ich ein Klirren, dann einen vielstimmigen Schrei. Ich rannte hinaus auf die Straße. Von oben kam ein kleiner Menschenkörper herabgesaust, den halbzertrümmerten Kochtopf übergestülpt, und schlug mit trockenem Geschepper auf dem harten Pflaster auf. Ich sah noch, wie Blut aus dem zerlöcherten Gefäß floß und die Gliedmaßen des Kindes regungslos wie eine aus dem Leim gegangene Puppe daneben lagen ...

Lange Zeit war ich keuchend eine endlos lange Straße entlang gerannt. Schließlich fiel ich im bleiernen Zustand der Erschöpfung in einen Graben. Dann, nach geraumer Zeit, wurde ich von Männern aufgehoben, in einen Wagen gesteckt, mit anderen Männern verladen, hierhin und dorthin gefahren. Danach erwachte ich in einem barackenartigen Raum, worin viele Menschen auf Pritschen neben- und übereinanderlagen. Eine harte Kommandostimme befahl uns, in den Waschraum zu gehen. Dort wurden wir mit eiskaltem Wasser abgespritzt, dann vor einen Steinhaufen gejagt, den wir aussortieren sollten. Als ich meine Augen zu dem mit Karabiner bewaffneten Wächter aufhob, sah ich, daß es Meßner war. Auch er starrte, wie durch einen Anruf aufmerksam gemacht, zu mir herüber. »Meßner, Mensch, wie kommen Sie hierher!« rief ich. Aber er schien mich nicht zu kennen. »Komm mal ran, du Schwein«, fuhr er mich an,, »was hast du hier in der Tasche stecken?« Ich griff nach der Tasche meiner Jacke und holte ein Buch hervor; ich hatte keine Ahnung, wie es dorthin gelangt war. Er riß es mir aus der Hand, warf einen Blick hinein. Sein Wieselgesicht lief rot an vor Wut. »Was, Schotts kleines Meßbuch der römisch-katholischen Kirche«, zischte er erbost. Dann warf er es in eine Lehmpfütze. »Holen und apportieren«, befahl er mit seiner gewohnten gedämpften Stimme. Ich gehorchte, kniete nieder, holte das Büchlein mit den Zähnen aus dem Dreck und hielt es ihm entgegen. »Noch einmal«, er warf das Büchlein erneut in die Pfütze. Wieder holte ich es gehorsam heraus. Dies wiederholte er ungefähr ein dutzendmal, danach entließ er mich wieder zur Arbeit. Beim Mittagessen trat er erneut an mich heran. Eine Weile schaute er mir beim Essen zu, dann gab er meinem Napf, gerade als ich ihn für einen Moment abgestellt hatte, einen Tritt, daß sich sein ganzer Inhalt auf die Erde ergoß. »Auflecken, aber sauber«, herrschte er mich an. Ich zögerte. Das brachte ihn in Wut. Er nahm seine Hundspeitsche von der Seite und zog mir einige Streiche über. Nun parierte ich. Säuberlich leckte ich die Suppe bis zur letzten Flocke vom Boden weg. »Siehst du, schwarzes Schwein«, triumphierte er, »es geht alles, wenn man ein bissel Dampf dahinter macht.« Auf diese Weise kujonierte er mich fast jeden Tag, gab aber durch keinerlei Anzeichen kund, daß er mich kenne. Einmal warf ich einen Blick durchs Fenster der Wachstube. Da sah ich ihn zu meiner Überraschung an derselben Figur herumschnitzen, die er damals in seiner Werkstatt stehen hatte. Kein Zweifel, es war dieselbe Figur mit dem dummdreisten Mopsgesicht, das als

»stillende Mutter« in die Kunstgeschichte eingehen sollte; nur viel kleiner erschien sie mir. Nun war ich völlig verwirrt. War er es oder war er es nicht? Dann kam eine Zeit, da er mich besser behandelte, ja, mir sogar einige Erleichterung verschaffte. Desto mehr drangsalierte er einen anderen, in dem ich einen ehemaligen Domkapitular zu erkennen glaubte. Und eines Tages rief er mich auf seine Stube: »Komm, wir wollen miteinander baden wie in alten Zeiten.« Er öffnete eine zweite Türe und führte mich in einen Raum, worin eine große Badewanne stand. Sich entkleidend, bedeutete er mir, dasselbe zu tun. Gemeinsam stiegen wir in die Wanne und streckten uns wohlig aus, dabei bemerkte ich, daß er dieses Mal weder Schuhe noch Strümpfe an den Füßen hatte. Ich wollte ihn gerade spaßhalber darauf aufmerksam machen, als er mit einemmal aus der Wanne sprang. »Verdammt«, zischt er, »ich hätte ja beinahe vergessen, die Dusche aufzudrehen!« Rasch bewegte er den Knopf an der Brause, wobei sein Gesicht ein satanisches Lächeln überglitt. Entsetzt starrte ich nach oben, aus der Düse begann es verdächtig zu träufeln, ein übler Geruch stieg mir in die Nase. Ich wollte schreien, brachte aber keinen Laut hervor. Es war auch schon zu spät, ein dichter, glühendheißer Regen ergoß sich auf mich, ich fühlte, wie ich langsam und qualvoll starb ...

»Ich glaube gar, Sie sind eingeschlafen und haben geträumt?« Er schüttelte mich so heftig an der Schulter, daß das Wasser auf beiden Seiten über den Bord der Wanne wippte. »Sie sind überhaupt, seit ich hier bin, wie durchgedreht, was ist mit Ihnen?« Ich schaute lange und nachdenklich in sein verschmitztes Wieselgesicht. »Sagen Sie mal, Meßner, ich habe eigentlich noch gar nicht erfahren, wo Sie in den letzten Jahren waren und was Sie jetzt treiben.« »Das ist schnell erzählt«, meckerte er verlegen. »Wie Sie gehört haben werden, bin ich wegen Verbrechen gegen die Menschlichkeit lange in Haft gewesen, was man indes gegen mich vorbrachte, war alles erfunden.« »Aber Sie waren doch Wachmann für politische Häftlinge im hiesigen Stadtgefängnis und draußen im Steinbruch.« »Ja, das war ich schon, aber was man mir zur Last legte, ist weiter nichts als üble Verleumdung. Ich bitt' Sie, glauben Sie davon kein Wort.« Da fiel mein Blick auf seine Füße. »Was sehe ich, Sie sind ohne Schuhe und Strümpfe in die Badewanne gestiegen, was veranlaßt Sie, von der alten lieb gewordenen Gewohnheit abzugehen?« »Davon bin ich schon lange abgekommen, seit ich eine ordentliche Wohnung habe, und beim Komiß ging das sowieso nicht.« Er machte wieder wie ehemals einen sehr verlegenen Eindruck, sein Blick war unsicher geworden, er konnte mir nicht in die Augen sehen. »Wo ist Ihre Frau geblieben?« fragte ich, um das ihm anscheinend peinliche Thema zu wechseln. »Bei einem Bombenangriff umgekommen mitsamt ihren Rackern von Kindern«, erwiderte er ziemlich gefühllos. »Und sind Sie jetzt allein?« »Nein, ich habe vor einigen Jahren wieder geheiratet.« »Und haben Sie Kinder?« »Klar, drei habe ich und das vierte ist unterwegs, man kann das Vaterland doch nicht ohne Nachwuchs lassen.« Er lachte nur. »Was treiben Sie jetzt, bildhauern Sie noch?« »Nein, ich schnitze Holzknöpfe für eine Großschneiderei.«

Schnee, Schnee!

In dem großen, stickig heißen Raum drängten, schoben, stießen sich Menschen fast jeglichen Alters. Grauhaarige, klapprige Greise, gut gepolsterte Herren und Damen mittleren Alters, früh verfettete Dreißigjährige, ausgelassene hektische Zwanzigjährige, ja sogar kaum dem Kindesalter Entwachsene bis zum zehnten Lebensjahr abwärts. Alle waren kostümiert, die Herren jedoch zum Teil im Smoking mit närrischen Kopfbedeckungen oder mit künstlichen Schwänzen am schwarzbetuchten Steiß. Manche hatten Hörner an den ernsten Köpfen, andere wiederum hatten die nüchternen Gesichter schwarz, rot, braun oder golden gefärbt, viele hatten sich auch einfach mit roten Bäckchen oder komischen Nasen begnügt. Dazwischen gab es allerdings auch welche, die hatten sich mit abscheulich fletschenden Fratzen entstellt und bewegten sich mit drohenden Mienen durch den Trubel. Sie wurden indes von den meisten gemieden und blieben ziemlich allein in den Selbstgenuß ihrer Schreckensrolle eingesponnen. Einige Musikkapellen vollführten einen gleichmäßigen einlullenden Lärm, in dem das vorherrschende Element Tanzrhythmen waren, die den Eindruck erweckten, als ob sie nie wechselten. Es wurde, von kurzen Verschnaufpausen abgesehen, ununterbrochen getanzt. Der Saal war mit einer Fülle grell gemalter Vexierbilder dekoriert; überall waren Kojen und lauschige Winkel aufgebaut, sommerliche Lauben wechselten mit Unterseefauna, Palauhütten mit Höllenkabinen. Die Fenster des Saales waren bis auf zwei durch bunte Papiere verdeckt; durch diese beiden freigebliebenen Fenster sah man den nächtlichen Himmel, aus dem stetig feine Schneeflocken herabrieselten, während auf dem ebenfalls sichtbaren schrägen Dach des gegenüberliegenden Gebäudes der Schnee ständig an Höhe zunahm.

In einer seitlichen Nische saßen einige armselig kostümierte Männer mit einer Frau. Sie schienen kein erheiterndes Gespräch zu führen, denn ihr Gesichtsausdruck war düster und voll Sorge. Zuweilen schauten sie ängstlich nach den beiden unverhüllten Fenstern, und jedesmal kehrte ihr Blick um einige Grade ernster zu dem lauten Treiben im Saal zurück. Einer von ihnen, ein älterer Mann in einem lächerlichen Babykleid, sagte:

»Der Schnee wächst und wächst, er scheint überhaupt kein Ende nehmen zu wollen.«

»Möchte wissen, wie wir bei diesem Wetter nach Hause kommen sollen«, erwiderte sein Gegenüber, »wir haben keinen Wagen, niemand wird uns mitnehmen, und Bahn und Autobus nach der Stadt sind längst betriebsunfähig geworden.«

»Habt ihr's vorhin gehört, wie es hinten am Berghang krachte, man sollte doch den Festleiter darauf aufmerksam machen«, fuhr der Mann im Babykleid fort, »wer weiß, was sich da droben zusammenbraut.«

»Warum sind wir eigentlich hierher gekommen«, wandte sich nun die Frau an den Mann im Babykleid, »du hast doch, wie ich weiß, eine ausgesprochene Abneigung gegen solche Feste. Und mir und unseren Freunden ist's ebenfalls entsetzlich zuwider. Trotzdem schleppst du uns hierher und dazu noch in dieser jämmerlichen Verkleidung.«

Sie zupfte voll Erbitterung an ihrem billigen Torerokostüm. Er schaute ihr gedankenvoll in das braungeschminkte Gesicht, das außerdem mit einem aufgemalten schwarzen Bärtchen geziert war.

»Ja, ich verstehe dich auch nicht«, mischte sich der vierte Mann des Tisches ins Gespräch, »dauernd redest du davon, wie eitel und frivol das alles sei und wie schön dagegen das einfache Leben, und kaum treffen wir uns nach langer Trennung wieder einmal in deinem Heim, ist das erste, was du unternimmst, daß du uns hierher in diesen unmöglichen Bums schleifst.«

Der Babymann schaute alle der Reihe nach tiefsinnig an, dann wandte er sich ab, drehte sich mit pathetischer Gebärde dem Saale zu und rief:

»Ja, tanzt nur hin, ihr leichtsinniges, lustgieriges Menschengelichter, euch sehe ich noch alle vergehen!«

Er wandte sich finsteren Blicks wieder seinen Freunden zu, indem er fortfuhr:

»Ich muß dabeisein und zusehen, wie sie in ihr Verderben rennen, das verlangt ein heiliger Trieb in mir.«

»Du rennst ja mit ins Verderben«, empörte sich mit schrekkensvoller Mimik die Frau.

»Nein, ich nicht, falls hier was passiert, weiß ich einen Ausweg für uns.«

»Ah, darum fluchst du so erhaben gegen diese Welt«, entgegnete der erste Sprecher, »glaubst dir einen Ausweg aus der Falle gesichert zu haben; ich weiß wohl, du meinst den unterirdischen Gang, der hinter der Garage hinab zum Bahnhof führt. Doch da muß ich dich enttäuschen, er ist zu, vollständig vom Schnee verschüttet. Ich war vorhin, als ich austrat, draußen und habe mich leider davon überzeugen müssen, ich rechnete nämlich auch damit.«

Der Babymann wurde totenblaß.

»Ja, mitgefangen, mitgehangen«, triumphierte bitter der andere, »man kann sich Katastrophen eben nicht mehr von der sicheren Loge aus anschauen, die Zeiten sind vorbei.«

Immer noch fassungslos stotterte dieser: »Es kann, es darf nicht sein!«

»Wieso«, verwies ihn der Freund, »alles kann und darf sein.« In diesem Augenblick trat der Festleiter an ihren Tisch.

»Was sitzt ihr da wie Essigköpfe; wer nicht mitmacht, muß als Störenfried betrachtet werden und wird an die Luft gesetzt. Was das heißt bei dem Wetter, könnt ihr euch ausmalen.«

»Wir haben Angst wegen dem Schnee«, antwortete die Frau, »kein Mensch scheint sich um Vorsichtsmaßnahmen zu kümmern; hinten im Berg hat es schon einige Male bös gekracht.«

Als ob ihre Worte bestätigt werden sollten, hörte man plötzlich ein dumpfes Gepolter. Alle zuckten zusammen. Der Festleiter schaute prüfend nach den beiden Fenstern, dann meinte er:

»Wir haben oben auf dem Dach neben dem Kamin einen Posten aufgestellt, der warnt uns rechtzeitig, wenn Gefahr im Anzug ist. Aber nun auf, getanzt und fröhlich mitgeschwungen. Auffallen durch sich Absondern gilt hier nicht.«

»Wir wollen aber doch erst auf dem Dach nachschauen«, sagten die beiden Tischgenossen. Sie erhoben sich und schritten dem Ausgange zu, während die Frau vom Festleiter zum Tanz geführt wurde.

Der Babymann saß allein am Tisch. Da fing es plötzlich unter dem Tisch zu quieken und zu krabbeln an. Ein kleines, zwergartiges, kokett kostümiertes Weibwesen sprang auf seinen Schoß und fing an, ihn abzuküssen, an den Ohren zu ziehen und mit hellem silbrigen Lachen allerlei Schabernack mit ihm zu treiben. Zuerst wollte er sie voll Entsetzen abschütteln, doch er mußte bald erkennen, daß das nicht so einfach ging. Nach kurzer Abwehr ergab er sich, und mit einem dummseligen Lächeln sank er schließlich eng umschlungen mit ihr unter den Tisch. »Seht den Seltenfröhlich, erst sperrt er sich mit scheinheiligem Abscheu, und dann treibt er's toller als alle anderen«, grölte es über ihm. Ein Kreis von Masken hatte sich um ihn gesammelt; sie bildeten einen Reigen und tanzten um ihn herum.

Da wurde die Ausgangstür aufgerissen; der eine seiner Freunde stürzte herein und rief:

»Der Wachtposten beim Kamin ist völlig vom Schnee zugedeckt, wahrscheinlich ist er eingeschlafen und erstickt. Oben in den Bergen kracht und donnert es erschrecklich, das Hotel ist unmittelbar bedroht!«

Als er dies sagte, ging das Licht aus.

»Die Leitungen sind durch Lawinen gestört, aber das ist zu beheben. Werden Kerzenbeleuchtung machen«, schrie der Festleiter.

Lichter flammten jetzt überall auf. Man hatte die für alle Fälle bereitliegenden Kerzen angezündet; unter allgemeinem Gaudium wurden sie auf Flaschen, Biertellern, Wandbrettern usw. festgemacht.

»Musik«, johlte eine Stimme.

»Tschingderassa bum«, echote ein anderer.

Die Musik hob in schrill quäkendem Jazztempo wieder an, alles drehte sich im Tanz.

Da hob von einer panikartigen Angst getrieben der Babymann unter dem Tisch hervor seinen Blick zu den beiden Fenstern.

Der Himmel war verschwunden, ein dichter weißer Strom ergoß sich in den Hof.

»Der Schnee«, schrie er noch.

Dann krachte und donnerte es dumpf, und alle Kerzen erloschen. Die Decke war mit dem Gewicht der Erd- und Schneemassen in den Saal gestürzt.

Am Morgen war da, wo der Gebäudekomplex des Hotels gestanden hatte, eine große weiße Fläche, aus der Fels- und Haustrümmer ragten.

Polemiken

Aus der Heimat (Nürtingen im Juli 1941)

Wenn ich mir das widerlichste Exemplar eines Deutschen vorstelle, kommt allemal ein Württemberger heraus. Dieses legale und loyale Schwein, das mit der Maske des demokratischen Biedermannes die infamsten Instinkte tarnt, hat in seiner Geschichte nie ein edleres Lebensgefühl geäußert. Das einzig sichtbare Lebensgefühl, das alle anderen Gefühle und Empfindungen überschattet und terrorisiert, ist die Raffgier. Adliges Menschentum ist in diesem Lande der schuftigen Schufter nur ein Objekt, um den Geifer loszuwerden; es wird, wenn es etwa auftaucht, nicht nur roh verlacht, sondern sogar mit grimmigem Haß verfolgt. Geborene Denunzianten und Schikaneure aus tief innerster Schlechtigkeit, piesacken sie alles höher Geartete mit der Beharrlichkeit von giftigem Ungeziefer. Man denke nur an die Schicksale ihrer edlen Geister. Fast alle haben sie außer Landes oder in den Wahnsinn getrieben. Wie viele feine Blüten haben diese in dicker Gemütssauce schwimmenden und mit Zivilisationslack gefirnißten Rohlinge nicht schon unter ihre dicksohligen Stiefel getrampelt. Heute verstehe ich, warum diese Rasse aus dem Krampf der Gotik gleich in den noch übleren Krampf des Protestantismus hinüberwechselte. Warum es bei ihnen weder eine Renaissance noch ein blühendes Barock gab. Warum unter dem tödlichen Mehltau der Reformation sofort alle bildnerischen Kräfte erlahmten. In jener verhängnisvollen Übergangszeit erstand der württembergische Landesvater und daraus der württembergische Vatertypus, jenes Monstrum grotesker Roheit und niederträchtigsten Despotentums.

Bayern

Bayern: Ein Volkstum, das an einer geradezu pathologischen Stammesidolatrie leidet. Von der Natur sehr stiefmütterlich behandelt, soweit es die Gaben des Geistes und der Intelligenz betrifft, ist es doch sehr eitel und empfindlich und erträgt keine Kritik seines Wesens; jede auch nur die geringste Ausstellung an seinen nationalen Lastern betrachtet es als ein Attentat auf seine Existenz und reagiert darauf mit wüsten cholerischen Ausbrüchen. »Mir san mir«, in diesen drei Gurgellauten erschöpft sich die ganze Begründung seiner sogenannten Belange. Da es unter diesem Volke kaum Denker und Dichter von Weltrang gegeben hat, die mildernd und retardierend auf diese schlechten Eigenschaften hätten einwirken können, wucherten sie fröhlich weiter und wuchsen zu jener unerträglichen Manie aus, die dem Besucher dieses Landes nach längerem Aufenthalte die Freude an den unbezweifelbaren Vorzügen des bayuwarischen Volkstums vergällt. Gewiß, sie haben vor den meisten deutschen Stämmen vieles voraus, so z. B. eine noch ziemlich ungebrochene Naturwüchsigkeit, einen erfreulichen Mangel an störender Neugierde, unmittelbare Hilfsbereitschaft, Hang zum Musischen; eine zwar undifferenzierte, aber immerhin noch natürliche Sinnlichkeit, ich möchte sagen die Sinnlichkeit des Primitiven, verbunden mit einer echten Beziehung zum Chthonischen, und darum auch noch Zugänge zu allerlei magisch-mythischem Zauberwesen.

Ihre politischen Fähigkeiten sind sehr gering. Noch selten habe ich ein Volk gesehen, das so wenig konstruktiven Sinn und so wenig Ideen auf diesem Gebiet entwickelte wie das bayrische. Ich habe den Verdacht, daß auch bei den gebildeteren Bayern die Vorstellung von Politik nicht über die vom Treiben auf einer Oktoberwiese hinausgeht. Zumindest dürfte sie nicht über das raunzende oder randalierende Durchsetzen einer zweifelhaften völkischen Eigenart hinausgehn. Die Folge einer solchen geistigen Verfassung ist ein abscheulicher Stammesegoismus, der die natürlichen humanen Kräfte dieses Volkes lähmt und in ihr Gegenteil verkehrt. Diese intellektuelle Unzulänglichkeit ist auch der Grund, warum Bayern der Tummelplatz aller politischen Sudelköche werden konnte, sehr zum Schaden der übrigen Reichsbewohner. Für sie war eben alles, was sie nicht verstanden, mehr oder weniger eine

ZEITKRITIK

»Gaudi«, eine Art Kirchweih. Daher auch ihre große Duldsamkeit gegenüber selbst den bösesten Gewächsen, die auf ihrem Boden gediehen. Wie schön wäre diese Duldsamkeit, entspränge sie einer wirklich echten Humanität und nicht bloß einer Denkfaulheit. Wie schön wäre dieses »leben und leben lassen«, hätte es einen ethischen Untergrund und nicht diese Bierwurstigkeit und Erwerbsschläue des durch Fremdenverkehr korrumpierten Bauernlackels zur Grundlage. Ein bißchen mehr Intelligenz und ein kräftiger Abstrich an ihrer truthahnhaften Eitelkeit, wie vieles wäre schon gewonnen. Aber es ist hier derselbe fatale Fall wie bei allen deutschen Stämmen: Sie haben selten ernsthafte und ethisch verantwortungsvolle Erzieher gehabt; und wenn sie sie hatten, so haben sie sich dieser lästigen Mahner entledigt und sie außer Landes getrieben, wie das traurige Beispiel der Schwaben zeigt, die wirklich einige ausgezeichnete Erzieher – ich nenne nur die Namen Schiller und Hölderlin – aufweisen können. Leider war der bayrische Katholizismus nicht imstande, die dumpfe tierhafte Seele des ihm anvertrauten bayrischen Menschen zu formen, denn der höhere und niedere Klerus entstammte ja größtenteils demselben Brutofen, hatte also in den meisten Fällen vor seinen Schäflein nichts voraus als eine zweifelhafte Gelehrsamkeit, und die macht bekanntlich noch nicht zum Menschen. Das Bier und die unmäßige Fleischfresserei taten noch ihr übriges, um etwaige Veredelungstendenzen im ethischen Bereiche erfolgreich zu hindern. So blieb der alte bayrische Adam erhalten und frettete dummstolz seine Unbelehrbarkeit als reizlosen Anachronismus ins industriell ausgerichtete Katastrophenzeitalter der totalen Kriege hinüber.

Seine Leidensfähigkeit ist nicht sehr groß; sie äußert sich meist in einer dickflüssigen Sentimentalität mit sich selbst, als Kehrseite einer ungeschlachten Roheit. Seine nicht unbedeutenden bildnerischen Fähigkeiten, die bei einer höheren Seelenlage so erfreulich wären, bleiben im Morast des Gewohnten und Alltäglichen stecken. Auch hier hindern ihn die berühmten Belange, einmal unbefangen an die Dinge heranzugehn, ohne die selbstgefällige Beweihräucherung vor jedem bodenständigen Kreuzwegsmarterl. Nie hat er z. B. versucht, seine Bergwelt einmal anders zu sehen als es die anreißerische Postkartenbuntheit eines betriebsamen Fremdenverkehrs forderte. Er begnügte sich mit einem lärmigen, schollenboldigen Volksseelenkitsch, der die Sinne mittelmäßiger Dekorateure entflammt, den echten Künstler aber in die Flucht trieb.

Erschreckend ist sein Mangel an intellektuellem Vermögen, seine Unfähigkeit, einen dialektischen Prozeß zu begreifen. In seinem Gehirn wird alles zu einem Brei, er mischt wie in seiner Küche die unmöglichsten Dinge untereinander, ohne zu spüren, welch ein schauerliches Ragôut er sich einverleibt. So habe ich noch nirgends eine so sträfliche Unbefangenheit angetroffen, mit der man unter Bayern ein guter Katholik und zugleich ein tüchtiger Nationalsozialist sein kann. Sie bringen leicht und ohne Gewissensskrupel die beiden Todfeinde unter einen Hut und merken gar nicht, daß der volle Glaube an das eine den an das andere ausschließt; schon dieser einfache Gedanke ist für ihre Gehirne viel zu schwer zu denken. Wenigstens gilt dies für die breite Masse des Volkes bis hinauf in Bürger- und Akademikerkreise.

... Übrigens ist der Bayer in seiner Art genauso militärfromm wie der Preuße, nur die Ausdrucksform ist eine andere. Die Militarisierung der Herzen und Gehirne ist nicht weniger erfogreich verlaufen wie im übrigen Deutschland. Man muß einmal gesehen haben, mit welchem Stolz die jungen Lümmel ihre »Montur« spazieren führen, mit welcher affenartigen Gefallsucht sie ihre Tressen und Abzeichen zur Schau stellen; wie verliebt die biderben Raufbolde aus Passion in ihr Mordhandwerk sind. Es sind im Grunde dieselben Landsknechtnaturen wie anderswo zwischen unseren Grenzpfählen, nur kommt hier noch die Forschheit des Jagersbua hinzu, was ihrer Erscheinung für den Unkundigen die pittoreske Note des wilden Kriegers verleiht. Aber das ist Flitter und Tiuschetand, genau wie das goldige Volksherz.

Karl May

Ein deutsches Phänomen

Die Bedeutung Karl Mays für die seelische Formung des deutschen Volkes im letzten halben Jahrhundert ist, wie mir scheint, bis jetzt noch nicht genügend erkannt worden. Es ist kein Zufall, daß zur selben Zeit, als Nietzsche seinen Übermenschen konzipierte, Old Shatterhand-Kara ben Nemsi im dunstigen, gewitterschwangeren Zwielicht des neuen Deutschlands das Licht der Welt erblickte. Er wuchs rasch und eroberte sich die Herzen und Hirne nicht nur der Jugend, sondern auch zahlloser Erwachsener. Wie hätten auch einem solchen Helden, der die unausgesprochenen Sehnsüchte von Millionen schnell aufgeschossener, von einem unstillbaren Appetit befallener deutscher Gründerzeitflegel verkörperte, die Klassiker standhalten können. Diese armen Klassiker, deren nüchternes Menschenbild sich neben der sieghaften christlich-germanischen Schmetterhand in ein wesenloses Nichts auflöste, hatten einer Rasse, der die Kleider oben und unten zu eng wurden und deren Muskeln so zu schwellen begannen, daß sie in keinen Rock mehr hineinpaßten, nichts mehr zu geben. Sie waren auf den Altenteil gesetzt und dienten höchstens noch als Aushängeschilde oder Warenmarken für expansionstrunkene Emporkömmlinge. Ganz zu schweigen von jenen erhitzten Köpfen und empfindsamen Nervenbündeln, die, von düsterem Pessimismus heimgesucht, abseits vom großen nationalen Aufbruch der erwachten Massenseele einen leidenschaftlichen, dieser aber völlig unverständlichen und gleichgültigen Kampf um Naturalismus, Symbolismus oder sonst einen Ismus führten. Sie wurden einfach nicht bemerkt, oder man begegnete ihnen mit offener Feindschaft. Der im pubertären Stadium steckengebliebene deutsche Allerweltsbramarbas brauchte für seine juvenile Phantasie einen idealen Helden, in dem er sich spiegeln konnte und der ihn erfolgreich an der ihm so lästigen kritischen Einkehr und reifemachenden Einsicht zu hindern vermochte. Denn sein Trieb ging in die weite Welt; er hatte Hunger, und voll Gier schielte er abenteuerlustig nach den Schätzen der Erde. Er ertrug die Enge seines Vaterlandes nicht mehr, er fühlte sich ihr entwachsen und über alle Maßen leistungsfähig. Auf jedem Gebiet trachtete er die andern niederzukonkurrieren oder sie seine starke Schmetterhand fühlen zu lassen. Nicht umsonst hatten alle diese nach Macht und Reichtum gierenden schnurr- und knebelbärtigen Eisenköpfe auf dem Pennal ihren Winnetou oder den Ölprinzen in sich hineingeschlungen und in ihrer Seele einen unvergänglichen Altar der Selbstherrlichkeit und des unausweichlichen Erfolges errichtet. So wurden der Henrystutzen und der Bärentöter für sie zum Symbol überlegener Waffenhandhabung; zwar im Auslande erfunden und von dort bezogen, wurden sie doch erst in der kundigen Hand des deutschen Überhelden zu jenen furchteinflößenden Wunderwaffen, die den Schrecken zurückgebliebener Völkerschaften bildeten. Sein Ehrgeiz, es allen andern nicht nur gleichzutun, sondern sie auch noch auf ihrem ureigensten Gebiet zu übertreffen, wurde mächtig angefeuert durch die stupenden Fähigkeiten Shatterhands, der besser reitet als ein Apache, sicherer trifft als Lederstrumpf, den Lasso gewandter wirft als ein Cowboy, die Bolas fixer schleudert als der Gaucho, im Tomahawkwerfen den Sioux beschämt, in der Handhabung des Czakan den Skipetar übertrifft und im Speerkampf über den Beduinen obsiegt; der ficht wie ein altfranzösischer Edelmann und schwimmt wie ein Polynesier; der hohe Politik treibt wie ein Bismarck und Feldherrngaben entwickelt wie ein Moltke. Mit einem Wort, er wurde das Urbild jenes deutschen Tausendsassa, der mit seinem schnoddrigen »können wir ooch« die Welt aus den Angeln zu heben vermeint. Er vereinigte alle Trivialitäten und Gemeinplätze der deutschen Spießerseele in sich, aber er versah sie mit den Riesenflügeln einer dichterischen Phantasie von ungewöhnlichem Ausmaße. Er eroberte sich im Geiste Kontinente und zwang die Großen der Erde in seinen Dienst. Vorwegnehmend zeigte er, wie eine Neuordnung der Welt durch Deutschland aussehen würde: bedingungslose Gefolgschaft unter Ausschaltung jeder selbständigen Willensäußerung. Was Old Shatterhand unternimmt oder was unter seiner Leitung unternommen wird, gelingt und trägt die Garantie des Erfolges in sich; alles, was andere aus eigener Initiative unternehmen, mißlingt oder trägt zum mindesten den Keim des Mißlingens in sich. Er ist der geborene Führer, und wehe dem, der ihm widerstrebt: die Hand des Allmächtigen kommt in Gestalt der schmetternden Faust wie ein rächender Blitz über ihn. Eine Gestalt, so schwindelerregend sündlos und so frei von jeder Schuldverstrickung wie dieser absolute, pure Lichtpinkel findet sich in keinem Werke der Weltliteratur. Sie ist eine einmalige, originale Erfindung made in Germany, in einem andern geistigen Klima nicht vorstellbar; weder vor noch nach ihm wird es je wieder möglich sein, eine solche Gestalt aufzufinden. Sie gehört zum Mythos des deutschen Volkes, und sie trägt alle jene Züge, die dieses Volk den andern Erdenbewohnern so schwer verdaulich macht: den unstillbaren Machthunger, die prahlerische Selbstgefälligkeit, die unnaive Überheblichkeit und die daraus entspringende verletzende Taktlosigkeit; das Ressentiment, die völlige Kritiklosigkeit dem eigenen Wesen gegenüber und – die fatalste Frucht einer lange gezüchteten Schizophrenie – die idealistische Verlogen- und Verbogenheit als Tarnkappe für seinen uferlosen Egoismus. Diese Eigenschaften, verquickt mit einem größeren Aufstiegswillen, ermöglichten es ihm, vor sich selbst und vor anderen die wirklichen Beweggründe seiner dunklen Süchte mit dem dicken Weihrauch frömmelnder Sprüche geschickt zu vernebeln. Für alle Fußtritte, Demütigungen und Entwürdigungen, die er als armseliger, nach dem Lichte strebender Nachtalbe von den einheimischen Machtgötzen in Kauf nehmen mußte, rächte er sich, indem er die Angehörigen fremder Nationen mit all den üblen Lastern versah, die er in so reichlicher Auflage bei den großen und kleinen Tyrannen seiner Heimat vorfand. So entstand aus dem Mangel an Zivilcourage jenes üble Völkerzerrbild, das noch die Enkel beflügelt und das als Rechtfertigung dient für die tobsüchtige, ressentimentgeladene Vernichtungswut, die heute den europäischen Kontinent in Schutt und Asche zu legen droht. Darüber hilft auch die dickwattierte christliche Humanität, womit sein Held dem geduldigen Leser auf Schritt und Tritt auf die Nerven geht, nicht hinweg, zumal sie sich bei näherem Hinsehen nur als die geschickte Verkoppelung eines alten, sehr lukrativen Kolportagetricks mit der guten Witterung für Konjunktur erweist. Man vergesse nicht, seine Zeit hallte wider von den Forderungen nach Humanität und sozialer Ethik. Wollte er bei seinen Zeitgenossen Erfolg haben, so mußte er diesen Ton sogar zum dominierenden in seinem abenteuerlichen Orchester machen. Auch der in späteren Werken so konzessionsfreudig unternommene Versuch, die lockende Fata Morgana eines planetarischen Friedensreiches auf den verdüsterten Horizont Europas zu zaubern, mildert dieses Bild nicht. Gewiß, er war nicht der alleinige Urheber dieses Monumentes von Schiefheit und Ignoranz; Hunderte von nationalen Soldschreibern jeglichen Formats waren an dem unlöblichen Werk beteiligt. Aber keiner hat es so wie er verstanden, die berauschenden Narkotika exotischer Figuren und Landschaften mit dem tödlichen Gift des deutschen Wahnes zu einem solch gefährlichen Zaubertrank zu manschen. Ich glaube, jeder von uns weiß aus eigener Erfahrung, welch maniakalische Wirkung diese einprägsamen Gestalten auf die jugendliche Psyche ausübten; sie lassen manchen guten Mann das ganze Leben lang nicht mehr los. Wahrlich, weit mehr als je ein Werther, Faust oder Tasso hat die fatale Schmetterhand den seelischen Habitus des Deutschen zwischen 1880 und 1914 bestimmt. Wenigstens des Deutschen, auf den es im politischen Raume ankam und den wir jetzt wieder so prächtig am Werk sehen.

Eine ebenso eigenartige Schöpfung wie seine Schmetterhand sind seine Bösewichter. Nirgendwo in der Weltliteratur wird man je wieder eine so vollkommene Schwarzweißtechnik finden wie in den Schöpfungen dieses sächsischen Kriminalfalls. Seine Schurken sind sozusagen vollkommene Schurken, Inkarnationen des Bösen von einer geradezu unirdischen, übermenschlichen Größe. Man stöbere alle Romane von der ältesten bis in die neue Zeit durch, vergeblich wird man nach solch fleckenlosen Nachtgestalten suchen. Ihre Wirkung auf unausgereifte Gemüter ist auch dementsprechend; sie gleicht der von konzentriertem Alkohol. Und hier komme ich auf das wesentlichste Merkmal seiner seltsam unwirklichen Fabelwesen. Diese Bösewichter entbehren genau wie seine Guten jedes menschlich rührenden Zuges. Sie sind absolut und unmenschlich. Und sind auswechselbar. Denn der vor seinem Tode bekehrte Verbrecher wird genauso unvermittelt zu einem vollkommenen Tugendbolde, wie er vorher ein vollkommener Lasterknecht war. Und ist nachher genau so unfaßbar unausstehlich wie zuvor. Die Bekehrung geschieht von seiten des Guten mit scharfsinnig ausgeklügelten Folterungen jeglichen Grades; nur daß Mister Shatterhand die Anwendung der Folter gnädig dem ihm hörigen lieben Gott überläßt, nachdem dieser vorher die Befehlsgewalt in seine nervichte Faust gelegt hat. Dieses erstaunliche Zuckergemüt voll triefender Edelnis offenbart eine Fähigkeit, das absolut Böse frei von allen Schlacken menschlicher Gefühle so erschreckend körperhaft werden zu lassen, daß man sich unwillkürlich fragt, bis in welche Unterwelt des Unbewußten reichen die Wurzeln eines solchen Vermögens. Bei dem Gedanken, zu welch absurden Auswüchsen der zwiespältige Genius einer derart beschaffenen Rasse noch zu führen vermag, wird es einem leicht unbehaglich zumute. Denn inzwischen erlebten wir die Fleischwerdung jener trüben Entlassungen; die Nachtmahr des Radebeuler Phantasten ist zu einer gleichmütig hingenommenen Tageswirklichkeit geworden. Wir können nun einmal dem Verhängnis der Leibwerdung gedanklicher Emanationen im irdischen Raum nicht entrinnen. So erleben wir sicherlich in den zahllosen Mördergestalten, die heute in unserer zerbröckelnden Kulturwelt herumwimmeln, nichts anderes als die Volkwerdung jener schauerlichen Homunkuli, die sein Gehirnkasten ausbrütete. Hinter diesem unscheinbaren, gütigen Schulmeistergesicht brodelte ein Slum von beträchtlicher Abgründigkeit. Sein Anteil an der geistigen Vorbereitung einer Bereitschaftsstellung zum blutigen Run auf die europäische Kulturwelt ist nicht hoch genug anzuschlagen, zumal bei einem Volke, das darauf brannte, seine aufgestauten Kräfte an einer fiktiven Welt von Feinden auszutoben. Doch die Generation, der er angehörte, fühlte sich noch unsicher; sie hatte Gewissensskrupel, deren Zwang die Söhne und Enkel sich hohnlachend und leichten Herzens entledigten. Sie brauchte noch gut frisierte Lügen, sie konnte dem inneren Schweinehund nicht ohne einen Rest von Scham ins nackte Antlitz schauen. Es war notwendig, sich mit einem Missionsgedanken eine höhere Weihe und damit ein gutes Gewissen zu geben, sonst bot das geplante Unternehmen einen allzu schäbigen Anblick. Nun, diese ideale, gut frisierte Lüge lieferte er ihnen und besonders ihrer heranwachsenden Jugend in der Gestalt des faustgewaltigen Befriedungsapostels Shatterhand. Und zwar nach dem Grundsatz: je platter, desto wirksamer. Und da wir gerade bei der Lüge sind, möchte ich hier gleich noch eine andere Seite dieser genuin deutschen Lügenhaftigkeit erwähnen, eine Seite, die besonders aufreizende Züge trägt. Ich meine die beharrliche, offizielle Verleugnung der menschlichen Hinfälligkeit, die dumme Eskamotierung kreatürlichen Jammers, den man nur deshalb nicht wahrhaben will, weil er mit dem flachköpfigen Optimismus der holdblumigen, frohgemuten Siegfriedfressen zu unliebsam kontrastiert. Daß unser wackerer Autor auch hierin den Wünschen seines Publikums weitgehend entgegenkommt, zeigen seine oft wiederholten Schilderungen größerer kriegerischer Unternehmungen. Hier hat er den Stil der Frontberichte vorweggenommen. Wie bei ihnen spielen auch bei ihm die Toten und Verstümmelten keine erhebliche Rolle. Sie werden mit einer kurzen bedauernden Geste beiseite geschoben. Die Verluste seiner Gefolgsleute sind immer gering; die wenigen, die der Tücke feindlicher Kriegsführung zum Opfer fallen, sterben in Schönheit und würdiger Pose; wohingegen das Sterben der Feinde meist jämmerlich oder in schäumender Wut und bar jeglicher Würde vor sich geht. Sie verrecken ganz einfach, wie das bei Untermenschen so üblich ist. Ausnahmen werden nur denjenigen gestattet, die sich vor ihrem letzten Japser noch zum Glauben Schmetterhands bekehren. Die einzige Anerkennung, die dem bösen Feind vom Autor gezollt wird, ist dieselbe, die der Frontbericht dem überwundenen Gegner zubilligt: Sie wehrten sich zäh und verbissen!

Man sieht, der verdrängte und anpassungssüchtige Geltungsdrang des proletarischen Emporkömmlings bricht bei dieser Gelegenheit hemmungslos hervor; jeder vielleicht noch vorhandene Ansatz zu intellektueller Redlichkeit ersäuft im Schmutzwasser einer großsprecherischen, publikumsläufigen Selbstverherrlichung. Die verhängnisvolle Gabe des Deutschen, sich unter Verzicht auf Befriedigung der natürlichen, triebhaften Regungen um jeden Preis mit der Maske der Persona, in die er je nach Bedarf schlüpft, zu identifizieren, findet in dem krankhaften Legalitätswahn dieses Mannes einen wahrhaft symbolhaften Ausdruck. Um die Rolle des triebfreien erhabenen Halbgottes, die er sich nun einmal erwählt hatte, überzeugend zu spielen, mußte er alles Anrüchige, dunkel Triebhafte in die Unterkellerung seiner vieldeutigen Persönlichkeit verbannen. Kein schwarzes Fleckchen durfte das strahlende Wunschbild seiner millionenköpfigen Leserschaft trüben.

Doch Triebe und gerade die schlechtesten lassen sich nicht ohne böse Folgen in die unterirdischen Kavernen und Nachtlokale der Seele sperren. Sie schaffen sich Luft, und oft an den unerwartetsten Stellen. Meist pflegen sie, einmal wieder an der Oberfläche, die Funktion von Rachegeistern zu übernehmen. Unser Heldenbarde aus dem Sachsenlande fühlte wohl das Rumoren der schlecht gebändigten Gesellen. Er versuchte auf seine Art mit ihnen fertig zu werden. Als echter deutscher Krähwinkler verleugnete er sie zunächst; als dies nicht gelang, verabreichte er ihnen reichliche Dosen Moralin, um sie zu betäuben. Jedoch auch dies mißlang, die Revolte war nicht zum Schweigen zu bringen. Da positivierte er sie. Und siehe, eine Zeitlang hielt der Trick vor. Mit großem Geschick verwendete er die trüben Abwässer seiner mißhandelten Pariaseele als Treibstoff für das klappernde Mühlwerk einer christlich getarnten sozialen Revolte gegen ein ebenfalls getarntes und zwar exotisch getarntes Herrentum. Da er krumme Wege liebte, wagte er selten einen offenen Angriff. Je versteckter er die Tugenden des kleinen Mannes herauskehrte, desto mehr spendete er den offziellen Stützen von Thron und Altar Weihrauch. Er schmeichelte ihren Machtinstinkten in allen Tonarten, ja er schuf eigens für sie die Legende vom unbesiegbaren Deutschen. Damit legte er Balsam auf die heimliche Wunde fast eines jeden Deutschen, auf den aus innerer Unfähigkeit zu Maß und Vornehmheit geborenen Minderwertigkeitskomplex, der nur durch einen überlebensgroßen Anspruch ausgeglichen werden konnte. Er bemühte sich, den Träger eines solchen Anspruchs zu finden, und fand er ihn nicht, zu erfinden. Und nach einigen Kreuz- und Querfahrten im düsteren Dschungel der Kolportage gelang ihm der große Wurf. Er stellte jene von allem Menschlich-Allzumenschlichen gereinigte, glattlackierte, saubere Schießbudenfigur neudeutsch idealistischer Prägung auf die Beine, die auf den Doppelnamen Old Shatterhand-Kara ben Nemsi hörte und die sich, so weit die deutsche Zunge klingt, alle Herzen vom Etsch bis zum Belt im Sturme eroberte. Sie war die Krönung seines Werkes, keiner konnte ihm diese Schöpfung streitig machen. Allerdings wurde ihm diese Tat schlecht gelohnt. Der Neid wachte auf und machte sich ebenfalls auf die Beine. Man nahm ihm die im Taumel des Erfolges immer peinlicher hervortretende Identifizierung der eigenen Person mit dem glanzvollen Helden seiner Bücher übel. Zwar ließ er hin und wieder seinen Heros ein generelles Bekenntnis zur allgemeinen Fehlerhaftigkeit der menschlichen Natur aussprechen, wohl aus dem dunklen Gefühl heraus, daß auch die Tragfähigkeit einer deutschen Seele ihre Grenzen habe. Aber er hatte sich schon zu sehr übernommen, man betrachtete ihn mit Mißtrauen. Seine immer zahlreicher werdenden Feinde und Neider ruhten nicht. Sie gingen zum Angriff über. Sie untersuchten sein Vorleben, und als man entdeckte, daß hinter dem edelgefirnisten patriotischen Sänger ein ehemaliger Zuchthäusler steckte, ließ man ihn fallen wie einen heißen Pfannkuchen. Er fiel in das Brackwasser ihrer heuchlerischen Verachtung, und trotz eifrigsten Bemühens konnte er sich nie wieder ganz von den Schmutzflecken reinigen, die von nun an seine Erscheinung verunzierten. Als lädiertes Mahnmal eines mißglückten Höhenfluges schied er von uns. Doch sein Werk bestand und wirkte im Stillen weiter. Die Saat, die er gesät hatte, ging auf und zeitigte blutige Früchte.

Der kleine Mann (1943)

Das eigentliche apokalyptische Ungeheuer ist – ja lächeln Sie nicht – der vielbeschrieene und so verschwenderisch mit Lob bedachte »kleine Mann« unserer sozialen Lesefibeln, kurz das, was man gemeinhin den Klein- oder Spießbürger nennt, ganz gleich, ob er in Arbeitsfrontuniform, im Gesellschaftsanzug, im Overall oder als Militär auftritt. Mir ist es gleichgültig, was früher einmal das Wort »Spießbürger« bedeutete, heute weiß wohl jeder, der sehen gelernt hat, wer damit gemeint ist. Auch kennt man einigermaßen die Herkunft dieser Mißgestalt. Schauen wir doch einmal die schillernde, umrißlose, quallige Erscheinung dieses Quasimenschen genauer an. Was meines Erachtens zuerst an ihm auffällt und zwar als hervorstechendste Eigenschaft fast eines jeden Exemplares seiner Gattung, gleichviel, welcher Berufsgruppe er angehört, ist dies: man kann sich nicht mit ihm auseinandersetzen. Er hat immer recht oder behauptet wenigstens, selbst wider besseres Wissen, immer recht zu haben. Diese Position gibt er erst dann preis, wenn ein Erfolgreicher ihm suggeriert, nur sein Erfolg garantiere auch ihm den Erfolg seiner Planung oder wenn unmißverständliche Gewalt ihn unter Druck setzt. Als blinder Anbeter des Augenblickserfolges hält er nur dann etwas für gut, wenn es sich innerhalb seines engen Horizontes für ihn, mittelbar oder unmittelbar, als vorteilhaft herauszustellen scheint, wozu ein Mächtigerer seiner Art den bei aller Schläue doch recht Leichtgläubigen mit einigem Nachdruck rasch zu überreden vermag. Darum stützt er gerne machtsüchtige Demagogen, in ihnen kann er sich vielversprechend selbst spiegeln, verleihen sie doch dem Ausdruck, was er heimlich von sich selbst träumt; kritiklos und sentimental nimmt er die ihm von jenen suggerierten idealen Phrasen gerne als bare Münze hin; sie umkleiden sein niederes Streben mit dem Schimmer selbstloser Edelnis. Da er nicht weiter sieht als sein und seiner »Führer« kurzsichtiger Sinn reicht, irrt er meist hinsichtlich der Folgen seiner Unternehmungen gröblich. Und obgleich sich seine

Kalkulationen immer wieder als klägliche Fehlschläge erweisen, beharrt er doch hartnäckig und eitel bei den ihm nun einmal geläufigen Irrtümern. Woraus er lebt, dessen wird er sich nie bewußt, (denn er haßt nichts mehr als reifmachende Klarheit über seine eigentlichen Beweggründe). Im Verlauf seines Aufstiegs zum politischen Matador hatte er gelernt, alle seine schlechten Triebe ethisch zu tarnen; er konnte dies um so leichter, als es ihm an mitgegebenem ethischen Grund fehlte. Er behängte sich mit Idealen, die er nur halb verkraftete, die ihn aber allmählich in Fesseln schlugen, denen er sich nicht mehr entwinden konnte; sie wuchsen ihm sozusagen ins Fleisch und bestimmten weitgehend seine Bewegungen im physischen Leben. So kam zuletzt ein betrogener Betrüger heraus, der sich in dem Dickicht von gesinnungstüchtigen Phrasen und plumpen Interessen selbst nicht mehr zurechtfand, dessen schlechter Instinkt ihn aber an den entscheidenden Wendepunkten seiner politischen Laufbahn mit tödlicher Sicherheit in des Teufels Klauen führte. In Wahrheit glaubt er nur an eine Devise: erst das Fressen und dann die Moral! Aus diesem Grunde hat er immer einen Vorrat von Schlechtigkeiten, wie Lüge, Diebstahl und Betrug auf Lager, um sie gegebenenfalls, d. h. wenn alle Spekulationen mit legalen Mitteln schiefgehen, anzuwenden. Denn ständig lebt er am Rande der Anarchie. Da, wie schon gesagt, eine Auseinandersetzung mit ihm nicht möglich ist, weil er letztlich an die Möglichkeit einer Übereinkunft, die durch Einsicht und gegenseitiges Verständnis zustande kommt, nicht glaubt, bringt seine Emanzipation von aller geistlichen und geistigen Autorität die schwerste Gefahr für den Bestand jeder gesellschaftlichen Ordnung, ja für die Existenz des Menschen überhaupt mit sich. Man beachte einmal sein Verhalten sowohl dort, wo er als einzelner, als auch dort, wo er kollektiv auftritt: immer schiebt er die Verantwortung für sein Handeln auf andere, sei es auf irgendeine Gruppe, einen führenden Mann, oder seinen zufälligen Konkurrenten usf. Nie zeichnet er verantwortlich für sein Tun; er fühlt sich außerhalb jeder Schuld. Hinter seinem servilen Blick, der nie naiv ist, lauern die Kobolde rechnender Bosheit; sein

Lächeln ist kein Lächeln, sondern ein Grinsen, hinter dem Schädigungsfreude lauert. Seine Sprache entbehrt der Präzision und der Anmut; sie ist entweder schleimig jovial oder anmaßend grob. Indem er jedes echte Gefühl systematisch in sich abwürgte, entstand mit der Zeit ein Vakuum in ihm, das nach Füllung schrie. Denn er war ja in Bewegung geraten, er brauchte einen Ersatz, einen neuen Treibstoff anstelle der nunmehr unbrauchbar gewordenen alten Treibgeister. Sein hungriges Maul und sein unersättlicher Magen verlangten, um die Dauerrevolte durchzustehen, fortwährend Nahrung. Jeder Machthaber weiß das; deshalb darf Propaganda nie versagen, sie ist das Futter und die Energiespenderin für seinen durch die heutige Kulturwelt torkelnden und Verheerung verbreitenden Korpus. Je mehr er wuchs, desto mächtiger schwoll seine Bosheit an. Er erschuf sich aus der wimmelnden Schar von seinesgleichen, weil er immer noch nicht ganz mit seinem schlechten Gewissen und seinen Gebresten fertig wurde, artgemäße Repäsentanten, die er zu tabuierten Fetischen fixierte, in denen er sich überlebensgroß wiedererkannte. Führer und Geführte suggerierten sich gegenseitig Vollkommenheit und Allmacht; anstelle des Gottmenschen von ehemals trat der Menschgott, der ein Monstrum war, das Wälder verschlang, Länder austrocknete, Pflanzen zertrat, Tiere vernichtete und den Luftraum usurpierte. Er führte einen Kampf auf Tod und Leben gegen den Himmel, um endlich den Menschen aus dem Ebenbild Gottes in einen Mißgriff des Schöpfers zu verwandeln. Noch nie ward auf unserem Planeten ein ähnliches Ungeheuer zu sehen. Alle bisherigen Maßstäbe von Gut und Böse versagen vor diesem überdimensionalen Unhold. Vor ihm retiriert selbst der größte Weise auf den letzten Ohnmachtspunkt, wo ihm nichts mehr übrigbleibt als zu sterben, um jenem das »Reich« zu überlassen, das er vergeblich mit dem göttlichen Odem zu durchdringen und zu beleben versuchte …

Attentäter (1944)

Die Notwendigkeit einer festen, auf göttlicher Offenbarung gegründeten, dem Menschenwitz nicht erreichbaren Wertordnung in der Menschenwelt scheint mir durch die Epoche der totalen Mobilmachung der Geister und Leiber für die totale Zerstörung nicht nur des jeweiligen Überbaus, sondern auch der Fundamente aller menschlichen Kultur überhaupt so evident zu sein, daß ich mich aufrichtig über die Blindheit jener Köpfe wundere, die immer noch glauben, mit äußeren technischen und sozialen Meliorisationen das erwachte Ungeheuer beschwichtigen zu können. Der moderne Fortschrittslaffe, der sich einbildete, mit seiner substanzlosen Vernunft nicht nur seine Einrichtungen, sondern auch den Kosmos beherrschen zu können, steht nun greinend am Trümmerhaufen seiner gottlosen Illusionen. Was hat dieser unsinnige Schwärmer nicht alles in die Welt gesetzt, zu unserem und zum Schaden alles Lebendigen, das er angeblich so brünstig verehrte. Er machte uns frei von der Vormundschaft der Religionen, bescherte uns aber dafür die Vormundschaft des gewalttätigen Expansionsrüpels aus dem unbehaglichen Nibelheim. Er predigte die Gleichheit und Freiheit, die sogenannten Menschenrechte; aber diese Rechte verwandelten sich in das brutale Recht der erwerbstüchtigen Kapitalshyäne, seine Mitmenschen hemmungslos auszubeuten. Die Gleichheit, die er uns servierte, beruhte in der albernen Gleichung Mensch gleich Mensch, bei deren Anwendung fast immer zu Ungunsten des höher Gearteten entschieden wird; und seine Freiheit bestand in nichts anderem als im Freiwerden von jeder Bindung des Herzens, des Blutes und der Tradition. Er erfand die Interessengemeinschaft, die Klassensolidarität, die Sozialfürsorge und das soziale Gewissen und setzte sie an Stelle der Standesehre, der hierarchischen Ordnung, der Barmherzigkeit und des Wissens um die allgemeine Schuldhaftigkeit aller menschlichen Kreatur. Als er den Kulminationspunkt seiner Ignoranz erreicht hatte, erfand er den Schnelligkeitsrekord, die Nacktkultur, den

Sport, und für den Fabriksklaven das Eigenheim mit dem endlos melodierenden Radiokasten. Die Landschaft wurde Gelände, Erholungspark und Sportarena. Das Meer, den schneebedeckten Firn des Hochgebirges, den Strom und den Urwald verwandelte er in Objekte eitler Kraftmeierei. Sie wurden ehrfurchtslos, lächelnd, mit Witzen auf den dummen Schnauzen »bezwungen«. Der gigantisch vermehrte Pöbel aller Kulturnationen ergoß sich nicht nur über die Kultur, sondern auch über die wehrlose Natur, vernichtete alle Kreatur, die nicht sein mißgestaltetes Antlitz trug, oder zwang sie in seine ideologisch aufgeputzte Fabrikfron, wo sie alsbald die welke Farbe und Unansehnlichkeit seiner Mißbrauchgegenstände annahm. Die Bildungsschicht verkam mehr und mehr; sie ersäufte ihren letzten Rest von Würde und Exklusivität in der Schmutzflut bedenkenloser geistiger Prostitution. Und als der süße emanzipierte Pöbel sich anschickte, die letzten Positionen der irdischen Kulturlandschaften zu überrennen, fand er als Verteidiger nur noch einen verächtlichen Haufen eitler Nabelbeschauer oder nach Sinekuren gierender Schwachmatiker vor, die ihm unter wehleidigem Gejammer die Tore zu den letzten Zufluchtsstätten der Kultur freiwillig öffneten.

Indes, der in aller Welt befreite Piefke wußte mit seiner so billig erworbenen Freiheit nichts anzufangen. Trotz Radio, Sport und Film langweilte er sich zu Tode. Inzwischen hatte er jedoch aus seinem Schoß bereits die Zwingherren entlassen, die er brauchte. Sie waren nach seinem Bilde geformt. Ehrfurchtlos, dreist, borniert, kulturfeindlich und völlig skrupellos in der Wahl der Mittel, stürzten sie ihn in eine Sklaverei, gegen die alle bisher bekannten Formen der Sklaverei wie dilettantische Stümperei anmuteten. Es gab außer ihnen niemand mehr, der den entfesselten Kaliban bändigen konnte, der, an Zahl und Wirkung den alles kahlfressenden Heuschrekkenschwärmen gleich, die Existenzbasis sowohl der bisherigen Herren als auch seine eigene und vor allem die seiner neuen Führerschicht zu untergraben drohte. Diese seiner eigenen Brut entstammende Führerschicht war darum das einzig geeignete Instrument zu seiner Dezimierung und Unschädlichmachung. Hemmungslos und ohne Zögern entfesselten sie unter dem sozialistischen Banner Kriege, die an Umfang, Scheußlichkeit und bedenkenloser Anwendung jedes Mittels ebenfalls alle bisher gekannten Möglichkeiten der Vernichtung weit hinter sich ließen. Als der europäische Mensch anfing, den reinen Nutzeffekt als oberstes ethisches Prinzip zu verkünden, war das Unglück geschehen. Zu gleicher Zeit erfand er nämlich auch den guten Menschen, der dazu gehörte, um die endlose Fortschrittspirale, die sich bald als babylonischer Turm entpuppte, sich selbst glaubhaft zu machen. Er wuchs sich zum »faustischen« Menschen aus, zu jenem Unikum von Vermessenheit und seelischer Verkümmerung, das nicht nur unsere Herzen mit nie dagewesener Gründlichkeit verwüstete, sondern uns auch noch den Himmel mitsamt allen Gottheiten raubte. Seine unersättliche Machtgier verwandelte alsbald das Erdenantlitz in eine Landkarte von Fabrikationshöllen, Siedlungshaufen, Planwüsten und Verkehrsnetzen, in denen der arme Sklave dieser Errungenschaften wie ein elektrisiertes Weberschiffchen lechzend und aufgeregt hin und her hetzte. Da er sich dank seiner vorzüglichen Hygiene und einer vervollkommneten Medizin mit beängstigender Schnelligkeit vermehrte, wurde es ihm bald überall zu eng, die Massen der Roboter konnten nicht mehr beschäftigt werden. Ein Palliativmittelchen nach dem andern wurde probiert und erwies sich jedesmal nach kürzester Frist als untauglich, die unheimliche Krise zu beseitigen. Daraus ergab sich von selbst der Zwang, totale Kriege zu inszenieren. Um sie jedoch mit gutem Gewissen führen zu können, mußte man die noch übrigen Reste transzendent bestimmter Ethik, mußte man die alte Religiosität aus Herz und Gewissen tilgen, denn sie bildeten die letzten Bremsklötze auf der abschüssigen Bahn des Tüchtigen. Dies besorgten in dankenswerter Weise seine »Denker«. Indem sie eine freie, jeder Verpflichtung ledige Pseudo-Philosophie auf die Beine stellten, die voraussetzungslos und gutmeinend im Allerheiligsten des Tempels Sprengbomben mit Zeitzünder unterbrachte, vollbrachten sie wohl das luziferischste Werk, dessen die bodenlose Schlechtigkeit des Erdenwurms fähig war. Und dies geschah alles, o grauenhaftes Mißgeschick, bona fide und aus den besten Absichten heraus. Lediglich weil es diesen schlechten Ärzten an Unterscheidungsvermögen fehlte und ihre frivole Hybris nicht wahrhaben wollte, was göttliche Weisheit ein und für alle Mal geoffenbart hatte, mußte die Menschheit den breiten Weg der Verdammnis beschreiten.

Der Liebende

Frau Speedy Schlichter
gewidmet

»Diebe und Verliebte müssen sich versteckt halten«
(Indisches Sprichwort)

Der leidenschaftlich Liebende wird sowohl von jeder um ihre materielle Konsolidierung und ihren Fortbestand ringenden als auch von der den primitiven Notzuständen noch nicht entwachsenen Gemeinschaft als Störenfried empfunden. Fast jedes der uns bekannten sozialen Gebilde hat die Tendenz, den Liebenden als Sünder am Gemeinschaftsgeist auszustoßen. Nicht mit Unrecht! Spürt sie doch sehr deutlich, daß der Liebende nur einen Trieb hat, egoistisch seinem Glück und dem seiner Geliebten zu leben. Er wird interesse- und anteilnahmslos für die Sorgen der Gemeinschaft. Und je größer die Leidenschaft, desto stärker der Absonderungstrieb der Liebenden. Desto größer aber auch die unbarmherzige Tendenz der notverhafteten Sozietät, dieses edle, räudige Schaf entweder zu vernichten oder mit eiserner Gewalt zu seiner Pflicht zurückzuzwingen. Denn sein Treiben ist ihrem zweckgebundenen Geist fremd. Dies ist eine leidige Fatalität, deren ständige Wiederholung im Gange der menschlichen Geschichte den Aspekt unserer Menschenwelt um so trostloser macht als die kurzen Augenblicke des köstlichen Freiseins von den unmittelbaren Bedrohungen der dem Liebesspiel feindlichen materiellen Gewalten so selten sind. Denn hinter der Feindschaft jener Sozietäten verbirgt sich ja nicht nur der Neid der Unvermögenden oder weniger Begünstigten, sondern eine Urfeindschaft gegen höhere Kultur, die allem gefallenen Fleische innewohnt. Vergessen wir nicht, die Liebe, zumal die hohe, individuell bestimmte, ist eine Frucht (vielleicht die schönste) vom Baume der Kultur. Sie ist das Ergebnis der Muse und materiellen Notentbundenheit; darum erscheint sie meist erst am Ende einer langen Entwicklung, wenn man sozusagen aus dem Gröbsten heraus ist und ein einigermaßen tragfähiges materielles Fundament geschaffen hat. Sie ist mystisch, stammt vom Geiste her und adelt die Körperseele. Erst durch sie wird ein amorpher Trieb aus der Wahllosigkeit zum Zwang der Auswahl getrieben; erst durch sie gewinnt das Gestaltlose Gestalt; erst sie ermöglichte es den Dichtern, von Gottes- und Liebfrauenminne zu singen und so zum Gleichnis der göttlichen Liebe zu werden. Nie wäre der Mensch fähig gewesen, jenen sublimen Madonnenkult, jenes stürmische Liebeswerben um die Gottheit aus sich hervorzubringen, hätte er nicht im eigenen Busen diese zarte Blüte zu strahlender Entfaltung gebracht.

Aber, wie gesagt, diese Fähigkeit wurde mühsam dem rohen Sinn des im Kreislauf des Notwendigen und des Magischen sich bewegenden Zwecktieres Mensch abgerungen. Und er erkaufte sich diese Freiheit nur durch die Dienstbarmachung von seinesgleichen. Zugleich schuf er sich damit eine tragische Situation. Diese tragische Situation wird am leuchtendsten sichtbar in der Größe und dem Untergang des abendländischen Rittertums. Denn in ihm manifestierte sich einmalig der großartige Drang des Menschen, eine über sich und seine dämonisch irdische Notgebundenheit hinausweisende gesellschaftliche Institution zu schaffen. Darin liegt auch der tiefere Sinn der geschichtlichen Situation, in der es im Abendlande auftritt: Es ist das notwendige Korrelat zur kirchlichen Hierarchie, wobei das Rittertum die aristokratische, die kirchliche Hierarchie die demokratische Komponente in der Gesamtstruktur des irdischen Regiments darstellt. Beide Mächte sind Rivalen, oft sogar bitter verfeindete Rivalen, aber sie gehören untrennbar zueinander wie Zwillingsgestirne. Und als die eine zerfiel, war auch die Macht der andern dahin. Das Abendland wurde zur Chimäre, denn der vom ritterlichen Ideal emanzipierte europäische Mensch begab sich in die nationale Isolierung; er ging einen andern Weg, den Weg der materiellen Perfektion unseres physischen Lebens, der zu einer vorher nie geahnten Selbstmächtigkeit führte; aber diese Machtfülle wurde erkauft um den Preis seelischer Verödung. Ich kann darum nicht umhin, die ritterlich höfische Ordnung (ich denke da beispielsweise an die Provence) trotz aller Schönheitsfehler und bizarren Auswüchse als den bisher vielleicht geglücktesten Versuch eines organischen Gesellschaftsaufbaus anzusprechen, da sie allein tragfähig genug war, der gefährlichen Feuerkraft der Minne als formendes Element weitesten Spielraum zu gewähren. Wie nachhaltig und konstruktiv übrigens die Wirkung des ritterlichen Ideals war, zeigt die Dauerhaftigkeit der von ihm geprägten gesellschaftlichen Verkehrsnormen, deren Macht bisher noch keine der nachfolgenden revolutionären Ideologien zu brechen vermochte.

Tagebuch, 9. Mai 1945

Nun ist es zu Ende, das sechsjährige Morden, Foltern, Brennen und Zerstören. Wenn ich nun Innenschau halte und mich ernstlich frage, welches ist das vorherrschende Gefühl, das dich angesichts des gedrosselten Lebens, der öden Trümmerstätten, der primitiven Barbarei, die uns rings umgeben, bewegt, so ist die Antwort diese: nächst dem Gefühl der Erlösung von der permanenten Todesangst das einer ungeheuren Leere. Besonders unheimlich wirkt auf das Gemüt das nicht mehr Vorhandensein des gewohnten Kulturuntergrundes oder sagen wir besser der tröstlichen Kulturkulisse; an ihre Stelle ist ein graues, undefinierbares und nebelhaftes Etwas getreten, in dem man sich bewegt wie in einem mit Milchglas umgebenen, dünnluftigen unfaßbaren Raum, worin man schwer atmet. Es ist wahrscheinlich nicht leicht, nach dieser gründlichen Arbeit der Dynamitideologen, wieder einen Anknüpfungspunkt an irgend eine Tradition des europäischen Kontinents zu finden. Mit Schrecken wird man gewahr, daß zwei Drittel unserer Philosophie, Kunst, Wissenschaft, ja selbst unserer Religion nicht vom klaren Quellwasser ewiger Weisheit gespeist wurden, sondern von den trüben Abwässern revolutionierter Triebe und lebentötender Ideologien. Angesichts des völligen Bankrotts unserer Philosophien und Lebenslügelehren steht man vor der furchtbaren Frage: Was sollen wir tun? Unsere Glaubenskraft ist bedenklich geschwächt, das Vertrauen zum Menschen geschwunden, die Liebesfähigkeit verdorrt! Wir drohen in steriler Misanthropie zu krepieren, weil wir trotz der harten Schläge immer noch nicht unserem Hochmut den Abschied geben.

Sicher hat die ungeheure materielle Verwüstung, die der menschliche Raubbauer auf seiner komfortabel ausgestatteten Fahrt zum Abgrund erfuhr, das meiste dazu beigetragen, ihn, dort nun angelangt, für den Sehenden in seiner ganzen seelischen Jämmerlichkeit zu enthüllen. Immer noch kann er das Lügen und Prahlen nicht lassen, hält er den explodierenden

Phosphorkanister seines Aftergeistes für das göttliche Licht, immer noch dünkt er sich hoch erhaben über den Menschen der Vergangenheit, zumal über den seines christlichen Mittelalters, der sich immerhin noch im Unglück voll Demut und Zerknirschung in den Staub beugte; der wenigstens das eine wußte, daß er schuldig war und daß er für dieses Schuldigsein zu büßen hatte. Aber hört man heute von irgend einer Seite auch nur den leisesten Ton des Bekentnisses zur Urschuld des Menschen? Nein! Das ganze Schuldbekenntnis beschränkt sich auf die Feststellung von Unterlassungssünden und Fehlrechnungen. Letztlich läuft es darauf hinaus, das ganze Unglück nur auf das Versäumnis einer Polizeiregel zurückzuführen. Das ist ja das Erschreckende, daß man weder an ein Gefühl noch an das Gewissen appellieren kann, denn beides ist verschwunden. Und so vernarrt ist dieses himmelstürmende Geschlecht in seine eingebildete Selbstmächtigkeit, daß ihm selbst beim Anblick des furchtbaren Elends, das es anrichtete, noch nicht einmal der grundsätzliche Zweifel an der Fragwürdigkeit seiner Unternehmungen befällt. Denn seine Machtmöglichkeiten im Bereiche des Bösen scheinen unbegrenzt, und anscheinend fühlt es sich in jeder Hinsicht wohler auf der hemmungslosen Fahrt zur Hölle – selbst um den Preis eines seelischen Totalverlustes – als auf dem mühseligen Dornenpfad zum Himmel, über dem dazu noch das Damoklesschwert der Ungemäßheit hängt. Warum nur wird es ihm so schwer, ein guter Mensch zu sein? Warum achtet er das Glück, das ihm aus der Übung der Tugend erwächst, so gering? Liegt es vielleicht an der Scheu vor der Anstrengung, die mit dem Gutsein verbunden ist und die ihm zu wenig Gewinn abzuwerfen scheint? Vielleicht ist der Mensch ein unverbesserlicher Geschäftemacher mit Gott, mit der Natur, mit seinesgleichen. Sein ganzes Treiben ist vielleicht nichts weiter als ein profitliches Sichdrücken vor dem Fluch im Paradiesgarten. Er möchte die Schuld nicht abtragen, die seine Stammeltern auf sich geladen haben. Diesem Fakt sucht er anscheinend auf jede Weise auszuweichen, er gibt sich die größte Mühe, es nicht wahrzunehmen; eigens dazu erfand er sich eine Willensreligion, die ein Leistungsprinzip mit dem

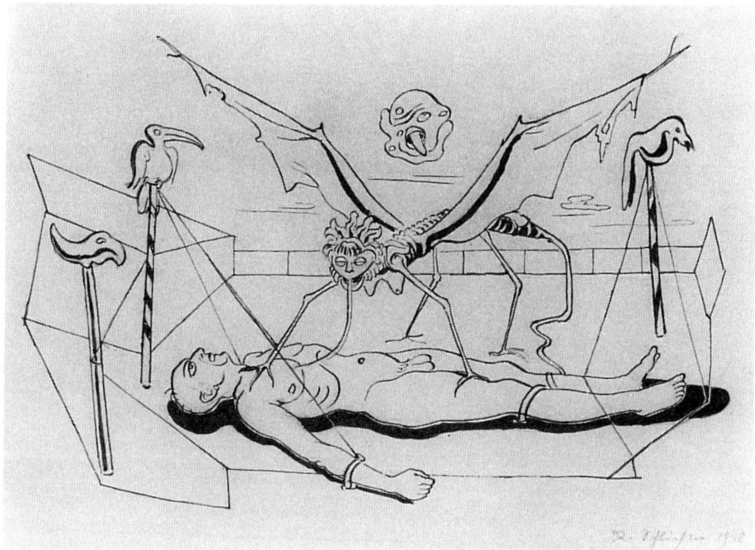

optimistischen Gedanken des »endlichen« Erfolges als Krönung irdischen Profitstrebens verbindet. Gestehen wir es uns ruhig ein, wir alle ohne Ausnahme gieren nach dem Lohn, versuchen mit Gott ein Geschäft zu machen, indem wir gegen ein Mindestmaß an Anstrengung ein möglichst großes Quantum greifbares Glück herauszuhandeln versuchen. (Und zeigt sich Gott spröde, flugs wenden wir uns seinem Widerpart zu, um mit ihm den Handel zu machen, ohne ernsthaft zu bedenken, daß auch er ein unerbittlicher Herr ist, der genau so wenig Lauheit im Verfolgen seiner Interessen duldet wie sein Gegenspieler.) Denn wir brauchen auf unserem Gang durch das kurze Leben wie ein Bergtourist einen lohnenden Aspekt, ein wechselndes Panorama von Glücksaussichten, eine Verheißung, sowohl in physischer als auch in geistiger Hinsicht. Wir haben ja eine Erinnerung daran behalten, daß das alles einmal anders gewesen sein mußte, daß wir uns einmal in dem, was unser bös gewordenes Herz nur noch ahnen läßt, befunden haben mußten, daß wir einmal ein ungeschiedener Bestandteil der Ruhe in Gott waren.

KUNSTKRITIK

Kritik der Kritik

Was ich an der heutigen Kunstkritik besonders beanstande, ist der Mangel an Verantwortlichkeit nicht nur dem produzierenden Künstler, sondern auch der Sache selbst, der Kunst gegenüber! Ich muß zunächst auf einige persönliche Erfahrungen zurückgreifen, selbst auf die Gefahr hin, als gekränkte Leberwurst zu figurieren. Ich hatte vor einiger Zeit in Dresden eine Graphik-Ausstellung, in der ich zum erstenmal mit der Rohrfeder gezeichnete Landschaften zeigte. Anstatt auf die psychologischen Motive, die mich veranlaßten, mich mit der Landschaft auseinanderzusetzen, einzugehen, dekretierte der Herr Kritiker kurzerhand, ich hätte »als geborener Berliner und somit als typische Asphaltpflanze die Finger von der gewaltigen Göttin Natur zu lassen, die würde man sich nicht so einfach gelegentlich einer Durchreise geneigt machen«! Er meinte, ich möchte ruhig bei meinem engeren Stoffgebiet, nämlich bei der Darstellung von Kokotten und Proletariern bleiben. Dies ist meiner Meinung nach ein charakteristisches Beispiel jener fatalen Abstempelungswut, die dem Künstler um jeden Preis sein Stoffgebiet einengen und ein und für allemal zuweisen möchte, um bei einer künftigen Begegnung mit dem betreffenden Künstler der Mühe einer nochmaligen Auseinandersetzung enthoben zu sein. Das ist natürlich die einfachste Methode: man zieht das Schubfach heraus, aha Schlichter, Maler von Kokotten und Proletariern! Oder es stellt einer einmal einige Portraits aus, also wieder das Schubfach heraus, aha Herr X., hat einige gute Portraits gemacht, also Portraitist for ever! Wehe, wer die ihm vorherbestimmte Linie nicht einhält, er wird als unbequemer Querulant massakriert.

Ein anderer Fall von Mangel an Verantwortlichkeit zeigt sich in der saloppen Art, mit der Fälle von vermeintlicher gegenseitiger Beeinflussung festgestellt werden. Auch hier könnte ich eine Reihe persönlicher Erfahrungen als Belege heranziehen. Wie oft ist es vorgekommen, daß die Entdeckung eines neuen Stoffgebiets dem Entdecker wegeskamotiert und einem andern in die Schuhe geschoben wurde; mit bodenlosem Leichtsinn wird dann darauf losgeredet und beurteilt; Herr Z., heißt es dann, ist in der Behandlung des Stoffes vollständig im Fahrwasser von Herrn Y., und dabei verhält es sich in Wirklichkeit geradezu umgekehrt. Versucht dann der durch solche leichtsinnige Schreibe in seinem Ruf empfindlich geschädigte Künstler eine Richtigstellung zu veranlassen, so wird das von den betreffenden Herrn in den meisten Fällen einfach ignoriert. Man müßte also meiner Meinung nach darauf dringen, daß sich die Kritik besonders bei Einzelbesprechungen etwas eingehender mit dem Wollen und der Persönlichkeit des zu kritisierenden Künstlers befaßt. Dies zur Frage der Verantwortlichkeit.

Nun möchte ich noch einige prinzipielle Dinge zur Kunstkritik überhaupt sagen. Noch keinem der heutigen Kritiker ist es eingefallen, einmal nach den geistigen Grundlagen des künstlerischen Schaffens zu fragen! Und hier fällt mir auf, daß eine Tatsache bis jetzt fast immer übersehen wird, nämlich die, daß Kunst im Gegensatz zum heutigen zivilisatorischen Zustand der Gesellschaft eine im besten Sinne konservative Funktion hat. Seien wir uns klar darüber: Kunst ist heute ihrem ganzen Wesen nach reaktionär, denn sie wendet sich an diejenigen Kräfte im Menschen, die heute der schärfsten Diskreditierung ausgesetzt sind, ja deren Vorhandensein geradezu geleugnet wird: nämlich an die seelischen Kräfte. Und hier kommt man zum springenden Punkt: Wo hat Kunst ihre stärksten Wurzeln, ihre stärkste Verbundenheit? Ich möchte antworten: Im Religiösen und Nationalen, den beiden elementarsten geistigen Lebensmächten, und nicht, wie vielfach geglaubt wird, im Sozialen, das für künstlerisches Gestalten zweitrangig ist. Merkwürdigerweise werden diese Wurzeln geflissentlich übersehen, und doch müßte es meiner Meinung nach zu der unerläßlichen Voraussetzung jeder Kunstbetrachtung und Beurteilung gehören, zunächst einmal, da Kunst ja selbst nicht der zentrale Wert, sondern Interpretin größerer übergeordneter Werte ist, mit der Beurteilung dort einzusetzen. Erst von dieser Basis aus wäre dann die unbedingt zu fordernde scharfe sachliche Kritik der malerischen und formalen Gestaltung zu vollziehen. Weit entfernt davon, auch nur mit dem leisesten Ton diese selbstverständlichen Grundlagen künstlerischen Schaffens anzuerkennen, befleißigt sich die heutige Kunstkritik, diese elementaren Voraussetzungen aus unerfindlichen Gründen zu negieren oder zu verschweigen; zugunsten eines lächerlichen effeminierten internationalistischen Snobtums weltstädtischer Prägung, das, hausend in den Stein- und Asphaltkloaken beider Hemisphären, den Ton angibt in der künstlerischen Werttaxierung und dessen speiübler Konfektionsjargon leider bereits zum eisernen Bestand der Kunstkritik zu gehören scheint. »Amüsant, charmant, witzig«, ohne diese unausstehlichen Adjektiva scheint eine gewisse Kunstkritik nicht mehr auszukommen. Die Galle steigt einem hoch, wenn man dieses unwürdige Geschmuse liest, das bloß dazu dient, die vollkommene Verlegenheit und Hilflosigkeit solcher Kritiker vor einem neuen und ungewohnten Gestaltungsversuch zu kaschieren. Nur um keinen Preis den Anschein des Ernstes erwecken; man könnte nachher eventuell darauf festgelegt werden. Warum übrigens wenden die Herren diese unmöglichen Bezeichnungen nicht vor einem Rembrandt oder Grünewald an, warum hier plötzlich der hieratisch feierliche Ernst, dessen man sich jungen lebenden Künstlern gegenüber entraten zu können glaubt?

Noch ein Wort zu dem kritiklosen Emporgelobe der aus Paris importierten Zöllner-, Briefträger- und Negerkunst, mit der man ernsthaft versucht, deutschen geistigen Menschen Kopf und Augen zu verkleistern. Während man in der Literatur längst wieder zu der Erkenntnis gelangt ist, daß man ohne Grammatik und Syntax nun einmal nicht auskommt und daß primitives Stammeln noch kein Können bedeutet, scheint sich diese Erkenntnis auf dem Gebiete der Malerei noch nicht durchgesetzt zu haben; sonst wäre es doch unmöglich, daß die kindlichen Pinseleien eines Kalifala Sidi Bé ernst genommen werden, die sich in nichts, aber auch in gar nichts von den unbeholfenen Äußerungen eines begabten dreizehnjährigen Mädchens unterscheiden. Daß ernste Kritiker diese neueste

Niggerei kritiklos mitmachen und damit die blamable Selbstaufgabe der europäischen Tradition mit wohlgefälligem Lächeln jedem U.S.A.-Schöpsen mundgerecht servieren, zeugt nur von der gottverlassenen Direktionslosigkeit einer vollkommen desolaten Kritik.

Grundsätzliches zur deutschen Kunst

Der Geist der Revolution von 1789, mit der die letzte geschlossene europäische Kulturepoche ins Grab stieg, hat die Menschheit seither zu keiner entscheidenden einheitlichen Leistung in der Gesamtkultur gelangen lassen. Vielmehr klafften meistens die einzelnen Kunstzweige auseinander – in Gruppen und Soloindividualismen. So war denn das Zurückgreifen auf Stile der Vergangenheit und deren meist geistlose Nachahmung die notwendige Folge, der wiederum die schärfste Opposition der einigermaßen kritischen und begabten Künstler folgen mußte.

Von dieser Sicht her müssen wir die Aufgabe, die der heutigen Kunst gestellt ist, zu begreifen suchen. Politisch ist zwar der Geist von 1789 in seinen vor allem Deutschland lebengefährdenden Formen und Spielregeln aus den maßgebenden Machtpositionen geworfen, aber der Geist selbst, der mit dem Blute von Millionen in die Seele der Menschheit eingeschrieben wurde, ist weder bei uns, geschweige denn bei den europäischen Weststaaten ausgelöscht! Wir leben daher in einer Zeit des Überganges und gesteigerter Gärung, die voraussichtlich lange dauern wird; denn der alte Adam ist noch lange nicht tot, und der neue, der Träger einer neuen totalen Kultur werden muß, wenn er seinen rassischen Führeranspruch durchhalten will, ist erst im Werden. Die Menschheit, ein Volk denkt in Generationen!

Aus alldem ergibt sich, daß es nicht die Aufgabe des heutigen Künstlers sein kann, der gegenwärtigen Epoche einen einheitlichen Ausdruck zu verleihen – dies ist schlechthin unmöglich –, sondern den neuen Menschen, die neue Zeit vorauszuahnen und mitheraufzuführen, und damit, in voller Einordnung in den langwierigen Rhythmus einer werdenden Volkskultur, auf die Gestaltung der kommenden Generation einzuwirken.

Das Fundament der zu fordernden entsprechenden künstlerischen Haltung kann nur jener Realismus sein, der in

Form und Inhalt Ausdruck des in der nationalen Revolution aufgebrochenen, gemeinschaftsbezogenen Willens zur rücksichtslosen Ehrlichkeit ist. Es handelt sich nun darum, genau abzugrenzen, was wir unter dieser Forderung verstehen und welche Kunstrichtungen wir damit ipso facto ablehnen.

Realismus bedeutet in der geistigen Gesamthaltung die Wiederbewußtmachung natürlicher Bindung im künstlerischen Schaffen und damit die Besinnung auf unsere beste Tradition – die Verlebendigung des Geistes der Dürer, Cranach, Holbein, Grünewald, Altdorfer....

Realismus in der Stoffwahl verlangt eine ehrliche Auseinandersetzung mit der Fülle der menschlich-natürlichen Lebensbeziehungen. Also ein freies, unbestechliches Auge, den Wahrheitsdrang der alten deutschen Meister!

Realismus in der Gestaltung fordert als objektive Grundhaltung die liebevolle Hingabe an die Form des darzustellenden Gegenstandes; es wird so die Gefahr eines übersteigerten Subjektivismus, der eher kulturhemmend als kulturfördernd wirkt, vermieden. Andererseits ist die durchaus persönliche, phantasievolle Durchdringung des Darzustellenden als die zweite, höchst individuelle Komponente künstlerischen Schaffens eine Selbstverständlichkeit; aber eben erst auf dieser objektiven Grundlage! Der Abfall von diesem Maß, d. h. die Überbetonung des einen auf Kosten des andern der beiden erwähnten, sich gegenseitig befruchtenden Prinzipien, führt zwangsläufig zu Hypertrophien – entweder zu manischem Naturalismus oder zu verkrampftem Expressionismus.

Die Formung muß weiterhin eine deutsche sein! Was dies heißt, erhellt aus einer kurzen Untersuchung des Volkscharakters, wie er in der Sprache als der naturgegebenen Quelle aller Kultur sichtbar wird: es dominiert hier durchaus das strukturelle Element, sozusagen das Knochengerüst, in der Überzahl der Konsonantenhäufungen. Die Parallele ist klar: Der Vorrang des zeichnerisch-strukturellen Elementes, der einer reizvollen graphischen Phantasie weitesten Spielraum läßt, über das sinnliche Gewand (Vokale = Farbe!) entspricht also unseres Erachtens dem deutschen Volkscharakter und kam auch in der Blütezeit der deutschen Malkunst im 15. und 16. Jahrhundert zu voller Geltung! Wenn wir auch keineswegs übersehen, daß man von anderen Gestaltungsprinzipien wie Farbe, Tektonik, linearer Flächenbewältigung oder irgendwelchen Kombinationen von allen dreien ausgehen kann, so erscheint uns doch der oben geforderte Vorrang des zeichnerisch-strukturellen und graphischen Elementes eine Ausgangsmöglichkeit, die am ehesten Anspruch auf das Prädikat »deutsch« erheben kann –, zumal die Farbe in der deutschen Malerei auch bei vollendetster Anwendung nie bildgegenständlicher Selbstzweck war, sondern in den besten Leistungen (man denke zum Beispiel an die Stuppacher Madonna von Grünewald!) ein im eminenten Sinne metaphysisch notwendiges Gestaltungsmittel bedeutete, um das verborgene Ethos des Bildinhaltes gesteigert in die sinnliche Sphäre zu übersetzen. Nur auf dieser Ebene wachsen Farbe und Zeichnung harmonisch zusammen, wobei gleichzeitig – und das ist von großer Bedeutung – der Umfang der möglichen Bildinhalte der größte sein kann, ein Vorzug, der seinerseits der universalen Fülle und Problemstellung der deutschen Seele entspricht. Diese unsere Beurteilung will natürlich keine Wertung im Sinne des l'art pour l'art-Künstlers sein, weil sie genug von der Geschmackswillkür der Moderne weiß; dafür aber ist sie ein ernsthafter Versuch, die Elemente künstlerischer Gestaltung auf ihre Übereinstimmung mit den Grundrichtungen deutschen Volkscharakters hin zu prüfen und zu werten. Es ist also eine Wertung vom Standpunkt desjenigen Menschen aus, den sein problematisch empfundenes Menschsein zum Künstler werden läßt, wenn er in entsprechender Form für alle Bedeutsames auszusagen versucht.

Es mag abschließend noch die Selbstverständlichkeit erwähnt werden, daß es nicht um öde, unoriginelle Imitation des deutschen altmeisterlichen Realismus gehen kann, sondern um ein volksbewußtes Gestalten des heutigen Menschen in der heutigen Welt im Geiste dieser als richtig und artgemäß erkannten Kunstprinzipien, zugleich mit einer erzieherischen Grundeinstellung auf die Zukunft des deutschen Menschen und der deutschen Landschaft hin!

Gemäß dem neugestaltenden Prinzip, das die nationale Revolution unserer Tage wieder entscheidend herausgestellt hat, muß die kommende Kunst, die in Zukunft dem Neuen Gestalt verleihen muß, durchdrungen sein von innerem wahrem Leben! Es ist nicht leicht, zu umschreiben, was wir mit dem irrationalen Ausdruck »Leben« bezeichnen wollen. Ein Beispiel mag auch hier helfen: Wer heute einen Menschen portraitiert, der kann es nicht impressionistisch machen, weil alles zerrinnt, auch nicht expressionistisch, weil das Gesicht zur starren Maske wird und nur einen mehr oder weniger geringen Ausschnitt aus der Gesamtpersönlichkeit darstellt –, er muß es eben realistisch tun, d. h. er muß das Gesicht dieses Menschen wiedergeben so wie es ist, als lebendige Persönlichkeit mit ihren vielen Möglichkeiten und ihrer menschlichen Brüchigkeit. Das erfaßte Gesicht muß also ein Gesicht sein, d. h. nicht bloß eine bestimmte Sicht, sondern die metaphysische Zusammenfassung der verschiedenen charakteristischen und charakterenthüllenden Sichten in einem Gesicht! Nur so kann die doppelte Gefahr einer kalten portraitistischen Photomontage ebensogut umgangen werden wie ein idealistischer Pseudorealismus.

Und nur so kann die Kunst dann das Antlitz der kommenden Generation, das den Stempel wahrer Ehrlichkeit gegenüber der Totalität des Lebens tragen muß, entscheidend mitformen. Denn die heutige Kunst hat eine pädagogische Aufgabe: Sie muß in der Gestaltung des kommenden Menschen erst die Grundlage einer neuen, deutschen und weltgeltenden Volkskultur schaffen.

Worte der Einführung

Über Kunst zu sprechen ist eine heikle Sache, zumal über die eigene. Man könnte leicht verführt sein, mich für einen eitlen Narren oder für meinen eigenen Propagandachef zu halten. Ich muß befürchten, daß sich die Richtungen, an denen wir ja wahrlich keinen Mangel leiden, gegen mich erheben; die einen, um mich zu verdammen, die andern, um mich einzureihen. Indes liegt es nicht in meiner Absicht, als Kämpfer für oder gegen eine Kunstrichtung aufzutreten. Mein Vorhaben ist bescheidener und zugleich unbescheidener, denn ich möchte versuchen, jenseits aller Richtungsstreite die geistige Herkunft meiner Bilder zu erläutern.

Um gleich zum Kern meines Schaffens zu kommen: Das ursprüngliche Erlebnis, das meinen ersten zeichnerischen Versuchen, die in die frühesten Jahre der Kindheit zurückreichen, zugrunde liegt, war der Drang, die Taten der Menschen festzuhalten, ihre Fahrten und Abenteuer auf der Erde Rücken, das Wirken unbekannter Mächte, die Schönheit und den Schrekken der Naturgewalten, wie sie die heimischen Berge und Wälder und die Berichte aus fernen Zonen dem kindlichen Gemüte einprägten. Rückblickend ist mir als das unwandelbare Leitmotiv meiner Entwicklung heute deutlich, daß diese wirkende Kraft ein unermüdliches Aufsuchen der ewigen Gestalt des Menschen ist, ein eifriges Nachspüren seines Schreitens durch die Geschichte, ein neugierig bebendes Betrachten seiner vielfältigen Stellung unter den Gewalten der Erde, die er als ein durch sie Geprägter zugleich mitbestimmt. Es war von allem Anfang an der Versuch, aus dem Fluß der Zeit das Bild heraufzuholen, den flüchtigen sinnenthüllenden Augenblick zu bannen, in dem die Seele den Anruf der Urhebermächte schauernd erlebt. In ihrem Zusammenhange betrachtet, stellt diese Bildnerei eine Aussage dar über das Verhältnis des Menschen zur Welt und ihren Hintergründen. Daraus folgt, daß diese Kunst nicht auf »interessante« Augenreize ausgeht, sondern mit einer entsprechend der Fülle der Figuren wechselnden Sehweise den Dingen zu Leibe rückt. Denn es handelt sich hier nicht um einen wertfreien Raum, innerhalb dessen der Künstler zufällige gefällige Anordnungen vornimmt, sondern: – um dies mit aller Deutlichkeit zu sagen – insoweit der Künstler sich zum Schöpferischen berufen glaubt, hat er nichts anderes zu tun als die Wertungen zu geben. Erst von diesem verpflichtenden Anspruch aus läßt sich das Schaffen des Künstlers rechtfertigen. Von hier aus begreift sich, daß das Endziel des künstlerischen Tuns nur die fertige Gestalt sein kann. Ebenso läuft es dieser Erkenntnis und Aufgabe aufs schärfste zuwider, bei den dürren Demonstrationen der Formengeometrie stehen zu bleiben und die lehrhafte und schematisierende Darstellung von selbstverständlichen Bildgesetzlichkeiten zum Endzweck zu erheben. Eine Kunst, die nur das betreibt, ist leere Programmatik und beschränkt sich auf eine ewige Anbetung der Grundregeln.

Ich kann mir denken, daß man bei einem Überblick über die Mannigfaltigkeit meiner Bildstoffe und deren Darstellungsweise stutzen und den Einwand erheben wird: Diese Arbeiten sind in der Technik und im Vortrag so verschieden, daß man sich verwundert fragt, ob sie aus einer Hand stammen. Darauf antworte ich: jeder Gegenstand verlangt die ihm angemessene Technik, jeder Stoff die ihm entsprechende Ausdrucksform. Und es verrät nur einen Mangel an Ehrfurcht, wenn man die Dinge, welche ihre eigene Sprache reden, eigensinnig in die Form einer willkürlich-persönlichen Entstellung zwingt. Es ist eines der auffallendsten Zeichen der spätbürgerlichen Auflösung, daß man in einer Zeit, in welcher der echte Persönlichkeitsbegriff sich verflüchtigt, krampfhaft nach dem Persönlichen im Sinne einer »amüsanten Rarität« hascht. Für diese Anbeter der persönlichen Grille mache ich mir das ironische Wort Goethes zu eigen: »Original, fahr' hin in deiner Pracht!« Im Zeitalter der verabsolutierten Teilbezirke und der ästhetischen Vereinseitigung wird es einem Maler ja zum Vorwurf gemacht, wenn ihn die gewaltige Ruhe der Landschaft ebenso bewegt wie das Pathos des menschlichen Antlitzes; wenn sein Gemüt sich vom Treiben der Menschen in ihren eisernen und

steinernen Erholungsstätten ebenso erregen und zur Stellungnahme anregen läßt, wie von den blutigen Spielen seiner Triebe oder von den Abgründen seiner seelischen Möglichkeiten. Hat man denn ganz vergessen, daß Kunst von »Können« kommt, daß dieses Können nicht etwa einem mühsam ersessenen Fleißergebnis gleichzusetzen ist, sondern nichts anderes bedeutet als »viel vermögen«? Hat man vergessen, daß der Künstler einen Eros hat? Ich verstehe hier natürlich unter Eros die schöpferische Seite des Persönlichkeitsgrundes, in welchem sich Geist und Körper durchdringen, und nicht etwa ein gesellschaftsfähigeres Wort für das Geschlechtliche. Mir möchte fast scheinen, man hat heute die Kenntnis von den Spannweiten des Eros verloren, vielleicht sogar bewußt eine feindliche Stellung gegen ihn bezogen. In diesem Zusammenhange möchte ich nicht versäumen zu bemerken, daß diese Feindlichkeit vor allem zu einer unreinen Einstellung gegenüber Nacktdarstellungen führt und sich dort am übelsten auswirkt. Welch ein seltsamer Widerspruch liegt darin, wenn jemand das Bild eines nackten Menschen der Gegenwart mit heimlichen oder offenen Pfuirufen belegt, oder überlegennaserümpfend darüber wegsieht, während Meisterwerke der Vergangenheit, die das gleiche zum Vorwurf haben, ihn in pflichtgemäße heilige Schauer versetzen. Billigen diese Leute eigentlich nur den Alten die Unschuld der Sinne zu?

In die Reihe der weitverbreiteten Irrtümer gehört auch das Mißverständnis, daß Gestaltungen des Heroisch-Überzeitlichen einerseits und solche der zeitbedingten Wandlungen und Abweichungen vom Ideal andererseits unvereinbare Gegensätze wären. Dieselbe Beziehung zum Schönen kann und muß sowohl in der unmittelbaren Darstellung einer schönen Form sichtbar werden als auch in dem schmerzhaften Hinweis auf die in aller Natur vorhandenen Abweichungen, die Zerstörungen, die Auswüchse des Häßlichen. Stehen doch beide Bereiche in einer inneren Spiegelung zueinander. Von hier aus sollte man verstehen, daß aus demselben Gefühl ein Lobgesang auf die Schönheit wie auch ein Festgedicht der Satire entstehen kann. Dabei bin ich mir wohl bewußt, daß es zu den schwierig-

sten Aufgaben des Künstlertums gehört, das seelische Gleichgewicht zu behalten und Auswüchse peinlich-idealistischer Verstiegenheit ebenso zu vermeiden wie ein vom Abwegigen krankhaftes Besessensein. Beiden Gefahren setzt sich nicht aus, wer sich auf die Wiedergabe unartikulierter stammelnder Gefühlsausbrüche beschränkt. Man hat versucht, diese Verengung auf primitive Äußerungen, die in jeder Seele schlummern, als Gipfelpunkte des Ausdrucksvermögens stolz zu verkünden und als alleinigen Gegenstand der Kunst zu erlauben. Diese künstliche Ausschaltung des rational-begreifbaren, geistigen Formgefühls ist vor allem deshalb ein Irrweg, weil wir als durchgehenden gestaltenden Trieb der Natur das Bestreben sehen, vom rohen Gestammel und von der unförmigen Gestaltlosigkeit zu einer klaren ausgewogenen Form zu gelangen. Die Dämonen, Götter und Teufel mythisch empfundener Zeiten lassen sich nicht gewaltsam unserem heutigen Zustande aufpfropfen, oder nur um den Preis, daß man sich die Möglichkeit verbaut, zu den mythischen Gestalten der Gegenwart vorzustoßen. Es ist ein Unsinn, sich nicht aller Mittel, die eine Zeit bietet, zu bedienen und sich auf die verkümmerten Überbleibsel vergangener Primitivkulturen zu beschränken. Dieses Bemühen ist im Grunde eine Flucht vor der Aufgabe, das Gesetz der Form in jedem Zeitalter neu zu erobern. Erst wenn sich Bewußtheit, scharfer Verstand und psychologische Beobachtungsgabe mit elementarer Kraft und Fülle paart, entsteht jener Mittag der Kunst, der einen Höhepunkt des Menschen bedeutet. Weder die ahmende Bildnerei der Primitiven, die in vielem ein »noch nicht« bedeutet, noch die entleerte Intellektualität des Betriebsmenschen, die schon ein »nicht mehr vermögen« ist, kann Vollkommenes schaffen. Das Maß besteht im Ausgleich der Kraftströme.

Metaphysische Urformen gehören dem Verborgenen an. Wo sie sichtbar werden – und sie sichtbar zu machen ist die hohe Aufgabe des Künstlers –, müssen sie sich eines Körpers bedienen, wie der Geist des Leibes. Daraus folgt, daß metaphysischer Gehalt und, um den Menschen herauszugreifen, psychologischer Ausdruck sich entsprechen müssen, und es ist die

Frage der seelischen Kraft eines Künstlers, ob ihm ein naturalistischer Abklatsch oder eine volle Gestalt gelingt.

Wir stehen damit mitten im Problem der gegenständlichen oder ungegenständlichen Malerei. Die Hilflosigkeit vieler Zeitgenossen vor dem Gegenstand verbirgt sich hinter dem zweifellos berechtigten Abscheu vor der photographischen Treue. Es kommt nur darauf an, welchen Beweggründen dieser Abscheu entspringt. Ich habe den Verdacht, daß sich hier weitgehend ein Unvermögen vor der gegebenen körperlichen Wirklichkeit der Welt durch Verschiebung der Maße und der Formen wichtig zu machen sucht. Von einem geistesgeschichtlichen Blickpunkt aus betrachtet, bricht in diesen Abstraktionen eine von Zeit zu Zeit auftauchende eigenbrötlerische Vergeistigung hervor, die eine feindliche Wendung gegen die unendliche Fülle des Lebens bedeutet.

Aus meinen Bildern ist zu ersehen, daß ich mich nie außerhalb des dreidimensionalen Raumes stelle. Ich bin nicht in der Lage, eine einzige Figur geistig zu bilden, ohne die Welt, in der diese Figur steht, als ihre zwangsläufige Gegenfigur zu empfinden. Der gegebene Raum verliert durch die Figur seine Unbestimmbarkeit. Und die Beziehung von Figur und Gegenfigur ist der Raum selbst. Es kann daher nie gelingen, den Raum zu zertrümmern. Vielmehr ist gerade die Zweidimensionalität eine Einbildung, die an das Bild herangetragen wird. Ich glaube nicht, daß die Flächenmalerei z. B. der Ägypter von der bewußten Absicht der Zweidimensionalität getragen wurde. In ihrem Neben- und Übereinander drückt sich für mein Empfinden ein starkes Spannungsverhältnis der in Beziehung gesetzten Figuren aus. Da die Kunst notwendigerweise eine körperliche Versinnbildlichung ist, kann es ihr nicht gelingen, die logisch abgezogene Formel der Figurenbeziehungen darzustellen. Vereinfachungen, die Zeichen eines gesteigerten Ausdrucks sind, beziehen ihren Symbolgehalt von dem Kraftfeld des Raumes, der nie weggedacht werden kann, weil es sich ja um ein Bemühen handelt, in diesen Raum wertende Ordnung hineinzubringen.

Bei dieser Nähe zum Gegenstand, der auf allen meinen Bildern zu beobachten ist, muß es sich von Fall zu Fall entscheiden, ob das Wagnis gelungen ist, in bedeutungsvollen Linien die Schwingungen des Lebendigen verspüren zu lassen. Denn dort wo dieses nicht gelingt, bedeutet die Nähe zum Gegenstand eine nebensächliche Ausfüllung belangloser Formen und würde den Vorwurf des Naturalismus rechtfertigen. Nur aneinandergereihte Gegenstände zu malen hat mit Kunst nichts zu tun, und ich möchte sagen, es ist mehr als bloß Mißbrauch und Vergeudung von Kräften, der nichtssagenden Oberfläche des reinen Vorhandenseins zu einer Art von Unsterblichkeit verhelfen zu wollen.

Es ist und bleibt mein Bemühen, die geheimnisvolle Sprache der Dinge laut werden zu lassen und, soweit ich es vermag, die unaufhörliche Zwiesprache des Menschen mit der umgebenden Wirklichkeit zu führen.

Ein Wort macht die Runde

Dieses Wort heißt – »Surrealismus«. Es ist bereits ein Modewort geworden wie ehemals das Wort »Expressionismus«. Und ich fürchte, es wird auch bald ein von den Erfindern nicht mehr ganz akzeptierter Ladenhüter werden. Mir jedenfalls wird es leicht unbehaglich zumute, wenn ich pathetische Provinzvollbärte mit feierlich gedehnter Stimme vom »Surrealen« in der heutigen Kunst stöhnen höre. Sicherlich ist es sehr erfreulich zu sehen, wenn selbst in jenen verschlafenen Domänen empfindungsarmer Dickhäuter die Geister beim Hören dieses Zauberwortes wach werden, zumal in den heutigen Zeitläuften, die wahrlich die Kräfte für die Existenzfristung schon so über Gebühr beanspruchen, daß wenig Auftrieb mehr zur Aufmöbelung der kümmerlich gewordenen geistigen Substanz bleibt. Leider werde ich bei dem Eifer, mit dem man sich des neuen Schibboleths bemächtigt, den Verdacht nicht los, daß uns auch hier wieder, wie schon so oft, die Gefahr droht, in das Prokrustesbett einer Ideologie gezwängt zu werden. Dies um so mehr, als die Vorliebe des Deutschen für Korsette und Scheuklappen verbunden mit seinem Hang zu dogmatisiertem Kunstgewerbe schon genügend Beweise erbrachte, wie weit man es im Totschlag aller Unmittelbarkeit gebracht hat. Ich fürchte fast, die Befreiung aus dem Bann lebensfeindlicher Schematismen, die zweifellos dem Surrealismus zu verdanken ist, wird wieder einmal mißverstanden. Man macht aus dieser Freiheit eine Doktrin, womit man dann die Freiheit glücklich wieder losgeworden ist. Wie ehedem beim Kubismus und bei der abstrakten Malerei besteht auch diesmal wieder die Neigung, den Surrealismus zur vorschriftsmäßigen Uniform auszubauen, die bei jeder passenden und unpassenden Gelegenheit mit der aggressiven Monomanie des Reformators getragen wird. Unsere Gralshüter ziehen sich – sowohl im Bereiche der Politik als auch in dem der Künste – allzu gerne aus dem Schrecken der Unordnung in die Drahtverhaue schreckenerregender Ordnungen zurück. Darum wird die gefährliche Freiheit des Surrealismus sogleich zur einengenden Zwangsjacke eines verpflichtenden Allerweltshabits umgebogen. Zwang und Zwänge scheinen bei uns bedauerlicherweise der unerläßliche Bestandteil des geistigen Klimas zu sein, in dem jene Kräfte der Zwietracht sich um so besser entfalten können, je stärker der Druck von oben oder außen wirksam wird. Sie machen das deutsche Kunstleben provinzial buntscheckig und zugleich unerquicklich eintönig. Der Zuchtmeister hat nun gewechselt und anstatt in die völkische Vergangenheit zu starren, starrt man jetzt über die Grenzen nach dem goldenen Westen und erhofft von dort das Heil. Betulich betriebsame Horchposten aus der Gilde der Kunstbesprecher werden nach den Kapitalen der Siegerländer gesandt, um den jeweiligen Barometerstand der Kultur abzulesen. Um Gottes Willen ja nicht in die eigene Brust hinabhorchen, man könnte vielleicht Stimmen dort vernehmen, die nicht ganz in das allgemeine Weltkonzert passen. Kaum ist man der selbstverschuldeten nationalen Isolierzelle entschlüpft, läuft man flugs in die bergenden Kunstplantagen der Siegervölker, um sich durch subalterne Angleichung ein möglichst sympathisches Air zu geben.

Dies zur Kennzeichnung der deutschen Situation. Da nun der Kampf um die dem veränderten Bewußtsein angemessene Form allerorten entbrannt ist, beginnen sich auch hier allmählich die Linien abzuzeichnen, die das Gesicht der künftigen Kunst prägen sollen. Eines kann man jetzt schon mit ziemlicher Sicherheit sagen: die Zeit revolutionärer Kunstexperimente im Stile der zwanziger Jahre ist vorbei; er hilft uns gar nichts, diese Experimente noch einmal epigonenhaft zu wiederholen, nachdem alle Möglichkeiten irrationalistischer Exzesse und Formzertrümmerungen bis ins Abstruse getrieben wurden. Es gibt nur noch die eine Möglichkeit, die die letzten Jahrzehnte beherrschenden Kunstrichtungen auf ihren Gehalt an weiterentwicklungsfähigen Ansatzpunkten zu untersuchen. Daß dies bereits geschieht, zeigen die Wiederbelebungsversuche des Expressionismus und der abstrakten Malerei. Mir scheint indes, daß dem Surrealismus als dem jüngsten Versuch der Moderne eine unvergleichlich größere Bedeutung zukommt als den beiden anderen Richtungen. Ich sehe im Surrealismus nach den vielen voraufgegangenen vergeblichen Anläufen einen wenn auch zunächst fraglichen Versuch, aus der verfahrenen Situation herauszukommen. Zwar haftet auch ihm – er entstand zwischen 1925 und 1930 – zunächst der Ludergeruch der Negation, des bewußten Bluffs und der zynischen Irreführung düpierter Spätbürger an, aber es ist auch nicht zu verkennen, daß in ihm der Keim einer echten Hinwendung zum Metaphysischen spürbar wird.

Einer ihrer Wortführer, Lully Raimond, drückt es mit diesen Worten aus: »Die Schöpfung in der Ewigkeit, das ist die Idee – und in der Zeit das Geschöpf.« Der erste Eindruck, den man von ihren Schöpfungen empfängt, ist allerdings ein wenig ansprechender. Man hat das undeutliche Gefühl, hier wird einem die Welt als Vexierbude vorgeführt. Es wirkt auch wenig ermunternd, wenn man seine aus den tiefsten und verborgensten Kavernen des Unterbewußten zu Tage geförderten Monstren gleich einem wüsten Panorama vor dem schönheitssüchtigen Auge Revue passieren läßt. Dennoch ist man versucht, wenn auch zögernd, »ja« zu sagen. Wird doch hier nach langer Zeit wieder der Versuch gemacht, das Schwerfaßbare unserer Existenz in der Welt, das Paradox, von dem wir gelebt werden, sichtbar zu machen. Er reißt den verschleiernden Mull vom Abgrund unserer Seinsverlorenheit, er läßt uns einen Blick in eine untergründige Wirklichkeit tun, vor der wir hingerissen erschauern. Er macht unsern lauten kompakten Vordergrund transparent und entlarvt die metaphysischen Scheinbezüge historizistisch erstarrter Religionsrestauratoren als dämonische Betriebsmechanismen zur Erhaltung gefährdeter Positionen. Er offenbart den akut gewordenen Widerspruch, der unserem Leben mehr denn je den tragischen Aspekt gibt. Unser Dasein, nicht mehr in der Wirklichkeit der Transzendenz verwurzelt, wird zu einer einzigen schauerlichen Posse, zu einer foppenden Irrealität; es ist nicht mehr wie einstmals Abglanz einer unbekannten jedoch innerlich als sicherer Besitz gewußten höheren Ordnung. Man naht nicht mehr mit Ehrfurcht dem Rätsel, um einen inneren Besitz mit dem Mittel des Intellekts erkennend zu objektivieren, denn jener Besitz hat sich verflüchtigt und der Intellekt ist sich selbst zweifelhaft geworden; er wird genauso als ein Irrationales erlebt wie die dunklen Mächte des Unbewußten; man traut ihm nicht mehr die Fähigkeit zu, ein brauchbares Instrument zu sein, die Welt zu begreifen. Man kündigt ihm das Vertrauen wie einem langjährigen Angestellten, den man plötzlich bei einem Betrug ertappt. Man verweist ihn aus dem Reiche der Kunst, wo man ihn als schändlichen Usurpator empfindet. Seine Funktion wird auf die notdürftige Regelung unserer irdischen Bedürfnisse reduziert, wo man ihm aber seltsamerweise jenes Vertrauen wieder einräumt, das man ihm in seiner ureigensten Domäne entzog. Der frühe Surrealismus ist der exzentrische Ausdruck dieses merkwürdigen Zustandes. Mit erfreulichem Mut spricht er durch Wort und Bild aus, was in der Luft lag, zeigt er, daß es zwar keine tröstliche Bestimmtheit durch den Glauben mehr gab, wohl aber ein fatales Bestimmtwerden von einem beängstigenden »Unbekannt« her, das uns selbst unsere hellen Tage zur schreckensvollen Nachtmahr macht. Schaudernd ließ er uns erkennen: jede Seinsbezogenheit war aus unserem Dasein geschwunden, geblieben war der Abgrund, nicht der Abgrund Gottes, sondern der Abgrund schlechthin. Kein Herz klopft mehr aus seinen Gebilden, gleich einem grausamen verwöhnten Kinde spielt er mit den zerstückelten Resten des Menschen a. D. Zynisch, frivol und hemmungslos wird das Geflecht der Dinge, wird das sinngebende Bezugssystem einer ordnenden Vernunft auseinandergerissen und an seiner Stelle der Triumph der Absurdität proklamiert. Die Freiheit wird zum nichts verpflichtenden Abenteuer, da ja die Frage »Freiheit wozu?« verleugnet wird. Die absolute Willkür, ein radikaler Subjektivismus mit allen Konsequenzen tritt an Stelle des einstigen normativen Gehaltwillens. Jede Verantwortung sowohl dem Objekt selbst als auch seiner Funktion gegenüber ist aufgehoben. Wie ein wahnsinniger Gott hantiert nunmehr der surrealistische Bildner in dem von ihm selbst veranstalteten Chaos. Ihm ermangelt der Ehrgeiz des Kubisten und Suprematisten, der Vielgestalt der sichtbaren Schöpfung die dürre Geometrie einer armseligen Konstruktion entgegen zu stellen. Er drückt nicht mehr und nicht weniger aus als dies: »Die Welt ist ein Unikum, und weil sie das ist, nehmen wir uns die Freiheit, die Dinge auf den Kopf zu stellen oder – wie es uns gerade paßt – zu dislozieren. Denn jenes unergründliche, geheimnisvolle ›Es‹, das uns im Kosmos herumbeutelt, entzieht sich jedem Zugriff unserer Ratio, in ihm ist ebensowenig ein erkennbarer Sinn zu finden wie in unseren Sprüngen und Purzelbäumen, die wir, von ihm getrieben, in medialer Besessenheit vollführen; was nützt es, mit der zweifelhaften Hilfe jener unzulänglichen Ratio Rettungsstationen im uferlosen Nebelmeer unserer Unwissenheit anzulegen. Alle Versuche, die sinnlichen Erscheinungen aufzulösen, dem Zwang der Objekte durch beschwörende Abstraktionen zu entgehen, sind zwecklos und vordergründig; die Dinge selbst sind gleichzeitig von einer widerlichen Greifbarkeit und irritierenden Unfaßlichkeit: verzichten wir doch lieber auf die Hilfskrücken einer dekrepiten Logizität, die vergeblich versucht, einen Plan in diesem verrückten Kuhschwanzhopsaschleifer von Existenz hineinzugeheimnissen!« Man sieht, der frühe Surrealismus geht hier noch ganz d'accord mit dem Destruktivismus der Dadaisten. Dies ändert sich mit dem Näherrücken der zwölf dunklen Jahre, sie werfen ihren Schatten voraus, langsam verändert sich das Antlitz der intellektuellen Schicht, und auch im Gesicht des Surrealismus beginnen sich neue Linien abzuzeichnen. Die Furcht, die Angst, die wir in hybrider Verblendung überwunden glaubten, kehrte wieder, trotz der kühnen Kopfsprünge ins Bodenlose, mit deren Hilfe jene Revolteure sie uns auszutreiben glaubten. Sie wuchs mit der zunehmenden Bedrohung unserer Existenz, sie nahm von dem entleerten Herzen wieder Besitz. Der dürr gewordene Seelengrund zeigte wieder schüchtern Ansätze zu einem Nährboden fruchtbarer Spannungen, aus denen die echten schöpferischen Impulse kommen. Indem der Surrealismus den Menschen aus der schützenden Schale tradierter Erlebensformen löste, indem er ihm das selbstgefällig gefühlvoll arrangierte Chaos des Expressionismus ebenso verleidete wie die komfortabel eingerichtete Utopia futuristischer Ideologen, als er ihn sozusagen nackt und bloß dem Unbegreiflichen konfrontierte, zwang er ihn, sich der verzweifelten Alternative, dem unerbittlichen »hic Rhodus, hic salta« zu stellen.

Der Mensch wurde erneut auf die Möglichkeit einer doppelten Kollision gestoßen, auf die mit sich selbst und die mit der Welt als transzendenter Wirklichkeit. Die Situation, in die er sich gebracht hatte, explodierte zunächst in einer tragischen Groteske. Menschen und Gegenstände veränderten, als ob ein Magier sie beschworen hätte, ihr gewohntes Gesicht; oft genug zeigten sie komisch-fratzenhafte Züge, aber ebensooft auch unheimlich drohende und leidensvolle. Die Wahrnehmungsfähigkeit erfuhr eine erstaunliche Intensivierung, sie entwikkelte Eigenschaften, die an die Wirkung von Röntgenstrahlen erinnern: sie durchdrang gewissermaßen die schützenden Gestalthüllen, erlebte und erlitt von innen her Vorgänge, die dem vordergründigen, am Greif- und Faßbaren klebenden Bewußtsein der bürgerlichen Epoche unzugänglich geblieben waren. Da Gesichte, auf diese Weise gewonnen, nur das widerspiegeln können, woraus der Mensch lebt, so ist es eigentlich nicht verwunderlich, wenn man auf den Bildern der Surrealisten so häufig Ungeheuerlichkeiten und Abstrusitäten begegnete. Auch daß alle Dinge und Gegenstände ortlos geworden sind und beliebig in jeder beliebigen Umgebung auftauchen können, zeigt nur an, wie sehr der desequilibrierte Mensch, kopfüber aus dem zersprungenen Gehäuse der philosophia perennis hängend, der Geborgenheit verlustig gegangen ist. Unheimlich verkehrt und verstörend neu bieten sich ihm Erde und Mensch dar. Und vielleicht erwächst aus dem Schock, den er hierbei erlitt, jene echte Wandlung, zu der ihm keine der vorangegangenen Experimente und ekstatischen Aus- und Aufbrüche verhalfen. Wenn irgendwo noch, so ist hier vielleicht ein Schimmer von Hoffnung zu erblicken; möglicherweise ist auch das eine Täuschung, ist es nur der phosphoreszierende Widerschein des letzten verflackernden Lichtes auf unserer dunkel gewordenen Erde. Eines indes muß ihm selbst sein ärgster Gegner zubilligen: Er allein hat es vermocht, uns die Fragwürdigkeit unseres Existenzgrundes mittels alptraumartiger

Bilderausgeburten so nahe zu rücken, daß wir taumeln; ohne verhüllende Metapher, ohne die tröstliche Verbrämung durch überholte ästhetische Doktrinen, ohne beschönigende Schmuckgirlanden, aber auch ohne in die dynamisch frisierte impressionistische Verschwommenheit des Futurismus zu verfallen. Denn das Formgesetz, aus dem er lebt, ergibt sich bei ihm aus dem Stoff, aus dem seine Gesichte bestehen, es ist ihm inhärent; nicht von dem sogenannten Kunstverstand erklügelt und den Dingen aufoktroyiert, sondern unmittelbar mitgegeben. Deshalb kann er auch das Inkommensurable in das Bekannte, Begreifbare einfügen, ohne Furcht, die berühmte Bildeinheit könnte etwa an dieser Zumutung Schaden nehmen. Er bringt den Gegenstand wieder zu Ehren, ohne ihn plump zu kopieren oder impressionistisch zu verwatten. Der dreidimensionale Raum erscheint wieder auf dem Bilde, doch ohne die fatale Flächenperspektive der Photographie oder den ebenso fatalen Eindruck eines Fensterloches im Bilde. Plastizität wird wieder angestrebt, aber nicht die pleinairistisch verwässerte des koloristischen Naturalismus, die keine mehr ist, sondern die harte, unliebenswürdige, aus dem Gefühl für Dimensionalität gewonnene Plastizität ohne impressionistisch-atmosphärische Milderung und, o Wunder, ohne den Charakter der Zweidimensionalität auf der Bildfläche zu zerstören. Als den größten Gewinn jedoch darf man wohl die durch ihn vollzogene Ignorierung des bisherigen Dogmas der Trennung von Form, Farbe und Zeichnung begrüßen. »Rein aus der Farbe heraus, nur gezeichnet aber nicht gemalt«, diese sterilen, jeden starken Impuls hemmenden, gestaltungswidrigen Regeln, diese lächerlichen Verabsolutierungen von Teilbezirken, die im politischen und gesellschaftlichen wie auch im literarischen und philosophischen Bereich ihr Unwesen treiben, diese verdummenden Einbahnigkeiten, hat der Surrealismus mit frechem Witz und mit erfrischender Unbekümmertheit ihres bannenden Zaubers entkleidet. Er hat, obwohl er selbst ihr gehätscheltes Kind ist, damit den ersten Schritt getan zur Liquidierung jener zweifelhaften Kunstschamanen, die mit hieratischer Gebärde von den Kunstbörsen eines internationalen Jobbertums aus die Gesetze der Form diktieren. Sicher hat er das nicht gewollt, er tat dies ohne jede Hinterabsicht und wahrscheinlich auch, ohne sich im Klaren über die Tragweite seiner Entscheidung zu sein.

All dies zeigt, welch funktionelle Bedeutung diesem Vorstoß des Surrealismus zukommt, obzwar seine Vertreter sich allzu lange und allzu eitel in der Rolle des kobolzschießenden Anarchisten gefielen. Sie gebärdeten sich wie ein Mensch, der kopfstehend im sich rasend drehenden verhexten Haus ein prälogisches Poem über den Rummelplatz Welt brüllt. Indes scheint sich unter dem Eindruck der höllischen Nachtmahr, die wir durchlebten, manches gelegt zu haben. Der Ton, der heute zu uns dringt, klingt erheblich reiner und geläuterter als der vor der Höllenfahrt. Nun kommt es darauf an, aus dem angeschlagenen Ton ein neues Klangbild zu formen. Auch kann man, glaube ich, ruhig den oppositionellen Akzent, der damals mit der Silbe »Sür« gegeben wurde, fallen lassen und den Surrealismus von ehemals in einen schlichten Realismus von heute verwandeln. Diesmal aber in der umfassenden Bedeutung des Wortes.

Ein Gespenst geht um

Ein Gespenst geht zur Zeit bei uns um, das etwas verspätet und erst nach langwierigen Zitierungen und trotz mancherlei Widerstände sich endlich herbeiließ, in den verschiedensten altrenommierten Kulturstätten zu erscheinen. Grauhaarige Hüter bewährter musealer Werte erleben ihre zweite Jugend, sie schwärmen vor Bildern, auf denen nicht mehr zu sehen ist als einige krumme dickgepinselte Balkenlinien in der Art chinesischer Schriftzeichen, vom Rhythmus der Linienführung und von der Musikalität der Farbordnung. Ernsthafte Stützen des Staates legen das Gesicht in fromme Weihefalten vor bunten Kreisen und Dreiecken. Kurz, der schon etwas gilbende, rissige Kunsthimmel ehrwürdiger Städte erlebt eine bemerkenswerte Verjüngungskur. Denn die »non-objective art« oder auch die »absolute Kunst« hat ihren Einzug gehalten.

Man kommt sich mit dieser Errungenschaft schrecklich modern vor, aber diese Richtung wurde schon anfangs der zwanziger Jahre von einigen Malern in Paris und Berlin begründet. Die Hauptmatadoren waren bei uns der vom Jugendstil herkommende Kunstgewerbler Kandinsky und der geniale Magier Paul Klee. Später bauten sie Schlemmer und Baumeister – besonders der letztere – zu dem aus, was sie heute ist. Also mit der Modernität ist es nicht so weit her. Was ehemals revolutionär und shocking war, ist heute Allgemeingut technisierter Biedermänner geworden; es droht zu einem abstrakten Akademismus zu erstarren.

Es würde sich vielleicht erübrigen, diesem neuen und doch schon so alten Unternehmen so viel Worte zu widmen, bestünde nicht die Gefahr einer völligen Begriffsverwirrung. Auch wäre es wünschenswert, daß die Vertreter dieser Pinselübungen den Anspruch auf Würdigung ihrer Experimente mit mehr Geschmack und Toleranz vortrügen, als dies in ihren literarischen Kommentaren geschieht. So zwingen sie leider uns andere, deren Blickfeld noch nicht so vollkommen von Theorien vernebelt ist, sich mit ihrem avantgardistischen Feuerwerk zu befassen. Der bombastische Fanfarenton beginnt schon in der Einleitung zum Katalog, wo es heißt: »Abgelöst von den äußeren Erscheinungen, aber durchdrungen vom Weltgeist, erreicht die abstrakte Kunst, deren Schmelztiegel das Herz und Hirn des Menschen sind, konsequenterweise die erhabene Ebene der Befreiung, das heißt das Individuelle – Universelle.« Angesichts einer solchen Parade geschwollener Worte für Spiele mit einem kleinen Vorrat einfacher Grundformen und Farben, womit heute jeder Plakatmaler selbstverständlich hantiert, weiß man zunächst nicht, ob man sich über einen so feierlich vorgetragenen Schwulst ärgern oder ob man darüber lachen soll. Einige Zeilen weiter unten redet derselbe Autor mit der stachligen Intransigenz eines Sektierers von der »offensichtlichen Heiligkeit der abstrakten Kunst«. Wir haben diesen Ton in verflossenen Jahrzehnten schon genügend gehört. Immerhin, bei den früheren Expressionisten war er noch echt; wohingegen man hier deutlich ein fatales Schielen nach den eventuellen politischen Machtfaktoren durchspürt. Wenn dann aber gleich einige Seiten weiter folgendes losgelassen wird: »Unsere Realität ist die des Ingenieurs, der mit Lineal und Reißfeder die Pläne einer besseren Existenz zieht«, so möchte man doch fragen, wo das Heilige steckt, und warum diese eifrigen Schrittmacher einer braven new world nicht lieber gleich Ingenieure werden.

Aber der Optimismus, der Wille, Freude zu spenden, ist das nicht ein schöner menschlicher Zug? höre ich schüchtern fragen. Nun, der alte Schopenhauer hätte ein solches Gerede als »ruchlosen Optimismus« bezeichnet; ich würde es als Anbiederung an gewisse gewünschte Zeittendenzen charakterisieren. Man gebärdet sich einerseits esoterisch und möchte andererseits die Erde in eine Planwüste verwandeln und dabei in aller Stille den Menschen in ein errechenbares Kalkül umfälschen.

Wäre es nur Müdigkeit, könnte man eine solche schiefe Haltung verstehend ignorieren; allein es steckt leider ein nicht geringer Mangel an Demut in einer so ostentativen Verleugnung des tragischen Urgrundes unserer Situation. Nur Menschen, die nie in das Medusenantlitz des Schmerzes geblickt haben, die nie die Angst der Verlorenheit, des befremdenden Unbehagens an der Welt, die tragische Haßliebe des Geschöpfes zur Schöpfung, der es entrinnen möchte und zu der es doch immer wieder flüchtet, verspürt haben, können sich mit derartigen Spiegelfechtereien begnügen. Überheblichkeit – wenn nicht etwas Schlimmeres – ist es auch, wenn sich einer von ihnen zu der leichtfertigen Behauptung versteigt, die absolute Formel, »das Zeichen für den gesamten Menschen« zu finden. Als ob der Mensch nicht schon tausend Zeichen gefunden und wieder verworfen hätte, Zeichen, die im Grunde doch immer dasselbe auszudrücken suchen. Schließlich haben sich auch schon vor der Erfindung des famosen non-objective-painting Menschen bemüht, nur waren sie bescheidener als unsere Puristen, denen anscheinend die vielfältigen Möglichkeiten des Menschen und die unermeßliche Formfülle der sichtbaren Schöpfung mächtig auf die Nerven gehen. Sie gebärden sich als Inspirierte, Enthobene und bringen es doch nicht weiter als zur gefälligen Dekoration eines Vakuums. Sie machen es sich einfach, so kompliziert die in einem pseudowissenschaftlichen Jargon vorgetragenen Definitionen auch klingen mögen; sie tun sich etwas darauf zugut, die Kunst außerhalb des erlittenen Lebens zu stellen, das Herz außer Dienst zu setzen und ein Bild nicht mehr als Inbild erlebter Welt zu sehen, sondern als Kalkül aus Geschmack plus intellektueller Planung mit der bekannten Fliehburg des »Unbewußten« im Hintergrunde. Und wenn uns einer sagt, was sie wollen, sei »eine lebende Kunst, die ihre Wurzeln nicht mehr in den niedrigen Sensualismus des Individuums versenkt, sondern in die erhabene Intelligenz«, und zwei Seiten weiter ein anderer erklärt, »wichtig sind der Farbwert und der taktile Wert für die Augen«, damit also just dem eben verworfenen Sensualismus das Wort redet, so kann man nur über die Unverfrorenheit staunen, mit der eine solche Konfusion dem gutgläubigen Publikum geboten wird.

Meine schlichte Meinung ist, daß sie alle trotz ihrer mystifizierenden Hieratik mehr oder weniger verkappte Materialisten sind, allerdings in einer sehr versteckten Weise. Eines fühlt man jedenfalls: die Seele hat keinen Platz in ihrer Welt der Formeln und Purismen. Es ist allemal verdächtig, wenn Künstler als Rivalen des Chemikers, Physikers oder Geometers auftreten, die Kunst nimmt meistens Schaden bei solchen Ausflügen in ihr nicht angemessene Bereiche; die Beispiele Lionardos und Dürers zeigen zur Genüge, wohin dies führt. Wenn beispielsweise mit der verblüffenden These operiert wird, die tragischen Spannungen im Menschen seien genauso in Linien, Kurven oder mathematischen Formeln auszudrücken wie die Spannungen innerhalb eines beliebigen Systems von Kraftfeldern, so mag dies zunächst frappieren und vielleicht auch richtig sein, obwohl ich es bezweifle, da man die Rechnung ohne den wirklichen Menschen, dieses niemals voll zu eruierende Wesen, gemacht hat. Der Mensch ist mehr als eine Summe von Spannungskoeffizienten. Außerdem ist es noch sehr fraglich, ob es die Aufgabe der Kunst ist, in nackten Farb- und Linienformeln, unter Zuhilfenahme wissenschaftlicher Theorien das Absolute, das uns nur mittelbar erfahrbar sein kann, festzunageln. Die Kunst kann nicht mehr als Mittlerin sein, und insofern sie das ist, eignet ihr zweifellos ein sakraler Charakter. Wie die Natur – jene Natur, die Hölderlin die »Heilige« nannte – ist sie in tausenderlei Formen Zeichen und Gefäß des Absoluten, das sich im Zusammenwirken des Menschlichen und des ganz anderen offenbart, jedoch auf direktem Weg, ohne das Mittlertum der Figuren, so wenig erreichbar ist wie das Nichts. Das Absolute kann nur im Gestalthaften, das als Ausdruck der Seele das Medium seines Hineinwirkens in die Welt ist, erspürt werden. Allein aus der Vielgestalt der Schöpfung kann die Kunst ihre Formen und Gleichnisse holen, ist sie doch nichts anderes als das Analogon zu ihr. Sie kann sich also auf keinen Fall der Gegenständlichkeit entschlagen, weil wir ohne sie weder etwas erfühlten noch überhaupt etwas wüßten und jeder Bildgedanke absurd würde. Sie kann nur eines: die Kompaktheit der Dinge durchsichtig machen, um das unserem Begreifen unzugängliche Absolute durchschimmern zu lassen. Kunst ist ein Ding in der Welt und von der Welt; um den verborgenen Sinn der Welt ahnen zu lassen, muß sie weltoffen und nicht weltverschlossen sein. Ohne das Mittlertum der Natur zerfließt das Göttliche und mit ihm das Absolute zu einem Nichts, und die Welt der Objekte bleibt tot. Es ist darum ganz in Ordnung, wenn die Abstrakten für ihre Malerei die Bezeichnung »ungegenständliche Kunst« wählten, denn indem sie den Gegenstand, das heißt die Welt, ignorieren, wird diese Kunst im vollen Sinne des Wortes »gegenstandslos«. Sie machen letzten Endes denselben Fehler wie die Naturalisten, die ihrerseits die Welt der Objekte in ein nur optisches und taktiles Phänomen verflüchtigten; die Welt der Dinge war ihnen nicht mehr als eine Einrichtung, rein sensuell zu erschöpfen und ohne Geheimnis. Aber zum Unterschied von den Gegenstandslosen, die sie einfach »links« liegen lassen, versuchten sie, die Dinge mittels genauester Wiedergabe in die Gewalt zu bekommen, wobei ihnen dann allerdings die Photographie einen fatalen Streich spielte. Die heilige Natur als Wirkweise des Menschlich-Göttlichen blieb ihnen genauso stumm wie den Vertretern des non-objective-painting. Und was das sogenannte Abstrakte betrifft: echte Kunst bedient sich immer des Mittels der Abstraktion, indem sie das Wesenhafte, frei von allen Zufällen des nur optisch Wahrgenommenen, zu vergestaltlichen versucht. Dies geschieht durch das Zusammenwirken von Intuition und ordnendem Intellekt. Große Kunst befindet sich jenseits des Streites naturalistisch oder formalistisch, er ist für sie irrelevant. Formkunst ohne Inhalt ist ebenso tot wie die naturalistische Kopie ohne Form. Und bunt kalligraphierte Morseschrift ist noch lange kein Bilderwerk, ja noch nicht einmal, wie bei den Primitiven, ein Zauberzeichen, um Dämonen zu bannen oder zu beschwören.

Zum Schluß noch einige Worte zu dem von dieser Seite lancierten Angriff auf den Surrealismus. Mit Recht empfinden die Adepten der non-objective-art ihn als den einzig ernstzunehmenden Gegner. Der Surrealismus hat die merkwürdige Eigenschaft, die Kontinuität der Tradition nicht nur unangetastet zu lassen, sondern er bietet sogar deutliche Anknüpfungspunkte an den abgerissenen Faden der Überlieferung, trotz aller Kopfsprünge und Montageexperimente. In diesem Sinne ist er überhaupt nicht »avantgardistisch«. Dies mag für manche Ohren häretisch klingen, besonders für jene, die glauben, als Hüter bewährter Werte dem frischen Elan zeitgenössischer Kunst – in seltsamer Verkennung ihrer Lebensgesetze – die Luft abdrehen zu müssen. Im Gegensatz zur non-objective-art bleibt der Surrealismus im Bereich der abendländischen Überlieferung. Der beste Beweis hierfür ist, daß es in fast jeder Epoche unserer Geschichte Surrealismus gab, selbst der Klassizismus hat diese eigenartigen und oft bizarren Entlassungen nicht verdrängt! Er ist ein lebendiges Dokument des Freiheitstriebes des Menschen, der unentbehrliche Schuß Anarchie und eben deshalb an keinen Stil gebunden; für ihn ist der Weg nach vorne immer offen. Da er die Gefahr und das Risiko nicht scheut, bewegt er sich oft genug an der gefährlichen Grenze, wo das Absurde ins Nihil umzuschlagen droht. Aber er hat immer ein Anliegen, und das ist das Entscheidende, und eben das verbindet ihn auch mit der religiös bedingten Kunst der Vergangenheit. Dieses Anliegen wird ihn davor bewahren, sich als Schrittmacher lebenstötender Ideologien und mechanistischer Verplanungen mißbrauchen zu lassen. Sicher, er hat seine Rolle als Richtung ebenso ausgespielt wie alle anderen Ismen. Aber sein Traum von Freiheit wird als Agens notwendig sein in einer Welt, die sich zu unserem Heil wieder anschickt, verpflichtende Bindungen zu finden, die mehr sind als zeitbedingte Zweckbindungen. Sie müssen allerdings für den Höllenwanderer von heute das Stigma der Glaubhaftigkeit tragen. Es ist die nächstliegende Aufgabe der Kunst, Mittel und Wege zu finden, daß aus der Kunst fürs Atelier, für den »Kenner«, für den Fachmann wieder eine Kunst für den Menschen wird.

Der Blaue Reiter als Explosion

Eine Untersuchung

Um einen bekannten Einwand gleich vorwegzunehmen: Diese Explosion war notwendig und epochal bedingt; sie vollzog im Raume der Kunst das, was im politischen Raum von Lenin, Mussolini, Hitler u. a. vollzogen wurde. Nur geistig Blinde können diese Zusammenhänge leugnen und glauben, Kunstrevolutionen stünden in keinem Zusammenhang mit den politischen. Künstler sind eine Art Seismographen, sie sind die empfindlichen Eckensteher an den Wetterstationen, die Kulturumbrüche anzeigen. Nur so ist die beunruhigende Experimentierlust zu erklären, von der die Maler des Nachimpressionismus plötzlich befallen wurden. Van Gogh, Cézanne, Munch etc. waren die ersten Sturmvögel der Katastrophe; ihre Nachfolger zogen nur die Konsequenz ihres Beginnens, wenn sie die Formwelt, von der sie herkamen und die sie bisher bewohnten, in die Luft sprengten. Dies ergab zunächst ein prächtiges farbensprühendes Schauspiel, eine Art Großfeuerwerk, das die sich auflösende spätbürgerliche Gesellschaft kurz vor ihrem endgültigen Abrutsch noch einmal in ein wundersames bengalisches Licht tauchte. Wie alle Revolutionäre handelten diese begabten Dynamiteros aus dem optimistischen Glauben heraus, endlich in den Bereich der reinen, der absoluten Kunst eingedrungen zu sein und ihr eine unerschütterliche Position errungen zu haben, die sie gegen jeden Zweifel und jeden Einwand siegreich zu behaupten imstande wären. Sie hatten noch den vitalen Elan und Idealismus der ersten Bombenwerfer, und wie diese glaubten sie treuherzig an ein perfekt eingerichtetes Kulturparadies, allem Volke zugänglich und selbst den Kleinsten beglückend. So ließ Kandinsky, der ursprünglich vom Jugendstil herkam, die russische Ikone und Volkskunst als bunte Fetzen in die Luft gehen; als aber der erste Rausch verflogen war, versuchte er, dieses Explosionsergebnis in ein strenges Reglement von Gesetzen zusammenzufassen, dessen Nichtbeachtung von seinen Nachfolgern mit der Strafe der Exkommunizierung belegt wurde. Genau wie die Bolschewiken, die ebenfalls mit der Explosion begannen, sie dann systematisierten und zuletzt in ein Staatsdogma verwandelten. Dasselbe geschah in Deutschland, und ich glaube kaum, daß ich fehlgreife, wenn ich vor allen anderen Franz Marc den Primat in diesem Unternehmen zuschreibe. Er war der eigentliche Schöpfer des explosiven Plakatstils, in dem ich ein Ermüdungssymptom sehe; es galt, die erschöpften Nerven des spätbürgerlichen Menschen mit Farborgien aufzuputschen, ihn aus seiner Lethargie aufzuscheuchen. Dies konnte nur durch Schockwirkung geschehen. Inzwischen haben wir jedoch ganz konkrete Schocks in so rauhen Mengen verabreicht bekommen, daß man sich wirklich nach einer anderen Kost sehnt. Unsere Sensibilität hat sich seitdem gewandelt, sie bedarf nicht mehr solcher flammenden und meist groben Effekte; unser Anspruch greift tiefer und ist unerbittlicher geworden. (Was wir heute in den zahlreichen Ausstellungen sehen, sind nur die letzten matt verknatternden Kettenreaktionen der Kunstrevolution von 1910 bis 1920.) Nebenbei bemerkt vergessen die begeisterten Adepten dieser Farbenorgie allzu schnell, daß es neben jenen luftigen Feuerwerkern noch einige Außenseiter gab, die es verschmähten, dem Geschäft der Sprengung das Mäntelchen religiöser Weihe umzuhängen; zu ihnen gehörten jene wenigen redlichen Maler, die mit dem Mittel der Kunst die apokalyptische Situation des Menschen dem schaudernden Zeitgenossen rücksichtslos offenbarten. Daß die totalitären Machthaber die Kunstrevolutionäre als entartet in Bann taten und tun, kann keinen Einsichtigen über die Tatsache ihrer ursprünglich gemeinsamen Herkunft hinwegtäuschen. Kein revolutionärer Diktator kann es dulden, daß der Kraftquell, aus dem auch er gespeist wird, in der Kunst allem Volk sichtbar gemacht wird. Das hieße, sich selbst das Grab schaufeln. Er muß, will er sein Werk befestigen, die Kräfte unterdrücken, welche die Revolutionen geistig vorbereiteten. Daher die Förderung einer harmlosen Feierabendmalerei, die seine mit eisernem Szepter regierten Massen am Nachdenken verhindert und ihnen das einlullende Narkotikum einer sogenannten »positiven« Kunst wohl dosiert verabreicht.

Nun, ich glaube, daß wir auf dem Wege sind, dieses Stadium der Revolutionen hinter uns zu lassen. Wir sollten durch das Beispiel ununterbrochener Umwälzungen die Zeichen der Zeit besser zu deuten gelernt haben. Vor allem dieses: Was bei solchen Unternehmungen herauskommt, steht meist in keinem Verhältnis zu dem Kräfteverschleiß, von dem sie begleitet sind. Auch das épater le bourgeois hat seine Anziehungskraft verloren, nachdem sich die Einsicht durchsetzte, daß der Banause nicht auszurotten ist; er bleibt nun einmal der unvermeidliche Gegenspieler jeder höheren Gesittung. Seine Erscheinungsform wechselt zwar, aber dem Wesen nach weist er immer dieselben Züge auf. Ihn überzeugen zu wollen ist ebenso illusorisch wie der Glaube, daß man ihn ausmerzen könne. Außerdem: Revolutionen kann man nicht auf Eis legen; haben sie ihre Aufgabe erfüllt, so soll man sich ruhig von diesen Schemen der Vergangenheit lösen und keine verpflichtenden Fetische daraus machen. Revolutionäre Wahrheiten von gestern sind die Lügen von heute. Für alle jene Restauratoren vollzogener Revolutionen gilt der Satz: Wer mit zwanzig Jahren kein Revolutionär ist, beweist, daß er kein Herz hat; wer mit vierzig Jahren noch einer ist, beweist, daß er keinen Kopf hat. Womit ich der Jugend – und dies gilt auch für die Jugendlichen älterer Jahrgänge – keineswegs die Lust an der gesunden Revolte nehmen will; nur meine ich, es müßte heute eine Revolte mit umgekehrten Vorzeichen sein, keine aufgewärmte, die am Gängelband der abgetakelten Revoluzzer von gestern hängt, denen es ja nicht um eine wirkliche Erneuerung, sondern um Erhaltung von Positionen und Börsenwerten geht.

Im übrigen wäre es wünschenswert, wenn sich die Kunstbesprecher einmal ernsthaft die Frage vorlegten, ob sich aus einem Explosionsphänomen überhaupt ein Stil entwickeln läßt und ob die sture Anwendung des Entwicklungsgedankens, der ein Überbleibsel aus dem 19. Jahrhundert ist, angesichts unserer Situation an der Schwelle eines neuen Weltzeitalters möglich ist, eines Zeitalters, wo die Bezüge zwischen Mensch und Ding wieder magischen Charakter annehmen werden. Mir scheint es abwegig, etwa beim »Blauen Reiter« anknüpfen zu wollen; diese Epoche ist abgeschlossen, kein Weg führt von da ins Freie. Wenn mich nicht alles trügt, ist diese »Moderne« von gestern eines natürlichen Todes gestorben, und alle Versuche, sie wieder zum Leben zu erwecken, haben nur die eine Folge, die Inflation von schwächlichen Epigonen zu vermehren und die in die Rolle eines armen Hascherls gedrängte Kunst dem langsamen Verenden auszuliefern.

George Grosz

> ... wo, wo denn bleibt die deutsche Kunst, ja wo? Auf jeder Seite denkt man ans französische Vorbild. Wo sind die wirklichen Nachfolger der großen deutschen Schule?
>
> *(Bemerkung zu einem deutschen Ausstellungskatalog aus einem Brief von George Grosz, 1948)*

Die hier gezeigten Bilder von George Grosz sind die beste Antwort auf die neuerdings von gewisser Seite verbreiteten Gerüchte, dieser starke und intelligente Maler hätte seine ursprüngliche Kraft eindringlicher satirischer Schärfe verloren oder, was noch schlimmer ist, er hätte sich wider besseres Wissen den Bedürfnissen einer mediokren Käuferschicht allzu willfährig angepaßt. Man hat versucht, seine Hinwendung zur Landschaft, zur vorurteilslosen, lebensnahen Darstellung der einfachen Gebärde des menschlichen Körpers als ein Nachlassen seiner schöpferischen Potenz zu entlarven. Dabei unterschlug man geflissentlich, welch großen Wert Grosz von je auf verständliche Formensprache legte, da ja seine Bilder als Mitteilung eines Menschen an Menschen gedacht sind und nicht als interessante Charaden, deren Entzifferung nur gut instruierten Spezialisten möglich ist. Er wurzelt seiner Herkunft nach weder in der Schule Cézannes noch in der des Blauen Reiters, vielmehr ist er der Erbe einer viel älteren und kräftigeren Tradition. Nie hat er einen Hehl daraus gemacht, daß er sich der besten deutschen Tradition des 15. und 16. Jahrhunderts verbunden fühlt; ebenso hat er auch nie seine Abneigung gegen den Bluff und Dilettantismus modernistischer Mitläufer verschwiegen, ohne aus dieser Einsicht heraus nun in das Gegenteil, nämlich in die Glorifizierung eines falschen Überlieferungszopfes zu verfallen.

Seine Kunst ist erlittenes Leben, ist Aussage im höchsten Sinn und geht darum jeden Menschen an, der noch fühlen kann. Man hat immer wieder versucht, die satirische Kunst in den zweiten Rang zu verweisen – obwohl doch Swift und Cervantes zur Genüge beweisen, daß sie sehr wohl im ersten Rang ganz am Platz ist –, und vergaß dabei, daß der letzte Gradmesser für die tiefer schürfende Satire ihr äußerster Gegenpol, nämlich die Idealität der Forderung ist, von der sie ausgeht. Diesen Hinweis gibt George Grosz in seinen nicht satirischen Schöpfungen, womit er eine Bemerkung Schillers bestätigt, daß »... so hohe Begriffe wie die der Freiheit, der Erhabenheit, der Schönheit und des Spiels dem satirischen Geist durchaus nicht abträglich sind, sondern sie in auffallender Weise ergänzen und erleuchten.« Nur geistig Blinde können in der Satire Zersetzung sehen oder Mangel an metaphysischem Gehalt. Die so ungern gesehene Aggression kommt immer aus einer Dimension der Tiefe, zu der die bloßen Schöngeister nie vorstoßen. Eine solche Satire von Format setzt allerdings voraus, daß ihre Bezüge über die Tagesaktualität hinausreichen, und wirkliche Kreatoren in ihrem Bereich wie Hogarth, Rowlandson, Rudolf Wilke u. a. bewegen sich in ihren besten Schöpfungen auch immer jenseits dieser Grenze.

Die Technik, der er sich in seinen meisterhaften Aquarellen und Ölbildern bedient, läßt den ganzen Umfang seines handwerklichen Könnens ermessen. Über sein zeichnerisches und malerisches Werk etwas zu sagen, hieße Eulen nach Athen tragen; ich nehme an, es ist jedem, der die Geschichte der deutschen Kunst in den verflossenen dreißig Jahren kennt, wohl vertraut. Eines kann man jedenfalls von George Grosz sagen: Er ist einer der wenigen, die den Verlust des Menschenantlitzes mit Schaudern erlebt haben und der Kunde gibt von der schrecklichen Agonie, von der der Mensch am Ende seiner neuzeitlichen Geschichte heimgesucht wird.

Außenseiter der Kunst

Manch einem aufmerksamen Betrachter abendländischer Malerei und Griffelkunst wird es nicht entgangen sein, daß etwa seit Beginn der Hochrenaissance das ziemlich einförmige Bild der bekannten Meisterwerke und ihrer Schulen immer wieder durch Erscheinungen unterbrochen wird, deren skurrile Eigenwilligkeit sie – trotz zeitlicher Stilbedingtheit – aus der allgemeinen Konvention des Zeitalters heraushebt. Von diesen bemerkenswerten Einzelgängern – ich nenne sie die Außenseiter der Kunst – soll hier die Rede sein.

Diese Außenseiter bewegen sich ausnahmslos mit Vorliebe in den von der offiziellen Malerei gemiedenen Grenzgebieten, wo das durch Formen und Farben Ausdrückbare sich dem gestaltenden Zugriff zu entziehen scheint. Sie stoßen in Bereiche vor, die, unbetreten und unheimlich, keine Möglichkeit mehr bieten, dem Beschauer jene unbeschwerte Augenweide zu bereiten, die von der Allgemeinheit von je als die eigentliche lustspendende Aufgabe der Bildnerei betrachtet wurde. Auch dort, wo sich diese Maler in scheinbarer Übereinstimmung mit den Forderungen des anerkannten Kultes der Figuren der Heiligen Geschichte bedienten, vollziehen sie meist eine recht ungewöhnliche Umsetzung in ein dem Uneingeweihten verschlossenes Reich einer vom Irdischen losgelösten, zuweilen morbiden Schönheit. Ihre Sensibilität, die einer fast krankhaft anmutenden seelischen Reagibilität entspringt, hat ebenso Zugänge zum Ungeheuerlichen, zum Dunkeldämonischen des unterschwellig Triebhaften, wie zur Welt sublimer Enthebung in mystische Bereiche. Sie sind äußerst empfindliche Empfänger jener fatalen, zersetzenden Unterströme, die dem Antlitz jeder Epoche seit der spätmittelalterlichen Inkubationszeit jeweils einen besonderen Akzent aufprägen. Es lebt etwas von Abenteurern in ihnen, die sich waghalsige Fahrten auf unbekannten Meeren leisten. Ihre Neugierde treibt sie, trotz Warntafeln, gefährliche Grenzregionen aufzusuchen, wo die ordnende Vernunft versagt, sozusagen das Reich des Todes und des Wahnsinns beginnt und die Magie des Widervernünftigen zur herrschenden Lebensmacht wird. Aber auch der erhabene Schmerz um eine verlorene Schönheit wandelt sich bei ihnen in einen fast zur Neurose geronnenen Affekt gegen ihre Zeit wie z. B. bei Lukas Moser [tätig um 1430], mit dem ich die Reihe unserer Außenseiter beginnen will. Unschwer erspürt man in seinen Bildern die Agonie des mittelalterlichen Menschen, sein hilfloses Hinausgeschleudertsein aus der Geborgenheit der bisherigen Wertordnung. Seine Personen schwimmen gleichsam als Schiffbrüchige auf dem Meer oder sie verstecken sich wie die mit Haaren bedeckte Magdalena in unwegsamer Wildnis. Die keusche Wildheit dieser Büßerin, die noblen Gebärden seiner melancholisch blickenden Gestalten auf dem Floß und auf der Abendmahlszene seines Tiefenbronner Altars, der die Legende der Heiligen Magdalena erzählt, sind ein einziger Protestschrei gegen die heraufkommende, hausbackene, derb-realistische Malerei der neuen Zeit. »Schri Kunst, schri und klag dich ser, din begert iecz niemen mer, so oh we 1431«, das konnte nur einer ausrufen, der den Schmerz des in die Wüste Gejagten erlitt. – Und ein halbes Jahrhundert später sehen wir eine andere, ihm völlig entgegengesetzte Gestalt aus dem Wirbel des Reformationszeitalters auftauchen: Jörg Ratgeb [um 1480–1526]. Auch von seinen Bildtafeln gewinnt man den Eindruck, als ob sich in ihnen schon sein künftiges Schicksal, auf dem Marterholz des Rades zu endigen, abzeichne. Dieser Rebell und häretische Empörer, der sich in seinen Bildern gerne blasphemisch überschlug – man sehe daraufhin einmal seine Abendmahlszene an –, war auch ein kühner Neuerer in seiner hellen Farbigkeit, die sich manchmal zu einer flammenden Orgie von knalligem Orange, grellem Gelb ober brennendem Rot steigert. Seine Figuren erinnern lebhaft an die buntgewürfelte Gesellschaft der Landsknechtslager oder auch an wiedertäuferische Sektierer; sie sind von einer frappierenden und unheimlichen Realistik.

Dagegen bewegt sich sein italienischer Zeitgenosse Giovanni Bellini [um 1432–1516] nur sporadisch außerhalb der Renaissancekonvention. Aber wo er es tut, entstehen Bilder von einer merkwürdigen Eindringlichkeit. Er ist ein Meister der Allegorie, der verschlüsselten Themen und gehört mit diesen Bildern in die Reihe der Außenseiter. Zu seinen originellsten Schöpfungen gehört das Bild »Die Verleumdung«: Aus einer von zwei Männern getragenen Muschel fährt ein unheimliches Wesen. Mit der rechten Hand hält es den Leib einer Schlange umfaßt, die sich um den linken Arm ringelt. Der Kopf der Schlange ist auf den Mund des Muschelwesens gerichtet, aus dem die verleumderische Zunge herausschießt. Die Szene bekommt durch die kahle, in ein dämmeriges Licht getauchte Landschaft mit der mittelalterlichen Festung im Hintergrund etwas ungemein Beklemmendes.

Eine der rätselhaftesten und erregendsten Persönlichkeiten in dieser Reihe ist zweifellos Hieronymus Bosch [um 1450–1516]. Seine Höllenbilder sind Allegorien einer gnostischen Geheimlehre; ihre Symbolik ist ohne Schlüssel schwer zu deuten. Man könnte darin auch eine Prophezeihung des europäischen Schicksals sehen: Der Mensch verdinglicht sich zur Maschinerie, wird ein Teil von ihr; er kann sich zum Messer, zum Bratspieß, zum Schraubenschlüssel, zur Satansharfe wandeln; er bekommt Eisenglieder, Zangenhände, Metallorgane. Das greift alles ineinander wie in einer fürchterlichen Apparatur. Daneben die Wollust mit all ihren Folgen. Der irdische Kosmos wird ein einziger Höllenpott, in dem der Mensch zerstükkelt wird. Das Paradies bekommt in seiner Darstellung etwas von einem merkwürdigen Insektenhimmel, die Engel gleichen glänzenden Libellen, Gottvater sitzt als großer Leuchtkäfer in den Wolken, Wespenwaben figurieren als paradiesische Pavillons, Termitenbauten als arkadische Behausungen. Es ist ein Weltall des Grauens, des unaufhörlichen Alptraumes.

In ähnlicher Richtung bewegt sich der Genuese Magnasco (1667–1749). Er ist wohl der erste Künstler, der die Isolierung und Beziehungslosigkeit des Menschen zu seinesgleichen im betriebsamen Hin und Her seiner Verrichtungen wahrnahm. So sieht man auf seinen Bildern Szenen aus dem Gemeinschaftsleben der Mönche. Aber die Gemeinschaft ist eine tote, keiner nimmt Notiz vom andern. Während einige in ekstatischer Verzückung sich winden, andere wilde Streitgespräche führen, hocken die übrigen stupid und teilnahmslos an langen Tischen, die Köpfe auf Bücher gesenkt. Alles ist hektisch auf diesen Bildern, selbst die Lichter im Halbdunkel seiner kahlen Innenräume zucken wie Flammenfetzen über die Szenerie. Dasselbe gilt auch von seinen Landschaften; sie sind in ein unheimliches Zwielicht getaucht und drohen ständig im Aufruhr der Elemente zu bersten.

Die zweite Hälfte des 18. und das erste Viertel des 19. Jahrhunderts weisen zwei ungewöhnliche Doppelbegabungen auf: die Malerpoeten Füßli und Blake. Füßli (geboren 1741 in Zürich, gestorben 1825 in London) ist ein Kraftgenie von erstaunlichem Können, das den faden Klassizismus seiner Zeit im Feuer seines Temperaments zu etwas völlig Neuem umzuschmelzen verstand. Extravagant und kühn sowohl in der Wahl der Themen als auch in ihrer Sinngebung liegt er wie ein erratischer Block im artigen Kunstgarten der zeitgenössischen Malerei, hierin dem Außenseiter Goya verwandt, von dem ihn aber der okkulte Gehalt seiner Werke unterscheidet. Seine Bilder zu Shakespeare und Milton sind von geheimnisvollem Zauber, es weht viel vom Geiste der alten mythischen Sänger durch seine Schöpfungen. – William Blake (1757–1825) ist ein Seher und Mystiker hohen Grades. Seine Aquarelle und Stiche sind Botschaften aus dem Jenseits der Seele. Es sind echte Gesichte, entstanden aus Tagträumen und nächtlichen Meditationen. Ein profunder Geist, mit prophetischer Hellsicht begabt, steht er mit seinen Visionen unverstanden und ohne Weggenosse in seiner Zeit. Blakes Dichtungen, ebenbürtig denen Dantes und Miltons, lassen bereits die Erschütterungen und Krisen unserer Zivilisation ahnen.

Auch das 19. Jahrhundert bescherte uns einige höchst originelle Vertreter des Außenseitertums. Da ist der französische Zeichner Grandville (1803–1847) mit seinen, die gewagtesten surrealistischen Kopfsprünge vorwegnehmenden, phantastischen Karikaturen. Zwei Werke geben in besonders eindrucksvoller Weise die Eigenart seines Schaffens wieder: »Les metamorphoses du jour« und »Les animaux parlants«. In seinen

Blättern tobt ein kurioser Verwandlungshexensabbat von fliegenden Augen, zersägten Köpfen, Insekten, die Maschinenteilen gleichen, Gegenständen und Tieren, die sich vermenschlichen, und Menschen, die zu sonderbaren Instrumenten und Halbtieren werden. Er starb im Irrenhaus.

Der belgische Maler Gustav Wiertz (1806–1865) ist in gewissem Sinn ein Geistesverwandter Füßlis. Ein dämonischer Romantiker, dessen Werke eine in jeder Hinsicht unausgeglichene Natur verraten. Hin- und hergerissen zwischen ethischem Fanatismus und ungezügelter Sinnlichkeit, einmal gigantisch-monumental, ein andermal intim, biedermeierlich verträumt. Ein Klassizist von kultiviertem Formgefühl und zugleich Schilderer abwegiger Dämonie und quälender Nachtgesichte. Schon die Wahl seiner Bildthemen verrät seine Abseitigkeit, seinen Hang zum Wahnhaften und Gräßlichen: Hunger, Wahnsinn und Verbrechen, eine Sekunde nach dem Tode, Gedanken und Visionen eines Kopfes nach der Hinrichtung. Seine Bilder hängen im Musée Wiertz in Brüssel.

Zum Schluß noch zwei neuzeitliche Persönlichkeiten dieses Genres: James Ensor und Alfred Kubin. Ensor [1860–1949], ebenfalls Belgier, gehört stilgeschichtlich zum Impressionismus, mit dem er aber nur durch seine koloristisch aufgelokkerte Malerei verbunden ist. Darüber hinaus ist er ein echter Nachfahre der Bosch, Brueghel und Teniers. Masken, Tod und Stupidität vereinigen sich auf seinen Bildern zu einem schaurigen Reigen makabrer Szenen. Es liegt ein Verwesungsgeruch über allem, was er darstellt, sei es ein Kohlkopf, seien es Muscheln oder Masken oder die alten Möbel eines Zimmers, zwischen denen sich genießerisch ein Skelett räkelt. Dazwischen hinein geistert ein hintergründiger Sarkasmus, personifiziert in Puppen oder grinsenden Totenköpfen. – Im südostdeutschen Raum haben wir als analoge Erscheinung den Zeichner Kubin [1877–1959]. Durch seine mit fetzenden Federstrichen hingeschriebenen Zeichnungen raunt das Rauhnächtliche, Koboldddurchweste des Bayrisch-Böhmischen Waldes. Das Morose, Zwielichtige einer von den Beben des Unterganges geschüttelten Kulturlandschaft ist in unübertrefflicher

Weise eingefangen. Wie ein zerstörerisches Gespinst aus feinen Fäden liegt das Netzwerk der Striche über Landschaft und Menschen. Die Örtlichkeiten seiner Bilder haben etwas Verrufenes, so recht geschaffen für Gespenster, Kobolde und Hexen.

In dieser meiner Betrachtung fehlen eine Reihe von Namen wie z. B. Leonardo da Vinci, Goya und Doré, die zum mindesten mit einem Teil ihrer Werke als Außenseiter anzusprechen sind; ebenso fehlen die Vertreter der Moderne wie Max Ernst, Dali, Ende und ich selbst; sie hier zu charakterisieren ist leider aus Raummangel nicht möglich.

Der Hinweis auf diese wachen, beunruhigenden Geister scheint mir zur Zeit notwendiger denn je. Sie öffnen uns den Blick für Bereiche, die jenseits des nur Vordergründigen liegen.

Ateliers im elfenbeinernen Turm

Die restaurativen Stile und die Aufgabe der Maler

Wir alle wissen, wie schwer es angesichts der immer weitergreifenden Möglichkeiten der Photographie und des Films den Malern wird, zu einer neuen Gegenständlichkeit zu kommen, die mehr als bloße Wiedergabe ist und die bekannten Formvarianten nicht wiederholt. Man kann ja, oberflächlich gesehen, fast alles auf photographischem Wege wiedergeben, sogar abstrakte Bilder. Jeder intelligente Maler, welcher Richtung er auch angehören mag, ist sich dieses Fatalität bewußt. Wir können vor der ungeheuren Gefahr der Massenfabrikation von Bildern nicht einfach die Augen schließen. Ihre abstumpfende Wirkung äußert sich in der Teilnahmslosigkeit gegenüber gemalten Bildern, die heute beim größten Teil der zivilisierten Menschheit zu beobachten ist. Dennoch bin ich nach wie vor der Meinung, daß der gegenständlichen Malerei noch Aufgaben vorbehalten sind, die keine noch so vollkommene Photographie lösen kann; schon deshalb nicht, weil das menschliche Sehen durch wesenhaft andere Faktoren bestimmt ist als das Aufnahmevermögen des Apparates. Nicht ohne Grund nennt man das Auge das Fenster der Seele. Den Unterschied zwischen einem vom Maler geschauten und wiedergegebenen Gegenstand und einem vom Apparat reproduzierten Gegenstand in seiner ganzen Tragweite zu erfassen, setzt eine heute schon fast verlorengegangene Sensibilität voraus; er ist nicht so einfach, wie es manchem raschlebenden Zeitgenossen erscheinen mag. Es liegt etwas Geheimnisvolles in der Wiedergabe einer durch den Filter der Seele gegangenen Wahrnehmung. Wäre der Mensch nicht so flüchtig und durch die Massenkonsumtion von Bildeindrücken nicht so stumpf geworden, nähme er sich Zeit, dem Vorgang der Bildentstehung nachzuspüren, dann ginge ihm vielleicht das Abenteuerliche eines solchen Unternehmens auf. Ein derartiges Interesse setzt allerdings den Glauben an die Sache selbst voraus und vor allem den Glauben an den Wert der Einmaligkeit einer sich äußernden Persönlichkeit. Es ist unser Unglück, daß dieser Glaube im Zeitalter bürokratischer Verplanung und Anbetung der Quantität gerade bei der Intelligenzschicht kaum mehr vorzufinden ist. Unser Versagen rührt zum großen Teil von der stillschweigenden Hinnahme des ungeheuerlichen Mißbrauchs her, der durch eine entfesselte Betriebshysterie mit unseren Sinnesorganen getrieben wird: wie könnten Auge und Gehör, die ständig mit Bildern und Geräuschen traktiert werden, noch ein wirkliches Bild oder ein Tongefüge in seiner Einmaligkeit aufnehmen?

Hierin liegt die Ursache, warum sich der Maler von der Wiedergabe wirklicher Themen abwandte und sich in die Isolierzelle des reinen Formalismus flüchtete, wohin ihm, wie er irrtümlicherweise glaubte, der Apparatmensch nicht folgen konnte. Als aus diesem Notstand heraus die Malerei zur Malerei an und für sich verengt wurde, sprach man der Erfindung, der Phantasie, die thematisch immer ins Erzählerische ausmündet, das Todesurteil. Sie wurde unabhängig vom Gegenstand und leer von allen Bezügen zum dramatischen Ablauf menschlicher Geschichte. Sie diente weder dem Heiligen noch der Verklärung des Menschen, noch spiegelte sie seine Höllenangst oder sein Wunschbild von Schönheit und vom vollkommenen Leben wider. Entschwebend in eine seltsam exklusive Jenseitigkeit verdünnte sie sich zu einer vitaminarmen Subtilität. Die Fläche ohne Raumtiefe, dieses revolutionierende Geschenk asiatischer und archaischer Bildnerei, wurde ihr Vorbild und ästhetisches Gesetz. Aber es nützt uns nichts, zu wissen oder uns darauf zu berufen, daß die Kunst des größten Teils der alten Kulturen zweidimensional war. Mit diesem Rückgriff in eine versunkene Welt verleugneten wir das für uns entscheidende Ereignis, die Eroberung des dreidimensionalen Bildraumes auf der zweidimensionalen Bildfläche, ohne dabei etwas Wesentliches zu gewinnen. In diesem Fund, der keineswegs zufällig ist, liegt der richtunggebende Sinn der Renaissance. Mit ihm erst wurde das geschichtliche Bewußtsein möglich, das den sich ständig wandelnden Menschen in den Mittelpunkt alles Geschehens stellte und ihn zwang, in eine neue

Beziehung zur Dingwelt zu treten. In irgendeiner Weise mußte er das Problem des nunmehr in den Bereich des Darstellbaren gerückten dreidimensionalen Raumes bewältigen. Damit war die Richtung seines bildnerischen Tuns gegeben: der idealen Dreidimensionalität entsprach sein Verhältnis zur Zeit als einer Form dieses Raumes; er entdeckte seine Geschichte, deren bisherigen Ablauf und schicksalhafte Bestimmtheit er als Verpflichtung auch für seine Zukunft empfand. Das Bekenntnis zu diesem Auftrag war und ist auch heute wieder eine Frage des Seins oder Nichtseins für ihn; es bestimmte die Weise und den Inhalt abendländischer Bildnerei, seitdem diese sich der sakralen Funktion und kultischen Gebundenheit entwunden hatte. Ihr entsprang auch der einzigartige idealische, oft grotesk anmutende heroische Zug und seine Kehrseite, der abgründige Humor, das Sich-wichtig-nehmen auf dem winzigen Partikelchen Erde, die er paradoxerweise zu gleicher Zeit durch seine Wissenschaft zu einem unwichtigen Stäubchen eines unermeßlichen Kosmos vernichtigte.

*

Wir sehen heute zwei Weisen der Restauration das Gesicht der öffentlichen Kunstpflege bestimmen. Die eine wurde im Dritten Reich geübt. Man greift auf Thoma, Trübner, Leibl oder auf Lenbach und Keller zurück und pflegt einen zwar gekonnten, aber phantasielosen naturalistischen Kolorismus, der die Saturiertheit der bürgerlichen Gründerzeit voraussetzt. Es soll der Anschein erweckt werden, als ob alle diese idyllischen Winkel, die geruhigen Damenschönheiten und behäbigen Herren noch unangetastet in unserer Mitte weilten. Was indessen damals noch das echte Erlebnis einer schon unechten Renaissance-Imitation war, wird heute doppelt unwahr. Daran ändert auch das durchaus begrüßenswerte Streben nach handwerklicher Akribie und Solidität nichts. Was diese Malerei jedoch – nicht zu ihrem Vorteil – von der Kunst der Gründerzeit unterscheidet, ist die Tatsache, daß die großen menschheitsgeschichtlichen Themen fehlen, die im Historienbild jener Epoche den Unterstrom der Sehnsucht nach bedeutenden Inhalten verraten. Es blieb zwar das meiste in der leeren Attitüde stecken, aber es war immerhin ein echtes Anliegen, das noch den Abglanz eines Glaubens an die höhere Bestimmung des Menschen widerspiegelte. Ich würde es begrüßen, wenn in der rückwärtsgewandten Kunst unserer Tage einiges davon zu spüren wäre. Zweifellos sind dort eher Ansatzpunkte für eine Regeneration der europäischen Bildnerei zu finden – und es handelt sich als einzige heute noch existierende nur um diese – als in einem Wiederbelebungsversuch idyllischer oder impressionistischer Stimmungsmalerei. Die pseudorealistische Abmalerei, der wir allerorten in Ost und West begegnen, ist unwahrer als jeder noch so zweifelhafte Ausflug ins Traumreich der Romantik.

Die andere Weise der Restauration ist deshalb schwerer durchschaubar, weil sie sich in das Gewand einer schon museumsreifen Moderne verkleidet. Auch sie ist ein Rückgriff, allerdings einer auf die Scherbenformen des großen Zertrümmerungsrausches zwischen 1910 und 1920. Damals rückten die Impressionisten in den Rang der Klassiker. Wer von den Jungen etwas auf sich hielt, stand in scharfer Opposition zu ihnen, ganz im Gegensatz zu unserer jungen Generation, die unbesehen die Rezepte der nun an die Stelle der Impressionisten gerückten Revolutionäre von gestern übernimmt, ohne viel eigenes als einige geringfügige Varianten hinzuzufügen. Das kann man als Armutszeugnis ansehen, es wird aber begreiflich, wenn man bedenkt, daß diese Jugend, ein Jahrzwölft abgeschnitten von der Außenwelt und illusionslos geworden durch den schrecklichen Verschleiß aller Ideologien, buchstäblich vor dem Nichts stand. Sie war angewiesen auf die Führung der überlebenden Manager einer Kunst, die zwischen 1920 und 1925 einmal jung war. Und die konnten ihr nicht den erfrischenden Trunk reichen, dessen sie bedurfte. Selbst außerstande, das gewandelte Gesicht der Zeit zu begreifen, versteiften sie sich hartnäckig auf ihre Jugendlieben und boten ihr das Danaergeschenk der Zerstückelungsästhetik, die sich inzwischen zum einengenden Drahtverhau eines dürren Formalismus entwickelt hatte. Mit ihm verhinderte man den

Durchbruch der Jugend zu eigener Sicht, unterband eine fruchtbare Auseinandersetzung mit der Zeit und isolierte sie vom fließenden Strom des Lebens. Der elfenbeinerne Turm wurde erneut errichtet und als eine Zwingburg in das leere Gefilde der Kunst gestellt. Auch dies ist verständlich und sogar verzeihlich, denn es war ja faktisch nichts mehr da, woran man sich mit Sicherheit halten konnte; die alten Werttafeln lagen zerbrochen am Boden oder waren nicht mehr verständlich, der Glaube und damit der lebenspendende Impuls versiegt; übriggeblieben war allein die Angst vor der Ungewißheit und der Drang zur puren Selbsterhaltung, wofür man gerne jeden Preis bezahlte. All dies muß man wohl oder übel als Ergebnis der Katastrophen und des schmerzhaften Verwandlungsprozesses hinnehmen. Nicht hinnehmen allerdings brauchen wir die selbstgefällige Behauptung der Restauratoren, die von ihnen propagierte Epigonenkunst sei eine revolutionäre, eine fortschrittliche Kunst. Das nennt man unter falscher Flagge segeln.

Der Irrtum, Inhalte und Aussagen hätten im Bilde nichts mehr zu suchen – man prägte dafür das Wort vom außerkünstlerischen Motiv –, ist die tiefere Ursache für die Verödung der Kunst. Als ob es in der großen Bildnerei jemals auf den säkularen Begriff »Kunst« angekommen wäre! Bezeichnenderweise ist die Entleerung von jedem Inhalt das gemeinsame Merkmal beider Strömungen. Stirnrunzelnd verlangt man vom Publikum, sich für die ausschließlich im handwerklichen Virtuosentum oder in formalistischen Turnkünsten brillierenden Bildwerke zu erwärmen, die doch erst dann sinnvoll werden, wenn damit etwas ausgedrückt wird, was uns alle als erlebende und erleidende Menschen angeht. In Wirklichkeit ist die übliche Kunstbetrachtung durchaus verkehrt. Man geht von einer bereits schulmäßig erstarrten Ästhetik aus, anstatt vom unmittelbaren Erlebnis unserer menschlichen Situation, das allein Formen hervortreibt und lebendig macht. Die Olympstürmer von damals pfiffen zunächst auf die Form; die Entdeckerfreude, Neuland gesichtet zu haben, trieb sie zu ihrem herostratischen Tun, der Glaube an ein kommendes Friedensreich sozialer Gerechtigkeit, heraufgeführt durch den verwirklichten

Sozialismus, ließ utopische Hoffnungen keimen. Ihre Form war bestimmt von ihrem andersgerichteten Wollen und entstand während des Zertrümmerungsgeschäfts ganz von selbst neu unter ihren Händen. Aber es waren eben Trümmerformen, und davon haben wir nun wirklich genug. In unserer Zeit erfordert die Wahl der Ausdrucksmittel, die dem Erlebnis einer durch furchtbare Schocks verwandelten Welt Gestalt verleihen sollen, eine ungleich größere Sorgfalt. Sie schließen von vornherein den am bloßen Abbild klebenden Naturalismus aus, ohne indes die Symbolkraft des Gegenstandes zu verflüchtigen, wie das die Abstrakten tun, deren simple Reduzierungen kaum dem Anspruch genügen dürften, den ein verändertes Zeitbewußtsein stellt. Der ursprüngliche Trieb zur Form käme dabei viel reiner und überzeugender zur Entfaltung als mit dem Rückgriff in die Wunderkiste bekannter Tricks. Es wird nur schwieriger sein, unter diesen Voraussetzungen ein überzeugendes Werk zu schaffen.

*

Der abendländische Mensch ist auf dem Schnittpunkt von Sein und Nichts notgelandet, wo beide sich aufheben und nur noch Existenz ist. In der Kunst spiegelt sich dieser Zustand in dem Ringen zweier Prinzipien wider. Die gegenstandslose Bildnerei zieht die eine Konsequenz: Sie löst sein gestalthaftes Dasein und die ihm zugeordnete Gegenstandswelt in unkörperliche Spannungen auf, die mit Hilfe von Zeichen und Farbwerten veranschaulicht werden sollen. Sie skelettierte zuerst die Erscheinung, danach löste sie das Skelettierte in seine Bestandteile auf, und als auch dies nicht mehr befriedigte, erfand sie sich eigens eine von allem Gegenständlichen unabhängige Zeichensprache, um die Spannungen in der total aufgelösten Gestaltwelt zu verdeutlichen. Übrig blieb nur mehr das rein Funktionelle, mit anderen Worten: von der wesentlichen Aufgabe entleert, schöpferisch verwandelte Abbilder der empfangenen Bilder zu geben, wurde bildnerisches Tun sinnlos. Auf einer niederen Ebene entwickelte sich dieser Purismus zum profanen Dekorationsstil. Der andere, erst im Anfangsstadium befindliche Versuch gleicht zunächst fast einem trotzig unternommenen Verzweiflungsakt; aber er scheint mir im Endeffekt aussichtsreicher. Es handelt sich darum, den allem Geschehen innewohnenden Drang, die Gestalt in ihren unzähligen Spielarten zu fixieren, als gleichnishaften Vorgang für alles schöpferische Bilden zu einer neuen Verbindlichkeit zu erheben. Unsere Welt ist von Figuren voll, sie sind uns gegeben, wie den Kindern die Spielzeuge von einem vorsorglichen Vater. Der Mensch will das Spiel mit den Dingen immer wieder gewinnen, obwohl er ahnt, daß er es wahrscheinlich nie gewinnen wird. Er muß also sich selbst als eine von allem anderen unterscheidbare Figur sehen, sich zum Mittelpunkt machen, auf den die Figuren des Spieles hingeordnet sind. Da es immer ein Spiel zu einem zwar bekanntgegebenen, aber letztlich unbekannten Ziel hin bleibt, ist sein Charakter raumzeitlich dynamisch. Er schafft, um im wechselnden Spiel bestehen zu können, jeweils ganz konkrete Idealbilder aus den sich ständig wandelnden Erscheinungsformen seiner historischen Existenz. Der Versuch, das Abenteuer seines so erfahrenen Daseins in verdichteten Bildern jedem dazu Willigen deutlich zu machen, könnte die Aufgabe einer neuen gegenständlichen Kunst sein. Vermutlich würde das bedenklich verringerte Interesse an der Kunst wieder erwachen, wenn es gelänge, das zu einem tieferen Sinn hinstrebende Bedürfnis des Menschen im Bilde figural zu befriedigen. Dies wäre natürlich keine Sujetmalerei von früher mehr, sondern es liefe eher auf die Erfindung neuer mythischer Gestalten hinaus.

Da die Figurationen vergangener und uns fremder Lebensformen nicht nachzuvollziehen sind, sind alle Rückgriffe auf die Ausdrucksformen exotischer oder abgestorbener Hoch- und Primitivkulturen Symptome des Versagens der eigenen Bildkraft, so fruchtbar und unseren Horizont erweiternd ihre Entdeckung einst auch gewesen sein mag. Wir haben sie uns als notwendige Antitoxine gegen einen erstarrten Akademismus einverleibt. Jetzt aber hindern sie uns nur, zu unserem Eigenen zu gelangen, und zudem verbauen sie uns die Verständigung mit dem Menschen unserer Zeit, auf den es schließlich ankommt. Denn wie seine geistigen Spitzen ist auch der Durchschnittstypus des westlichen Menschen von den drei entscheidenden Faktoren der Geschichte unseres Planeten geprägt: von der autonomen Philosophie der Griechen, von der Revolution des Christentums und von der Emanzipation des Menschen als Individuum seit der Renaissance. Durch sie wurde das Antlitz der Erde verwandelt, mehr als durch alle Mongolenstürme und Philosophien des asiatischen Kontinents. Es gibt heute nur *eine* Zivilisation: die westliche; sie ist, wie jeder Unbefangene sieht, global geworden. Und es gibt auch nur *eine* Kunst, die ihre Wurzeln in Europa hat. Was Exoten und Primitive zusätzlich hinzubrachten, ist für uns amüsante Würze, Folklore, oder es sind bestenfalls brauchbare Fingerzeige. Das Wesen unserer Bildnerei blieb davon im tiefsten unberührt.

Was bleibt als Ergebnis? Dieses: Wir sind fast gegen unseren Willen in die Lage versetzt, neue Legenden und neue symbolische Gestalten zu schaffen. Noch stehen wir etwas fassungslos vor dem planierten Gelände unserer heutigen Welt; nackt und bloß inmitten der kläglichen Reste echten Erbgutes, das uns eine mörderische Zivilisation noch übrig ließ. Und doch wissen wir: den Auftrag, der uns geworden ist, können wir nicht abschieben, ohne uns selbst aufzugeben. Er bestimmt das Gesicht der zukünftigen Kunst und ihrer Möglichkeiten. Mit dem mutigen Ja zu dieser schwierigen Aufgabe wären wir in die Epoche der echten Wiederherstellung eingetreten.

Bemerkungen zu meinem künstlerischen Schaffen

Kunst ist für mich in erster Linie Aussage. Sie setzt beim Beschauer Reaktionsfähigkeit voraus, die heute leider weitgehend verschwunden ist. Ich gehe von der Weltoffenheit aus, nicht, wie die Abstrakten, von der Weltverschlossenheit. Der Mensch ist hineingeworfen in eine rätselhafte Welt, die ihn ängstigt und zugleich fasziniert; er leidet an ihr und liebt sie zugleich, er möchte ihr entfliehen und flüchtet doch immer wieder zu ihr. Kunst ist in Form transponiertes, erlittenes inneres und äußeres Leben. Darum wird alles Zeichen, Menschen, Tiere, Pflanzen und Gegenstände, Zeichen des Absoluten, das sich nur durch ihr Mittlertum offenbart. Ohne ihr Mittlertum ist nichts und dieses Absolute so wenig erreichbar wie das Nichts.

Wenn ich mich hin und wieder sogenannter abstrakter Formen bediene, so sind dies Formen, die unbewußt erfahren sind und die ihr Gleichnis in der sichtbaren Welt haben. Sie sind immer die Folgen einer Korrespondenz des Menschen als intelligibles Ich mit der »Welt«. Was innen ist, ist auch außen. Das Unbewußte, von dem die Abstrakten so viel reden, äußert sich immer über ein Bewußtsein, denn nur durch dieses »wissen« wir von jenem. Dies gilt auch für das mystische Erlebnis. Was die non-objective-art-Leute machen, ist meist nicht mehr als eine gefällige Dekoration eines Vakuums.

Die Kluft zwischen Publikum und Künstler hat meiner Ansicht nach ihren Grund darin, daß die Maler nichts mehr mitzuteilen haben; sie sprechen kein Du mehr an, sondern bewegen sich in einer selbstgefälligen Introversion, die Isolierung erzeugt. Kunst ist zu epigonalem Kunstgewerbe geworden. Wiederholung und Auswertung rein sensueller Reizmomente. Das Kreatorische fehlt, keine Mitte.

Das Negative, das man aus meinen Bildern herauslesen will, hat seine Wurzeln in einem absolut Positiven. Nur wer einen inneren Maßstab besitzt, schaudert vor Monstren und Maßlosigkeit. Aber auch diese erscheinen in Formen, die uns bannen, sie stammen nämlich aus demselben Urgrund wie alles, einem Urgrund, der ein Abgrund Gottes ist. Hier liegt eine fatale Notwendigkeit, vor der wir schrecken. Der Abgrund des Schöpferischen befindet sich jenseits von Gut und Böse, darum erscheinen sowohl Satanien als auch apollinische Verheißungen. Aber erst die Werte setzende Tätigkeit des Denkens, das eine Art der Empfindung und das alleinige Prinzip des Menschen ist und uns immer wieder vor die Qual der Entscheidung stellt, macht uns zu Menschen. Es entsteht die Humanitas.

Jakob Böhme, der große Mystiker, sagt einmal: »Das ist das Übel dieser Welt, daß das Böse das Gute überwiegt, daß der Zorn stärker darinnen ist als die Liebe.«

Ich zeichnete den Bundespräsidenten

»Der Mann, der den Präsidenten kannte«, dieser schlichte Satz kreiste, durch eine unwillkürliche Gedankenverbindung mit dem Titel des Sinclairschen Buches hervorgerufen, hartnäckig höhnend in meinem Kopf, während mich der Wagen des Präsidenten vom Bahnhof Godesberg nach der Viktorshöhe entführte. Von der halben Höhe ab hatte ich Gelegenheit, die durch unzählige Postkarten mißbrauchte und etwas anrüchig gewordene romantische Schönheit des Rheintales mit dem Siebengebirge zu genießen. Neugierig auf den Ablauf des Abenteuers, betrat ich den äußerlich nüchternen Bau, der zur Zeit noch als Residenz des Bundespräsidenten dient. Als Professor Heuss mich in der angenehmen Atmosphäre seines Arbeitsraumes begrüßte, war mein erster Gedanke: kein leicht zu erfassendes Gesicht trotz der sofort in die Augen springenden charakteristischen Formen.

Mit dem Porträtzeichnen geht es mir nicht selten wie gewissen Sängern vor ihrem ersten Auftreten auf einer fremden Bühne: ich bekomme bisweilen Lampenfieber. Es ist immer ein Risiko, einen Menschen zu konterfeien, zumal einen Menschen, dessen vielseitige Geistigkeit sich auf dem meist in sehr raschem Ausdruckswechsel bewegenden Gesicht in oft verwirrender Weise spiegelt und damit den Künstler vor die nicht leichte Aufgabe stellt, die Summe dieser Vielfalt in eine knappe, zeichnerische Formel zu bannen. Zu meinem Glück konnte ich gleich bei dieser ersten Begegnung feststellen, daß der Bundespräsident zu jenen Persönlichkeiten gehört, die die wohltuende Gabe besitzen, etwaige Beklemmungen mit leichter Hand zu zerstreuen. Ich habe eine lange Erfahrung in solchen Sitzungen und ich habe weiß Gott manchmal geschwitzt, wenn vom Modell jene verdrießliche, aus gestörter Geschäftigkeit herrührende Welle von Ungeduld herüberströmte, so daß einem der Bleistift in der Hand zu wackeln und der Kopf zu rauchen anfing. Wie beneidenswert glücklich waren in solchen Zwangslagen die Expressionisten, welche aus ihrem Gegenüber einfach selbstherrlich ein Ausdrucksfanal ihrer eigenen Seelenstimmung machten. In dieser Hinsicht hatte ich von je, auch zur Zeit der Hochblüte dieses Stiles, altmodische Skrupel. Aber, wie schon gesagt, Theodor Heuss verstand es ausgezeichnet, jene Beklemmungen zu beheben. Es geht ein bemerkenswertes Fluidum von Unkonventionalität von ihm aus. Mag sein, daß in meinem Fall auch die Landsmannschaft einiges dazu beitrug, schneller als sonst einen echten Kontakt herzustellen. Abgesehen davon hatte ich sofort das Gefühl, hier spricht einer, dem das Musische ein natürliches Element ist, der aber auch das kritische Auge, jenes scharfe Auge des Schwaben hat, das bei allen Höhenflügen doch nie die irdischen Gegebenheiten außer acht läßt; sicher oft sehr zum Verdruß der eisern rauschenden Idealisten aus dem Alles-oder-Nichts-Fach. Der Idealismus des Präsidenten ist fest im Humanen verwurzelt und sehr konkreter Natur. Daß er ein leidenschaftlicher homme de lettres war, ist ja bekannt. Wie sehr er sich noch der Gilde freischaffender Geister verbunden fühlt, zeigte mir sein im Laufe des Gesprächs geäußertes Bedauern, dieser Neigung nicht mehr so wie früher nachgehen zu können. Obwohl er die Würde seiner Präsidentschaft sehr ernst nimmt, spürt man doch deutlich, daß ihm die Rolle eines Staatsmanitu, in die ihn eine allzu eifrige Propaganda drängen will, wider den Geschmack geht. Übrigens hatte ich den Eindruck, daß Professor Heuss, trotz der Überlastung durch sein Amt, nach wie vor aufmerksam die Vorgänge auf den intellektuellen Gefechtsständen verfolgt, wenigstens glossierte er mit viel Ironie einige Matadoren unseres Kulturareopags, u. a. auch Willy Baumeister, von dem er bemerkte, er verdanke seinem mit so sektiererischem Eifer vorgetragenen Angriff gegen Hausenstein wieder eine stärkere Berührung mit der Kunst. Der echt schwäbische Sinn für hintergründigen Humor, für die versteckte Dialektik im Mutterwitz ist auch ihm eigen; davon zeugt ein in seinem Arbeitsraum hängendes, fast surrealistisch anmutendes Bild des Stuttgarter Malers Reinhold Nägele ebenso wie seine Schätzung des Humoristen Willy Reichert. Indessen wäre es falsch, aus diesen sympathischen und durchaus urbanen Zügen einen nur jovialen und ewig lächelnden Papa Heuss zu destillieren, wie das heute bereits schon vielfach geschieht. Er ist keineswegs der Typus des alten, etwas knochenweichen Liberalen von ehemals, der vor lauter Menschenfreundlichkeit die Gefahren der schleichenden Nihilisierung der Gesellschaft übersieht.

Als Mann der Feder, der selbst ein Leben lang gegen die Erniedrigung des Menschen gekämpft hat, sieht er sehr wohl die Gefahr einer Fellachisierung und die drohende Verkarstung unseres geistigen Lebens. Während des Gesprächs wurde ich des öfteren überrascht durch den nüchteren Tatsachensinn, womit er Situationen und Menschen umriß. Ein Mann, der weder sich noch andern etwas vormacht. Daher auch die unprätentiöse Art, wie er sich selber sieht, so z. B., wenn er beim Betrachten meiner Zeichnung feststellte, seine Augen seien klein und sein Kinn habe die Neigung, aus dem Gesicht zu verschwinden – was allerdings nach der Meinung einiger Physiognomiker ein Merkmal schnellen Denkens sein soll – oder wenn er in humorvoller Resignation seine Nase als den bestgelungenen und am stärksten zur edlen Form strebenden Teil bezeichnete. Solche scheinbar unwichtigen Bemerkungen verraten oft mehr von der geistigen Beschaffenheit eines Menschen als manche würdevoll stelzenden Reden.

Drei Zeichnungen waren das Resultat unserer Sitzung. Bei der nun folgenden Begutachtung war es interessant, die verschiedenen Urteile sowohl von seiner Gattin als auch von seinen engeren Mitarbeitern zu hören. Frau Professor Heuss entschied sich für die Profilzeichnung, weil diese nach ihrer Ansicht am stärksten das Bewußtsein seiner verantwortlichen Stellung widerspiegle, wohingegen die andern das obige Bild vorzogen. Merkwürdigerweise konnten sie sich mit der dritten (en face) Zeichnung, der ich den Vorrang gebe, nicht so recht befreunden. Mit Ausnahme vom Präsidenten selbst fanden sie es zu weich und zu melancholisch verträumt. Meiner Meinung nach offenbart es die nur von wenigen beobachtete nachdenkliche, sinnierende Seite seines Wesens.

Abschließend möchte ich noch erwähnen, daß sich für den Zeichner durch das intensive Versenken in die Züge eines Menschen mehr von seiner Wesensart erschließt, als es sonst bei solch kurz bemessenen Begegnungen der Fall zu sein pflegt. Und in diesem Fall war es gewiß ein Gewinn.

Versuch über mich selbst

Wenn man die Vielfalt der Naturformen unbefangen auf sich wirken läßt, entdeckt man immer wieder die Wiederkehr bestimmter Zeichen in allen Erscheinungen, so z. B. kehren Gesichter, Gliedmaßen, Muskeln im Gestein wieder, das Gewebe der Haut, der Haarwuchs, die Sehnen und Knorpel haben ihre Entsprechungen in Baumrinden, Pflanzenstengeln, auf Blättern, Blüten und Früchten. Die Schöpfung spricht zu uns in Gleichnissen, denn in mir selber finde ich alles das vor, wovon ich durch das Sinnbild in der äußeren Natur erschüttert Kenntnis nehme: Die Glorie und Tragik unseres Hierseins. Die Kunst, so verstanden, ist immer ein metaphysisches Fragen, auf das die Antwort durch die Sprache der Dinge und Wesenheiten erfolgt; wer diese sinngebundene Frage nicht erfassen will, begibt sich des hohen Gutes seines Menschseins. Die Erfahrung dieses Seinsgrundes ist die Weckerin der Lust, mit Pinsel oder Feder jene Offenbarung aus dem Steinigen und Vegetativen wiederzugeben. Damit beginnt nun der eigentlich interessante Vorgang, der der Nachschöpfung schon geformter Schöpfung durch den Menschen. Denn das, was durch ihn hinzukommt und was sich durch den Duktus seiner Nachformungen äußert, ist nichts anderes als der sichtbare Ausdruck, die Niederschrift von dem, was sein Geist aus den von seinen Sinnen aufgenommenen Gegenständen macht. Was aber diese Tätigkeit des Nachbildens besonders erregend macht und sie von allem anderen Tun unterscheidet, ist ihre Prägung durch das Persönliche, ist das Wunder der einmaligen individuellen Sprache und Sicht, die ebenso geheimnisvoll ist wie die unendliche Vielfalt der Formen, die sich ihr anbieten. Als Bildner ist der Mensch zwar kein Gott, denn er schafft nicht aus dem Nichts, aber immerhin wird er durch sein Tun Gott ähnlich. So wie er die Dinge mit Namen bezeichnete und ihnen damit einen bestimmten Charakter verlieh, so gibt er durch die mittels seiner gestalterischen Fähigkeiten herausgeholte Neuformung seinem schöpferischen Willen Ausdruck. In seinen

Werken der Neu- oder besser Umschöpfung dokumentiert er zugleich sein Einssein mit allem wie auch sein Verschiedensein von allem, gibt er Kunde von seinem Drin- und gleichzeitig Draußensein. Dort liegt auch seine Tragik. Als Subjekt gibt er durch die Darstellung Antwort auf den Ruf der Objekte, doch zugleich ist er selbst als Gestalt geradeso Objekt unter Objekten wie sie. Es ist eine seltsame Hybris, zu glauben, der Mensch sei imstande, neue Formen hervorzubringen. Alles, was er je an Formen »erfindet«, ist, alle Entartungen und Monstrositäten inbegriffen, vorhanden; was er allein hervorbringen kann, sind Kombinationen aus dem ungeheuren Vorrat, der ihm zur Verfügung steht. Darum würde ich sagen, er ist zwar kein Erfinder, wohl aber durch Aufmerksamkeit und die Fähigkeit zu gesammelter Schau ein Finder, vor allem seiner selbst; mit tiefer Lust fühlt er sich als Schatzgräber im Reiche des irdischen und himmlischen Kosmos. Das wunderbare Wort Dürers: »Alle Schönheit liegt in der Natur, wer sie herausreißen kann, hat sie«, drückt am glücklichsten die Beschaffenheit dieses Vermögens aus.

Die Betrachter der hier abgebildeten Arbeiten von mir wird es indes in erster Linie interessieren, wie ich gerade zu dieser Weise der Ausdruckgebung komme für das, was alle sehen und so oder so erlebend umsetzen. Sie werden fragen, wie geschieht beim Künstler die Übersetzung vom Natureindruck in ein Bild. Obwohl es sehr schwer ist, einen solchen kaum sprachlich zu fassenden Vorgang zu beschreiben, will ich es doch versuchen. Eine Arbeit wie z. B. die »Wiesenflora« ist das Ergebnis genauesten Naturstudiums plus Erinnerung. Ich trage also im Skizzenbuch die Studie nach dem Objekt und im Kopfe eine poetische Erinnerung nach Hause. Dort beginnt – oft erst nach Wochen – ein neuer Akt: Beim Durchschauen der Naturstudien formen sich neue Bilder, Formspiele gestalten sich wie von selbst, Stimmungsmomente reproduzieren sich aus dem Da und Dort, aus glücklichem Augenblick und Erinnerungen, fügen sich zu Konglomeraten zusammen, aus denen sich bestimmte Gegenstände, in diesem Fall die Distel, mit zwingender Prägnanz herausschälen und hartnäckig gleich

magischen Zeichen im Erinnerungsbild immer wiederkehren. Sie bilden den Ausgangspunkt für das Bild. Während der ersten zeichnerischen Fixierungsversuche stellen sich nacheinander die anderen Figuren, die durch die Hauptfigur in den Hintergrund geschoben oder ganz verschwunden waren, wieder ein. Ja, sie drängen sich der Erinnerung geradezu auf wie die ungeduldigen Mitspieler eines Ensembles, die zum Zuge kommen wollen. Jetzt beginnt der Hauptkampf um Auswahl und Einordnung, denn einerseits gilt es, die ursprüngliche Bildvision, die sich inzwischen aus dem Vagen, Dunkeln, zu deutlicher Gestalt gebildet hat, nicht zu verlieren oder zu sehr vollzupacken. Das erfordert künstlerischen Takt und eine treffsichere Sensibilität für die Funktion jedes einzelnen Dinges im Bildganzen. Man wird bemerken, daß ich zuweilen in meinen Darstellungen dunkle Gründe bevorzuge. Dies kann ich nur so deuten, daß alles Wachstum aus dem Dunkel heraus geboren wird. Wenn man diese Eigenschaft und noch andere Merkmale meiner Gouachen in Betracht zieht, verbietet es sich, meine Pflanzenbilder etwa in die Kategorie der Stilleben einzureihen, dazu sind sie viel zu sehr von einer anderen, nämlich der kosmischen Sicht her bestimmt. – Ein anderes Element meiner Darstellung ist das Weiterspinnen einer unbegrenzten Entfaltungsmöglichkeit zum Bizarren hin, das Vortasten zu beunruhigenden Formvariationen und ihre Vorwegnahme.

Die hier abgebildeten Zeichnungen brauche ich wohl kaum zu kommentieren, sie sprechen für sich. Auf eines nur möchte ich hinweisen: Sie sind in erster Linie Strukturgedichte, für die ich im Tuschpinsel und in der Rohrfeder das geeignete Material gefunden habe. Daß ein solches Ausdrucksmittel ein langes Training zur Voraussetzung hat, möchte ich, angesichts der Tatsache, daß es sich heute allzuviele unter den Jungen etwas zu leicht machen, nicht unerwähnt lassen.

Die hier abgebildeten Arbeiten geben nur eine kleine Stichprobe aus einem großen Teilbezirk meines Schaffens wieder, und da man mich auch als Surrealisten kennt, möchte ich nur kurz andeuten: Auch die surrealistischen Bilder sind Kombinationen aus Traum und Wirklichkeit, materialisierte Mischformen des Unterschwelligen und der Tageswirklichkeit des Menschen. Aber dies wäre das Thema eines neuen Aufsatzes. Ich hoffe, durch meine Ausführungen einigermaßen einen Eindruck vom Prozeß der Bildentstehung zu übermitteln.

BRIEFE

An einen Kritiker

Rudolf Schlichter
Neue Winterfeldstr. 17
Berlin-W. 30 Berlin, den 22. März 1930

Sehr geehrter Herr Holzhausen!
Ihre Kritik im »Dresdner Anzeiger« vom 18. März 1930 hat mich höchst interessiert, denn sie spricht manches aus, was mir sehr wichtig ist, besonders was Sie über Wert und Wirkung der illustrativen Kunst sagen, ist sehr erfreulich. Leider gehen Sie bei der Gesamtbeurteilung meines Wesens von gänzlich falschen Voraussetzungen aus, die ich unbedingt rektifizieren muß. Ich bin in Dingen der öffentlichen Meinung aus Erfahrung von einer geradezu pedantischen Genauigkeit und pflege falsche Angaben, Gerüchte und schiefe Charakteranalysen immer sofort zu berichtigen. Und zwar aus wohlerwogenen Gründen, denn in dieser durch faule Reportagekunststücke und gewissenlose publizistische Schluderei versauten Zeit ist es für den einzelnen unbedingt notwendig, auf eine möglichst einwandfreie Berichterstattung zu dringen, um einer allzu billigen und schädlichen Abstempelung zu entgehen. Sie schreiben z. B. »Es ist nur natürlich, daß Schlichter als Großstädter keine Bindung mit dem Boden der Landschaft hat. Man wurzelt nicht durch den Asphalt im Erdreich. Weshalb es gar nicht verwunderlich ist, wenn man in den Landschaftszeichnungen aus dem Schwarzwald sein Können versagen sieht. Die Natur ist eine zu ungeheuerliche Göttin, als daß man sie sich gelegentlich einer Reisebekanntschaft geneigt machen könnte.« Verzeihen Sie, sehr verehrter Herr Kritiker, wenn mir diese Zeilen ein Lächeln abnötigen! Ich bin nämlich ein Bauernsohn, geboren und aufgewachsen im Schwarzwald, also mit der »ungeheuerlichen Göttin Natur« von Jugend auf vertraut; ich habe mir die Natur nicht gelegentlich einer Reisebekanntschaft geneigt gemacht. Über die Hälfte meines Lebens verlebte und verlebe ich noch in den obskursten Hinterwäldern,

wo ich mich am wohlsten fühle und wohin wirklich kein Schimmer einer publikumsläufigen Reportage dringt. Es ist übrigens ein Zeichen mangelnder Psychologie, zu glauben, ein rationalisiertes zivilisatorisches Großstadtgehirn könnte die innere Dämonie von Menschen und Landschaften graphisch so gestalten, wie es in meinen Blättern in der Tat geschehen ist. Nur der in die Großstadt verschlagene bäuerliche Mensch erlebt diese Dualismen Natur – Zivilisation, Geist – Intellekt. Es hat mich merkwürdig berührt, daß Ihnen gerade bei meinen Landschaften nicht die innere Beziehung zur Tradition der Donauschule aufgefallen ist, die immerhin einigen hiesigen Kunstkennern evident erschien. Es ist gefährlich, aus vorgefaßten falschen Meinungen über den Charakter eines Künstlers Schlüsse über sein wirkliches Wesen zu ziehen, bezw. mich als geborenen Großstädter zu schildern, nur weil ich in Berlin wohne. Es ist schade, daß man sich so wenig mit der tatsächlichen Entwicklung eines Künstlers befaßt. Gewiß, Kritiker haben es bei der Fülle der Aussteller schwer, sich mit der Einzelerscheinung eingehend zu befassen, aber ist es zu viel verlangt, vom Kritiker dieselbe Gewissenhaftigkeit zu fordern, deren sich der Künstler bei Ausübung seiner Tätigkeit befleißigt?

Noch eines: Sie sagen u. a. »Dort, wo er politisch denkt, ist er vielleicht am wenigsten Künstler«. Ich denke bei künstlerischer Gestaltung nicht politisch in jenem billigen aktuell-politischen Sinn, wie es bei vielen jungen Künstlern der Fall ist, und wenn ich zufällig Arbeiter darstelle, so geschieht es ohne politische Pathetik.

Im übrigen hat mich Ihre Kritik gefreut, da Sie doch, wie ich nochmals bemerken möchte, sehr beachtliche Feststellungen machen, die ich ohne weiteres unterschreiben kann.

Ich würde mich freuen, wenn Sie obige Berichtigung zur Kenntnis nehmen würden mit einer entsprechenden Notiz in Ihrer Zeitung.

Mit vorzüglicher Hochachtung

An Alois Lazar

[Stuttgart] 10. II. 38

Lieber Herr Lazar!
Sie haben mir mit Ihrem Brief eine große und angenehme Überraschung bereitet. Ich hätte nicht gedacht, je wieder etwas von Ihnen zu hören und freue mich jetzt um so mehr zu erfahren, in welch' gutem Andenken Sie mich trotz des unter ungünstigem Klima entstandenen Bildes behalten haben. Es ist ein seltsames Gefühl, wenn man plötzlich so unerwartet Nachricht von einem alten Bekannten erhält. Das rührt ans Herz und bewegt einen wie das plötzliche Auftauchen einer alten Melodie.

Aber Sie möchten wissen, was ich treibe und wie es mir geht! Ich wundere mich, daß man Ihnen in Berlin keine genauere Auskunft geben konnte. Sie waren, wie ich aus Ihrem Brief entnehme, im Restaurant Schlichter. Haben Sie dort nicht mit meinem Neffen gesprochen? Doch ich will Ihnen kurz und soweit es auf dem engen Raum eines Briefes möglich ist, das Wichtigste erzählen. Leider weiß ich nicht genau, wie weit ich zurückgreifen soll, da ich nicht weiß, wie weit Sie unterrichtet sind. Daß Max vor 4 Jahren starb, werden Sie wohl wissen. Er war lange krank, litt an Blutkreislaufstörungen und Nierenschrumpfung und mußte deshalb viele langwierige Kuren machen. Das Restaurant Schlichter, dessen Entstehung ursprünglich eine Idee von mir war, ging und geht auch heute noch sehr gut. In den ersten Jahren hatte es den Charakter eines Künstlerlokals, in dem hauptsächlich Maler, Literaten und Journalisten verkehrten. Da Max in den letzten Jahren nicht mehr auf der Höhe war – er hatte sich inzwischen auch von seiner Frau scheiden lassen – nahm er Herrn Wassmannsdorf, den Sohn meiner verstorbenen jüngeren Schwester, als Hilfe ins Geschäft. Der führt es heute noch und er führt es gut. Das Geschäft gehört allerdings dem Sohn meines Bruders, der zur Zeit das Hotelfach lernt. Aber der wird erst in 5 Jahren volljährig und bis dahin hat, wie gesagt, mein Neffe die Verantwortung.

Was nun meine Wenigkeit betrifft, so kann ich Ihnen berichten, daß ich in den 13 Jahren, die ich in Berlin zubrachte, gute Erfolge hatte. Im Jahre 1929 verheiratete ich mich mit einer Genferin, einer schönen und geistvollen Frau. Unsere Ehe ist eine sehr glückliche, da wir uns ausgezeichnet verstehen. 1932 zogen wir nach Württemberg aufs Land. Ich hatte mich künstlerisch wieder stark der Landschaft zugewandt, auch litt ich an einer starken Großstadtmüdigkeit, die mich psychisch sehr lähmte. 4 Jahre lebten wir in einem kleinen Nest von 8000 Einwohnern im Neckartal; dann zogen wir nach Stuttgart, wo wir uns jetzt noch befinden. Auf die Dauer ging es in der Kleinstadt eben doch nicht, denn erstens fehlte das Publikum und zweitens war man zu abseits vom Kunstmarkt. Außerdem können Kleinstädter mitunter sehr unangenehm werden, bes. in unruhigen Zeiten. Übrigens habe ich mich auch literarisch betätigt. Ich schrieb zwei autobiographische Bücher, die allerdings jetzt vom Markt zurückgezogen werden mußten. Wir haben hier in Stuttgart einen sehr netten Kreis – mit uns leben noch zwei junge Freunde, Juristen, – und kümmern uns wenig um die Außenwelt. Man fühlt sich immer am wohlsten zwischen seinen 4 Wänden.

Ich habe schon lange die Absicht, einmal eine Mittelmeerreise zu machen. Wann sich der Plan realisieren läßt, weiß ich freilich noch nicht, aber auf alle Fälle hoffe ich nicht sterben zu müssen, ehe ich die Länder meiner Sehnsucht, den Orient gesehen habe. Dann würde ich Sie in Beirut besuchen. Aber sicher kommen Sie vorher eher einmal nach Deutschland, denn Reisen ins Ausland sind für uns mit allerlei Schwierigkeiten verknüpft. Ich hoffe, daß Sie uns dann besuchen, und ich brauche Ihnen wohl nicht zu versichern, daß Sie uns herzlich willkommen sind.

Es würde mich interessieren, wie Sie dort in der ganz anderen Umgebung leben und was Sie treiben. Wie ist die Gesellschaft dort zusammengesetzt? Gibt es kunstliebende Kreise und ist so etwas wie ein geistiges Interesse vorhanden? Gibt es dort Maler und kann man dort Bilder verkaufen?! Um Ihnen ein Bild von meinem jetzigen Schaffen zu geben, lege ich Ihnen einige Photos von neuen Arbeiten von mir bei. Ich habe im Laufe der Jahre gelernt, Portraits ohne Augendefekte herzustellen. Es würde mich sehr freuen, bald wieder von Ihnen zu hören.

Inzwischen grüße ich Sie
in alter Herzlichkeit
Ihr

An Ernst Rowohlt

[Stuttgart] 6. VII. 38

Lieber Herr Rowohlt!
Ihr gutes Herz hat sich wieder einmal in Ihrem letzten Brief rührend manifestiert. So viel Sorgen Sie auch haben, finden Sie immer noch Muße, sich um Ihre Freunde zu kümmern. Im Grunde haben wir mit Arnold Bronnen nie Krach gehabt und bewahren ihn noch heute in gutem Andenken. Sein Portrait hat manche Stürme erlebt, so daß es an den äußeren Rändern der Leinwand etwas durchgescheuert ist. Das eigentliche Bild jedoch ist völlig intakt. In einem breiten Rahmen würde man den leicht lädierten Teil des Randes überhaupt nicht bemerken. Ich selbst halte das Bild nach wie vor, obwohl die Malweise eine andere ist als ich sie heute pflege, für gut. Es ist sehr malerisch und kräftig. Vielleicht entschließt sich Frau Bronnen es zu erwerben, wenn ich Ihr das Bild für 200.– RM überlasse, dies wäre allerdings mein letztes Angebot. Ich zweifle nicht, daß Arnold Bronnen Interesse daran hat, ein Bild aus jenen turbulenten Tagen zu besitzen, in denen unsere ideologischen Hörner in voller Blüte standen.

Da mein Neffe Karl Wassmannsdorf mich nächste Woche (Montag) hier besucht, werde ich ihm das Bild mitgeben, damit Frau Bronnen, bevor sie sich entschließt, es ansehen kann.

Grüßen Sie, bitte, herzlich von uns Herrn und Frau Bronnen und seien Sie selbst, wie immer

von Herzen gegrüßt

P.S. Übermitteln Sie auch, bitte, Herrn Lampe meine freundlichen Grüße und sagen Sie ihm, daß ich mit Spannung seiner Antwort entgegensehe.

An Alfred Kubin

1.

München 13. 1. 43
München-Laim
Egetterstr. 17/II

Lieber Herr Kubin
Nach vielen mühseligen Kreuz- und Querfahrten durch Bayern bin ich wieder in München gelandet. Ich fand hier in Laim – zirka 20 Minuten Trambahnfahrt von der eigentlichen Stadt entfernt – ganz am Rande gegen Pasing zu – eine Dreizimmerwohnung mit Küche und Bad. Damit bin ich natürlich wieder im Bereich der Bombengefahr, wenn auch weniger als in der alten Wohnung. Aber was will man machen, solche lebensgefährdenden Umstände muß man eben in Kauf nehmen. Die übergroße Inanspruchnahme durch diese lästigen Notwendigkeiten waren der Grund meines langen Schweigens, das ich Sie zu entschuldigen bitte. Die abenteuerlichen Fahrten durch die Welt der Kleindämonen, deren böse, tiefstes Unbehagen verursachende Ausstrahlungen durch alle Poren und Öffnungen des Leibes dringen und die Seele maltraitieren, ließen keine rechte Lust zum Schreiben in mir aufkommen. Hinzu kamen außerdem noch die behördlichen Quäl- und Prüfungsgeister, die sowohl offen wie versteckt einem das Leben sauer machen. Wie sehr ich unter all den Drangsalen litt, können Sie sich denken. Wie ein heller Tag steht in dem trüben Einerlei infernalischer Wiederholungen die kurze Stunde meines Besuches bei

Ihnen. Und zu allem hin mußte ich nach meiner Rückkehr in unser zeitweiliges Refugium die üble Erfahrung machen, daß die zwölfjährige Freundschaft mit unserem Gastgeber in einem Hinauswurf endete, d. h. es wurde uns mit gewundenen Redensarten und mit viel Philosophasterei erklärt, daß wir auf Grund unseres beunruhigenden Wesens die Harmonie der Familie störten und es deshalb besser wäre, wenn wir uns möglichst bald nach einem neuen Domizil umsehen würden. Dieser Mann, ein kulturbeflissener Fabrikant, hatte alle die Jahre hindurch betont, und zwar mit viel Emphase, er ginge mit uns durch dick und dünn, wohin auch immer der Weg führe. Als nun auf diesem Weg die erste große Anforderung an ihn herantrat, sackte er ab, denn er fand dies – und noch mehr seine Frau – unbequem und störend. Die Abhängigkeit des Fleisches tat dann noch das ihrige. Wir seien geistig zu stark, lobte er uns – und das ertrüge weder er noch seine Elise. Er konnte plötzlich nicht mehr mit, nachdem er wie gesagt 12 Jahre mitgekonnt hatte, was bei ihm anscheinend nur eine Frage der räumlichen Distanz gewesen war. Sein schwaches Herz ertrug die Nähe stärkerer Geister nicht, wohl aber die Robustheiten des Betriebslebens. Merkwürdigerweise bekam die 12jährige Tochter während unserer Anwesenheit auch noch den Veitstanz, was von der Mutter (eine sonst sehr kalte Natur) als willkommener Vorwand benutzt wurde, unsere Entfernung zu beschleunigen. Das ganze Haus schien mit einem Male wie behext, so daß wir einerseits froh waren, die ungastliche Hütte zu verlassen. Dieses Ereignis war die bitterste Pille, die wir seit unserem Unglück schlucken mußten.

Die Zeichnung für Sie geht noch diese Tage an Sie ab. Was meine Autobiographie betrifft, so habe ich entdeckt, daß der erste Band beim Umzug verschwunden ist. Indes kann ich Ihnen diesen Band doch verschaffen, da Freunde von mir ihn besitzen. Es dauert eben etwas länger, doch hoffe ich, Ihnen in zirka 14 Tagen oder 3 Wochen beide Bücher zustellen zu können. Ich hoffe, daß es Ihnen in jeder Hinsicht gut geht und grüße Sie mit den Gefühlen tiefster Verbundenheit.

Ihr Rudolf Schlichter

2. München-Laim, 25. 1. 43

Lieber Herr Kubin
Für Ihre schöne Zeichnung danke ich Ihnen von Herzen. Sie gibt in eindringlicher Weise das, was mich an Ihren Arbeiten von je faszinierte: das geheimnisvolle Gewebe einer heimelig-unheimlichen Welt; die Ahnung der jenseits des Tagesbewußtseins sich ständig vollziehenden, oft tödlich unentrinnbaren Verflechtungen. Hinzu kommt noch – und dies berührt mein Sensorium besonders ansprechend – die mir so sympathische Atmosphäre der süddeutschen Erde, deren magische Strahlung allen Ihren Arbeiten den unverwischbaren Charakter gibt. Die Mischung uralten Geistes einer hartnäckig sich erhaltenden Landschaft mit dem unverwechselbaren einmaligen Sosein der Persönlichkeit verleiht Ihrer Kunst die überzeugende Kraft. Da ist Gesicht und Ausdruck, ein jäh schauerliche Hintergründe beleuchtender Gestus, – vielleicht ein altösterreichisches Erbgut. Ich wenigstens schmecke so etwas!...

Sie haben sicher recht: Man muß um jeden quallosen Tag froh sein – und man ist es ja auch, trotz gegenteiligen Anscheins! Kurz nach dem Bombeneinschlag war z. B. mein erstes Gefühl das eines frenetischen Dankes, eines Frohseins um den wieder einmal geschenkten Tag. Auserkoren, auserkoren bist Du, tönte es in mir zugleich mit der warnenden Stimme »juble nicht zu laut, lache nicht zu früh«! Ach wie oft hab ich das Gefühl, wir bewegen uns in einem unfaßbaren Raum voll rätselhafter Bedrohungen; um und über uns ist alles blau, gegen den Hintergrund zu wird es ganz dunkel und dort gibt es viele Stellen, wo man sehr aufpassen muß, weil dort das dröhnende oder lautlose Verderben lauert. Indessen äugt man verzweifelt nach dem unerschaffenen Licht, weil der Gedanke an das Lichtlose (welch schreckliche Vorstellung) immer wieder mit erstickender Gewalt die Seele preßt...

... – Daß Ihnen meine Zeichnung so gut gefällt, erfüllt mich mit hoher Befriedigung. Gelegentlich werde ich Ihnen einige Photoabzüge von Ölbildern zusenden; es gibt ja für mich sonst zur Zeit keine andere Möglichkeit, meine wesentlichen

Arbeiten entfernt wohnenden Freunden zugänglich zu machen. Das Photo ist, ich sage leider, eine, wenn auch sehr unvollkommene.

Von Herrn Jünger hörte ich in der letzten Zeit nichts mehr; seine Frau schrieb mir zuletzt, daß er für einige Monate nach dem Kaukasus abkommandiert sei und daß er von dort sehr melancholische Briefe schreibe.

Ich verbleibe mit den besten Wünschen und herzlichem Gruß

Ihr Rudolf Schlichter

[Am Rand] Meine Frau läßt Sie unbekannterweise ebenfalls grüßen.

Von und an Eva und George Grosz

1. Eva und George Grosz an Rudolf Schlichter

Paris, 10. Mai 1924

Lieber oller Rudi,
Angefüllt mit köstlichen »macqueraux au vin blanc« (Makrelen in Weißwein) »rognon de oeaux au champignons en madeira (Kalbsnieren mit champignons in Madeira) haricoverts santés (gedämpfte grüne Bohnen) und – als dessert, un mendiant« (auf deutsch ein Bettler – in diesem Fall ein neckisches Stillleben von Feigen, Traubenrosinen, Haselnüssen & Knackmandeln) sitzen wir jetzt – nach dem Essen – wie bereits erwähnt im »Luxembourg«, entzückendem parkähnlichen Garten im quartier latin. A propos – vergaß hinzuzufügen – bei Aufzählung des Menüs: »une demi rouge et un quart vin blanc« beides günstige Vorbedingungen 1.) für gute Verdauung, 2.) für allgemeines Wohlbefinden 3.) für ein »angenehmes Plauderstündchen mit Dir«! Stimmts!? Ja, das ist so, Rudi: vor mir ein alter lieber Gärtner, der mit unendlicher Liebe jedes Pflänzlein notiert, was er in frischgedüngtes Beet setzte – alles Grün in Grün (ebenso angenehm für Auge wie für's Gemüte); ich rate

Dir dringend;: geh häufig raus nach Potsdam etc. wirklich Rudi – ich fühl's selber und werd es noch mit 80 Jahren fühlen: Der Frühling ist eine verflucht sympathische Sache, alles wird weit und groß und so verflixt versöhnend – oder sollte letzteres nur auf meinen momentanen Mageninhalt zurückzuführen sein? – – Ich hoffe doch nicht. – Böff – neben mir, als Original Amerikaner macht den Eindruck eines Raubtieres das auf Beute lauert – in diesem Fall Beute für einen Bleistift; – er skizziert hier kolossal eifrig – arbeitet auch oft stundenlang in unserem kleinen Hotelzimmer – noch lange nicht genug für seinen Geschmack – das kommt daher, weil wir, trotz ziemlicher Reserve unsererseits, reichlich viel Verabredungen etc. haben, die dann einen ganzen Tag zerreißen; c'est ça –

Falls Du für ganz Lütte, ich meine für so 4–8jährige Kinder was übrig hast, Rudi, würdest Du hier auf Deine Kosten kommen. Ein anderer Standard als bei uns – Inhalt wie Schale – in diesem Fall: Körper und Kleidung. Frühzeitig sehr kokett in Gang und Bewegungen ohne eitle Altklugheit. Reizend karierte Mäntelchen mit Capes und ganz winzige Höschen, die kaum den kleinen Arsch kaschieren. Auf alle Fälle: sehr süß! – Schade, daß man so'n Gör nicht mit 3 Jahren in die Welt setzen kann; –

Also – Meister, Altmeister des Schut's: Einiges Persönliches: habe mir vor ein paar Tagen ein paar Sandalenschuhe amerikanischen Fabrikates gekauft, in »tête de negre« (die Bezeichnung braun, also »brun« gibt es hier nicht) Kostenpunkt 100 frcs = 33 Mk. nicht billig, gelle? Aber nach meiner Ansicht épatant = fabelhaft. Woll'n mal sehen ob's mir gelingt, sie aufzuzeich[n]en (nach dem Gedächtnis):

[Zeichnung Schuh] ja, so ungefähr, die Sohle ist gleich an das obere Teil mit drangeflochten, ein fabelhaft leichter Schuh, ganz Handarbeit, mit indianischem Charakter; den gibts hier in 1000erlei verschiedener Ausführung

[Zeichnung Mann mit Kappe und Brille, offenbar Schlichter, küßt und leckt mit der Zunge den Schuh an einem Fuß] – wahrscheinlich so vermute ich – ist's nicht Dein Geschmack, der flache Absatz, es gibt auch Ausführungen mit hohem

Absatz, doch verliert dann der Schuh seinen ursprünglichen Charakter, das wirst Du, als einsichtsvoller Leser, sofort begreifen. Sonst ist hier wirklich nichts bemerkenswertes über Schuhe zu berichten, gute Füße und Fußbekleidung sind hier genau so rar wie in Deutschland. Man trägt (ich rede natürlich nur von den Frauen) beinah ausschließlich fleischberbene [!] Strümpfe in tausend Nüancen. Meine karierten Strümpfe (Du würdigtest sie einst mit Anerkennung) erregten hier Aufsehen – ich versenkte sie infolgedessen in den tiefsten Winkel einer Schublade. – Nun zu den Haaren: Ja, es stimmt, mein »üppiger«!!! Haarwuchs – der schon längst zu meinem Ärger – in häßlichem »Racks« mein Genick verunzierte – ist gefallen. Es gab zuerst einen großen Krach mit Böff, der behauptete ich hätte meinen Typ verloren, er könnte ausrasierte Genicks nicht vertragen etc. Er riet mir, lächle nicht – möglichst Hauben und Mützen zu tragen und Halstücher, um das möglichst zu verbergen. Ich war zuerst verzweifelt, zurückerlangte aber bald meinen stoischen Gleichmut – was konnt' ich machen, kann ich meinen Haaren über Nacht befehlen zu wachsen (bin ich der liebe Gott!!?) – – Gestern, nach ungefähr 10 Tagen gestand mir Böff, ohne daß wir je wieder meine Frisur erwähnten, daß er mich eigentlich sehr nett so fände, verändert natürlich (der alte Reaktionär) [Zusatz von Grosz: wer, moi? Böff] lustiger im Typ, nicht so »damig« aber immerhin nicht übel. Also, »es ist erreicht« was mich anbetrifft, so bin ich heilfroh; – es ist sehr angenehm, keine Haarnadeln zu verlieren, keine Zimpeln zu haben und im Bett reizvoll auszusehen (im Gegensatz zu den langen Haaren, die man tagsüber kunstvoll drapierte und Abends baumeln ließ. Außerdem übereinstimme ich da vollkommen mit Mary P., nur daß Mary P. – glaube ich – noch nicht die Nutzanwendung daraus gezogen hat; – vielleicht aus Berufsrücksichten. – Falls Du – oder Jenny jedenfalls – sich für Wäsche interessierst, so sei Dir geflüstert, daß man sie hier ausschließlich farbig trägt! rosa, lila, gelb, grün, orange, fraise etc. eine nicht reizlose Mode, die von mir auch stark frequentiert wird!

So, Rudi, nun weiß ich plötzlich nicht weiter. Hoffentlich antwortest Du mir bald auf diesen Brief, gelle?

Jenny bekommt demnächst tadellose Ansichtskarten; streng erotisch. – Nach der betreffenden Serie wird Ausschau gehalten. Herzlichste Grüße –, wie immer Deine

alte Maud

[Hs. Zusatz von George Grosz]
Dear Rodolphe!
Herzlichen Dank auch für Deine packende Schilderung vom Prozeß. Oskar sandte mir, offenbar nicht befriedigt vom Ausgang des Verfahrens – einen Brief mit beiliegender getippter Verteidigungsrede. Kurz: Mac Orlan ist nicht absoluter Anti Bol. – wenn man von dieser gewissen politischen Nichtinteressiertheit absieht, die hier das Merkmal der meisten freien geistigen Arbeiter ist. Oft ist es aber interessanter mit einem sogenannten »Unpolitischen« zu verkehren, als mit marxistischen Schwaflern. Kommt hinzu, daß er sich sehr unserer annahm und uns sehr behilflich war – Er ist keineswegs der, wie ich erst dachte, der mich nur als anti-deutschen (boschistischen) Zeichner schätzt. Sein Roman ist auch nicht absolut antibol. Allerdings nicht marxistisch (im Weltmaßstabe) Er meint wie ich, es gibt überall die gleichen Menschen und Klassen – und die deutsche Revolution, die er in Frankfurt etwas kennen lernte, hat ihm sehr imponiert. Er meint damals war auch für »la France« eine Chance gewesen, meint allerdings auch – vorerst sei es für 200 Jahre vorbei. Ich teile diesen Glauben nicht so ohne weiteres. Jedenfalls ein guter, offner Kamerad (wenn auch ohne Mitgliedsbuch) Für heute Schluß Gruß und Kuß
Dein Böff

[Am Rand] Sage mal dem John er soll schreiben, was macht Pleite und so? Antworte.

*

2a. Rudolf Schlichter an George Grosz

[München, ca. 1948]

Lieber Böff

Dein Gruß »Euer uralter Böff« hat mich gerührt; er war wie das schnelle Aufblitzen eines unter Asche, Schlacken und Schlamm begrabenen Funkens, über den Du dann allerdings schnell wieder den Mantel der Scham wirfst, wie als ob Du verbergen wolltest, daß Du ein Mensch bist. Nun ja, ich habe genug Humor, das zu verstehen. Aber eines lieber alter Freund kann ich doch nicht unerwähnt lassen: Du hörst zu wenig zu [Zusatz: Deinem alten Freund], obwohl [Du] anscheinend manchmal sehr zuhörst. Ich habe oft das Gefühl, Du liegst sozusagen ständig auf der Lauer, ihn aus den Pantinen zu werfen; Dein Hang zur mise en scène verführt Dich zu Exzentrikschwüngen, die häufig im Leeren landen. Daß Du ein Verzweifelter bist, wissen wir, wir sind es übrigens alle mehr oder wenig, aber selbst für den ausgemachten Nihilisten beginnt es doch erst am Nullpunkt interessant zu werden – vorausgesetzt, er ist kein Pachulke und begnügt sich nicht mit jenem billigen Scherz, den mir einmal ein kunstfreundlicher Bankmensch servierte: Er hielt mir nach angeregtem Gespräch sein Scheckbuch unter die Nase und sagte »Das ist das einzig Reale lieber Schlichter, ohne das sind Sie nichts, gar nichts.« Das war eine so glatte »Wahrheit«, daß ich zunächst nichts drauf erwidern konnte. Daraufhin geschah auch das einzig mögliche: Wir verabschiedeten uns mit der Versicherung gegenseitigen Wohlwollens und sahen uns nie wieder! »Das ist die Wirklichkeit«, pflegt Freund Knappe zu sagen, nur sagt er das von einer entgegengestzten Position aus. – Natürlich weiß ich, welche Rolle der leidige Mammon spielt und es wird mir wahrhaftig sauer genug ihn zu verdienen – mit »freier Kunst«, ohne irgendwelchen Rückhalt. Und trotzdem, ich kann diese Tätigkeit nun einmal nicht so ernst nehmen, daß ich mich davon auffressen lasse. Das ist nicht etwa [Zusatz: moralischer Qualifikation entsprungen oder Verdienst aus besonderem] ein sogen. Idealismus, sondern einfach eine Wesensart und alle Bemühungen, hierin es den andern gleichtun zu wollen, scheitern am Mangel an Eignung. Es steht mit a.W. nicht in meinen Sternen. Glaube nicht, daß ich nicht genau meine Position sehe, meine Position im hier und jetzt ist mir durchaus bewußt; und ich gebe auch offen zu: ich bin genauso kränkbar und leide am Prestigekampf nicht weniger als jeder andere Malersmann und Schreiber. Doch darüber hinaus ist noch etwas anderes da und dies allein gibt mir den Mut, nicht zu kapitulieren, sondern die Festung zu halten, so lange es geht. Gewiß, es kann total schief gehen in der Empirie, das muß ich eben dann hinnehmen; indes kann mich diese etwas traurige Einsicht in die Fragwürdigkeit unseres Hierseins nie und nimmer dazu bewegen, das Kampfspiel dummer Angeberei und Prestigetums mehr mitzuspielen oder ernster zu nehmen als unbedingt notwendig ist. Das zahlt sich nicht aus und endigt mit dem Verlust des Seelenheils. Das Reich der Notwendigkeit ist nur akzeptabel durch das Bewußtsein eines Reiches der Freiheit. Oder wie der große Mystiker Angelus Silesius im Cherubinischen Wandersmann ausdrückt:

Mensch werde wesentlich! Denn wenn die Welt vergeht,
Dann fällt der Zufall fort, das Wesen, das besteht.

Du wirst vielleicht über all das lächeln und wahrscheinlich böse Witze reißen; aber das ändert ja gar nichts an dem nun einmal vorhandenen Sachverhalt.

Wie gesagt, ich will Dich ernst nehmen und respektiere den besseren Adam in Dir, so wie ich wünsche, daß er in mir vom Freunde respektiert wird, trotz aller Schwächen, Feigheiten und Angstpsychosen, denen wir alle unterliegen. Ich weiß es zu gut und es gilt für uns alle: Wir verleugnen wie Petrus den Meister und Herrn, drum können wir den Gocklhahn nicht hören kräh'n!

Ich freue mich auf unser Wiedersehen und hoffe, es findet in gereinigter Luft statt. Mit herzlichen Grüßen Dein alter Rudi

[Am Rand] Ich mache Dich auf ein neu erschienenes Buch aufmerksam daß Dich sehr interessieren wird: Überwindung des Modernismus

2b. Rudolf Schlichter an Eva Grosz

[München, ca. 1948]

Liebe Eva

Du hast recht: Es wäre traurig, wenn so alte Freunde sich entzweien würden. Aber gerade deshalb ist es notwendig, nach den Ursachen solcher Zwiste zu forschen. Wir sind nun einmal so geartet – und ich spreche hier auch im Namen Speedy's –, Konflikte, für die jede Freundschaft anfällig ist und sie trüben könnten, auszutragen. Das ist besser als sie einfach zu überdekken; damit kommt man auch leichter zu substantiellen Gesprächen und bleibt nicht immer im Anekdotischen stecken. Darin sind und bleiben wir alte Europäer, denen der Hotelhallenstil – man ist freundlich, geht aneinander vorbei, bleibt unverbindlich und jeder bleibt isoliert in seinem Seelengefühl sitzen [gefällt]. Nicht in den Andern eindringen! Ja das hat ja gerade jene entsetzliche Leere und Kälte hervorgerufen, an der die Welt zugrunde zu gehen droht. Was macht denn die Strindberg, Wedekind u. a. so sympathisch – bei all ihren gewiß oft unerträglichen psychischen Gleichgewichtsstörungen – doch nur der Umstand, daß ihre Seele noch ansprechbar war. Heute haben wir das erschreckende Fakt, daß fast niemand mehr ansprechbar ist, selbst unter engsten Freunden nicht. Das ist ein trauriges Fazit und ich gestehe, daß ich gerade darunter am meisten leide. An Stelle der Kommunikation ist ein wilder Prestigekampf getreten, eine Angeberei, bei der doch jeder die Listen und Praktiken des andern durchschaut und entsprechend wertet. Sollen wir uns diesem Allerweltsschema angleichen, wo es gar nicht verlangt wird, nämlich im engsten Freundeskreis? Nein, das ist weder Euer noch unser Wunsch, meine ich.

Nun noch einige Worte zu dem Konflikt zwischen Dir und Speedy: Du kannst, liebe Eva, billigerweise nicht bestreiten, daß Speedy geradezu um Dich geworben hat. Aber Du bist spröd und kritisch im falschen Augenblick gewesen. Und ich glaube, Du hast Dich z. Teil auch von Vorurteilen leiten lassen, die, ich gebe es zu, bei dem etwas extravaganten Wesen Speedys leicht an Stelle von Unvoreingenommenheit treten können. Ich glaube man muß einen Menschen zunächst akzeptieren so wie er sich darbietet, vorausgesetzt natürlich, es besteht Sympathie. Einfach ja sagen. Kritik kann dann immer noch zeitig genug einsetzen.

Speedy scherzt gern, ja tut sogar das gerne, was man in Bayern so schön »blödeln« nennt – es ist für sie eine Erholung von ihrem verzweifelten Ernst, der ihre eigentliche existentielle Gefährdung ist. Von Dominierenwollen kann man da wirklich nicht sprechen. Daß sie bei Dir diesen Anschein erweckte, liegt lediglich an den unglücklichen Begleitumständen unserer Gespräche, sie fühlte sich mißverstanden und falsch interpretiert und versuchte nun auf ihre Weise ihre wirkliche Position zu [gestr.: behaupten] klären. Von Arroganz oder derartigen Dingen keine Spur. Aber es macht nervös, wenn man merkt, daß der Berg von Mißverständnissen größer anstatt kleiner wird. Und schließlich spricht jeder eine andere Sprache. (Dies gehört auch zum Stigma der Zeit: Die babylonische Sprachverwirrung, aber niemand nimmt sich ja Zeit, bestimmte Begriffe zu klären, was unumgänglich notwendig ist, um überhaupt eine Gesprächsbasis zu schaffen).

Ich glaube liebe Eva, Du wirst mich verstehen und wissen, wie sehr ich mich bemühe, das humane Moment im Verkehr zu wahren – bei aller Schärfe der Stellungnahme und Unbedingtheit im Wesentlichen.

In alter Treue und auf baldiges Wiedersehen
Dein Rudi

3. George Grosz an Rudolf Schlichter

George E. Grosz, The Cottage, Hilaire Farm, Huntington, Long Island, New York USA June 26, 48 I AM

Lieber Rudi:
Hab herzlichsten Dank fuer deine beiden Briefe und fuer alle so sehr interessanten Beilagen und auch fuer die photos. Deine Zeilen erfreuten uns ungemein, sie sind mit soviel freundschaftlichem Verstaendnis und menschlicher Waerme geschrie-

ben, ich moechte Dich hiermit ueber den Ocean hin umarmen lieber alter Freund und Dir die Hand schuetteln in alter Verbundenheit. Wie gut es tut die Worte eines mir so vertrauten alten Kameraden zu hoeren, in diesen satanischen Zeiten. Glaube mir Rudi ich verstehe so gut deine Gedanken und in vielem stehe ich an deiner Seite. Mein Gott es sind nun schon fast 16 Jahre seit ich Deutschland verliess. Und vielleicht verlief mein Schicksalsweg und Zick-Zackwanderung aehnlich der Deinen.... wie oft lag und liege ich des Nachts wach, aber kaum guetige Engel besuchen mich, aber Demonen in allen moeglichen Verkleidungen und Geister viele. Schweissgebadet greife ich dann zur ›medecin‹ einem grossem Glase Whisky mit flimmernden Eisstueckchen. Dies nebenbei. Will nicht gleich zuviel von den dunklen Stimmungen berichten, nicht zuviel von der Sinnlosigkeit, den verfehlten Hoffnungen und dem Skelettman der ja in jedem von uns wohnt.

Yes ich werde Dir und der lieben Speedy ein bischen von uns und unserem Leben berichten. Auch von Freunden, Verbannten, von dankbaren & undankbaren soweit ich weiss und die alle in den grossen Maelstrom hineingerieten.

Ich fange, verzeihe, bei mir an: Seit Jahren lebe ich wieder als ›freier‹ Malersknecht. Das heisst, ich lebe von meiner ›Kunst‹.... So ein Leben geht hierzulande auf und ab..... Wahrscheinlich waren die Leben der Malersknechte ueberall so Berg und Talbahnhaft.... jedoch waren die Einstuerzungen bei euch andere wie hier im ›freien‹ und noch fast ›unberuehrtem‹ Amerika. Ich hatte ungefaehr sieben lange Jahre eine eigene Schule. Nebenbei hatte ich einen Lehrposten an der New Yorker Art Studentsleague, wo ich einer ›lifeclass‹ vorstand. Auch gab ich lectures ueber malen & zeichnen an der Columbia University. Na alldas klingt ganz schoen, wars auch. War aber auf die Dauer fuer mich doch ganzlich unbefriedigend. Ich hatte oft bis 50 Schueler. Die meisten natuerlich wohlmeinende Dilettanten...... hinterher spuelte ich erstmal den sauren Dilettantengeschmack mit scharfen Bourbon oder Scotch weg. Damals gewoehnte ich mir das Whiskytrinken an...... sonst haette ichs nicht ausgehalten. Ich bekam dann fuer zwei Jahre ein Guggenheim stipendium. Auch gleichzeitig setzte mich das Magazin Esquire ›on the payroll‹ (machte Zeichnungen fuer shortstories, die leider nur briefmarkengroß gedruckt wurden) immerhin es war angenehm so lange es dauerte. Ich schloss meine Schule, die in einem ganz unheimlich hohem modernen Wolkenkratzer an der 5 Avenue sich befand...... gab meine anderen Lehrstellen auf.... und ging wieder in den Lunapark wo die ›freien‹ oder ›unfreien‹ andren Collegen ihr Glueck versuchten. Ja so war es. Ich hatte hie und da ›Windfaelle‹ hatte einen fixen netten Kunsthaendler namens Maynard Walker, der verkaufte ganz gut fuer mich..... und da hierzulande die Illusion des Geldes groesser erscheint wie anderswo, so naehrte auch ich mich von dieser Illusion. So aehnelte ich ein bischen dem Helden meines Lieblingsbildes: die Jagd nach dem Glueck......... die ja der gute akademische Prof. Spangenberg, oder war es der Prof. Henneberg?..... anyway das Glueck war da auf dem Gemaelde eine schillernde Seifenblase..... und meins wars halt auch. Dies an den Rand. Wir lebten in der Naehe von New York. Zirka eine halbe Stunde entfernt mit der Long Islandbahn. Im Sommer gingen wir immer an den Ocean nach dem Cape Cod. Es war eine liebliche und fruchtbare Zeit damals. Hier in den Cape Cod Duenen, in den stuempfigen Duenenwaeldern in den Quicksanden und Suempfen und am riesigen Oceanstraenden erlebte ich und zeichnete ich viele feine Studien, aquarellierte auch direkt vor d. Natur, und verwendete spaeter in Bayside und in Douglaston meine Studien fuer groessere Oelbilder. 1946 erhielt ich fuer mein Oelbild »survivor« den zweiten Preiss auf der Carnegieshow in Pittsburgh. Vor einem Jahre zogen wir von Douglaston nach Huntington, 1 Stunde mit motor nach NY. Wir leben hier fast auf dem Lande, auf einem grossen »estate« liessen wir uns ein frueheres Dienstbotenhaus umbauen, hinter unserem Haus legten wir kleinen Garten an. Martin und ich bauten daselbst eine Pergola, Weinreben sind auch gepflanzt, an einem grossen Tisch sitzen wir hier oft mit Freunden und trinken californischen Wein und essen BelPaese dazu. Die Konkurrenz hierzulande ist ungeheuerlich. In der »season« allein werden pro Woche an 50 shows eroeffnett. Jedermann malt hier, und die Ausstellungen rangieren dementsprechend von: Sammy the painting baby Samuel der malende Saugling bis zur 81 jaehrigen Grandma Moses, die erst mit 76 Jahren ihr Talent entdeckte ..... neulich »entdeckten« sie einen waiter in einem Delikatessenstore, ein Dilettant der ausschliesslich nur Clowns malte, nach einem »writeup« in einer Tageszeitung stiegen seine Bilder von 5 $ sofort langsam auf 25...... dann immer schneller bis auf $ 250 und mehr. Neulich zeigten sie einen elevator Maler »Billy the painter who only can paint while lifted up«..... Wilhelm den Fahrstuhlmaler, der nur malen kann waehrend der Fahrstuhl hoch faehrt. Enorm sowas, ganz toll. Dazwischen liegen die anderen Niedrig- und Hochspannungsleitungen .... Kunsthandlungen giebt es an mehrere tausend, viele verschwinden oft wie sie gekommen sind, sozusagen ueber Nacht. Wir sind weiterhin (siehe oben) ueberzeugt) dasz jeder malen kann, jeder dichten kann, jeder schauspielern kann.... es ist wie ihr seht: demokraty at its best...... (die beste Seite der D..... ddddd.... p... ko.... verzeihe mir entglitt ne Taste... ich meine natuerlich Demokratie)..... wo diese Kunstwelle, diese Kunstflut, diese Ueberschwemmung mit Bildern, Klebereien, Kritzeleien, Schraffierungen, lithographierereien, hinfuehrt, weiss der Deubler...... wir diskutieren hier solche ›Probleme‹ kaum ...... (hie und da in bescheidenen Emigrantenkreisen) thats all. A propos diskutiere, gibts noch deinen alten Freund Frank (der mit nichts einverstanden war?)

Der fruehere bekannte puritanische Zustand wo ein Kunstmaler sich schaemte ein Maler zu sein und wo Malerei wie ne Art Selbstbefleckerei angesehen wurde (in einer Zeit also wo man das Wort Jehovas, das Wort wie sie es hier sagen des Lords noch ernster nahm wie heute, yes dieser Zustand existiert nicht mehr. Hie und da schaemen sich wohl noch ein paar Malersknechte, aber nur deswegen weil sie allzu wenig ›publicity‹ bekommen oder nicht soviel ›machen‹ koenen wie der geniale Koenner Salvadore (Dali)...... Yes Rudi die moderne Kunst (modern, my eye) ist hier allgemein verbreitet, fast wie eine soziale Krankheit.... es wird allgemein angenommen, dasz seit es die herrlichen Farbenphotos gibt (also seit Vermeer, der wie man weiss schon, allerdings heimlich photographierte und dann nach heimlichen Schwarzplatten seine Oils malte oder eventuell retuschierte).....ja so wird angenommen, duerfte der moderne Maler nicht mehr genau malen.... (im Widerspruch zu Prof. Rudolphus Schlichters Vortrag bei Eroeffnung einer Kunstausstellung in Sueddeutschland (french zone)..... Nun hat on the other hand aber der Einfluss der Meissonnierverehrer enorm zugenommen...... die Pinselfabriken stellen jetzt mehr Spitzpinsel her (No. 0, 000 bis No. 1 & 2) als frueher ..... auch Marderhaarvertreiber sind wieder da...... voriges Jahr wurden im groessten Warenhaus der ganzen, der ganzen Welt ueber 360 000 Hickory-Malstoecke verkauft..... (natuerlich zugegeben viele benutzen den Malstock nur zum zeigen)..... die Mondrian-Duisberg und Kaspar Malewitschleute verachten sogar den alten ihnen zu akademischen Malstock, die linieren, ihre Quadrate & Drei od. Rechtecke mit Linealen, einer von ihnen sagte mir neulich, sein Name war Euclid O'Hara: (uebersetzt von mir) siehst Du Tschortsch, ein Bild darf keinerlei Individualitaet zeigen, die Symbole entnehme oder besser leihe ich mir aus dem Reichtum (Reichtum sagte [er]) der mathematischen Vorstellung & berechnung. Tschortsch fuhr er fort, ich habe fast meine Maschine vollendet (jeder moderne Maler muesse auch gleichzeitig Erfinder sein, schaltete Euclid O'Hara ein) yes siehst Du, wenn ich sie vollendet habe, diese epochemachende Maschine dann kannst Du creative Bilder automatisch-mechanistisch herstellen....... hoehnisch laechelnd fuhr er weiter fort: yes and that will be the death of all Art, of all art, wiederholte er wuetend. Dann zertruemmerte er eine Glasscheibe (einen Zoll dickes safety glass und erfreute sich an den ›cracks‹.........

Klee ist hier sehr bekannt...... Nierendorfkarl importierte allmaehlich so an 35 000 Paul Klees...... Nierendorf fiel neulich auf einer party hinten ueber und war gleich tot. Da er immer ueber ueble Nachrede klagte so hielt diese ueble Nachrede auch nach seinem Tode nicht an.... (er war tatsaechlich

ein unsympathischer Badegast) .... ich hoerte z. B. auf den Maerkten, das er ein grosser Tauscher gewesen sein soll .... ich meine so sagen die Nachreder: er haette den blutarmen, oft weinenden & hungernden & frierenden Kuenstler die Kunstwerke gegen Zigaretten od. Kaffee od. Suessigkeiten od. Tobacco abgenommmen ...... und das waere, sagten die Nachredenden, schlecht gewesen. Das war was sie sagten. Ich mochte Karl nicht. War einmal bei uns, schweinigelte mit der sanften Taenzertochter unserer guten Freundin Madme. Fonaroff... sodasz ich gezwungen war ihn an die Luft zu setzen. Ich war damals ueberaus kraeftig (ging ich doch jeden Tag in NY. in das Gym trainieren) Karl land[e]te im Wasser, einer Art Sumpfiges Terrain bei unserem Hause in D. das ja am sound gelegen war. Er starb uebrigens im Heim der ehemaligen berliner Schauspielerin Grete Mosheim. In die er ›verliebt‹ war. Doch Schluss mit dem Waschbuettengerede ..... mir unverstaendlich wie man sich in einen Proleten wie Karl es gewesen haette verlieben koennen. OK .... Friede sei mit uns, ruhe in Frieden Karl.

Der andere Kunsthaendler noch lebend (sich aber langsam zu Tode saufend) ist der fruehere ›junge Mann‹ von Flechtheim Curt Valentin. I like Curt a lot. Streng franz. orientiert mit paar deutschen dabei. Er vertritt unter anderen den deutschen Express. Maler Max Beckmann. der zurzeit als Lehrer in St. Louis an der dort. University ist. Beckmannmaxe fuehlt sich als den ›heimligen‹ Kaiser der deutschen Kunst mein Freund Fiedler erzaehlte mir, dasz seine Kindlichkeit in dieser Eitelkeit so weit gehe, dasz er[,] Herb Fiedler[,] unseren guten heimeligen Kaiser einmal durch einen Zufall antraf mit einer Papiernen Krone auf dem fast haarlosen Kopf ..... »Entschuldijen sie bitte Herr[«], soll er raunzend zu F. gesagt haben, ich stand mir gerade selbst modell. OK. Ich selbst (ohne papierne krone) ich selbst bin mit einer riesigen Gallerie, wir sind so unserer Stuecker 40 Kunstmaler, davon bin ich einer, ausser mir ist da auch ein ehemaliger Deutscher ein gewisser Schreiber, enorm geschickter Mann, der alles-alles, nicht bloss einmal Alles kann .... und hauptsaechlich als ›commercial‹ artist & illustrator arbeitet. Gutso. Viele haben keine Pinsel mehr sie spritzen, d. h. mit einem Spritzapparat, der von einem motor getrieben wird. Ein landschafternder Malerfreund von mir mit Namen Douglas Hegesippe Farrell nimmt seine ›motive‹ mit vielen Farbenfilmen ›vor der Natur auf‹, dreht dann nach Entwicklung die Farbenfilme bei sich mit projektionsmaschine auf eine Leinwand, findet er was Passendes haelt er den projektor an, und malt nach dem ›motiv‹ auf der projektionsleinwand. Mich haelt Doug Hegesippe ›oldfashioned‹ (was ich sicherlich verglichen mit seiner Schule auch bin) OK. Du fragtest nach ehemaligen Bekannten ..... (nicht alle ehemaligen Bekannten sind sympatisch, OK.) Dies an den Rand. Will aber so gut es geht die aufzaehlen und was ich von ihnen weiss .... (verzeihe das bischen Waschbuette dabei, aber sonst ists halt zu langweilig) .... Borchardt Hans kam nach New York. So ungefaehr um 34 rum. Er wohnte (ohne Familie) 7 Monate bei uns in Douglaston. Hans kam direkt aus dem Concertlager. Er war in mehreren gewesen. In einem war ihm ein Mittelfinger an der linken Hand abgegangen. Mein Freund Erich Cohn & ich konnten ihm helfen hierher auszuwandern. Leider hat er hier kein Glueck gehabt. Er ist schwer herzkrank geworden. Ein enormer Querulant. (wir haben ihn sehr gern, obwohl er manchmal mit seinem politischen kindlichem Geschimpfe auf die Nerven geht)[.] Er war bevor die Hitlermaenner ihn maltraetierten bei Ausbruch Hitlermannes nach France gegangen, von dort als Prof. an ein Institute nach Minsk (Russia) .... dort wurde er wegen Ungehorsamkeit gegenueber der Unfehlbarkeit des grossen Stalin rausgschmissen. Ging dann mit seiner Familie ins Nazideutschl. Kam ›klappe auf – Klappe zu[‹] ins Conzertlager nach Dachau. OK. Er schrieb vor mehreren Jahren ein ›tiefer‹ angelegtes Buch: The conspiration of the carpenters (bei dem Riesenverlag Simon & Schuster erschienen)[.] Dies Buch brachte ihm ein paar gute Kritiken, etwas Geld (nicht der Rede wert) es war sehr schwer zu lesen. Hans ist kein Romancier oder Erzaehler. Hans ist ein Oberlehrer mit weiter Bildung, eventuell ein guter scharfer Pamph[l]etist oder philosophisch. – geschult. Artikelschreiber. OK. Das Buch ist heute vergessen und war ja auch nie recht bekannt geworden. Litteratur ist hier genau so ein grosses ›gamble‹ wie alles andere sonst. Neuerdings versuchte der gute Hans Erzaehlungen zu schreiben. Die folgen in die Fusstapfen Fontanes (ein berliner-rheinlaendischer Erzaehler, und Belletrist, heute vergessen hier unbekannt) OK. Diese neuen Versuche vom kranken Hans gingen schief. Unter anderem lehnte Rowohlt in D. ab. Seine Frau Thea bekam hier ein Soehnchen Franklin. Sein Sohn arbeitete in einem Dep. Store. Seine Tocht. Sanni ist verheiratet und heisst jetzt Susanne Bolnik. (man muss erst zirka 370 Jahre in USA ansaessig sein bevor man von ›Amerikaner‹ sprechen kann) Hier im Osten fuehlt man das meltingpothafte besonders stark .... kaum wirkliche Amerikaner hier in NY. Hans kommt naechste Woche zu uns raus ich werde ihm d. lieben Brief & items geben. Er erinnert sich sehr gerne an Dich, hatte aber Heidenangst vor Speedy. Schreib ihm mal, er freut sich bestimmt, hier seine Adresse: Herrmann Borchardt

110 Morningside Drive Apt.48 New York 27, NY. USA

Walter Mehring lebt auch hier. Wollte urspruenglich Franzose werden. Wurden aber alle zusammen von den Franzosen in Concertlager zusammengetrieben. Seit der Zeit hat sich bei vielen die romantische Liebe fuer Frankreich merklich abgekuehlt. So beim Walter. Er hat eine kleine Franzoesin geheiratet. Die ist ne Art Gouvernante bei einer reichen Griechenfamilie hier. War voriges Jahr auf ein paar Wochen nochmals in Paris und im Midi, kam abgeschreckt zuruecke. Waltern ging es miserabel. Und es geht ihm auch jetzt noch nicht etwa gut ... aber Marie-Paule seine Frau arbeitet. Er hat sehr schoene neue Gedichte geschrieben. Ganz anders als die alten sogenannten (und schnoddrigen) Couplets ... No Road back, poems by Walter Mehring ..... es ist in deutsch und englisch zugleich. Ausgezeichnete Gedichte. Bekam sehr gute Kritiken. Heute schon vollkommen vergessen. (Amerika ist ein sehr grausames Land fuer Poeten, von 20 000 setzen sich vielleicht 3 bis vier durch)

Walt kam vollkommen abgerissen (buchstaeblich) voriges Jahr aus France zurueck ..... wir beherbigten ihn erstmal für mehrere Tage. Er fragte schon fruehe um Whisky ..... (ein boeses Zeichen, denn er ist beileibe keine Trinkernatur) .... doll. Wenn Du willst schreibe ihm. Er ist sehr verbittert. Walter Mehring 50 West 77 street Hotel Park Plaza New York 24. NY. (wohnt in einem typischen Emigrantenhotel, wo man gleich zum Schnapse greift wenn man rein kommt, sehr bedrueckend, dazu in NY. denn, bist Du arm in NY. ists eine Hoelle von einer Stadt, das kannst Du mir glauben, und die meisten Emigranten sind halt arm. Gutso. Rudolf von Ripper hat geheiratet, lebt hier seit mehreren Jahren. Wurde dann Kriegsmaler in Italien USA infantry und zeichnete sich durch Tollkuehnheiten an der Front aus. Wurde auch in colums von Ernie Pyle erwaehnt und bekam hohe Orden. Hat eine bildhuebsche Dame geheiratet. Zeichnete und radierte viel. Folgte ne Zeitlang der Knochenperiode Picassos ...... arbeitet aber jetzt mehr normaler. Soll auch nicht mehr spritzen. Will 125 Jahre alt werden ..... betrunken ist er haufig.

Wieland Herzfelde lebt auch in Manhattan. Ist genau derselbe wie ehedem. Nach fantastischen Fluchten schliesslich durch Hilfskommittee hierher. Glaubt an Autoritaet .... und da er nicht an Gott glauben kann oder will, Autoritaet aber verehren muss, so glaubt er eben an weltliche und wenns geht uniformierte Autoritaet. Netter Kerl, we like him .... Sein Sohn war mehrere Jahre Schlittschuhlaufer und verdient in iceshows ne ganze gute Menge Geld. Jetzt ist er im Radio und Advertisingbetrieb. Hellmuth Heartfield (Hellmuth der Klebemeister) lebt seit Jahren in London. Nun haben aber alle Emigranten dort eine solche schreckliche Angst (die Englaender sind lange nicht so tolerant wie die Amerikaner, auch viel schwerer dort Buerger zu werden, Englaender wird man nie, Amerikaner eventuell schon) durch diese Angst erschreckt kommt es dasz man vom ehemaligen so wilden & hysterischen Hellmuth man ganz farblose optimistische Briefe erhaelt, so als haette ihn die Uebersiedelung nach England entmannt. Dort lebt auch Alf Kerr, der Englaender wurde.

Der Bildhauer Belling kam einmal auf Besuch nach NY. hatte aber sein Rueckreisebillett vorsichterweise bei sich ...... verfluchte NY. und reiste ab. Wurde Nazistisch liess sich von seiner juedisch. Frau scheiden und lebt seit Jahren geborgen in der Turkei als Prof. in Ankara. Einsteinkarle beging nach dem Zusammenbruch Frankreichs Selbstmord. Vorher war er in Madrid gewesen und hatte als irgendein Funktionaer (Radio) auf der Seite der Loyalisten zu tun gehabt. Er war sein Leben lang ein Aufschneider gewesen, aber dasz er sich die Pulsadern mal aufschneiden wuerde, wer haette das geglaubt. Hasenklever (Sohn Dichter) veruebte Selbstmord. Ernst Toller mit dem ich oefters hier zusammen war in NY. haengte sich vor mehreren Jahren auf...... war ›ausgeschrieben‹ und da er immer eine Art Idealist gewesen, der die Guete in den Menschen ueberschaetzt, so brach er zusammen als er anfing die Wirklichkeit zu sehen. Zuckmayer lebte fuer Jahre auf einer sogenannten Farm in Vermont. Hatte hier, genau wie Tollerernst gar keinen Erfolg. Aber Karl ist ne andere Type. Karl lebt jetzt wieder gluecklicher als hier auf seinem schoenen Besitztum in Austria am Wolfgangsee. Max Ernst lebt mit seiner jungen huebschen Frau der Malerin Dorothea Tanning in Arizona irgendwo. Der fruehere express. Malersfuerst Bruno Krauskopf, wurde in der Naehe von Oslo verhaftet, soll angeblich vernazit gewesen sein. Will jetzt aber auch nach NY. Wir versuchten ihm zu helfen soweit dies moeglich. In Manhattan leben Maler Rudolphe Jacobi und Malerin Annott, sehr gute Freunde von uns, sie setzen sich hauptsaechlich fuer ihren Freund Krauskopf ein. OK. Erwin Pis, urspruenglich Pisskater hat schwer reich geheiratet (fruehere Taenzerin Maria Ley) hat hier ne gutgehende dramatische Schule und ein Versuchstheater..... Natuerlich nicht etwa Erfolg wie mal frueher drueben. Glaubt nur an sich der Piss, dann an Autoritaet. Erich Maria Remarque ist mit der Erfolgreichste. Sein Buch The Arc of Triumph, ein grosser triumph fuer ihn. E. genannt bony (Melancholiker & schwerer Saufer) ist sehr netter Mann. Er ist vielfacher Millionaer. Faengt schon ganz frueh an mit Calvados oder Tannenkirsch und sauft bis spaet des nachts, mit Recht genannt ›der eiserne Erich‹ faellt er niemals um oder torkelt...... in der Liebe vertritt er die Vielweiberei, verachtet auch als Mann mit Behauptungen & Prinzipien, verachtet diejenigen seiner

Freunde oder besser Zechkumpane, die nicht an Vielweiberei glauben. Das ist der nette liebe eiserne Erich, genannt Bony. Hans Siemsen, Freund von Ringelnatz und von Rene Sintenis fuhr Amerika hassend nach Frankreich zurueck.... Er soff enorm, eigentlich dauernd, dabei ist er nicht schoener geworden, inwendig war er sehr weich & lyrisch, nun ist er weg und kommt nicht wieder...... Goodby Hans, happy landing. Dann lebt hier ein ehemaliger Muenchner Maler mit Namen Scharl. Illustrierte fuer Pantheon Verlag.... Curt Wolff, jetzt hier in Manhattan. Oskar Maria Graf wurde hier auch nichts, sehnt sich eigentlich nach Muenchen zurueck, wo er bekannter war als hier (wo ihn niemand ausserhalb so von lokalen Trachtenvereinen undso, kennt) er gehoert deshalb nach Muenchen wo er konservativ die Geschichtenerzaehlerei von Queri, Thoma oder Kassian Kluibenschaedel fortsetzt. Ich mach mir wenig aus seinen Erzaehlungen, sein letztes Buch ist nicht bedeutend. Was macht das alte Restaurant Schlichter und dein ehemals Fussball spielender Vetter? gibt es das noch?

June 28. Mitternachts. Wiel war da, hatten netten Tag, Steaks und Wein und Gespraeche hinter unserem Hause am grossen Tisch, wo solche intimen Gespraeche hingehoeren und sich nachher mit der Maserung der roten Fichten verbinden... sozusagen in den Tisch hineingehen. Weiter in meinem Brief: dasz der liebe Max Herrmann in London starb vor vielen Jahren weisst Du wohl. Ich hatte ihn sehr gemocht und er mich. Er starb waehrend er hinaussah aus seinem Londoner Fenster, da war aber nichtenichts zu sehen als Londoner Nebel.... (ich kannte Londoner Nebel) das Grammophon lief und er dichtete, und er soll noch das Wort Neisse gesagt haben, mit Kleiderbuersten buersteten sie dann seine Fusssohlen aber nichts war mehr in ihm, er war schon fortgeflogen. Nach Berichten seiner Frau Leni. Kokoschka lebt in London, soll sich da eine kuenstliche Sonne gebaut haben aus Silber & Goldpapier auf einen Wandschirm, wenn Du London kennen wuerdest, wuerdest Du das verstehen. Nebel, Nebel und Fischgeruch. OK. Franz Jung kam, ein alter Mann vor mehreren Wochen hier an. Aus Italien. Carl Jakob Hirsch trat zum Protestantismus ueber ...... Frau Thea Borchardt wurde Katholikin. Von kleineren Illustratoren leben hier Erich Godall (Goldstein) und der bescheidene aber erfolgreiche Fritz Eichenberg (Uhu) Der ehemalige Ernst Schleifer nennt sich hier Sharp und kaempft hart ums taegliche Brot, er illustrierte viel fuers Acht Uhr Abendblatt (Victor Hahn) Wer ist eigentlich der berliner Maler Jaro Kubiczek, den sie hier nach USA eingeladen haben als Professor? Berichte mal darueber. Maler Ende kannte ich aus verschiedenen Repro. bitte gruesse ihn.

Meine beiden Soehne sind schon gross. Peter war in der USA Navy ..... sah viel von der Welt. Martin geht jetzt von der Schule ab. Peter ist in Harvard Student, Flugzeugingenieur, Martin ist grosser Jazzman, spielt diesen Sommer mit seiner Band in Southhampton, er ist Guitarrist und Expert on Jazz. Eva ist OK ...... laesst euch beide allerherzlichst gruessen, sie denkt gerne an euch und sagt sie wuenschte ihr wuerdet hier um die Ecke leben ...... sone Ecke meint zwei Meilen fort, das ist sehr nahe, da jeder hier sein Auto hat .... Peter hat seins, wir haben eins, und unser Handyman George hat auch eins .... Autos sind hier wie Fahrraeder, und noetig, weil manche Freunde so weit weg wohnen .... neuerdings haben viele schon kleinere Flugzeuge. Huelsenbeck lebt in NY. Ist ein sehr gut verdienender Psychoanalytiker geworden. Heisst jetzt Hulbeck. Seine Tochter Mareile heiratete den Sohn des sechsreichsten Mannes in den Staten einen Mister Bruce Odlum. Sie leben Mareile und Bruce auf einer enormen ranch in India California. Eva besuchte sie dorten voriges Jahr. Sie haben Grapefruit plantagen und Dattelpflanzungen ...... und ihr eigenes Flugzeug. Dick Hulbeck arbeitete kuerzlich an einem surrealistischen Film mit, den Hans Richter drehte und herstellte in Verbindung mit Max Ernst und Marcel Duchamp und Anderen: Titel: Dreams that money can buy ..... ganz huebscher Erfolg aber zu avantgardistisch um richtig money zu machen .... (Cocteaulinie, verstehst) Hulbeck hat sonst Schreiben aufgegeben, hat nur zum Richterfilm Dialog gemacht.

Oz und Lotte leben nach wie vor in Berlin. Schreiben sehr pessimistische Briefe .... Lotte wurde von Russen nebst anderen Frauen in Keller gesperrt und attakiert bei der Eroberung von Eberswalde, wo sie damals lebten. Wir tun was wir koennen und senden und sandten viele Pakete aber zurzeit kommt nichts mehr durch. Meine Mutter wurde verschuettet .... in Treptow bei einem der letzten ganz tollen Bombenangriffe. Mia Bauer die Frau meines verstorbenen Vaters schrieb: als ich zwei Tage drauf dahin kam, war nur ein einziger grosser Krater.

Ich selbst wurde 1938 offiziell exiled. 1935 war ich das letzte mal in Europa. Eva sah dich damals ich glaube beim Begraebnis deines Bruders. Gibt es noch den Herrn Schwarze Front Salomon, von Juenger Ernst haben wir hier oft gehoert, sein Buch Auf den Marmorklippen kam hier im New Direktions Verlag heraus. Von Berlin hoerte ich von Pechstein, und von dem Maler Ehmsen (Russenfreund) Hofer ist Akademiedirektor, sie sollen alle sich selbst wiederholen wird hier gesagt, das meint wohl sie malen immer dasselbe ..... (Repeat Performers nennt man das hier) .... Was macht Gottfried Benn? Ich schaetzte ihn sehr. Hatte Haltung und Gehirn. Sonst nur Klagebriefe. Rudi wenn ich Dir etwas senden kann? Ich dachte an Kaffee? OK. Verzeihe die Association, denn der deine war ohne Klage. Was machen die ehemaligen grossen Maler Prof. Ziegler z. B. oder die bekannten Bildhauer Breker oder der kleine Tyroler? I don't know. Der Marzipanmaler Prof. Peiner, der die Goehringakademie leitete? wo man vor dem malen erstmal drei Stunden mit Spaten & Hacke umzugehen hatte ehe man an zu malen fing? Was wurde aus dem grossen Otto Baldung Dix? (der so vielversprechend anfing) Mann gib ausfuehrliche Auskunft, alles interessiert. Trotz Radio und shortwaves ist man abgeschnittener wie frueher. Deine Bilder haben mich ungemein interessiert. Du bist einer der Wenigen (Wenigen) der mit zeitnaher Intelligenz schafft und der wirklich dieser apokalyptischen Zeit im ›mittelalterlichen‹ Sinne nahe kommt, und diese uns bewegenden Probleme attakiert. Das ist absolut wahr. Ich mochte sehr deine Geschichte Heimreise. Und bestelle der lieben Speedy meine Komplimente ueber Polyphem. Da sind ausgezeichnete Stellen dabei .... oft dachte ich an den grossen Kafka oder an Strindbergs Weg nach Damaskus.

Oft bin ich hier zusammen mit Dos Passos, Edmund Wilson, Ben Hecht, Georg Biddle, Thomas Benton, Arnott J. White, James Thurber und Baron D'Ertinger. Sonst wenig amerikanische Freunde .... mit 54 wirds einsamer und muss so sein. Ich liebe Amerika nach wie vor.... der romantische Traum ist ein wenig angerostet aber nicht ganz .... das ist die Wahrheit. Habe wenig Sehnsucht, hatte merkwuerdig niemals Heimweh, und seit Mutter verschwand fiel die letzte Bindung. Meine juengere Schwester Martha lebt seit 1914 in Hollywood .... sah sie nicht seit 1912, wo sie nach New Zealand ging als Secretaerin eines Doc. Christie. Meine aeltere Schwester kam mit ihrem Mann 1934 nach NY. Moechte gerne nochmal nach Italien oder Suedfrankreich .... aber das kann warten. Eva hat mehr Sehnsucht weil sie zwei Schwestern noch in D. hat. Mal sehen. Vielleicht fliegen wir naechstes Jahr mal rueber. Nach Portugal z.b. die Muehlen am Tajo zu sehen und nach Spanien. War sehr enttauscht als ich 35 noch einmal Europa sah vor dem 2ten Weltkrieg. (Obwohl ich damals Geld hatte) ..... Paris gefiel mir garnicht. Mein juengerer Sohn Martin wird dieses Jahr in die amerikanische Armee eintreten, und vielleicht kommt er zu einer europaeischen Formation, ich werde ihm dann Geschenke, und Gruesse an euch mitgeben ..... ihr wuerdet ihn nicht mehr erkennen, weil sie alle hier enorm hoeher werden ueber sechs Fuss, aber er spricht noch ganz nett deutsch Kanntest Du den Ulli Becher, verheiratet mit der Tochter vom guten Roda Roda ..... er der Alte starb hier in Manhattan .... Ulli bekam hier einen Sohn Martin ..... ging vor mehreren Wochen nach dem Schweitzerlande zuruecke .... ich hoerte auch aus der Schweiz vom schoenen Meier, besinnst Dich auf ihn bei Schwannecke undso, war ein netter Mann. Ach wie ferne einem alldas erscheint hier bei 89 Grad und ich nackend und schweissbedeckt an der Maschine an einen guten Freund tippend. Hier ist der Sommer tropisch feucht und wie in Havanna ...... Sonst waren wir um diese Zeit schon am Ocean in Truro auf Cape Cod. Mein eingekuehlter Whisky hilft aber.

So lieber Rudi und Speedy das ist vorerst mal alles, habe mich ausgekloehnt. Thats all. Alles Liebe und gute Wuensche fuer euch Beide.

Immer euer alter

4. George Grosz an Rudolf Schlichter

Dec, 4, 48 (Huntington)

Lieber Rudi, liebe Speedy:
Da hab ich nun euren freundschaftlichen Brief hier vor mir, wie ihr beide dasitzt – zwei Baeume scheints mir, ein paar Aeste abgehauen, (das macht nichts) und da hinter euch die Buecher, die Bibliothek ... auch Rudis Wasserwerke ich meine Watercolors, aber auch mit der Lupe konnte ich nichts erkennen, nur, dasz Rudi Du Guter Schnee auf dem Haupte hast (er ist schneeweiss geworden) ..... vielen Dank fuer deine Zeilen und fuer Speedys so schoene und freundschaftlichen Worte, auch von Evan, die gerade ein Muschelgericht fuer mich kocht unten in der Kueche. Ich habe sehr viel Freude gehabt ueber deine so lebendige und humorvolle Beschreibung der einzelnen Malersknechte. Eva und ich wir lachten oft beide herzlichst ueber die Ironie und feine Beobachtungsgabe. Dank auch fuer deine Fotos von deinen Bildern, die, ich sage es immer wieder mir sehr gut gefallen. Sie sind ein schrecklicher Spiegel unserer Zeit, es ist darauf ein verhextes Niemandsland voller rauchender ›cracks‹ im Erdboden aus dem Schwefeldaempfe und alle moeglichen Giftdaempfe austreten, der Kopf vorne eingezwaengt – drueckt noch im Tode eine nimmer endende klaustrophobische Angst aus ..... ich fand dies, dein Gemaelde Gestade der Verlassenheit besonders beeindrukkend (und bedrueckend auch) Habe mir auch die mehr ›abstrakten‹ Gemaehl genauestens angesehen ..... gehst Du da weiter, ich meine zum Abstrakten hin (sie sind ja niemals ganz abstrakt, z. B. im Sinne Klees oder Kandinskys. Ich sandte Dir gestern drei Rollen mit allerhand Interessanten, magazinen und Ausschnitten. Zwei gute Kritiken ueber William Faulkner.

Eine von Edmund Wilson (unseren feinsten & belesensten Critiker in d. Litteratur. Der selbst vor 2 Jahren mit einem stark erotischem Buch (wirklich erotisch) Hecate County Aufsehen machte. Dies Buch ist seit 1 1/2 Jahren vollkommen verboten. Wir besuchten Ed neulich in Manhattan. Er ist dick und gleicht einer Dickensfigur. Lebt aber sonst in Wellfleet Cape Cod. Ich kannte nicht Faulkner. Kannte aber seinen Lehrmeister Sherwood Anderson.... Nebenbei: Sherwood starb ganz ungewoehnlich an einem verschluckten Zahnstocher kurz vor seiner Reise nach Suedamerika. Das letzte Mal sah ich ihn hier im Club 21.... ein garstig teurer Nachtverein wo nur Prominente Authoren, movieleute usw. verkehren (ne portion Apfelmus 1,25, cream de pommes a la paysanne) na undsoweiter. War dort eingeladen einer vom kleinen: Club der Ueberlebenden. Ben Hecht, Henry Varnum Poor (Maler, Keramiker & Lehrer) Prof. Wyndham Lewis, Englaender, jetzt in Canada (frueherer Herausg. von Zeitschrift: Blast in London[)], Sherwood Anderson und ich. Wir tranken: Black velvet.... d.h. Sect mit Perkins Porterbier. Unsere Unterhaltung wurde spaeter auch so black Velvet, besinne mich kaum noch was wir sprachen, jedenfalls sagte Sherwood, dasz er Faulkner als eine Art Follower (Juenger sozusagen) betrachte. Hier ist Faulkner unter der ›Elite‹ bekannt. Hemingway ist vielmehr populaer. Aber F. gilt sehr viel in Frankreich. F. gilt als den Chroniquer des Suedens, des Verfalls, der Indolenz, der Perversionen, jenes bankrotten Suedens nach dem Bruderkriege. Ich glaube er stammt aus Nashville Tennessee. Ich schickte auch fuer den Litteraturstudenten und fuer Speedy ein paar Hefte der ganz ausgezeichneten und informativen Saturday Review of Litterature mit. Ihr koennt euch damal unterrichten was hier bei uns alles so gedruckt wird. Ich denke es wird euch gefallen unterrichtet zu werden. Es gibt hier 10 000 von Autoren die drueben nicht bekannt sind, davon nicht alle gut, aber das Durchschnittsnivoh ist ganz erstaunlich hoch. USA hat Frankreich & Deutschl. meiner besch. Mg. nach bereits ueberfluegelt. (Von Russland kann man ueberhaupt nicht reden, die dort uebliche materialistische Propagandalitt. ist so schlecht dasz es nicht lohnt davon zu sprechen. Ich sandte auch Dir Rudi einen Pakken Fotos von meinen Bildern. Damit Du mal siehst was ich so male usw. Die Beschriftungen auf der Rueckseite geben Aufklaerung & Erklaerung auch.

Der fruehere expressionistische Malerfuerst Bruno (Krauskopf) traf hier ein. Er malt noch immer in einem ›Hit and Run‹ Stil, so wie man vor 30 Jahren in Sachsen, Berlin & Paris malte ..... siehe Brueckenstil. Das ist heute ziemlich langweilig, das ›Wilde‹ was einstmals shockte und den Buerger herausforderte wirkt heutzutage garnicht mehr wild, eher zahm und ungekonnt ja fauvistisch-akademisch. So komisch es klingt wirkt da der grosse Meister Dali mit seiner Meissonierschen ganz precisen Technik herausfordernder als der wildeste Munchnachahmer. Siehe wie ueberschaetzt Cezanne gewesen. Krauskopf ist ausserdem ein unbelesener, ja ungebildeter Mensch. Wenn man auch immer sagt Courbet waere ein ungebildeter Mensch gewesen, so hatte bei seiner zweifellosen proletarischen Ungebildetheit, der Gustave ein doll-virtouoses Talent ...... (ein Talent, das aber sofort verblasst wenn man seine grossen Schinken in einen mittelalterlichen Saal (voll mittelalterl. Malern) haengt. Dies nebenbei. Auch hier regiert im Kunstmarkte nachwievor Frankreich. Man sieht immer wieder 10 000 kleinere Nachmacher der grossen weltberuehmten Ornamentenschule (auch schon nachgemacht den Negern, alten Kastilianern usw) der Pipenkasso, Matisse, Rohrleger sowie Klee. Nun das wird noch ne Weile so dauern, in diesen Spekulationen ist zuviel Geld hineingesteckt worden ..... sie sind ja wohl auch die wenigen die noch verkaufen. Den meisten ›freien‹ Malersknechten gehts nicht gut, sie klagen alle ueber stockende Verkaufe. Um ein wenig Geld an der Seite zu verdienen, beginne ich morgen eine Mal und Zeichenklasse. In einem Privatatelier, in NY. einmal die Woche. Unterrichte 10 reiche Damen jeden Mittwoch von 1,30 bis 5 Uhr. Das laesst sich schon machen und nimmt nicht zuviel Zeit. Bringt mir auch ein bichen Geld, zumal bei mir die Verkaufe auch stocken auf dem ›freien‹ Markte.

Dein Brief hat uns sehr gefallen, auch was Du ueber ehemalige Freunde undso schreibst. Was meinst Du mit: der Schaefer soll ›kindisch‹ geworden sein? so ein klein wenig Ga-Ga etwa wie man hier sagt.??? Bekamet ihr unser Kaffeepaket?

Lieber Rudi und Speedy, alle guten Weihnachtsgruesse ebenso von Evan

Wenn ihr mal wieder nichts Besseres zu tun habt
schreibt wieder an euren euch umarmenden alten Freund

Bekam die Schwaebische Illustrierte. Besah mir alle die bekannten Malersknechte. Gruesse bitte alle insbesondere deinen nahen Freund den Ekstatiker Tom Niederreuther, hat ja 'n mittelalterlichen Namen. A propos Maler, was bekam eigentlich aus dem einst so gefeierten Otto Dix? In welcher Richtung ›entwickelte‹ er sich eigentlich?? war er gar ein guter Anhaenger vom Prof. Ziegler? Hat er sich ueberhaupt entwickelt. Von saechsischem Express. Prof. Pechstein hoere ich dann und wann ..... Max muss wohl bei den Russen mitmachen. Die Russen verachten und verwoehnen die Kuenstler .... die Aufseher sind weniger strenge, wenn man nichts an der Kasernenordnung auszusetzen hat ..... Den Grohmann kannte ich und den Roh .... sind wie Papageien, auch wiederholen sie uralte Phrasen, auch macht ihr Preisen von ›degenerierter‹ Kunst wenig Freude .... Habe manchmal kolossal gelacht wie die einzelnen Malersknechte sich da ausdruekken ..... verzeih, aber English scheints mir eignet sich viel weniger zu solcherlei Phrasen ..... Du wirst sehen wie relativ einfach unsere grossen wirklichen Kritiker im allgemeinen schreiben. Wir wuerden die deutsch. modern deutsch Art nennen: Highfalutin talk.

[Am Rand] Dank fuer Speedys Verteidigung dem Zimmermanne gegenueber.

5. Rudolf Schlichter an George Grosz

München-Laim, 18./12. 1948

Lieber alter Böff

Meinen tiefgefühlten Dank für Dein liebes Kaffeepaket; der Kaffee ist vorzüglich, hier bekommt man kaum eine so gute Qualität und wenn, dann nur für teures Geld. Und Dein Brief, nun er bedeutet für mich immer einige Stunden echtes Glück, trotz der bitteren Gedanken. Aber es kommt ja auf das Herz an, aus dem sie kommen, das gibt ihnen das sittliche Gewicht und macht sie lebenspendend. Hier werden die Menschen zusehends nervöser, um nicht zu sagen hysterischer; man hat ihrem Nervensystem zuviel zugemutet und mutet ihm auch weiterhin noch zuviel zu. Die Folge ist eine allgemeine Gereiztheit, jeder leidet am andern, die verbindenden Kräfte schwinden mehr und mehr und es bedarf oft ungeheurer Anstrengung, um nicht in den Zustand explosiver Kettenreaktionen zu verfallen. Das ist die Wirklichkeit, in die uns idealistische Blutsäufer gestoßen haben und die Hölle, in der uns die heillosen Dilettanten von heute schmoren lassen.

Der Aufsatz im Rhein. Merkur ist natürlich als kunstpolitisches Pamphlet zu betrachten, darum habe ich Picasso, Matisse und M. Ernst erwähnt; die hiesigen Kunstläuse verstehen nämlich sonst den Wink mit dem Zaunpfahl nicht, man muß schon ihre Herrgötter als Beweis und Paradestück zitieren, um ihnen ein Licht aufzustecken. Roh und Grohmann sind Flachboote, eitle Schwätzer und Nabelbeschauer ihres liebenswürdigen Nichts. Du hast mit Deiner Bemerkung vollkommen recht. Apropos, eine Frage: Ich möchte gelegentlich über Dich schreiben! Würdest Du erlauben, einiges aus Deinen Briefen zu zitieren? Selbstverständlich würde ich die Auswahl in Deinem Sinne treffen und ich denke, Du kannst mir da schon Vertrauen schenken; da ich voll und ganz »ja« zu Dir sage – was das einzige tragfähige Fundament einer wirklichen Verbundenheit ist – wird die Sache schon richtig werden. – Du hast natürlich recht mit der mittelalterlichen Kunst, sie ist ein verpflichtendes Erbe, dort liegen unsere Wurzeln, besonders in der spätmittelalterlichen Inkubationszeit, die ein krisenhafter Über[-] und

Untergang war. (Habe darüber in meiner Kunstbroschüre geschrieben). Nicht im bürgerlichen Kolorismus, nicht in der Negerei und noch viel weniger in der abstrakten jüdisch-wikingerischen Gegenstandslosigkeit liegt unser Heil. (Du sollst dir kein Bildnis machen ... steht im Pentateuch und die Abstrakten berufen sich neuerdings mit verdächtiger Beflissenheit auf diese Stelle). Picasso soll jetzt wie Cranach malen, ja ihn sogar kopieren, meldet der Kunsttelegraph aus la France! – Unter uns gesagt, das mit der Entartung war gar nicht so falsch, es kam nur aus den unrechten Mäulern, die andern waren zu feig, es auszusprechen, sie überließen das den Unterweltlern, sehr zu ihrem eigenen Schaden. Jetzt scheint uns wieder daselbe Malheur zu blühen! Das Beispiel Picassos wird bald seine Folgen zeitigen, die hiesigen Modeköpfe beginnen schon zu schwellen. Zur Zeit machen sie noch in abstrakt, auf Grund der Signale, die aus Paris und New York kommen. Nun das alles geht vorüber, ist aber eine Art spinaler Kinderlähmung. Nein Böff, ein Abstrakter werde ich nicht, habe experimentiert, schon um den Papageien zu zeigen, daß unsereiner auch dieses interessante Spielchen beherrscht. – Dix ist ein trauriger Fall, er exerziert noch einmal, wenn auch arg verspätet, die Brückemalerei durch, es fehlt ihm aber der Spiritus zu was anderem. Er sitzt am Bodensee in seinem Eigenheim und grollt gegen Gott und die Welt. Neuerdings soll er wieder heimgefunden haben.

Was Du von der amerikanischen Literatur schreibst überzeugt mich. Frankreich marschiert nicht mehr an der Spitze, ganz zu schweigen von Deutschland. Das hat sich sogar hier schon herumgesprochen. Die alberne Politik der Franzosen zeigt dies übrigens deutlich genug. Der dumme Chauvinismus, der in Europa allerorten um sich greift, ist zum größten Teil ihr Werk; sie werden dabei wacker von den Kommunisten sekundiert. Es ist zum Kotzen.

– Die Inflation an Literatur und Kunst scheint ein planetarisches Phänomen zu sein. Kein Wunder, wenn alle alles können und man weder Talent noch Ausbildung mehr braucht. Wir kranken hier – unseren kleineren Verhältnissen entsprechend –

an demselben Wasserkopf. Es lebe die schrankenlose Freiheit, Dilettanten erhebt Euch!

Kunstrichtungen kommen und vergehen
Die Schlieferln aber bleiben bestehen!

Das ist anscheinend, seit es eine technische Zivilisation gibt, unser unausweichliches Schicksal »bis wir tot, ganz tot sind«! Hier haben wir eine Hochflut an Zeitungen und Zeitschriften, manche erreichen kaum das Alter einer Woche, dann verrecken sie sang und klanglos. Man soll dieses Zeug auch alles lesen – und kaufen. Ist doch das meiste so unnötig wie ein Kropf in so einem ausgepowerten Land wie Germany. Mit Bilderverkauf ist's sowieso übel bestellt. Verkaufte innerhalb eines Vierteljahres zwei Bilder und etliche Zeichnungen. Das Bild »Gestade der Verlassenheit« an einen kanadischen Wurstfabrikanten, der auch Bilder von Dir, Paulchen Klee und anderen besitzt. Na, Wurst wider Wurst! leider macht eine Schwalbe noch keinen Sommer!

Kürzlich war Thornton Wilder in Frankfurt; hielt da in deutscher Sprache Vorlesungen an der Uni. Ich liebe diesen Autor, weil er noch ein ernstes Anliegen hat und über eine heutzutage selten gewordene Sensibilität verfügt. Sie ist allerdings sehr rar geworden, diese Spezies. Freilich ist er mehr Europäer als Amerikaner, wenigstens empfinden wir ihn hier so. – Hier gibt es eine junge Schriftstellergarnitur, Gruppe 47 benamst. Sie tragen einen antibürgerlichen Vogel im Kopf und gebärden sich gern als Raufbauze. Einige davon sind ganz beachtliche Begabungen. So z. B. Borchert, Günther Eich, Wolfdietrich Schnurre, Kolbenhoff, Richter, Weyrauch, Weißenborn u. a. Einen literarischen Surrealisten haben wir hier auch: Ernst Kreuder, ist bereits ins englische übersetzt. (erschienen b. Rowohlt). Meine Kunstbroschüre kommt im Frühjahr heraus; ebenso will Rowohlt meine beiden ersten Bände der Autobiogr. neu herausbringen, hinzu soll noch der dritte Band kommen 1914 bis 1933) den ich nächstes Jahr zu schreiben beabsichtige.

Die Russenseuche fängt auch wieder zu grassieren an, dank der ungeschickten Politik der Westmächte. (Der einzige überlegene Kopf, den diese hatten, war Churchill, hat realistischen Blick, keine ideologisch-idealistischen Nebelhörner im Kopf) und den haben sie in die Wüste geschickt. Die Schwachmatiker und Angaffer wittern Morgenluft, ebenso die mystischen Nihilisten; sie bereiten schon ihre Umstellung vor – wie 1933. Es ist zum Verzweifeln. Und die Preise steigen und die Waren werden knapper. Amerika (U.S.A.) ist tatsächlich unsere einzige Hoffnung, trotz aller Schönheitsfehler. Wir wünschen ihnen – den Amis – nur weniger Puerilät [!], weniger Concordeidealismus und bessere Einsicht in die geistigen Brutstätten unserer Satanien. Mit Wilson'scher u. Roosevelt'scher Gutgläubigkeit ist uns nicht gedient.

Auf Deine Sendungen bin ich enorm gespannt. Und empfangt, Du und Eva, unsere allerherzlichsten Weihnachts[-] und Neujahrswünsche und seid in Liebe umarmt und gegrüßt Euer Rudi

[Am Rand] Speedy läßt Euch ebenfalls von ganzem Herzen grüßen und für den wunderbaren und reichlichen Kaffee danken. Sie ist natürlich vor den Feiertagen sehr beschäftigt und bittet Euch, sie zu entschuldigen; sie wird aber im neuen Jahr von sich hören lassen.

6. George Grosz an Rudolf Schlichter

[Dezember 1948]

Lieber Rudi; bei Nikenin dachte an Zabotin, der uebrigens hier in Kanada ankam, sah seine Fotographie in der USA Zeitschrift Life, es kamen viele »displaced persons« an, einer war Z. Aber nicht mehr so wie Du ihn noch kanntest in den toenernen Fuessen. Danke-dank dafuer, fuers Buch ... als waere alldas vielleicht 200 Jahre her, denkt man beim lesen. Fuchs ist wohl Scholz??? er starb vor einigen Jahren, und typisch Fuchsisch als Buergermeister von Groetzingen. Erinnerst Du Dich noch als wir ihn dorten besuchten es muss wohl so um 1883 gewesen sein denke ich. Ja er war ein ungewoehnlich guter storyteller (Geschichtenerzaehler) (eine ganze lange Nacht lang in der Trautenaustrasse faellt mir ein (1884 im Sommer) da erzaehlte er bis zum Morgengrauen. Nur ein paar ueberlebende ›Verschonte‹ hie und da ein bischen verstuemmelt, aber das macht nichts .... Borchardhans laesst gruessen, ist wieder im Hospital, Herz, kann jeden Augenblick abklappen ..... war bei ihm am Bette, er sprach sehr nett von uralten Zeiten und von unseren gemeinsamen Dampfbaedern und hinterher beim Maxe und dunklem Bier und ›Laugebrezle‹ ...... und schwarzgerauchertem badischem Speck ..... (it is a long way to Tipperay, it is a long way to go) so sangen wir damals, und wir bewunderten den Kiplingschueler Brecht. ja der wohnte lange Zeit in Hollywood ... besuchte mich zusammen mit dem beruehmten Filmschauspieler Charles Laugthon .... er L. & ich wurden auch auf der Eroeffnung einer grossen Collectivshow in NY. photog. Jetzt ist Brecht im Schweizerlande und wuerde nie wieder nach USA kommen. War doch hier gegen ihn eine Untersuchung im Gange. Man beschuldigte ihn als Communistischen Propagandadichter, was er ja auch in Wirklichkeit ist .... er leugnete es ab, kam aber hinterher raus, er war dann schon weg im Schweitzerlande. Der Picasso ist auch Communist, aber der kann sich das erlauben ... es gibt eben Personen die sich alles erlauben koennen .... so solls auch sein .... (der kann seinen eigenen Scheck schreiben) so sagt man hier .... Das hat aber nichts mit Gutmuetigkeit zu tun, es ist einfach ›fate‹, ist ›destiny‹ ..... ist Schicksal .... Also Worte die die Marxisten verabscheuen. OK. Jede Gesellschaft, auch die grausamste und Sklavenhalterischte (Russland z. B.) hat solche Typen .... siehe Pawlow ...... den ekelhaften Entdekker der ›reflexed condition‹ .... Diktaturen haben ihre Wahrheitsagenden Hofnarren auch. OK. Der Hundekopf und das kuenstliche Herz, als schauerlichsten Beweis der ›Unsterblichkeit‹ .... Fein, so solls auch sein. Die brave neue Welt von Aldous Huxley ..... Grosser Author. Thos. Moore, Butler, Shaw, Wells (Timemachine und Huxley) Ape and Essence. Neues Buch vom Aldous, sehr gut. Den Ledig lass schoen gruessen ... ob ich beim James (Thurber) was ›machen‹ kann weiss ich nicht Thurber ist sehr sehr aberglaubisch besonders Verlegern gegenueber was verstaendlich ist I say. Es freut mich dasz meine Kunstberichte und magazinsendungen euch Spass machen. Hier wird unendlich viel gemalt .... als ich noch in Greenwich Village in Manhattan lebte hoerte man des Nachts ein ewiges streichen von tausenden von pinseln ueber Leinwaende und Pappen, ganz deutlich hoerbar wars neben dem schleifen der vielen Autoreifen. Fein. OK. Es war da ein deutlicher Unterschied ..... hier malen auch die Generale ... unser genialer Eisenhauer stellt jetzt selbst gemaltes Bild eines Indianers aus (fuer Wohltaetige Zwecke) Ich selbst gab in der Art Students League ungefaehr 5 Genaralen Unterricht in Wasserfarbenmalerei (kurz vorm 2ten Weltkrieg) .... Ich hatte die 7 Newton colors, wovon sie aber nur dreie benutzten. Ich gab uebrigens auch Perspektiv Unterricht, so nebenbei ... weil man diese Wissenschaft fuer Gelaendecroquis gut gebrauchen kann. Einer der 5 Generaele schenkte mir zum Dank einen vergoldeten Bleistiftverlaengerer mit meinen Anfangsbuchstaben GEG. (George Ehrenfried Grosz) ... OK. In Rosen erkannte ich Rosentreter wieder (ein schrecklicher Name, ein Mensch der Rosen niedertritt) er selbst war OK, zuruecke kommt ein Tag wo wir gemeinsam uns eine Lokomotivenausstellung ansahen, o 260 Jahre ists nun schon her in der Naehe von Berlin ... was bekam aus Rosentreter? was bekam aus dem Querulanten und Widersprecher Frank? alles ist so interessant ... Du bist doch ein Ueberlebender und kannst berichten. Dank fuer Kataloge. Ich sehe da den franzoesischen Einfluss .... auch bei Hartmann den Beckmann ..... es ist Durchschnitt wie auch hierzulande ... offenbar stirbt die Kunst aus, denke ich. Gutso. Ich dachte mir, dasz der Mac Zimmermann recht gut ist, don't you (denkst Du nicht) hat ›was‹ ..... Du, meiner M. nach bist der Einzigste, der, ausser Mac Z. sich heraushebt aus dem Vorkriegsnivoh. Sage ich. Es scheint mir, als ob gutes zeichnen und Koennen abkommt dorten, (Dali der Grosse kann fabelhaft genau abzeichnen, er schaetzt den Meissonier sehr, das brachte alle Cezannenachahmer auf gegen ihn, OK.) Wo, wo denn? wo bleibt die deutsche Kunst? ick meene die Tradiation (haette Communist Wetterwald gesagt) ja wo??? auf jeder Seite denkt man ans franzoesische Vorbild. Doll. Wo sind die Rembrandtdeutschen, wo die schlanken Cranache wo sind die wirklichen Nachfolger der grossen deutschen Schule? Natuerlich ist die Fotographie OK...... mit ihren Linsen machen sie heute alles (ALLES) stelle einen intelligenten Fotographen in das umgebende Nichts, er zaubert im Nuh wie ein Hyronymus Bosch alles was Du willst (siehe Film – Cocteau) oder auch wie der Arzt Hofmann den Struwelpeter..... wir Maler sind halt veraltet..... so wie Lokomotiven gegen Flugzeug...... (Film ist der wirkliche Ausdruck) That's all..... Ich pinsele & zeichne noch nunmal so weiter obwohl ich genau weiss das ich einer der letzten bin....... (ein Scheissberuf sowieso) dies nebenbei.... habe keinerlei Illusionen mehr in puncto Scheisskunst. Wenn man so eine ›moderne‹ Ausstellung ansieht? wie langweilig und schlecht und uninterressant das alles ist[.] Grosse Maler heute: Dali, Magueritte (Belgier) Max Ernst............ dann kommt ne ganze Weile Nichts. Also nur 3 Maler. Toll aber OK... Schreibe bald wieder Rudi und sei gegruesst von Eva und mir.... wir waren in Gloucester ein wunderbarer alter Fischerhafen wo auch Kipling gelebt hat in Massachusetts...... unsere Freunde hatten einen outdoor grill im garten, wir hatten jeder drei Hummern auf Holzkohle gebraten dazu tranken wir californischen Vin Rose.... (wie roetlichen rosanen Bodenseewein) unser Gastgeber hatte ein ganzes Faesschen davon.... nebenan Felsenkueste und brandendes Meer..... so einfach & schoen kann das amerikanische Leben sein.... (wir sind wirklich zu beneiden) Der Dichter Longfellow lebte da in der Naehe... wir besuchten sein Haus...... inmitten einer Derainschen Fichtenlandschaft........ Mass ist herrlich, hat wundervolle Utrillohafte ganz weisse Holzkirchen und uralte Hauser in vornehm ausgelegten Staedtchen. Dies Amerika ist kaum bekannt, kaum fotographiert worden.... man fotogr. immer nur die Wolkenkratzer oder die Grand Canyons oder die Faelle des Niagara aber kaum diese entzueckenden Neuenglischen Staedtchen oder Haefen.

Wie geht es Dir & Speedy? Kaffee paket ging an euch ab..... zu dumm da mit eurer Waehrungsreform..... alle Bettler wie?? hoerte dasselbe von Otz.... Berlin wird natuerlich russisch....... wir Westler wollen keinen Krieg wird hier gesagt....... bald wird die Kommissarwelt bis an den Rhein reichen.... pass gut auf....... Irgendwie wollten diese ganzen Scheissvoelker das ja auch, es war ein geheimer Daydream, nun wird das satanische Reich wohl verwirklicht. Fein OK.. Da gibt es keinen Ausweg, gibt es da.

Umarmung Dir und Speedy
immer dein alter dichliebender Freund

NB. Dein Buch Toenerne Fuesse hat mir ausserordentlich gefallen. Bin gespannt auf Abenteuer in der Kunst. So long.

7. Rudolf Schlichter an George Grosz

München-Laim, 1. 1. 1949

Lieber Böff
Herzlichen Dank für die Sendungen, Zeitschriften und Photos. Über Deine Bilder, die mich stark beeindruckten, näheres in einem baldigen Brief. Im Auftrage Tom Niederreuthers sende ich Dir seinen Band Aphorismen, er läßt Dich unbekannterweise herzlich grüßen. Noch eines: die »Neue Gruppe« hat sich jetzt von München über ganz Rumpfdeutschland ausgedehnt (Expansion!). Wir haben von Hofer über Baumeister, Mataré etc... bis Dix alle namhaften Malersknechte in unserem Verein. Ist natürlich ein dolles Sammelsurium heterogenster Individuen! aber aus kulturpolitischen Gründen durchaus geboten. Im Namen der N. Gruppe soll ich nun bei Dir anfragen, ob Du Ehrenmitglied werden willst. Tom hat Dich vorgeschlagen und es bedarf nur noch Deiner Zustimmung. Wirst selbstverständlich mit Kußhand empfangen!

Ich teile Dir dies mit im Auftrage der Kollegen. Gieb mir in einer kurzen Karte Bescheid, was Du darüber denkst.

Dir und Eva meine herzlichsten Neujahrsgrüße
Dein alter Rudi

8. George Grosz an Rudolf Schlichter

March II, 49

Rudolfus lieber: Dank fuer Ausschnitt mit deiner Zeichnung und fuer Briefe und photos, alles willkommen & sehr lehrreich. Las nochmals im Polyphem von Speedy, Du weisst wies ist erstmal blaettert man etwas herum, liest hie & da ein Stueckchen, jetzt las ich ›gefesselt‹ das Ganze noch als . . sage ihr hohe Komplimente, da ist ein seltsamer Humor, darf ichs vergleichen (das tut man nunmal) verzeihe, mit Dostojewsky, sehr sehr begabt geschrieben, natuerlich kaum etwas fuer den ›Sauhaufe‹ . . . da wo der einsame Mieter im Schrank einschlaeft, auch der schreckliche Selbstbetrug und der Mief eines kleinen Mannes beschworen, ich sage GUT. Bitte sage ihr das, von Evan auch. Rudolfus, ja haette ich fast vergessen, selbstverstaendlich nehme ich mit Freuden die Ehrenmitgliedschaft (was fuern Wort, Himmel) an, ja nehme ich an, schade nur dasz ich soweit weg bin und vielleicht euch alle braven und unbraven Malersknecht nimmer sehen werde, wie gerne wuerde ich euch Oberknechten gerne die Haende schuetteln oder ein Malersprost auf euch ausbringen. Gruesse wiedermal Tom den Niederreiter (I mean Reuter, welch wunderbarer Name, denk Dir mal wenn wir alle bei Namen beim juengsten Gericht aufgerufen werden, wie der klingt. Sage Tom meinen allerherzlichsten Dank fuer das Aphorismen Buch, sehr schoen und hat mich so freundschaftlich bewegt als haetten wir uns vor noch gar nicht so langer Zeit mal gekannt. Es gab und gibt eben immer noch hieunda ein paar hoeher Verwandte. Diese Karte brachte ich gestern aus der schrecklich schoenen gleissenden Tunnelstadt mit, drei Etagen tiefe Bahnhofsstadt unter Pennstation. So zeigt sich Manhattans Spitze Dem Eintreffenden . . . . Ja es ists, Rudolfus, die fantastischste Stadt der Welt, das banal gesagt das moderne Babylon, nebenbei heisst tatsaechlich eine Station in Long Island Babylon. Verzaubert sich aber in der Nacht auch, New York, Fifth Avenue in der Nacht mit den erleuchteten Schaufenstern ist maerchenartig . . . . Schreibe bald wieder, seid liebe Beide umarmt, immer euer alter

9a. Rudolf Schlichter an George Grosz

München, den 20. März 1949

Mein lieber Böff,

unerfreuliche Vorkommnisse sind der Grund, daß ich so lange nicht schrieb. Verzeihe also diese Verzögerung. Eines dieser Vorkommnisse ist der Umstand, daß der junge Mann, der bei uns wohnte, unser Haus während unserer Abwesenheit auf Nimmerwiedersehen verließ, unter Mitnahme einer Reihe von Gegenständen, die ihm nicht gehörten. War eine bittere Enttäuschung, sowohl für mich, als auch für Speedy. Der Mann ist ein typisches Produkt dieser Zeit: nihilistisch, inhuman, undurchsichtig, labil. Hatte eine falsche Vorstellung von persönlicher Freiheit, woraus sich eine gefährliche Assozialität entwickelte. Hatten die letzten Monate zahlreiche Auseinandersetzungen; ließ sich von Speedy und mir zwar sieben Jahre verhalten, quittierte dies jedoch mit heimlicher und zuletzt offener Gegnerschaft. Machte natürlich auf die sozialistische Tour und sah in mir einen Rückwärtser. Ist seit einiger Zeit stark beeinflußt von bestimmten kulturpolitischen Radikalinskis. Nun Du kennst diese Garnitur ja auch, sie scheinen zum Ärger und Verdruß ihrer Mitmenschen zu existieren. Nicht unbegabt, aber vorwiegend rezeptiv, letztlich unschöpferisch, traditionslos, entwurzelt; gefallen sich aber in den ästhetischen Allüren der gerade herrschenden Mode. Epigonen unserer Generation, anpassungsfähig, zu allem zu gebrauchen, diebisch, anmaßend und verlogen. Tun einem fast leid, aber Mitleid ist hier fehl am Platz. Müßten mit eisernem Besen behandelt werden; unser altes Europa wimmelt leider von solchen Existenzen, werden nachher gute Handlanger von Despoten. Doch Schwamm darüber, wir sind froh, daß wir ihn los sind, hat uns leider viel Nerven und einiges Geld gekostet. Es ist zum Glück der erste von unseren jüngeren Freunden, der uns eine solche Enttäuschung bereitete. Die anderen hielten Stand. Deine Bilder und die Literatur-Zeitschriften sind gut angekommen. Habe mich mächtig darüber gefreut. Ja, lieber Freund, es wird mir schwer, zu jedem einzelnen Bild etwas zu sagen. Sie sind Dokumente, die man nicht vergißt, wenn man sie einmal gesehen hat. Erlit-

tenes Leben ist und bleibt der Humus, aus dem jede echte Kunst, die immer Aussage im höchsten Sinne ist, ihre Kraft bezieht. Und der letzte Gradmesser für die Satire ist ihr äußerster Gegenpol, nämlich die Idealität der Forderung, von der sie ausgeht. Mit Recht sagt Schiller, daß so hohe Begriffe wie die der Freiheit, der Erhabenheit, der Schönheit und des Spiels dem satirischen Geist durchaus gemäß sind, daß sie ihm nicht widersprechen, sondern in auffallender Weise ergänzen oder begleiten und beleuchten. Nur Dummköpfe – und es gibt deren immer noch genug – können in der Satire Destruktion sehen oder Mangel an metaphysischem Gehalt. Die berüchtigte, so ungern gesehene Aggression kommt immer aus einer Dimension der Tiefe, zu der die bloßen Schöngeister nie vorstoßen. Und dies gilt für Deine Bilder in ausgesprochenem Maße. Alles Vordergrundgeschwätz kann Einsichtige nicht darüber täuschen, daß nur eine wirkliche Humanitas zu solchen Aussagen kommt, wie sie in Deinen Bildern enthalten sind. Nur wer um das Zwittrige unserer menschlichen Existenz weiß, kann derartige Bilder malen. Warum ist ein Inferno von Dante, warum ist ein Don Quichote, ein Gogol so erschütternd? Warum läßt uns der abgründige Humor eines Swift, eines Nestroy bis in das Innerste erbeben? Doch nur deshalb, weil sie an den Bezirk rühren, wo das Erhabene und Absurde, das Lächerliche und das Schöne in jener Wechselwirkung stehen, die jenseits alles bloßen Moralisieren[s] auf den tieferen Grund unseres Daseins in der Welt weist.
Stark beeindruckt hat mich das Bild »Das Loch in der Natur«. Ein makabres Bild, voll unheimlicher Hintergründigkeit, beleuchtet blitzartig die Situation der Kunst – mit dem Mittel der Kunst ausgedrückt, eine prickelnde Dialektik. Ausgezeichnet finde ich auch das Aquarell »Wurde beim Essen gestört«. Stark auch das Bild »Die Stockmenschen« und was mir persönlich mit am besten gefällt »Friede oder Rückkehr«. Das hat etwas von einer schrecklichen Insektenbehausung, dessen zerstörtem offenliegenden Eingeweide ein bandagiertes Lemurenwesen entsteigt. Symbol unseres Termitendaseins! Gut gefallen hat mir auch das Bild, wo sich die halbverwesten

Leiber mit der Vegetation vermählen. »Von der Erde kommst Du, zur Erde wirst Du«.

Nun ich könnte so über jedes einzelne Bild lange Ausführungen machen, es ist so vieles dazu zu sagen und so vieles ist an unausgesprochenen Gedanken darin investiert. Aber ein Brief verlangt Zusammendrängung. Es wird Dich übrigens interessieren, daß ich von Dr. Roh den Auftrag habe, d. h. ich habe es angeregt, ein[en] Aufsatz über Dich für die bei Bruckmann neu erscheinende Zeitschrift »Die Kunst« zu schreiben. Es sollen dann einige Bilder von Deiner Sendung dafür ausgewählt werden. Ich nehme an, Du bist damit einverstanden.

Dann hat mich sowohl Ledig als auch Dr. Roh gebeten, bei dir anzufragen, ob Du es erlaubst, daß einige Stellen aus Deinem ersten, langen Brief abgedruckt werden. Ich habe den Leuten einiges – nicht ohne Absicht – daraus vorgelesen; komischer Weise waren sie begeistert von Deinen Ausführungen, obwohl sie sich doch hauptsächlich gegen sie richteten. Allerdings verstehe ich es andererseits, Dein Stil ist oft von einer solchen umwerfenden Komik, daß man schon ein gottverlassener Sauertopf sein muß, um nicht darauf zu reagieren.

Anbei sende ich Dir einen Aufsatz von mir, der in der N.Z. erschienen ist; er hat unter den Kunstfritzen ziemlich Staub aufgewirbelt. Allerdings bekam ich auch enorm viel zustimmende Antworten. Es macht sich allmählich doch ein nicht unerheblicher Widerstand gegen den Schwindelbetrieb der sogenannten Abstrakten bemerkbar. Ich bin der Meinung, in einigen Jahren ist der Dreh unmodern geworden. Genau wie man keine Kalorien und Ersatznahrungsmittel mehr will, sondern etwas Nahrhaftes und Wohlschmeckendes, so wird man auch dieses Luftgebäck satt kriegen. Das hat natürlich den Nachteil, daß auch die alten Bärte neu auffrisiert werden, der große Nachteil jedes restaurierten Traditionalismus. Aber vielleicht lieber das als diese technokratisch-pseudoesoterische Schwindelhuberei, die nur den einen Effekt hat, Schwärme von Dilettanten zu züchten und die Kunstinflation ins uferlose zu steigern.

Politisch ist es hier mau-mau. Die Nähe der Russen macht sich unangenehm bemerkbar. Die Intellektuellen lavieren nach beiden Seiten, d. h. man ist auch auf eine Rückversicherung bei den Russen bedacht, für alle Fälle. Die Meinung, daß man von den westlichen Alli[i]erten im Stich gelassen werden könnte, ist allgemein verbreitet. Darum ist jeder besorgt, sich möglichst ein neutrales Air zu geben, was natürlich im Ernstfall nicht viel helfen wird, denn die Ruskis fragen den Deubel danach. Nahrungsmäßig geht es jetzt bedeutend besser; es ist wieder allerhand zu haben, wenn auch um teures Geld und in verminderter Qualität. (Der Kaffee ist miserabel) Der Kunstmarkt ist ziemlich tot, verkauft wird fast nichts, wenigstens nicht von Lebenden; im Kurs stehen nur noch die Verstorbenen oder die siebzigjährigen Kanonen. Dasselbe gilt auch für die Literatur. Der zum Zynismus geläuterte Spießer setzt sich wieder mit vollem Gewicht auf das zarte Pflänzchen Kultur; er fördert nur das, was ihm nützt und setzt das Übrige auf den Aussterbeetat. Nun, auch das muß man, wie so vieles, verkraften. »Aus der Welt die Freiheit verschwunden ist, man sieht nur noch Herren und Knechte« sang einst Schiller. Und das alles im Zeitalter des »Soozialismus«. Was mich betrifft, so lebe ich vorwiegend von Illustrationen, das ernährt noch recht und schlecht seinen Mann. Außerdem raufe ich mich in den verschiedenen Journalen mit dem zur Zeit üppig blühenden epigonalen Kunstschwindel. Ich komme immer mehr zur Einsicht, daß seit Cézanne eine ungeheuerliche Mystifikation am Werke ist, die vielleicht einmal durchaus notwendig war, heute aber ein überholtes Unternehmen ist.

Sah hier kürzlich eine Ausstellung von Lithos unseres europäischen Altmeisters Picasso. Nun, dreiviertel davon halte ich für reinen Bluff, archaisierender Mittelmeerplunder, für die ästhetischen Eckensteher der ganzen Welt hergestellt, heute immer noch sehr begehrt, – Börsenpapiere müssen gehalten werden – ein glänzendes Geschäft. In Deutschland ersterben sie natürlich immer noch in Ehrfurcht vor diesem Ex[z]entrikclown. Bis dieser Überrestgarnitur von Reliquienkrämern ein Licht aufgeht, hats anderswo schon längst zwölfe geschlagen.

Bert Brecht ist zur Zeit in Berlin. Ein undurchsichtiger Halbmoskowiter; seine Haltung kann ich mir nur aus einer berechnenden Überschlauheit erklären. Ist mir nicht sympathisch! Schicke Dir anbei einen Bericht über ein Interview mit ihm.

Meine Kunstbroschüre kommt nächstens heraus, schicke Dir dann sofort ein Exemplar. Würde heute noch viel entschiedener vom Leder ziehen als es hier geschieht, ist mir immer noch zu objektiv. Man muß angesichts des Riesenschwindels noch ganz andere Töne anschlagen. Man ist immer noch zu taktvoll und zu schüchtern; nur starke Töne gehen Schwerhörigen ein. Der Traditionalismo ist im Anmarsch, er ist meines Erachtens, richtig verstanden, die einzige moderne Bewegung.

Speedy umarmt und küßt Euch beide. Sie hat sich so sehr gefreut über Dein gescheites Urteil, noch wenige haben so intelligent über ihr Büchlein gesprochen.

Grüße Eva aus tiefstem Herzen von uns und sei selbst bis auf weitere Nachrichten von uns beiden in alter Liebe

herzlichst gegrüßt

Dein Rudi

[Handschriftlich am Rand von Blatt 1] Grüße auch Borchardt Hans und sage ihm, daß ich ihm bald schreibe, bin leider mit Schreiberei sehr überlastet habe mit Rowohlt über meine[n] dritten Band der Autobiographie abgeschlossen.

9b. Elisabeth »Speedy« Schlichter an George Grosz

Lieber Böff,
Du gefällst mir!

All Deine Äusserungen, selbst die flüchtigsten, bis zu den dahingestreuten Kommas (Tonabstände!!) riechen intelligent, subtil.

Weisst Du, ich liebe Dich sehr tief und denke sehr sehr an Dich und die gute, echte Eva. Ich verweile gern bei allen Zeichen, die Du von Dir gibst. Deine Vitalität gibt Mut. Ich halte fest zu Dir. Diejenigen, die Dich »Spiesser« nennen, sind mir suspekt und wirken auf mich arg ranzig; sie hüpfen übrigens auf einem Fuss ...

Deine Aktzeichnungen, die ich in der Auslese sah, sind wunderbar delikat gezeichnet.

Die Photos von Euch beiden haben uns Freude gemacht. Ich nahm nicht an, dass Du Pumphosen à la Fritz trägst!! à propos, Dein Kaffee, dieses herrliche grosse Geschenk, diese phantastische Groszmischung hat unheimlich gut geschmeckt. Die Sache roch sukkulent und erlöste mich von Zwangsvorstellungen.

Meine ja nicht, dass ich so gouvernantenmässig aussehe, wie es auf der Photo der seiner Zeit erschienenen Illustrierten den Anschein hat. Roro sieht auch nicht ganz so alt aus! Unsere sensible Haut war leider an dem Tag einem unangenehmen Licht ausgesetzt und der Photograph war einfach unbekümmert rücksichtslos.

Meinen langen Brief an Dich habe ich immer noch nicht zu Ende gebracht. Ich habe immer viel zu tun, bin ohne Dienstmädchen, bin in Deutschland.

Euch beide umarme ich in treuer Liebe und tiefer

Dankbarkeit

Eure Speedy

Die via Air Mail Postkarte-Brief »Manhattan« beschäftigt meine Seele. Wir verstehen uns gut. Der Mensch, der Mensch!!!!!

10. Rudolf Schlichter an George Grosz

München-Laim 30. 3. 1949

Lieber Böff

Die beigelegte Antwort des Herrn Thwaites auf meinen Angriff gegen die Abstrakten gibt Dir in etwa ein Bild, in welch lieblicher zwietrachtgeladener Atmosphäre wir hier unser »Künstlers Erdenwallen« vollbringen. Da dem Mann (er ist ehemaliger engl. Konsul) nichts Stichhaltiges einfiel als abgestandene Propagandaphrasen, versuchte er mich als Persönlichkeit umzulegen. Nun, ich werde ihm antworten! Und zwar so, daß ihm die Lust vergeht, noch weiter mit mir anzubandeln.

Inzwischen wirst Du wohl meinen Brief erhalten haben. Ich lege Dir hier noch ein längeres Fragment einer Erzählung bei, aus der Du entnehmen kannst, wie unser Lebensraum im Dritten Reich beschaffen war. Der größte Teil beruht auf persönlichen Erlebnissen und ich glaube, es gibt Dir ein gutes Bild. Vielleicht bist Du so gut und sendest es mir gelegentlich wieder zurück, habe nur noch dieses Exemplar, da das andere beim Verleger liegt.

Dann hätte ich eine Bitte: Könntest Du mir wieder einige Illustrierte Zeitschriften senden, womöglich mit Modebildern? Man ist hier schlecht auf dem Laufenden. Wir sind ja finstere Provinz geworden! Innerhalb der Gemeinschaft der Gräculis des großen westlichen Imperiums ein[e] Art halbbarbarischer Stamm, den man wegen Heimtücke – delikaten und seltsamen Kopfleiden erneut mit ziemlichem Mißtrauen betrachtet. Und unsere Politiker tragen auch nicht gerade viel dazu bei, unser Renomee zu erhöhen. Je nun, man trägt, was man nicht ändern kann!

Ledig vom Rowohltverlag fliegt diesen Monat nach U.S.A. Er hat die Absicht, Dich zu besuchen, wenigstens bat er mich um Deine Adresse. Du kannst von ihm einiges über unser Treiben hier erfahren. Ist ein netter umgänglicher Mensch, einer von den wirklich sympathischen Berlinern, weshalb er es auch mit den süddeutschen, dampfigen Gemütsfritzen nicht leicht hat.

Laß bald etwas von Dir hören, Du weißt, Deine Briefe erfreuen unser Herz.

Von Speedy, von der ich eine kleine Geschichte beilege, viele gute Grüße und Küsse für Euch beide. Ebenso von mir!

Herzlichst Dein alter

Rudi

11. Rudolf Schlichter an George Grosz

München-Laim 7. 8. 1949

Mein lieber Böff

Anbei das Manuskript des Aufsatzes über Dich. Leider hatte ich viel zu wenig Raum, um so ausführlich über Dich zu schreiben, wie ich es gerne möchte. Die Burschen sparen an allen Ecken und Enden und immer an der falschen Stelle. Trotzdem glaube ich, daß ich das, was sich in der Kürze und so komprimiert sagen läßt, gesagt habe. Ich habe, wie Du bemerken wirst, einiges aus dem Brief an Dich übernommen (Zitat von Schiller). Da sie in der Redaktion zwei satirische Arbeiten gesucht haben, mußte ich schon auf das Wesen der Satire eingehen, sozusagen eine Ehrenrettung der Satire vollziehen. Ist ja bei diesem gehirnkrampfigen Volk immer wieder notwendig, gewisse festgefahrene Vorurteile zu zertrümmern. Es würde mich freuen, wenn diese kurze Charakterisierung Deinen Beifall fände.
Inzwischen wird wohl H. M. Ledig bei Dir gewesen sein. Habe ihn leider seit seiner Rückkehr noch nicht sprechen können. Wie fandest Du ihn?

Soll ich Dir hin und wieder deutsche Zeitungen senden, damit Du ein Bild von unserem aufwärts strebenden Bruchladen bekommst? Vielleicht interessiert es Dich, von dem bis dato sicheren Port der U.S.A. aus, die Zuckungen des Herzlandes Europas zu verfolgen. Hier versucht die Gruppe 47 (jüngere Schriftsteller) so etwas wie eine unabhängige Opposition zu starten. Habe Dir, glaube ich, schon davon geschrieben. Suche krampfhaft nach einem Geldmann, der eine oppositionelle Zeitschrift finanziert. Ist natürlich sehr schwer, da hier alles nach dem Prinzip geht »Wes Brot ich ess', des Lied ich sing'«. Es fehlen eben die unabhängigen reichen Knöpfe, die spleenig genug sind, für so etwas Geld springen zu lassen.

Habe kürzlich Oz-Schmalhausen auf einen sehr netten Brief geantwortet; er scheint auch nicht auf Rosen gebettet zu sein, aber sonst der alte.

Im übrigen sind wir mitten in den Demontagen, sowohl kulturell als auch anderweitig. Die Engländer scheinen von allen guten Geistern verlassen, sonst würden sie nicht so blöd den Ruskis die Trümpfe in die Hände spielen. Wo bleibt da der sprichwörtliche gesunde politische Instinkt der Engländer? Anscheinend liegt es daran, daß dort jetzt dieselben Ideologen an der Spitze sind wie anderswo. Labourparty! Der einzige Staatsmann von Format, der alte W. Churchill ist machtlos geworden, schade! Einer der wenigen, die weiter sehen als ihre Nasenspitze reicht.

Hast Du A. Toynbee »a study of history« gelesen? Scheint so eine Art angelsächsischer Spengler zu sein. Ich habe ihn gerade, allerdings in Übersetz.; ich muß sagen, es fesselt mich sehr.

Wie geht es Euch, was machst Du zur Zeit? Laß bald etwas von Dir hören; ich wundere mich, daß Du so lange schweigst. Macht es die Hitze?

Der lieben Eva und Dir unsere herzlichsten Grüße. In alter Treue und mit den besten Wünschen Dein

Rudi

Selbstverständlich auch von Speedy die schönsten Grüße.

12. George Grosz an Rudolf Schlichter

[Huntington] August 18, 49 nachmittag

Lieber Rudi:
Vielen Dank fuer die interessante Zeitschrift. Las Deine Erzaehlung sofort, gefiel mir sehr gut, nur, verzeihe mir die leise Kritik haettest Du meiner besch. Meinung nach die Sache nicht ›aufloesen‹ sollen, vorher haettest Du abbrechen sollen, so erschien mir das Schlusskapitel etwas zu, darf ich sagen ›normal‹ nach dem sehr gelungenen fast Kafkaschen Anfang?? Nimm meine kritische Anteilnahme nicht uebel bitte. Auch Bernanos ueber Terror ist gut. Auch der Italiener der fuer Freiheit in der Kunst plaediert OK. Heute berichte ich euch von unserem neuesten grossen Maler, sowas wie ein Rohrschachtest-Rembrandt. Jackson Pollock ist sein Name. ›Is he the greatest living painter in the United States?‹ fragen grosse Buchstaben in der vorletzten Nummer der Zeitschrift LIFE. (Ich sende

Dir die Nummer) Wie er malt? so: er verabscheut die Staffeleien. Legt seine grossen Malgruende auf den Fussboden. Dann nimmt er sein ›material‹ das sind anstatt Tuben Buechsen in denen Hauspaint drin ist, macht Loecher in die Buechsen und giesst jubelnd die Farbe auf die Malgruende, die Farbe formt von selbst Rinnen, Baechlein, kleine Seechen, oft auch Kleckse oder Flecke..... oft kuckt Jackson nicht hin, ich meine auf seine Haende die die Buechsen halten in jeder Hand eine Buechse rote Farbe, schwarze oder Blaue oder gelbe, oft auch nur schwarze.... das ist ein mehr farbenausgiessen und die ›muster‹ oder wie der grosse Kritiker Greenberg es nennt die ›Symbole‹ formen sich (siehe oben) ganz von selbst. Der Maler J. P. ist sozusagen der Zauberer der die Geister aus der Buechse ›frei setzt‹.... gelegentlich nimmt Jackson einen Stiel aus Holz und faehrt ›unbewusst‹ mit dem Ruecken zum Malgrund in den Rinnen, Baechlein und Seechen herum, oft wirft er Sand drauf oder Zigarettenstummel, dies alles fuehrt der Zauberer aus ohne direkt hinzusehen sozusagen von weitem. So entstehen kuehne grosse neue Bilder.... Jackson ist ganz ›frei‹ kein gesetz der frueheren Malkuenste bindet ihn. Wir die wir leider noch gewisse Traditionen und weiss Gott hie und da auch noch Restbestaende etwaiger ›Gesetze‹ in uns haben sinken im Nu zu spiessigen Malern herab. Rohrschachtest-rembrandts Genialitaet ueberrennt alles bisher dagewesene, selbst Aborthausmaler Dubuffet der neue geniale Existenzialistische Frenchman wird an die eigene Abortwand gedrueckt. (Dubuffet kauft alte Scheisshausthueren auf um darauf zu malen, malt ganz streng nur rein schwarz-Weiss.... ja, na und brave Maler wie z. B. Beckmannmaxe, hachgott, die wirken wie trockene Akademiker.... nun war ja Beckmannmaxe immer so ne Art wild gewordener Feuerbach. Froehlich wird einem wenn man denkt dasz es nun einen Vollender Picassos gibt, Jackson soll enorm verehrt werden in Paris und Roma.... Roma jetzt das neue Paris, soll als Anregestadt fuer moderne Kunst Paris ueberfluegelt haben. Jackson hat zwei grosse Colorpages im Life. Vielleicht denkt man bei sich etwas unsicher wirkten so einmal der jetzt akademisch wirkende Van Gogh oder Gauguin in den 80ziger Jahren. Eigentlich doch eine schoene Zeit fuer die bildende[n] Kuenste, denke ich hie und da, manchmal denkt man dann ja wieder Herrgott es ist doch alles furchtbare Scheisse (aber nicht zu oft)..... Die Bilder von Pollock wirken, wenn man schon sie vergleichen koennte wie riesengrosse Klees, ich meine bestimmte klees, Kleepaule hat janoch die Haende gebraucht, und auch ab und zu noch ›Gesetze‹ in sich gehabt, bischen regulaere Perspektive z. B. Ein Bild von Jackson ist 18 feet lang und 3 feet hoch als er gefragt wurde warum er gerade bei 18 fuss aufhoerte, sagte Jackson: weil meine Studiowand da aufhoerte.... Eine gute geistreiche Antwort. Ich kann natuerlich als Akademiker die ganze Groesse seiner Genialitaet nicht wuerdigen, bin aber doch beeindruckt und wuensche ihm alles Gute. Du siehst hier bei uns werden die ›wildesten‹ und ›kuehnsten‹ jungen Maler gefoerdert, nicht unterdrueckt, auch verlangt man keine MORAL von ihnen oder dasz sie etwa dem VOLKE dienen, man gibt ihnen mehr Chance wie irgendwo anders.... Es ist schön[?] in solch einer freien vorurteilslosen Zeit zu leben und alles mitzuerleben.... In meinen Klassen in der Art Students League gibt es zwei Schulen: Picassisten und Miroisten, dann ne Dritte die Primitiven. Ich bin wie Du ja weisst kein Moralist, kein Pedant, und verteidige keinerlei Prinzipien, so bin ich mit den Picassisten Picasso, mit den Miroisten Miro, mit den Primitiven primitiv. OK. War furchtbar heiss. Drei Hemden brauch ich dann in NY. So schwitzt man, komischerweise wirkt ultramoderne Kunst besser wenns ganz heiss ist und feucht... woran das liegt weiss ich nicht zu begruenden. Mein Sohn Martin kam nach einjaehriger Wanderschaft zuruecke.... OK... war nacheinander Sodafountainman, Postgehilfe, Fruitpacker & picker, Pfandleihclerk, Steinarbeiter und Hot-jazzbandguitarrist. Dies nebenbei. Herr Ledig war da bei uns. Aber die Deutschen die hier so schnell mal vorbeikommen wirken doch wie Fremdlinge..... und bei den geschaeftlichen Unterhandlungen kommt man sich immer so vor als schenke man ihnen was, sie haben ja so wenig Geld. Ledig erzaehlte auch von euch und eurem Existenzkampf. Auf dein Kampfbuch ueber moderne Kunst bin ich gespannt, Du hast Dich viel mit nachdenken beschaeftigt und wirst sicherlich viel Richtiges (hoffentlich auch Unrichtiges) darueber schreiben koennen. Mein alter Freund Wieland Herzfelde ging fuer immer nach Leipzig zurueck. Sie werden dort alle gleich Prof. an der Leipziger Universitaet. War fuenf Tage auf einer Insel im Ocean, genannt Marthas Vineyard, es waren fuenf friedliche Tage dorten ..... grau, gruen und Ocker so sieht die Insel aus. Besuchte dort den beruehmten Maler Tom Benton .... der eigentlich eine Art Chromolithograph ist ... ein Mann der vulgaere Kunst macht, den ich auch nicht besonders [gern] habe, aber ich besuchte ihn doch. Wir waren Gaeste eines lieben Freundes von mir. Ein Stalmann aus Pittsburgh, der Malern & Kuenstler wohlgesinnt, einige hin und wieder bei sich einlaedt. Ich flog zum ersten Male .... wunderbar .... Genug davon. Ein Neffe kam an aus Deutschland Sohn von Evas Schwester .... mag USA sehr und moechte fuer ewig hierbleiben, geht aber nicht muss eben zurueck, hat stipendium an Clark University.

Lese wiedermal George Orwell, glaenzender grosser Satiriker ... lese seine Prophezeiungen 1984 .... tolles Buch .... (wird toetlich von den Hegelianern gehasst) las wiedermal im Blaubuch von Strindbergaugust, seine Bekehrung zu Gott & Swedenborg .... meine Lieblingsauthoren hier: Kafka, Schlichter, Orwell, Strindberg ..... Was treiben die deutschen Malersknechte ..... hoerte dasz sie sich an der berliner Akademie rumstreiten, weil ein paar russische Pejokpakete annahmen ..... Doll. No Sehnsucht hab ich kaum, vielleicht nicht mal im Traume.

Schreibe bald mal. Gut dasz der Kaffee ankam, ich schick bald wieder welchen. Verzeihe habe das dringende Beduerfnis Schluss zu machen, denke der Brief ist zu lang und steht nicht allzuviel drin. Gruesse Speedy, nochmals ich finde ihren Polyphem sehr gut, Eva las ihn jetzt sagt das selbst (obwohl wir sonst nicht immer derselben Meinung sind, das d[a]rfst Du wohl glauben) Gemalt habe ich nicht viel diese Monate, dafuer gelehrt, aufgeklaert, zugehoert, gestritten, geprueft und beschwichtigt. Meine Lehrtaetigkeit, die ich aus Selbstbestrafung ja annahm, stellt sich angenehmer heraus als ich dachte. (vielen Dank) Naechstes Jahr wollen nach Europa reisen. Monaco, Roma, Andorra, Spain (prado) Corsica oder Sardinien.... Paris und Blois, Avignon, Arles, Marseille.... Wenn ich kann komm ich mal in Muenchen mir vorbei.... obwohl ich sonst (siehe oben) nicht mich sehne.... aber euch Beide wiedersehen das wuerde ich schon gerne. Huelsenbecks sind jetzt in Europa in Oesterreich am Wolfgangsee, wo nur pensionierte Saenger und Komponisten leben Es koennte mir zu ›niedlich‹ sein..... bin hier relativ zufrieden.... in meiner Landschaft brauchen keine Schilder zu stehen mit ›verboten‹ oder brauch keiner immer gleich mit ner Harke den Kies zurechtharken New York ist wunderbar besonders in dieser Bullenhitze, ganz ›amerikanisch‹ ganz suedlich schon, ein Scyscraper Neapel.....

Schreib bald deinem alten Freunde Boeff
immer dein Böff

*

13. George Grosz an Rudolf Schlichter

[Huntington] Febru 9 1951

Lieber Rudolf:

Wusste garnicht ueber deinen Geburtstag und dasz Du 60 wurdest. Unseren herzlichsten Glueckwunsch. Dank Dir schoenstens fuer Nummer vom Kunstwerk, Reich der Daemonen, sehr interessant anzusehen wie auch bei euch solch ein Masken & Daemonenzug da ist, sah mit Interesse den Gugel, den Wiralt, den Ende auch artikel ueber Kubin (der uebrigens dort auf dem photo so aussieht wie ein buddhistischer Moench) sehr gut. Warum man das Erinnerungsbuch der Charlotte Berend-Corinth so lobt??? mir unverstaendlich. Corinth wird zurzeit hier collectiv in verschiedenen Staedten ausgestellt, ist jedoch keinerlei Erfolg, ne Malerei die wohl den Amerikanern wenig ›liegt‹..... Picasso, Matisse und kuerzlich Dufy (der hier eine schwere arthritis heilt nachwievor im Scheinwerferlicht. Dali nicht mehr so ganz gross wie ehedem, immer noch gross genug, trat katholisch auf, wurde vom Papste gelobt, und wird von der Masse Maler eben beneidet, kann sich aber doch alles erlauben und auch Reklamezeichnungen fuer Strumpffirma machen undso weiter. Wird viel nachgeahmt aber selten erreicht. (und auch bei euch, siehe Daemonenbuch) Chirico, der Erfinder der weiten perspektiven und der Seitenschatten und der kleinen Maedchen als Glocken (siehe Goethe: Lied v.d. Glocke, das Ch. anregte) Chirico zog sich von allem ›Modernem‹ zurueck und malt wie Rubens & Delacroix, ganz altmeisterlich und wettert wuetend gegen alles ›Moderne‹ (Picasso-schule undso) Anbei einen Ausschnitt ueber unseren ehemaligen Freund Hans Borchardt. Waren beim Begraebnis wurde in Katholi. Kirche aufgebahrt . . . . . er war vor ungefaehr einem Jahr zur Kath. Kirche uebergetreten. Das ist alles.

Viele Gruesse fuer Dich und Speedy, und wenn Du Zeit hast oder so fuehlst schreib auch mal, ich lese immer sehr gern von euch.

Immer dein alter

14. Rudolf Schlichter an Georg Grosz

[vermutlich Anfang Dezember 1951]

Lieber Böff, Liebe Eva

Anbei das Buch von Fechter. Noch klingen die wunderbaren Tage und Stunden nach, die wir mit Euch verbringen durften. Und wir leben in der großen Hoffnung, Euch beide nächstes Jahr wieder hier zu sehen. Wir wünschen Euch eine sehr gute Reise und gute Ankunft drüben.

Herzlichst Euer

Rudolf

Speedy schließt sich an!

[Am Rand] Viele liebe Grüße Anneliese // Den Broch sende ich nach U.S.A., Speedy liest ihn noch

*

15. George Grosz an Rudolf Schlichter

The Cottage Hilaire Farm Long Island NY. Jan 14, 10 PM 53 (Leichter Regen) Ha lieber Rudolfus, so sitze ich hier an der Schreibmasch und ein bischen einsam auch, nur das Echo der Tasterei hoere ich, und da fehlst Du mir, ich kann eben nur hineinschreiben. Wo oder wie ist denn die Antwort? ... der Regen prasselt nett gegen mein neues Atelierfenster. Ich habe jetzt diese Cottage gekauft und mir unten ein feines Atelier einbauen lassen, das heisst es waren frueher mal drei Raume (the caretakers Wohnung) Gut so. Ist aber ganz gemuetlich auch, ist es. Ich mag nach meinen zwei Tagen Unterricht in der grossen Stadt NY. ich mag hier die Einsamkeit. So sitze ich hier denke an euch, bischen sentimental, und an die schoenen Stunden mit euch da in Muenchen und Bayrisch Zell ...... Koennte ich wie ich wollte wuerde ich morgen so mal schnell eine Plane nehmen und euch ueber ›weekend‹ besuchen ... aber es ist eben das ver..d .... Geld. Ich kann eben zurzeit hier nicht weg. Habe kleine aber exclusive Artschool jeden Montag. Dienstag & Mittwoch dann in New York eine Lifeclass.

Hatte grossen Auftrag in Dallas -Texas .... kam zurueck mit einem 10 gallon Cowboyhat und einem paar ganz spitzer richtiger cowboystiefelchen. (wurden mir als Geschenk verehrt. Dolles Land dort. Aber auch etwas melancholisch, die Prairien und die unendlichen Weiten. Als ich damals vor 60 Jahren mit meinem Freund Heini Blume in Stolp in Pommern die billigen Romanzen mit den bunten Titeln ueber Texas Jack las, wusste ich kaum, dasz ich einmal selbst im hohen Alter Texas selbst sehen wuerde. Gut.

Dies Frl. Weidler, die mich schlecht machte ist eine alte Beraterin der Carnegieleute, sie ist eine Baltin .... er der Mr. Washbarn geht nur rein fuer vollkommen abstrakte Malerei ..... hier ist es die grosse Masche: Alluebarall interessante Tapetenstueckchen und Haeckelmuster und Ornamentik und Pastiches .... der Mensch entfernte sich aus den Bildern der Maler... (so um 1850 solls stattgefunden haben) dann haben die Fotografen uebernommen .... Dali hatte show, alles verkauft, ist mit der Duchess of Windsor auf Du ... wird aber gehasst und beneidet von den Anderen .... (Dali wurde in USA Millionaeir, ein Grund ihn zu beneiden) ...... Mein Sohn Martin ist mit dem 17ten Infantryregiment in Landsberg am Lech .... gab ihm eure Adresse, aber er ist eine andere Generation. Ist Jazzbandman .... ob er euch aufsucht, who can tell ... Mein anderer Sohn Peter ist jetzt auf einer Reise in Europa .... England, Spain, France, Germany Italy ... ist mit einer groesseren Company in Princeton ... gab ihm eure Adresse ... aber ist ne andere Generation ..... who can tell ... total different.

Meistermann, Troekes, Winter, Geitlinger Baumeister wurden hier ausgestellt .... das ist die Linie .... (the german-american line) ...... alles abstrackt. Jede Woche 80 neue Maler entdeckt .... alle abstrackt .... ich seh schon garnicht mehr hin. Dunoyer de Seganzac sandte mir Aufsaetzchen gegen Miro & Picasso .... warum zu mir? ich habe nichts dagegen .... Hier ist tatsaechlich wahr jetzt das Kunstzentrum der Welt, es geht auf keine Kuhhaut. Klee hatte den groessten Einfluss ... toll. Wenn mans nicht ernst nimmt, gehts, nimmt mans aber toternst bist Du erschossen. Von hier aus gesehen erscheint einem Deutschland enorm provinziell .... Russlands groesster Maler ist jetzt Gerassimow .... (gegen Abstrakte) ..... Repin, Menzel, Meissonier ..... Gerome, Fromentin ..... eventuell the Praeraffaellitis ihr Vorbild. Niemals sage: Sterben ... sagte Kipling .....

Wie gehts euch, ja die beiden Sachs Frauen I dunno .... Las Dein Buch toenerne Fuesse ...... sehr gut ..... ne Art Roussousches Bekenntnis.

26. Januar 53, wieder 14 Tage vergangen, brief blieb liegen, Eva wurde krank abgeholt mit Ambulance .... na da vergeht einem das schreiben. Geht ihr besser jetzt. Zwischendurch besuchte auch Dalis show .... hat nicht alles verkauft und hat schlechte Kritiken bekommen. (ich selbst ein Bewunderer des grossen Koenners des Handwerkers) war auch bischen enttauscht, war ich. (nicht aus Neid) Er, Dali macht ja alles, aber gegen die USA Illustratoren (die besten der Welt, im Sinne Gerassimows, d.h. Erkennbarkeit der Dinge und ›was die Masse liebt‹, .. ja dagegen kommt er kaum an Ungeheuer reali-

stisches Land dieses USA. aber das ist nur eine Seite .... hier ist alles in Bewegung ... traue garnicht den Duhamels, den Millers (airconditioned nightmare) den Sartres ... Es ist ein so complexes Land .... ich lebe nun schon an 20 Jahre hier und immer noch ists mir unheimlich raetselhaft .... weil es noch keinerlei Form gefunden hat .... vergiss die allgemeinen Plaetze: Comfort auf breiter Basis ... das ist hier seit langem verwirklicht .... interessant ist es wie es jetzt weitergeht ..... (Auch Alt-Rom ... journalistischer Begriff, stimmt nicht) .... auch Freiheit ----- Nietsche ... wofuer??? stimmt nicht. Ich kanns nicht erklaeren .... vielleicht sind wir den fernen Sternen naeher. I dunno. Schreib auch mal an Martin: Martin Ol Grosz PVT. US. 51140 767 WCP 1 ... Hindenburgring 12 Landsberg am Lech. Besinnst Du dich auf Hubert von Herkomer, der kam dorther, malte Dame in Weiss, auswendig Portraet von Richard Wagner, und war damals Mode: Streik ... wurde Englaender und dann geadelt .... stiftete Automobilpreiss usw. (vorbei, weg, tracks in the snow) thats all. OK. Diese neue Generation ist anders. Peter & Lil haben sich gleich einen Citroen gekauft und reisen jetzt durch Europa .... veraenderte Welt .... ja ... gluecklicher, weil sie sich schneller bewegen ... weiss ich nicht .... aber von unserer Generation entfernter (beileibe nicht etwa ungebildeter) n o man .... no Sir. Ja so ist es. Wenn ich mit meinen Soehnen spreche erscheine ich als etwas alter netter bischen komischer Romantiker. No complain on my side, Sir ..... Habe wenig gearbeitet, bin nicht in guter Stimmung ... so what ..... habe das Gefuehl oft traume ..... in einem riesigen Strom zu schwimmen ... mehr nicht. Bekam Werk von Gottfried Benn ... schaetze ihn sehr .... Hier komme ich oft mit Walter Mehring zusammen, der ist vollkommen paranoisch geworden (verzeihe dies Modewort) .... wollte nach drueben (wir sammelten fuer ihn und sammeln noch) mittlerweile ist er erschreckt ueber Zeitungsberichte von Antisemitismus. Wer zuviel Zeitungen liest sagte Goethe ebenso auch Duerer ist verloren .... stimmt das eigentlich? Schreib dochmal darueber? Bekam Karte von Kyrisscurt (Kalterer See, noch zwei Pullen Curt bitte) ja und Blocherer und

Frau v. Canaris hatten unterschrieben .... schreib mal darueber ... auch der gute Trinker Reinhardt ..... mein Gott ... welche kleine Hoelle ..... wo wir auf verschiedenen Kreisen uns trafen. OK.

Rudolf schick bitte die Fortsetzung, das zweite Buch, bitte. Eva hat Dir eben geschrieben, auch ueber die Sachseschen Frauen. Vergiss nicht das zweite Buch, will'ye .....

Ich denke oft an die schoenen friedlichen Tage in Bayrisch Zell. Denke an unsere Spaziergaenge und wie Du uns einmal eine Springprozession vortanztest .... (lache noch heute) ......

Gruesse die Leute, die mich noch erinnern an eurem Stammtisch ich glaube am Donnerstag ...... Trinkt ein Glass auf den Abwesenden. Vielleicht komme ich in den naechsten zehn Jahren nochmal rueber ... vielleicht auch eher. Toenerne Fuesse liebe ich sehr, Gott, wieviel da gemeinsames ist ... Dandysmus und noch Beginn 1910 ... Barbey D'Auryville, Wilde and so. War damals in der Zeit. Heute lacht man drueber, gepudertes Gesicht und wie ich posierte damals als der: traurigste Mann in Europa ..... OK.

Las Heinrich Kromer: Erinnerungen eines Porzellanmalers ... Rudolfus das musst DU lesen es ist eines der besten Buecher die ich jeh gelesen, da ist Dosto kleiner Mann dagegen, weiss nicht ob Du old man Roeusseua magst (Ansichtssache, wo dann der Loewe steht: Benn) aber der Kromer Gustav Haenfling ist wie ein Bild vom Roeusseua, ... musst Du lesen. Was gibt es da sonst neues bei Euch .... do not talk .. unserer Nachrichtendienst hier ist so perfect, wir wissen jede kleine Bewegung des Bonner Cabinets und was so vorgeht.

So long immer dein alter treuer

Boeff

Wie geht es Speedy? Love to her ...

16. Rudolf Schlichter an George Grosz

München-Laim [Januar 1953]

Lieber Böff

Hast Du meine Sendungen bekommen? Der »Monat« und den Friedell »Griech. Kulturgeschichte«? Hat Eva den Burkhart erhalten? Bitte gib mir gelegentlich Nachricht. Martin ist immer noch nicht erschienen, soll ich ihm nach Landsberg schreiben? Würde mich sehr freuen, bald etwas von Euch zu hören

Dir und Eva herzliche Grüße

Euer Rudi

[Umseitig auf dem Foto der Ansichtskarte] Erinnert Ihr Euch noch an die Fahrt nach dem Sudelfeld?

17. Rudolf Schlichter an George Grosz

München-Laim [6. Februar 1953]

Lieber Böff

Deinen und Evas Brief erhalten, herzlichen Dank! Mein Brief folgt bald. Inzwischen waren Martin und Peter hier. M. ist ein charmanter Junge, sieht Dir sehr ähnlich, aber auch Peter hat uns gut gefallen ebenso seine Frau. Hatten ziemlich Pech mit ihrem in Holland gekauften Wagen funktionierte nicht, was Peter zu unverblümten Ausbrüche[n] des Unwillens veranlaßte. War ein netter und komischer Abend. Weiteres dann im Brief. Speedy läßt Euch beide herzlich grüßen. In alter Liebe

Euer Rudi

18. Rudolf Schlichter an George Grosz

[Bayrischzell, 11. Juni 1953]

Lieber Böff, liebe Eva

Die herzlichsten Grüße aus Bayrischzell hier ist gut sein und wir gedenken Eures damaligen Aufenthaltes hier. Von Dir l. Böff las ich im Monat Deine Rußlandreise 1922! Ausgezeichnet und mutig; freute mich außerordentlich. Wie geht es Dir liebe Eva, hat sich Dein Zustand gebessert? In alter Treue Euer

Rudi

[Am Rand ein Gruß von fremder Hand. Auf dem umseitigen Foto der Ansichtskarte] Kuss und Kuss und nochmals Kuss. Wir schreiben bald. Speedy

An Heinrich Maria Ledig-Rowohlt

München 23. 1. 1955

Lieber Herr Ledig
Kurz bevor Ihr Brief eintraf, dachte ich daran, Ihnen zu schreiben, anscheinend bestand eine telepathische Korrespondenz zwischen uns. Denn just wegen einiger von Ihnen im Brief angeschnittenen Fragen wollte ich bei Ihnen anfragen.

Da wäre die Autobiographie! Gerne würde ich die beiden ersten Bände in etwas erweiterter Form neu herausgebracht sehen zusammen mit dem dritten Band. Von diesem dritten Band hatte ich, wie Sie sich vielleicht erinnern, auch schon das erste Kapitel fertig – aber Herr Ziegler war damals aus mir nur zum Teil einleuchtenden Gründen gegen die Art der Darstellung, zumindest meinte er, sie sei korrekturbedürftig und Sie schlossen sich seiner Meinung an. Inzwischen sind Jahre vergangen – das war noch in Stuttgart – und ich habe nun vor nicht allzu langer Zeit das Manuskript wieder vorgenommen, vieles heraus geworfen, was in der Tat zu langatmig war – und einige wesentliche Verbesserungen angebracht, aber es im großen Ganzen bei der ursprünglichen Konzeption doch belassen, da ich den Auftakt nicht für schlecht halte. Wenn Sie wollen, sende ich es Ihnen zu.

Das zweite und gewichtigere Bedenken, das mich zögern läßt, ist der Umstand, daß im 3. Band sehr heikle Dinge zur Sprache kämen, teils politischer, teils krimineller Natur. Wie soll ich diese Dinge bei der heutigen Empfindlichkeit und dem dicken new look mief dem Leser vermitteln – z. B. Expropriationen damaliger Terrorgruppen, mit denen ich zu tun hatte? Entweder bin ich aufrichtig und bringe damit die ganze Meute der Splitter= und Sittenrichter gegen mich auf oder ich trenne die Tatbestände und schiebe die Handlungen fingierten Personen unter; dann ist es aber keine Autobiographie mehr. Väterchen, mit dem ich bei seinem letzten Hiersein über diese Angelegenheit sprach, meinte zwar, das ließe sich mit einer Trennung schon machen, ohne daß der Charakter der Autobiographie verloren ginge. Was meinen Sie dazu?

Daß Sie wegen etwaiger Umschlagszeichnungen an mich denken, rührt mich; ich ersehe daraus, alte Liebe rostet nicht! Selbstverständlich würde ich gerne solche Aufträge übernehmen, denn obwohl ich ganz gut verkaufe, gibt es doch immer wieder Situationen der Flaute, wo einem Aufträge dieser Art hochwillkommen sind. Überlegen Sie sich, was heute dazu gehört, als »freier« Künstler nur von seinen Arbeiten zu leben, ohne einen sichernden Job im Hintergrund. In diesem Zusammenhang noch folgendes: Schon lange wälze ich den Plan, ein neuartiges Kunstbuch – in diesem Fall meine Person betreffend – herauszubringen, sozusagen ein Mittelding zwischen Kunstbuch und Belletristik. Das würde so aussehen: Ein zügiger Titel, kleine Novellen, kurze Story's von mir, Abhandlungen über Kunst, Bemerkungen, dazwischen jeweils dazu passende Reproduktionen von Bildern und Zeichnungen (zwei oder drei farbig). Das wäre meines Erachtens eine völlig neuartige Form der Malerbiographie. Als Einleitung eine kurze Lebensgeschichte mit den notwendigen Daten. Leider hat man hierzulande kaum mehr den Mumm zum Wagnis, selbst wenn es wie hier Erfolg verspricht. Der müde Konformismus, der die Begleiterscheinung des »deutschen Wunders« ist, erstickt jedes Leben. – Überlegen Sie sich mal meine Idee.

Ihr waghalsiger Entschluß, eventuell ein Bild von mir zu erwerben, erfreut mein Herz. Ihre Coeur=Dame hat vermutlich meine drei Bilder in der großen Sommerausstellung im Haus der Kunst gesehen. Eines davon hat inzwischen der bayerische Staat erworben. Zwei habe ich noch hier, wovon das eine nicht in Frage kommt, da es ein Portrait ist. Vom andern lege ich Ihnen ein Photo in der nachfolgenden Sendung von Bilderphotos bei. Einige dieser Bilder sind allerdings auch schon in festem Besitz, aber Sie können ungefähr sehen, welcher Art die verschiedenen Bilder sind, die in Frage kommen. Die Preise sind in keiner Weise – gemessen an den heutigen Verhältnissen – schockerregend. So habe ich für das Bild »Auf die Straße geworfen« vom Staat 1500 DM bekommen (der Staat handelt allerdings wie ein Schacherjude). Der »Jüngling im Geflecht« kostet deshalb, ein Aquarell 500 DM und Zeichnungen 150–200 DM. Dann gibt es kleinere Ölbilder von 700 – 1000 und 1200 DM. Wenn Sie sich für ein größeres Bild entscheiden, würde ich Ihnen natürlich im Preise entgegenkommen. Für alle Fälle halte ich es für gut, wenn Sie über die Preise einigermaßen unterrichtet sind, da ja über Ihre freundliche Absicht hinaus die Möglichkeit besteht, daß Ihnen einmal ein Liebhaber Schlichterscher Bilder über den Weg läuft, den Sie zu einem Kauf ermuntern könnten.

Zum Schluß komme ich noch mit einem Anliegen. Von der hiesigen Buchhandlung Goltz erfuhr ich, daß meine Broschüre »Abenteuer der Kunst« vergriffen sei. Stimmt das? Wäre es möglich, davon eine zweite erweiterte und verbesserte Auflage zu machen? Das Interesse an der Auseinandersetzung zwischen den Abstrakten und Gegenständlichen ist durch das Buch des Komponisten Alois Melichar »Überwindung des Modernismus« (Verlag Josef Weinberger Frankfurt a. M.) erheblich gewachsen und wird noch weiter wachsen. Der Kampf zwischen beiden Richtungen ist jetzt in ein akutes Stadium getreten. Es geht sozusagen »um die Wurscht«! Was meinen Sie dazu, lieber Herr Ledig?

Können Sie mir übrigens noch ein oder zwei Exemplare meiner Broschüre senden oder sind Sie ganz ausverkauft? Ist die Abrechnung schon abgeschlossen oder kommt noch eine?

Daß Väterchen so krank war, habe ich mit Schrecken gehört. Ich wollte es gar nicht glauben, denn als ich ihn hier sah, machte er einen äußerst lebendigen und gesunden Eindruck. Hoffentlich beißt er sich noch einmal durch, er hat ja eine sehr vitale Natur. Übermitteln Sie ihm bitte meine allerbesten Wünsche und herzliche Grüße; ebenso bitte ich Sie Herrn Ceram von mir zu grüßen; habe ihn hier in München getroffen, damals, als Väterchen in der Scholastika sprach. (Ich selbst hielt dort 14 Tage danach einen Vortrag über Kunst, der mir viel Feinde einbrachte) Zum Glück verkrafte ich so etwas ganz gut!

Mit G. Großz[!] waren wir 14 Tage in Bayrischzell zusammen. War teils sehr amüsant, teils aber auch arg unerquicklich. Wenn der Gute George in das vorgerückte Stadium des Alkoholismus kommt, ist er meist ungenießbar, der Maniker aus Italy-Manhattan tritt dann zu sehr in Vordergrund. Doch ein andermal davon mündlich.

Die Photos folgen morgen.

Ich würde mich freuen, bald von Ihnen Nachricht zu bekommen. Bis dahin in alter Verbundenheit mit den schönsten Grüßen

Ihr

Rudolf Schlichter

Hätten Sie die Güte, mir das Buch über den Kaffee zu senden?

N.S.:

Wäre es Ihnen nicht möglich, bald nach München zu kommen? Es wäre sehr gut, wenn wir uns einmal mündlich über alles im Brief Angedeutete unterhielten.

Anmerkungen

Editorische Notiz: Alle hier abgedruckten handschriftlichen und maschinenschriftlichen Texte Rudolf Schlichters befinden sich – wenn nicht anders angegeben – in seinem schriftlichen Nachlaß, den die Galerie Alvensleben, München, zusammen mit dem künstlerischen Nachlaß betreut. Schlichters Schreibweise »ss« statt »ß« in den Typoskripten wurde korrigiert, die Zeichensetzung vereinheitlicht. Für den Druck der Handschriften Schlichters wurde das nahezu durchweg verwendete »u.« in »und« aufgelöst. Die Briefe von George Grosz sind originalgetreu transkribiert, Veränderungen werden hier, wie anderswo, mit eckigen Klammern [] kenntlich gemacht.

AUTOBIOGRAPHISCHE PROSA UND GEDICHTE

Die Verteidigung des Panoptikums.
[Erstes Kapitel] August 1914
Zweites Kapitel. Das Hinterland
Wachstuchheft mit aufgeklebtem Titel »Die Verteidigung der Folterkammer«. Umschlaginnenseite Stempel »Wilhelm Bader, Buchhandlung / Rottenburg am Neckar«. Darin handschriftlich mit Bleistift 71 S. ohne Überschrift und 4 S. »Zweites Kapitel«. Da die Überschrift auf S. 1 ausradiert wurde und das danach erstellte Typoskript den Titel »Die Verteidigung des Panoptikums / August 1914« (41 S., undatiert) trägt, ist anzunehmen, daß Schlichter dieses ehemals erste Kapitel des geplanten dritten Bandes als selbständigen Text für seine »Malerbiographie« verwenden wollte.

»Nikenin«: wohl Wladimir Zabotin, s. Anm. S. 368 zu Brief 6 von George Grosz an Rudolf Schlichter.
Die hier verarbeiteten Erlebnisse lassen sich biographisch ergänzen durch Schlichters Angaben in einer »Anlage zum Fragebogen der Militärregierung« (nach 1945) (Ts., 3 S.):

»Während des Weltkrieges 1914–1918 war ich von Anfang an Kriegsgegner. 1916 wurde ich zum Militärdienst eingezogen und kam 1917 als Munitionsfahrer an die französische Front. Ich machte einen Hungerstreik, was zur Folge hatte, daß ich in ein Heimatlazarett abgeschoben wurde, wo ich an den Folgen dieser Gewaltkur monatelang darniederlag. 1918 wurde ich Soldatenrat in Karlsruhe, legte dieses Amt jedoch bald nieder, da ich nach Berlin übersiedelte. Hier schloß ich mich einer linksradikalen Gruppe von Künstlern und Schriftstellern an. 1920 wurde ich zum ersten Mal zusammen mit George Grosz (z. Zt. in Amerika), Wieland Herzfelde, [Johannes] Baader, John Heartfield und Burkard [Otto Burchard] wegen Beleidigung der Reichswehr zu einer erheblichen Geldstrafe verurteilt. Von 1919 bis 1927 war ich in der kommunistischen Partei tätig. Während dieser Jahre war ich Mitglied der Berliner Secession und der Novembergruppe, an deren Ausstellungen ich mich beteiligte. In jene Zeit fielen auch zwei weitere Anklagen: die erste lautete auf Vorbereitung zum Hochverrat! Ich wurde wegen antimilitaristischer Agitation in der Reichswehr und in der Polizei vor das Reichsgericht zitiert. Das Verfahren wurde jedoch aus Mangel an Beweisen niedergeschlagen. Bei der zweiten Anklage handelte es sich um Illustrationen zu parodistisch-unzüchtigen Versen von [Peter Paul] Althaus [Jack der Aufschlitzer, 1924] im [Elena] Gottschalk-Verlag [Berlin]. Wiederum wurde ich zu einer Geldstrafe verurteilt.« (S. 1)

Karl, der Terrorist. Portrait eines Berufsrevolutionärs.
Typoskript, 12 S., undatiert.
Der Text ist ein Beispiel für »sehr heikle Dinge (...) teils politischer, teils krimineller Natur (...) z. B. Expropriationen damaliger Terrorgruppen«, die Schlichter im dritten Band seiner Autobiographie darstellen wollte, wie er in seinem Brief an Heinrich Maria Ledig-Rowohlt Anfang 1955 schrieb (s. Briefe S. 338 f.).

Zwischen diesem und dem folgenden Text ist Schlichters »Zwischenwelt. Ein Intermezzo« (Berlin, Ernst Pollak Verlag, 1931; Neuausgabe Edition Hentrich, 1994) zu denken, die Geschichte der Beziehung zu seiner späteren Frau Speedy (1902–1975). Daraus ergab sich eine folgenreiche »geistige Wandlung und Umkehr«, die Schlichter in einem Bewerbungsschreiben (Typoskript, 4 S.) vom 4. Juli 1945 so dargestellt hat:

»(...) Tief einschneidende Erlebnisse um 1927 bewirkten in mir eine innere geistige Wandlung und Umkehr. Ich verließ meinen bisherigen Wirkungskreis und kehrte zur katholischen Kirche zurück. Diese

Umkehr erregte damals starkes Aufsehen und brachte mir von Seiten meiner früheren Freunde und Mitstreiter viel Kritik und böswillige Verleumdung ein. Ich hatte sowohl gegen die radikale Linke als auch gegen die nazistischen Weltanschauungskämpen harte Selbstbehauptungskämpfe zu führen. Um diese Zeit lernte ich auch Ernst Jünger kennen, der sich ebenfalls in einer Wandlung befand und mit dem mich auch jetzt noch eine Freundschaft verbindet. Mein Atelier war damals der Diskussionsboden für die verschiedensten politischen Richtungen. Die seelische Aushöhlung jener Epoche bewog mich, Berlin zu verlassen. (...)« (S. 2)

In diesen Kontext gehören auch folgende Texte: »Liebe. In drei Stationen«, Typoskript, undatiert (nach 1945), 12 S., die etwas kitschige wohl autobiographische Darstellung markanter Liebeserfahrungen Schlichters in der Er-Form; das Gedicht »TABU! / Speedy gewidmet«, »Emanzipation der Frau?«, 1943, Typoskript, 3 S.; »Der Liebende / Frau Speedy Schlichter gewidmet«, Typoskript, 1945, 3 S. (s. S. 198); die Antwort auf die Rundfrage »Hat eine Frau Ihr Lebenswerk entscheidend beeinflußt?«, in: N. N., Weihnachten 1942 und »Die Gefährtin des Künstlers«, Abdruck in: Bayernkurier, 1954 (undatierter Zeitungsausschnitt im NL).

Flucht auf den Hohentwiel

Das Typoskript »Die Flucht« (gestr. »Schwäbische Landschaft«), 13 S., dat. (gestr. »Dez. 30«) entspricht der Druckfassung in: Atlantis, 3. Jg., H. 8, August 1931, S. 491–496. Reproduziert wurden für diesen Beitrag drei Tuschfederzeichnungen Schlichters: »Am Hohentwiel« (S. 491); »Der Hohentwiel« (S. 493); »Dreifaltigkeitsberg bei Spaichingen« (S. 495). Die neue Druckfassung berücksichtigt auch Schlichters hs. Korrekturen in einem offenbar später überarbeiteten Typoskript von »Schwäbische Landschaft«. Im Nachlaß hat sich auch das hs. Gedicht »Hohentwiel« (1 S.) erhalten.

Elf Jahre später präsentierte »Atlantis« (14. Jg., H. 5, Mai 1942, S. 165–171) zum Thema »Schwäbische Landschaft im Spiegel schwäbischer Dichtung« mit Gedichten und Prosa von Ludwig Uhland, Karl Gerok, Friedrich Hölderlin, Karl Mayer, Eduard Mörike und Gustav Schwab von Schlichter drei Aquarelle – »Wurmlingen und die Wurmlinger

Kapelle« (S. 165); »Die Alb von einer Anhöhe bei Nürtingen aus« (S. 168); »Die Tafelberge des Schwäbischen Jura« (S. 169) – und vier Zeichnungen – »Felsenhöhe bei Gundelfingen«, 1938 (S. 166); »Hirsau«, 1939 (S. 167); »Im schwäbischen Schwarzwald« und »Neckarlandschaft«, 1938 (S. 171).

Gedichte
»Haigerloch« (Ts., 1 S.); »Drohende Katastrophe« (Ts., 1 S.); »Hymne an den Schwarzwald« (Ts., 2 S.), Abdruck in: Germania, Dienstag, den 20. September 1931; »Die Alb« (Ts., 1 S.); »Wetterwolken über dem Jura« (Ts., 1 S., undatiert, vermutlich Juli 1933).

Schlichter hat zwischen 1931 und 1933 eine Reihe von zum Teil stark religiös gestimmten Gedichten mit den Motiven Landschaft, Bedrohung und Erinnerung geschrieben. Auf »Juli 1931« sind die Gedichte »Tonfilmoperette«, »Bad Schinznach« (Ts., 1 S.) und »Am Sempacher See« (Ts., 2 S.) datiert. Im August 1931 entstanden »Nacht im Schwarzwald« (Abdruck in: Münchner Neueste Nachrichten, Nr. 235, Montag, den 31. August 1931), »Gebet eines Sünders an Maria« und »Sturm im Schwarzwald« sowie noch im gleichen Jahr »Schrecken der Insektenwelt«. Aus dem Jahr 1932 stammen die Gedichte »An Südschwaben« und »Mission im indischen Archipel« (Ts., je 1 S.). Das Gedicht »Flusstal« (Ts., 1 S., 1933) ist eine Variation von »Drohende Katastrophe«. »Sommerende im Jura« (Ts., 1 S.) ist »Rottenburg am Neckar – Salmendingen / im August 1933« datiert und mit dem hs. Zusatz »Meiner einzig geliebten Frau Speedy / in Liebe gewidmet von Ihrem / Rudolf« versehen. Undatiert sind die Gedichte »STUTTGART« (Ts., 3 S.), »Der Schmetterling« (Ts., 2 S.), Wetterwolken über dem Jura», »TABU! / Speedy gewidmet«, »Wahnsinn« (Ts., je 1 S.) sowie das nur hs. existierende Gedicht »Hohentwiel«.

Juratäler
Druckfassung in: Frankfurter Zeitung, 86. Jg., Nr. 192 vom 16. 4. 1942 (Teil I); Nr. 194 vom 17. 4. 1942 (Teil II).

Diese Prosa steht vermutlich in Verbindung mit dem Gedicht »Sommerende im Jura« (s. o.). Sein Beginn »Vielsagend winken steinern grau drei Zinken / Aus mildem Grün am hellen Hang / Der alten

Burg Gemäuer silbern Blinken / Hemmt eines müden Wandrers schweren Gang« läßt durch die Datierung »im August 1931« eine mögliche Datierung von Schlichters Wanderung zu.

Die »Juratäler« stehen auch in Verbindung zu Schlichters 12 Illustrationen und seiner Gestaltung des Schutzumschlags zu: Adalbert Stifter, Die Scharnast-Erzählungen. Textrevision und Nachwort von Dr. Max Stefl. Königsberg i. Pr. (Gräfe und Unzer Verlag) 1942.

Der Mann, der nicht lachte.
Typoskript, 41 S., undatiert. Eine Variante dazu ist das fragmentarische Typoskript »Jenseits der Stadtmauer« (59 S.).

Mit diesem Text ist vermutlich Schlichters »längeres Fragment einer Erzählung« gemeint, das er in seinem Brief an George Grosz vom 30. März 1949 erwähnte (s. S. 325).

In diesen Zusammenhang gehören Schlichters weitere Angaben in der »Anlage zum Fragebogen der Militärregierung« (nach 1945):

»(...) Ich ließ mich im Jahre 1932 mit meiner Gattin, einer gebürtigen Genferin, in der schwäbischen Bischofsstadt Rottenburg am Neckar nieder. Mit dem Jahre 1933 beginnt für mich eine Kette ununterbrochener Schikanen und Bedrohungen von seiten der Nazis. Der Auftakt dazu war zunächst ein Attentat auf meine Frau, die als Ausländerin auf jeden Fall verdächtig war. Eines nachts wurde ein kinderkopfgroßer Stein durch ihr Schlafzimmerfenster geworfen, der sie beinahe getötet hätte. Dann begann eine Reihe von Verdächtigungen, Haussuchungen, körperlichen Bedrohungen, Zitierungen vor Parteiinstanzen, Abschneidung jedes öffentlichen Wirkens und Refüsierung meiner Bilder auf Ausstellungen. Als ich im Jahre 1935 [recte: 1934] in der ›Jungen Front‹ die Zeichnung ›Goliath verhöhnt das Volk Israel‹ veröffentlichte, wurde diese Zeitschrift sofort verboten, ich selbst dieses Deliktes und meiner beiden bei Rowohlt erschienenen autobiographischen Bücher wegen [am 1. Juni 1935] aus der Reichsschrifttumskammer herausgeworfen. Ein Lichtblick in diesen dunklen Jahren war die Förderung, die ich von Prof. Simon (jetzt Dompropst in Paderborn, ehemals Prof. der Metaphysik in Tübingen) und dann von Bischof Dr. Sproll erfuhr, von dem ich ein Porträt für den Empfangsraum des Ordinariats malte. 1936 zogen wir nach Stuttgart, wo ich in der Privatgalerie Hugo Borst eine Ausstellung veranstaltete. Wiederum wurde ich vor die Reichskammer zitiert, die mir wegen des allegorischen Bildes ›Blinde Macht‹ einen Verweis erteilte. 1938 wurde ich infolge einer anonymen Verleumdung inhaftiert. Nach den ruchlosen Methoden der Nazis, unerwünschte Elemente zu entwürdigen, inszenierte man im Dunkel eine bodenlose Intrige gegen meine Frau, gegen mich und gegen zwei junge katholische Juristen, die als gute Freunde (nicht Nazis) bei uns wohnten. Ich wurde der Kuppelei (für einen Ehemann besonders belastend) und einer unnationalsozialistischen Lebensführung beschuldigt. Kurz vorher besuchte mich der Morphologe Mitscherlich (jetzt Personalchef für Gesundheitswesen in Rhein-Hessen), der gerade aus der Haft kam und der mich warnte, auf der Hut zu sein, da er meinen Namen auf der Gestapo gehört habe. Das fiel in die Zeit der Synagogenbrände und der großen Welle von Prozessen gegen Ordensbrüder und katholische Zivilpersonen unter dem Vorwand der Unzucht. Wie hätte ich ahnen können, daß man mich auf dieses Delikt hin anklagte! Die Verhandlung, die nach drei Monaten Haft stattfand, ergab die völlige Haltlosigkeit der Anklage, doch hatte man wenigstens erreicht, mir einen Denkzettel wegen unnationalsozialistischer Lebensauffassung zu verabreichen. Zur Ergänzung: Ich wurde aus der Reichskammer der bildenden Künste am 27. Januar 1938 herausgeworfen und im Januar 1939 wieder aufgenommen. Angeekelt von der Stuttgarter Gestapoatmosphäre siedelte ich anfangs 1939 nach München über. (...)« (Typoskript S. 1 f.).

Träume
Wachstuchheft mit dem aufgeklebten Titel »Träume!«, darin 29 S. hs. mit Bleistift. Textfolge: »Träume! 1. Vor Anfang des Krieges 1939« (S. 1–2); »2. Traum (während der ersten Phase des Krieges[)]« (S. 3–5); »3. Traum (nach der Niederlage Frankreichs.)« (S. 5–7, S. 8 ohne Eintrag); »Traum 4« (S. 9–11); »Traum 5. / Anfangs Mai 41 vielleicht am 2. od. 3.« (S. 12–14); »Traumfragmente / 7. Mai« (S. 14–17); »Ein Traum, der einige Zeit zurückliegt.« (S. 17–19); »Im Mai 1941« (S. 19–20); »Im Juli 1941« (S. 20–21); »Anfangs August [...]« (S. 21); »Sonntag nacht 14. Juni 42« (S. 21–23); »Traum 1943« (S. 23–25); »12. Juni 1944« (S. 26–30).

Traum 5
»im Hause Kurts«: Der Berliner Maler Kurt Weinhold (1896–1965) lebte seit 1922 in Calw und war seit 1924 mit Rudolf Schlichter befreundet. S. a. den Traum »12. Juni 1944«.

»Ozef«: vielleicht der Freund Otto Blessing

»Willy«: wohl Paul Wilhelm Wenger

Die Heimreise. (Ein Alptraum)
Typoskript, 4 S., undatiert.

Der Skulpteur
Typoskript, 9 S., undatiert. Eine gekürzte Druckfassung (S. 1–2 und S. 7–9) erschien in: Literarische Revue, 4. Jg., H. 3, Mai 1949, S. 166–169.

Das Heft dieser im Willi Weismann Verlag, München, erschienenen Zeitschrift stand unter dem Motto »Dichtung als Bekenntnis zur Zeit« und versammelte Texte u. a. von Georges Bernanos, Giuseppe Ungaretti, Romain Rolland, Erich Kästner, Bernard Shaw, Elio Vittorini, Pablo Neruda und Paul Eluard. George Grosz übte in seinem Brief an Schlichter vom 18. August 1949 »leise Kritik« am Schluß dieser Erzählung und kommentierte kurz die Texte von Bernanos und Vittorini (s. im vorliegenden Band S. 327).

Schnee, Schnee!
Typoskript, 4 S., undatiert.

ZEITKRITIK

Polemiken
»Aus der Heimat (Nürtingen im Juli 1941)«, Auszug aus dem Abschnitt »Kultur« eines unbetitelten Typoskripts (Beginn: »Sein Blut (...)«) mit Notaten und Aphorismen (14 S.), hier S. 11 f.
»Bayern«, Typoskript, 4 S., undatiert (ca. 1941).

Karl May. Ein deutsches Phänomen
Typoskript, 10 S., undatiert.

Zu dem Klartext dieses Artikels gibt es eine »offizielle« Variante, das Typoskript »Karl May« (4 S.) und seine Druckfassung unter dem Titel »Karl Mays Gestalten. Zur Wiederkehr seines 100. Geburtstages am 25. Februar«, in: Berliner Börsen-Zeitung, Sonntag, 22. Februar 1942, S. 6.

Der Vergleich zeigt Schlichters Begabung, sein Thema als Subtext zwischen den Zeilen zu formulieren und dabei die »sich nur auf brutale und stupide Gewalt stützende() Scheinautorität« doppeldeutig ebenso allgemein wie mit konkret aktuellem Bezug zu benennen. Seine Kernthese formuliert Schlichter daher folgendermaßen: »Es scheint, daß hier [bei den Gestalten Karl Mays] die proklamierte Selbstherrlichkeit und Mächtigkeit eine unwiderstehliche Anziehung auf eine Jugend ausübte, die in der Drangsal des unablässigen Lernens und Bemühens endlich dies lohnende Ziel hingestellt sah: die Welt mit kraftvollem Arm zu befrieden.« Eine zu deutliche kritische Anspielung wurde allerdings für den Druck gestrichen: »Wie oft mochte er [Karl May] sich dabei der heimatlichen Lokaltyrannen erinnert haben. Wie sehr kommt er da den unausgelebten Süchten seiner Leser entgegen. Ohne Gefahr für ihre bürgerliche Existenz können sie im verschwiegenen Kämmerlein ihre unterdrückten Rachegefühle abreagieren.« Besonders ironisch wirkt der im Druck belassene nachfolgende Satz erst in diesem Kontext: »Hier waltet ein wirklich echter Humor, der unmittelbar aus dem Volksempfinden wächst.« (Typoskript, S. 3).

Karl May gab Schlichter in seiner letzten Karlsruher Zeit um 1917/18 auch den Namen zu einer eigenwilligen Künstlervereinigung. Carl Zuckmayer berichtet davon:

»Besonders häufig fuhren wir nach Karslruhe, wo es eine Vereinigung moderner Maler gab, die sich die ›Gruppe Rih‹ nannte – nach Karl Mays unvergleichlichem Rapphengst. Doch hätte sich der keusche May nicht träumen lassen, welch erotomane Bedeutung seinem braven, ehrbaren Schammar-Hengst beigelegt wurde. Wenn man um diese Zeit die biedere Stadt Karlsruhe betrat, gleich ob vom Bahnhof

her oder aus irgendeiner ländlichen Umgebung, fand man überall, an Häuserwänden und Mauern, ein mit farbiger Kreide gezeichnetes – allerdings kubistisch verschlüsseltes – phallisches Symbol, in seinen Grundformen unmißverständlich, darunter ein Pfeil mit der in kindlichen Schriftzügen angebrachten Weisung: Zur Gruppe Rih!
Folgte man diesem Wegweiser, so gelangte man zu den in einer stillen Seitenstraße gelegenen Ateliers der befreundeten Maler.
Zu ihnen gehörte vor allem Rudolf Schlichter, der uns dann oft in Heidelberg besuchte, und mit dem ich auch in den Berliner Jahren freundschaftlich verbunden war. Seine Stärke lag auf dem zeichnerischen Gebiet, doch versuchte er sich damals in futuristischen Ölgemälden, von denen mir eines in Erinnerung blieb: der ›Joho‹, eine überlebensgroße Phantasiegestalt, aus unzähligen farbigen Kuben zusammengesetzt, über bröckelnde Häuserfronten und Dachgiebel daherstampfend – Dämon des Stadtlärms und einer vorgeahnten Zerstörung.« Carl Zuckmayer, Als wär's ein Stück von mir. Horen der Freundschaft. (1966). Frankfurt/M. (Fischer Taschenbuch Verlag) 1981, S. 247 f.

Der kleine Mann (1943)
Typoskript, 3 S.; datierte Druckfassung in: Der Zwiebelfisch, 25. Jg., 1946, H. 1, S. 11–13.

Attentäter (1944)
Typoskript, 4 S., hs. datiert. Druckfassung in: Der Zwiebelfisch, 25. Jg., 1946, H. 2, S. 33–35

Zum Kontext der beiden vorstehenden Texte gehören noch die Typoskripte »Das deutsche Volkslied«, 1943, 3 S.; »Der neue Typus«, 1944, 3 S.; »Der deutsche Kleinbürger«, 2 S.; »Der kleine Idealist«, 1 S. und »Es ist erreicht!«, 1 S.

Der Liebende
Typoskript m. hs. Ergänzungen, 3 S.; eine Variante mit der gestrichenen Widmung trägt die hs. Datierung »1945«.

Der Text reflektiert wohl auch die Anfeindungen, die Schlichter und seine Frau nach 1933 erlebten (s. Anm. S. 344 f.).

Tagebuch, 9. Mai 1945
Hs. Bleistiftnotiz in Heftseiten ohne Umschlag. Eintragungen zwischen dem 1. Oktober 1942 und dem 9. Mai 1945.

Zum katholischen Umkreis Schlichters und seiner Frau in München gibt der folgende Auszug aus der »Anlage zum Fragebogen der Militärregierung« (nach 1945) etwas Aufschluß:

»1943 wurde ich von der Reichskammer der bildenden Künste für den Einsatz in der Kriegsindustrie freigegeben. Ich erreichte es jedoch, mich aus der Schlinge zu ziehen und beteiligte mich somit in keiner Weise an kriegsfördernder Tätigkeit. In München gehörte ich dem Kreis an, der sich um die Zeitschrift ›Hochland‹ gruppierte. Ich verkehrte mit Dr. [Max] Stefl (Bibliothekar), mit Theodor Haecker und im Haus von Prof. [Carl] Muth, wo ich 1943 auch Herrn [Hans] Scholl kennenlernte. (...).«

KUNSTKRITIK

Kritik der Kritik
Typoskript, 4 S., undatiert. Gekürzte Druckfassung in: Das Kunstblatt, 14. Jg., H. 6, Juni 1930, S. 170 f.; gestrichen wurden dort der Teil von »Oder es stellt einer einmal einige Portraits aus (...)« bis »Nun möchte ich einige prinzipielle Dinge zur Kunstkritik sagen«, sowie der letzte Absatz »Noch ein Wort (...)«. Reproduziert wurde Schlichters Federzeichnung »Riesen rauben eine Frau« (S. 171). Der Beitrag ist eine von mehreren Stellungnahmen unter dem Titel »Künstler über Kunstkritik« (S. 165 ff.). Zu Wort kamen auch Eugen Spiro, Ernst Fritsch, Annot, Oscar Nerlinger, Hans Luckhardt, Gert Wollheim, Milly Steger, Heinrich Ehmsen und L. Mies van der Rohe, von denen ebenfalls jeweils eine Arbeit abgebildet wurde.

Konkreter Anlaß zur »Kritik der Kritik« waren zwei Besprechungen einer Schlichter-Ausstellung in den »Dresdner Neueste(n) Nachrichten« vom 12. März und im »Dresdner Anzeiger« vom 18. März 1930. Schlichters für sein künstlerisches Selbstverständnis wichtige Antworten an beide Zeitungen haben sich erhalten (s. S. 277 f. und Anm. S. 360 f.).

Die programmatische Tendenz seiner »Kritik« schien Schlichter Anfang 1933 besonders aktuell und erinnernswert. Auf einer Postkarte aus Rottenburg vom 24. April 1933 an seinen Malerkollegen Franz Radziwill in Oldenburg nahm er, nachdem sich jetzt »in kunstpolitischer Hinsicht vieles geändert« habe, zunächst, wie es scheint, unangenehm deutlich Stellung: »Heil u. Sieg. Endlich ist so geräumt worden, wie wir es schon lange wünschten. Nunmehr werden sich die frechen Schmutzer in ihre Löcher verkriechen u. die Zugehörigkeit zu irgend einem alljüdischen Kunsttrödelgeschäft ist Gott sei Dank nicht mehr als Legitimation für Begabung nötig.« Schließlich äußerte er eine »Bitte«, die zeigt, daß er in diesem Moment Überzeugung und Kalkül verbinden wollte: »Ich gab Dir seinerzeit das Kunstblatt mit dem Artikel von mir über Künstler u. Kritik, wo ich zum Entsetzen der Linksspießer meine Bejahung der religiösen u. nationalen Wurzel der Kunst verkündete. Kannst Du mir das Heft schicken? Ich könnte es sehr gut brauchen, zur Legitimation gewissen Leuten gegenüber. (...)« (Franz Radziwill Archiv, Dangast).

Grundsätzliches zur deutschen Kunst
Typoskript, 5 S., hs. datiert: »18. 9. 33«. Von Schlichter handschriftlich signiert am Ende »Rudolf Schlichter und Wilhelm Wenger / Rottenburg am Neckar«.

In diesem gemeinsam entworfenen Text ist am pathetischen Duktus Paul Wilhelm Wenger zu erkennen, Schlichters Nachbar in Rottenburg. Das verdeutlicht Wengers drei Jahre später veröffentlichter Artikel »Rudolf Schlichter – der Meister der schwäbischen Landschaft« (in: Blätter des Schwäbischen Albvereins, 48. Jg. 1936, Nr. 3, S. 50 f.) durch seine extreme Stilisierung: »Was bei Hölderlin der Rhythmus, das ist bei Schlichter die Linie; das Wort hier, die Farbe dort erfüllen dann klangvoll den unverwischbar vorgezeichneten Raum. (...) Gerade dieses Erfassen der geistigen Bedeutung der Alb ist die große Tat Rudolf Schlichters (...). Wer zu sehen vermag, der wird diesen Hymnus an die Schönheit der Erde aus den vergeistigten Bildern Schlichters herauslesen, er wird auf die beigegebenen Worte verzichten können.« (S. 51). Den Artikel Wengers illustrieren Reproduktionen zweier Landschaftsbilder Schlichters, »Killertal bei Jungingen« (S. 50) und »Salmendinger Kapelle« (S. 51).

Worte der Einführung
Typoskript, 7 S., datiert »November 1936«. Druckfassung unter dem im Vergleich mit dem Typoskript geringfügig ergänzten Titel »Worte der Einführung / von / Rudolf Schlichter // zu seiner Ausstellung von fünfzig Gemälden, Rohrfeder-Zeichnungen / und Aquarellen / in den Räumen der Privatkunstsammlung von Hugo Borst, Stuttgart, Gähkopf 3 / im November 1936«, 8 S., mit der Reproduktion einer unbetitelten Portraitzeichnung Speedy Schlichters, signiert und datiert »27. 10. 36«.

Die Ausstellung wurde vermittelt von dem Tübinger Paläontologen Gustav Adolf Rieth; eine Besprechung von Prof. Hans Hildebrandt erschien in: Deutsche Zukunft, Sonntag, 17. Januar 1937, S. 8 (»Rudolf Schlichter«). Hildebrandt würdigt Schlichter kritisch positiv und gibt zugleich einen aufschlußreichen Überblick der Exponate. Beim »Könner« Schlichter entspringe die »fast verwirrende Vielfältigkeit des Schaffens einer Naturanlage«; es dürfe »nicht befremden, wenn wir hier zugleich einem Visionär mit dämonisch abgründiger Phantasie, einem liebevoll hingebenden Beobachter der Natur und einem unbarmherzig grimmigen Satiriker begegnen.« Der ›nordische‹ Künstler Schlichter habe in Zeichnung und Aquarell »bereits den endgültigen Ausdruck seines Wollens gefunden. Bei der Oelmalerei scheint, obwohl ihr einige der Hauptwerke zugehören, noch eine Weiterentwicklung möglich.« Schlichter »will Wahrheit, nicht schönen Schein. Nicht alle Schöpfungen dieses auf Kampf mit einer feindlichen Umwelt wie mit den Gewalten der eigenen Innenwelt eingestellten, mit seinen Gefühlen, Trieben, Gedanken und Gesichten ringenden und sich ständig weiter entwickelnden Künstlers sind sofort zugänglich. Manche, gleich dem sehr durchdachten, ja vielleicht allzu schwer mit Gedanklichem belasteten Oelbild ›Kampf und Ende der blinden Macht‹ sind ohne Kommentar kaum verständlich.« Hervorgehoben wird Schlichters »Sinn für das Organische«, sei es bei einem »Menschenkörper«, einer Person oder einem satirischen Portrait. »Neben gemalten und gezeichneten Landschaften voll reinen, ruhevollen Friedens stehen andere, in die das Unheimliche hereinbricht: ›Gespensterwald‹, ›Mythisches Gestein‹, ›Raubvögel‹, ›Der einsame Schädel‹ usw. Sie leiten über zu den visionären, meist dem Dämonischen verschriebenen Schöpfungen, in denen Schlichter mit sein Stärkstes gibt: die Phantasien um den Untergang der Atlantis=Hochkultur, ›Das bedrohte Europa‹, ›Vogel Rockh‹, ›Die Katastrophe‹ und manche Blätter aus dem Nibelungenzyklus. Sucht man nach Geistesverwandten mit diesem Künstler, so begegnet man den deutschen Meistern um 1500, Dürer, Altdorfer und Huber, sowie den Vlamen Breughel [!] und Bosch.«

Ein Wort macht die Runde
Typoskript, 3 S., undatiert. Beträchtlich erweiterte Druckfassung (ab »Einer ihrer Wortführer...«) in: Der Zwiebelfisch, 25. Jg., 1946, H. 2, S. 3–9.

Zwei Jahre später veröffentlichte Schlichter knappere »Bemerkungen zum Surrealismus« in: Mitteilungsblatt für die Mitglieder des Landesberufsverbands Bildender Künstler Bayerns, Mai 1948, S. 2–3.

Ein Gespenst geht um
Druckfassung in: Die Neue Zeitung, Nr. 29, München, Donnerstag, 10. März 1949. Der redaktionelle Vorspann lautete: »Aus der Avantgarde der ersten Nachkriegszeit kommend, gehört der Maler Rudolf Schlichter selbst zu den vieldiskutierten Künstlern unserer Tage. Die Galerie Lutz Meyer in Stuttgart zeigt im März eine Ausstellung seiner Werke.«

»Katalog«: nicht ermittelt

Dieser Beitrag »hat unter den Kunstfritzen viel Staub aufgewirbelt. Allerdings bekam ich auch enorm viel zustimmende Antworten.« So Schlichter in seinem Brief an George Grosz vom 20. März 1949 (s. S. 319). Kritisch äußerte sich John Anthony Thwaites in seinem Beitrag »›Ein Gespenst geht um‹« (Die Neue Zeitung, Nr. 37, Dienstag, den 29. März 1949), der laut Vorspann »ungekürzt« eine nicht redaktionskonforme Meinung vertrat. Thwaites polemisierte, ein beliebiges Bild Schlichters sei eine schlechte »George Grosz-Kopie aus dessen dadaistischer Schaffensperiode«; Schlichter selbst leide an mangelnder Formerfindung. Der »Maler-Schriftsteller« umkreise die abstrakte Kunst nur »mit Wortmanövern« und verfalle »einem der ältesten Irrtümer der modernen Kunstbetrachtung«, wenn er »den Abstrakten« intellektuelle Naturferne vorwerfe. »Die erstaunlichste Feststellung in Herrn Schlichters Artikel aber ist die Behauptung, daß die abstrakte Kunst ›das Herz außer Dienst setzt‹.« Bei Fritz Winter und Gerhard Fietz sei dagegen »die Meditation des Herzens« wahrnehmbar. »Herrn Schlichters Angriff« zählt für Thwaites zu einer gezielten Tendenz in Deutschland, »der deutschen Kunst einen epigonalen Expressionismus«, einen »Neo-Akademismus« aufzwingen zu wollen; die neue, junge Generation sei durch »unerbittliche Kritik« vor »Mittelmäßigkeit« und einer neuen »trahison des clercs« zu bewahren.

Darauf wiederum antworteten gleichzeitig unter der Überschrift »Möglichkeiten der Kunstkritik« Benno E. Werner und Schlichter in: Die Neue Zeitung vom Dienstag, den 19. April 1949. Schlichters Beitrag »Einst war es anders« war die gekürzte Fassung seines Typoskripts »Offener Brief an Herrn John Anthony Thwaites« (Ts., 3 S.). Gestrichen wurden Schlichters persönliche Entgegnungen, etwa auf die »ungewöhnliche Unverfrorenheit« des Grosz-Vergleichs und seine Folgerung, daß »(wir), die einst als entartet bezeichneten Künstler, nun bequemlichkeitshalber zum zweiten Mal als ›zweitrangig‹ erklärt werden«. Schlichter kommentierte diese Kürzung mit einer Notiz am Rand seines Artikels, den er George Grosz zuschickte, als »eine üble Gepflogenheit der Presse von heute«.

Der Blaue Reiter als Explosion. Eine Untersuchung
Typoskript, 4 S., undatiert. Druckfassung unter dem Titel »Die Explosion in der Kunst. Bemerkungen zu einer Ausstellung des ›Blauen Reiters‹«, in: Echo der Woche, München, 30. September 1949.

Den ursprünglichen, im Druck auch vorhandenen ersten Absatz hat Schlichter später im Typoskript weggeschnitten, wohl um den konkreten Anlaß – die erste Nachkriegsausstellung »Der Blaue Reiter« im

Münchener Haus der Kunst von September bis Oktober 1949 – vom eigentlichen Gehalt seiner »Untersuchung« zu trennen. Der erste Absatz lautete: »Es ist beschämend, mit welch geringem Aufwand an konstruktiven Gedanken die Ausstellung des ›Blauen Reiter‹ in der Presse besprochen wurde. Auch nicht eine der vielen Äußerungen, die man zu Gesicht bekam, berührte das geistesgeschichtliche Problem, vor das uns diese Malerei heute nach 40 Jahren ihres Bestehens stellt und dem alle diese mehr oder weniger begeisterten Lobsinger geflissentlich auszuweichen bemüht sind. Keinem der Schreiber kam der doch so naheliegende Gedanke, daß diese Kunst eine Explosion war, eine zwar sehr farbenprächtige, aber nichtsdestoweniger sehr verhängnisvolle für den Bestand der abendländischen Kunst.«

Drei Jahre früher hatte Schlichter den hier als »Schöpfer des explosiven Plakatstils« kritisch gesehenen Franz Marc noch ›kosmisch‹ positiv bewertet. In seinem undatierten Typoskript (4 S.) »Zur Nachlaßausstellung Franz Marc's« nimmt Schlichter die erste Nachkriegsausstellung in der Münchener Galerie Günther Franke im Dezember 1946 zum Anlaß für folgenden Befund: »(...) Wie beim Ostasiaten ist bei ihm [Franz Marc] der Kosmos ein in der Allseele beschlossenes Ganzes. Das Tier ist noch ganz drin, ganz eingebettet in den Vollzug kosmischen Geschehens. Da er Welt von innen her sieht, ergibt sich von selbst der Verzicht auf eine naturalistische Farbgebung; Heiterkeit, Trauer und Spiel, Verlorenheit und naive Hingegebenheit des Tieres wird durch starkes ungebrochenes Blau, durch brandiges Rot oder Braun, durch leuchtendes Grün oder Gelb versinnbildlicht; der Verflochtenheit aller Kreatur mit allem wird durch das Ineinander oder Überschneiden der Formen von Pflanze, Element und Tier Ausdruck verliehen. (...)« (S. 3.)

George Grosz
Typoskript, 2 S., undatiert. Druckfassung in: Die Kunst und Das schöne Heim, 47. Jg., Nr. 6, September 1949, S. 221–222.

Reproduziert wurden zwei Aquarelle nach Photos, die Grosz selbst auf der Rückseite beschriftet hatte (vgl. Bf. 4, S. 306):
»George Grosz (1947) Wurde beim Essen gestört. Sehr großes Wasser-

farbengemälde. Der ›stickman‹ rechts ist ›gedacht‹, er kommt rein aus der Tapete. Ziemlich genau getuschet (siehe Cotelett und Ratten)« (S. 221);
»George Grosz Wasserfarbenstudie zu meinem erfolgreichen Ölgemälde ›Der Maler des Loches‹« (S. 222); vgl. George Grosz, Berlin/New York, Kat. Ausst. Berlin 1995, Nr. X. 137: »Unprooted, the Painter of the Hole / Entwurzelt, der Maler des Loches«, 1948, Aquarell, 89,5 x 69,2 cm, und Nr. IX. 65: »The Painter of the hole I / Der Maler des Lochs I«, 1948, Öl auf Leinwand, 76,5 x 56,2 cm.

»wo, wo denn bleibt die deutsche Kunst«: George Grosz, Brief an Schlichter vom Dezember 1948, vgl. Brief. 6, S. 313.

Außenseiter der Kunst
Typoskript, 6 S., undatiert.

Der Text ist die überarbeitete Fassung eines Vortragstyposkripts (7 S.) mit dem gleichen Titel.

Ateliers im elfenbeinernen Turm. Die restaurativen Stile und die Aufgabe der Maler
Druckfassung in: Frankfurter Hefte, 7. Jg., H. 6, Juni 1952, S. 412–416; Schlichters hs. Korrekturen in seinem Handexemplar des Heftes wurden berücksichtigt. Abdruck auch in: Rudolf Schlichter 1890–1955, Kat. Ausst. Berlin 1985, S. 81a-84a.

In diesen Kontext gehören die folgenden Typoskripte: »Sinn und Aufgabe der Kunst« (gestr.: »Wo liegt da der Unterschied?«), 14 S.; »Die geistige und soziale Gefährdung des Künstlers«, April 1950, 14 S.; »Gegen den Strom«, 4. September 1953, 12 S.; dazu der Abdruck »Der neue Künstlergruß«, in: Echo der Woche, 9. Dezember 1949, mit der Zeichnung »Ave Caesar, morituri te salutant – ›Die dem Tode Geweihten begrüßen Euch.‹« – die vom Tod gepeitschten Künstler grüßen aus der Arena auf die schweinsköpfigen Zuschauer, die ihnen den Daumen nach unten entgegenhalten.

Bemerkungen zu meinem künstlerischen Schaffen
Typoskript, 2 S., datiert »8. 5. 1949«.

Die Grundzüge dieser »Bemerkungen« verwendete Schlichter in dem Feuilleton »Unbewußtes und Bewußtes im Schöpfungsakt der Kunst. Gedanken, Empfindungen und Bilder – Ueber mich selbst und mein Anliegen«, in: Nürnberger Nachrichten, 10. Dezember 1949. Abgebildet wurde dort die Zeichnung »Apollo kehrt zurück«.

Eine Variante bietet auch das Ts. »Zu meinen Bildern«, 3 S., datiert »Mai 1954«. Abdruck in: Rudolf Schlichter 1890–1955, Kat. Ausst. Berlin 1985, S. 85a f.

Ich zeichnete den Bundespräsidenten
Druckfassung in: Süddeutsche Zeitung, Nr. 151, S. 7, vom 4. Juli 1950. Abgebildet ist hier eines der besprochenen Portraits.

»›Der Mann, der den Präsidenten kannte‹«: Upton Sinclair, Agent des Präsidenten (Presidential agent, dt.). Roman. Aus dem Amerikanischen von N. O. Scarpi [d. i. Fritz Bondy], Bern (Scherz Verlag) 1948, 708 S.

Versuch über mich selbst
Typoskript, 3 S.; Druckfassung unter dem Titel »Kurzer Versuch über mich und mein Schaffen«, in: Die Kunst und Das schöne Heim, 53. Jg., H. 9, Juni 1955, S. 334–337. Mit folgenden Abbildungen: »Bayer. Voralpen«, zwei Zeichnungen, 1953 (S. 334); »Wiesenblumen«, Aquarell, 1954 (S. 335); »Waldschlucht«, »Felsiger Abhang«, zwei Zeichnungen, 1954 (S. 336); »Vegetative Entfaltung«, »Stilles Wesen«, zwei Bilder in Mischtechnik, 1954 (S. 337).

Einen Monat nach dem Tod Schlichters erschien dieser Text mit dem redaktionellen Vorspann des verantwortlichen Redakteurs Franz Roh: »Durch den plötzlichen Tod des Künstlers sind diese Zeilen ein letztes Bekenntnis seiner Kunstauffassung geworden.« Das Kondolenzschreiben Franz Rohs an Speedy Schlichter hat sich, neben einer Reihe von Briefen an Schlichter selbst zum Streitthema moderne Kunst, im Nachlaß Alois Melichar, Stadtbibliothek München, Monacensia, Literaturarchiv, erhalten.

An einen Kritiker
Rudolf Schlichter, Brief an den Kritiker Holzhausen, Berlin, 22. März 1930. Durchschlagtyposkript, 1 S.

Im »Dresdner Anzeiger« vom Dienstag, den 18. März 1930 (Nr. 131, S. 2) erschien unter der Rubrik »Kunst und Wissenschaft« von W. Holzhausen die Besprechung »Rudolf Schlichter / Aquarelle und Zeichnungen in der Galerie ›Junge Kunst‹ Sandel«.

Nach einer Einleitung über die Illustration allgemein (»Sie ist ein Lebensausschnitt«) und dem Hinweis auf die zwölf von Schlichter illustrierten Bücher heißt es, die Ausstellung gebe »mehr als einen bloßen Begriff von der vielfältigen Begabung Schlichters. Sie ist in erster Linie illustrativ, Illustration, wenn man will, der Phantasie eines modernen Großstädters. Diese Phantasie ist von Leid, Entbehrungen, von bitterster Menschlichkeit genährt. Und, wo sie sich dieser zuneigt, erstarrt sie zu ergreifender Nüchternheit. (...) Dort, wo er politisch denkt, ist er vielleicht am wenigsten Künstler. (...) Die illustrative Seite ist indes nicht die einzige Schlichters, und man würde ihm unrecht tun, seine bildhafte und bildmäßige Gestaltung außer acht zu lassen. Bisweilen gibt er sich mit Landschaftlichem ab. Stärker sind seine Frauenbilder. (...)« Dann folgt der von Schlichter angeführte Passus zum Verhältnis Großstädter/Landschaft und der Schlußsatz, man könne Schlichter in der Ausstellung von »respektablen Seiten« kennenlernen.

Ebenfalls als Durchschlagtyposkript (1 S.) hat sich ein weiterer Brief erhalten, den Schlichter unter dem gleichen Datum »An die Redaktion der ›Dresdner Neuesten Nachrichten‹« richtete, die am 12. März eine mit »g. p.« gezeichnete 18zeilige ähnliche Kritik wie der »Dresdner Anzeiger« über Schlichters »Ausstellung bei Sandel« gebracht hatten. Schlichter bat darum, seine »Antwort« darauf zu veröffentlichen. Hier einige Auszüge:

»›Man hört seinen Namen und denkt dabei, Schatten von George Grosz‹, so beginnt seine Besprechung! .... (...) Für Herrn g.p. ist Kunst keine Kunst a) wenn sie keine Säure und Galle besitzt, b) wenn sie weder satyrisch noch politisch ist, c) wenn eine Landschaft idyllisch ist, d) wenn der Künstler tendenzlos schaut. Mit welchem Recht verlangt Herr g.p. aktuelle Tendenzen, die von mir garnicht beabsichtigt sind? (...) Was ihm modisch sozial gefärbt erscheint, erscheint mir als ein notwendiges Accidenz des dargestellten Objektes (...), daß gezeichnete Arbeiter oder Kokotten eben Arbeiter oder Kokotten bleiben und nicht zu publikumreifen Monstras entarten, oder zu molluskenhaften Malgebilden auswachsen, wenn man sie objektiv aus ihrer Umwelt zu begreifen sucht. Wenn Herr g.p. meine Landschaften nach oberflächlicher Betrachtung sofort mit der entwertenden Bezeichnung ›nicht weit von der Idylle‹ versieht, so übersieht er eben, daß es sich bei einer Landschaft zunächst um Raumgestaltung handelt und außerdem eine Landschaft halt auch idyllische Elemente in sich birgt. (...) Was die berliner Treibhausluft anbelangt, in die ich seiner Ansicht nach recht gut passe, so muß ihm zur Korrektur seiner falschen Vorstellung gesagt werden, daß ich erstens kein Berliner, sondern ein Schwarzwälder von rein bäuerlicher Herkunft bin, zweitens meine beste künstlerische Kraft aus dieser Verwurzelung ziehe, eine Feststellung, auf die ich Wert lege. Wohl einem Treibhausgewächs, das aus solcher erdhaften Gebundenheit stammt. Herr g.p. verwechselt, wie viele Kritiker, Stammeln mit Ursprünglichkeit und sieht in formalem Können das bekämpfenswerte Ergebnis einer hypertrophierten Großstadtintellektualität. (...)«

Diese Entgegnungen waren der Anlaß zu Schlichters »Kritik der Kritik« (s. im vorliegenden Band S. 209–212).

An Alois Lazar
Rudolf Schlichter, Brief an Alois Lazar, [Stuttgart], 10. Februar 1938, 2 Bl., 3 S. Durchschlagtyposkript

Alois Lazar: nichts Näheres zu ermitteln

Der Brief ist die Antwort auf das maschinenschriftliche Schreiben (1 Bl., 1 S.) von Alois Lazar, datiert »Beyrouth, den 4. Dezember 1937«. Lazar hatte im Sommer Berlin und das »Restaurant Schlichter« besucht und keine »richtige Auskunft« über Schlichter und seine Mutter erhalten. »Das Bild von Ihnen hängt hier. Durch die klimatischen Verhältniße des Landes erkläre ich den einzelnen Beschauern, daß die Augen durch die tropischen Verhältniße beeinflußt so aussehen. / Malen Sie noch und was?«

Das »Restaurant Schlichter« in Berlin – erst in der Ansbacher, dann in der Luther-Straße – bestand vom 1. September 1917 bis 31. März 1969. Sein Leiter Max Schlichter (1882–1933), der ehemalige Küchenchef des Hotels »Kaiserhof«, war einer der prominentesten Berliner Künstlerwirte und galt als der »Dichter des ›Kalten Büffets‹«. Rudolf Schlichter hat seinen Bruder 1931 gemalt (Kat. Ausst. Berlin 1985, Nr. 9, Abb. 113); George Grosz hat ihm im gleichen Jahr ein schönes feuilletonistisches Denkmal gesetzt (Berliner Künstlerwirte. Max Schlichter, in: Der Querschnitt, 11. Jg., H. 9, Ende September 1931, S. 645 f. Den zweiten Beitrag über »Die Maenz« [S. 646] zeichnete »J. F.«). Nach Max Schlichters Tod übernahm sein Neffe Karl Wassmannsdorff das Lokal.

An Ernst Rowohlt
Rudolf Schlichter, Brief an Ernst Rowohlt, o.O. [Stuttgart], 6. Juli 1938, Durchschlagtyposkript, 1 Bl., 2 S.

»letzten Brief«: nicht erhalten

»Arnold Bronnen«: Der expressionistische Schriftsteller und Dramatiker (»Vatermord«, 1920) Arnolt Bronnen (1895–1959) gehörte in Berlin zunächst zum Kreis um Bertolt Brecht, wandte sich Ende der zwanziger Jahre aber der extremen Rechten zu und arbeitete 1938 als Hörspielleiter der Berliner »Funkstunde«.

»Sein Portrait«: Das vermutlich 1928 entstandene Portrait befindet sich heute im Deutschen Literaturarchiv, Marbach am Neckar.

»Frau Bronnen«: Hildegard Bronnen-von Lossow, geb. 1909, seit 1936 die zweite Frau Arnolt Bronnens, erwarb das durch ihren Trauzeugen Ernst Rowohlt vermittelte Bild, um es ihrem Mann zum Geburtstag am 19. August 1938 zu schenken. Noch am gleichen Tag kam abends die gemeinsame Tochter Barbara zur Welt.

Der Bildkauf hing auch mit Schlichters schwierigen Lebensverhältnissen in dieser Zeit zusammen. Schlichter hatte Rowohlt am 17. Mai 1938 die Neuausgabe zweier von ihm zu illustrierenden Werke vorgeschlagen, einmal J. F. Coopers »Die Grenzbewohner oder die Beweinte von Wish-ton-Wish« und sodann »Württemberg, wie es war und ist«, die 1830 erstmals erschienene Sammlung »sonderbare(r) Geschehnisse, Kriminalfälle, Hexengeschichten, Bauernkriege, Sektierer- und Goldmacherschicksale aus verschiedenen Jahrhunderten«. Schlichter erläuterte: »Was mir an diesen Geschichten gefällt, ist ihr starker Realismus, die Nacktheit und grausame Unbekümmertheit der Handelnden und Zuschauer. Sie (...) erschüttern durch die unmittelbaren menschlichen Aussagen.« Als neuen Titel schlug er vor: »Mensch gegen Mensch./ Aus alten schwäbischen Chroniken«.

Rowohlt antwortete am 19. Mai grundsätzlich interessiert. Dann richtete er – wohl Ende Juni/Anfang Juli – seine Anfrage an Schlichter wegen des Bronnen-Portraits und erhielt die zustimmende Antwort vom 6. Juli. Dagegen folgte die von Schlichter »mit Spannung« erwartete Antwort des Lektors Friedo Lampe am 29. Dezember als Absage. Die Buchvorschläge wurden zurückgewiesen; »die Berichte aus den schwäbischen Chroniken« enthielten »so viel Grausames und Krasses«, daß sie »etwas Abstossendes« bekämen. Und Cooper wirke »in vielen Teilen etwas altmodisch und romantisch-sentimental«. Zudem schickte Lampe »den Manuskriptteil Ihres Christus-Romans, der hier noch immer gelegen hat, zurück().« Gemeint ist damit Schlichters erst »Kreuztragung«, dann »Sosias aus Kapharnaum. Erzählung« überschriebenes Typoskript (108 Bl.).

Im Nachlaß haben sich zudem zwei Briefe Ernst Rowohlts vom 11. Juni und vom 13. August 1936 an Schlichter zu dem anstelle des geplanten dritten Bandes der Autobiographie entwickelten Buchprojekt erhalten. Es handelt sich um das Kochbuch von Otto Nebelthau »Vom heiteren Kochen« (Mit fünf farbigen Tafeln und 41 Zeichnungen von Rudolf Schlichter. Berlin, Rowohlt 1936, 185 S.); in diesen Zusammenhang gehören auch vier Briefe Nebelthaus an Schlichter aus dem gleichen Jahr.

An Alfred Kubin

Rudolf Schlichter, zwei hs. Briefe an Alfred Kubin, München, 13. Januar 1943 und München, 25. Januar 1943, je 1 Bl., 2 S. Städtische Galerie im Lenbachhaus, München, Kubin-Archiv.

Der erste Brief vom 13. Januar 1943 wurde auf einen Bogen mit dem Aufdruck »Rudolf Schlichter // Stuttgart-S / Neue Weinsteige 5« geschrieben; die Adresse wurde hs. korrigiert. Die im ersten Brief angekündigte Zeichnung Schlichters hat sich ebensowenig erhalten wie die im zweiten Brief angesprochene »schöne Zeichnung« Kubins.

Im Adreßbuch der Stadt München ist der »Kunstmaler« Rudolf Schlichter für die Jahre 1940 bis 1942 in der Pettenkoferstraße 25/III verzeichnet. Im Adreßbuch für 1943 (mit dem Stand Ende Dezember 1942) ist die Zwischenlösung in der Fraunhoferstraße 38/I eingetragen. Die Anfang 1943 bezogene Wohnung in München-Laim, Egetterstraße 17/II wurde danach der Dauerwohnsitz des Ehepaars bis zum Tod des Künstlers. Speedy Schlichter zog später nach Schwabing in die Franz-Joseph-Straße 15.

»ein kulturbeflissener Fabrikant«: Heinrich Perrot (1900–1975), der Gründer der Firma Perrot-Regnerbau in Calw. Nach dem Verlust der Münchener Wohnung waren das Ehepaar Schlichter und seine Freunde zunächst in Perrots Haus in Althengstedt bei Calw untergekommen, wo es offenbar zum Zerwürfnis kam.

Den im ersten Brief angesprochenen Besuch Schlichters bei Alfred Kubin auf seinem Landsitz Zwickledt bei Wernstein am Inn, unterhalb von Passau, erwähnt Kubin in einem Brief an Ernst Jünger:

»Lieber Herr Jünger (...) Denken Sie: eines Nachmittags im letzten Frühherbst läutets an der Pforte und es stand Ihr Freund Rudolf Schlichter da – leider nur für eineinhalb Stunden. Länger gab es die Zeit des Gedrängten (er suchte Unterkommen in Passau, in München litt seine Wohnung erheblich in folge Bombenabwurfes – um schließlich doch in München zu bleiben) nicht. – Wir sprachen als kennten wir einander seit langem und Ihr Freund lieh mir zum Abrunden der Bekanntschaft seine zwei autobiographischen Bände – welch buntes Leben der Teilnahme wert – ich begreife daß Schlichter Ihnen näher-

steht wie gefährlichest und doch rettend!!
Durch ihn – er hatte es von Ihrer Frau, erfuhr ich, daß Sie im Kaukasus waren – (…).« Zit.n.: Ernst Jünger/Alfred Kubin. Eine Begegnung. Frankfurt/M., Berlin, Wien (Propyläen) ^{2}1975, S. 72.

Schlichters literarischer Ertrag dieser Fahrt sind zwei Typoskripte »Passau« (je 2 S.).

Von und an Eva und George Grosz
Das fragmentarische Brief- und Kartenkonvolut befindet sich – mit Ausnahme der Briefentwürfe 2a/b – unter den Signaturen bMS Ger 206 (381) (Schlichter) und bMS Ger 206 (805) (Grosz) im NL George Grosz der Harvard University Library, Cambridge, Mass., U.S.A.

1. Eva und George Grosz, hs. Brief an Rudolf Schlichter, Paris, 10. Mai 1924, 3 Bl., 6 S., davon 5 $^1/_2$ S. von Eva Grosz. Mit zwei kleinen Zeichnungen im Text von Eva Grosz (Bl. 3). Teilabdruck (nur der Zusatz von George Grosz) in: George Grosz, Briefe 1913–1959. Hrsg. v. Herbert Knust. Reinbek bei Hamburg (Rowohlt) 1979, S. 88f.

»Jenny«: Schlichter hat seine damalige Freundin Jenny 1922/23 in zwei Ölgemälden portraitiert, als »Sitzende Jenny« o. J. (87 x 65 cm, Privatbesitz) und als »Jenny« 1923 (75 x 62 cm, Von der Heydt-Museum der Stadt Wuppertal). Vgl. Kat. Ausst. Berlin 1985, Nr. 27 u. 2, Abb. 117 u. 118, S. 102 f.

»packende Schilderung vom Prozeß«: nicht erhalten. Im Prozeß vom Februar 1924 vor dem Berliner Landgericht III anläßlich der als »pornographisches Machwerk« beschlagnahmten Mappe »Ecce homo« (Berlin, Malik-Verlag, 1923) war Grosz zu einer Geldstrafe von 6000 Mark verurteilt worden. Während der Verhandlung, von der Protokollauszüge in der Zeitschrift »Das Tagebuch« (23. Februar 1924, S. 240 f.) erschienen, kam auch das Blatt 42 der Mappe, »Rudi S.«, eine Karikatur Schlichters, zur Sprache.

»Mac Orlan«: Pierre Mac Orlan (1883–1970), frz. Schriftsteller von Romanen (Abenteuer; Großstadtbohème) im Stil des »fantastique social«; »sein Roman«: vielleicht »Malice«, 1923. Mac Orlans bekanntester Roman »Le quai des brumes« erschien 1927.

»Pleite«: Zusammen mit Wieland Herzfelde, dem Bruder von John Heartfield, hatte George Grosz 1919 im Berliner Malik-Verlag die – nach einem Vorschlag Carl Einsteins – »Die Pleite« genannte satirische Zeitschrift herausgegeben, die nach der sechsten Nummer verboten wurde.

2a. Rudolf Schlichter, hs. Briefentwurf (Bleistift) an George Grosz, o. O. [München], o. D. [1948]. 2 Bl., 4 S. NL Schlichter

»Dein Gruß«: nicht erhalten.

»Freund Knappe«: der Bildhauer Karl Knappe (1884–1970). Von ihm hat sich im NL ein hs. Brief (2 Bl., 4 S.) an Schlichter vom 22. Juli 1954 erhalten.

»Überwindung des Modernismus«: s. Anm. zum Brief an H. M. Ledig-Rowohlt, S. 372.

2b. Rudolf Schlichter, hs. Briefentwurf (Bleistift) an Eva Grosz, o. O. [München], o. D. [ca. 1947/48]. 3 Bl., 5 $^1/_2$ S. NL Schlichter

3. George Grosz, Brief an Rudolf Schlichter, Huntington (New York), 26. und 28. Juni 1948, Durchschlagtyposkript, 7 Bl., 7 S.

»Prof. Rudolphus Schlichters Vortrag«: vielleicht »Kunst am Scheideweg«, Typoskript, 7 S., Abdruck in: Die Neue Zeitung, 19. Juli 1946. Ein Exemplar des Artikels findet sich im NL George Grosz der Harvard University Libraray, Cambridge, Massachusetts.

»Borchardt Hans«: Hermann (gen. Hans, 1888–1951) war Philosophieprofessor in Berlin und (1934–1936) in Minsk. Nach seiner Rückkehr im KZ interniert konnte er 1937 dank seiner Freunde George Grosz und Erich Cohn in die USA emigrieren.

»Walter Mehring«: Der Dichter, Kabarettist und Dadaist Walter Mehring (1896–1981) wurde 1939 in Frankreich interniert. Seine unter dem Titel »In Menschenhaut / Aus Menschenhaut / Um Menschenhaut« 1924 erschienenen »Phantastika« hatte Rudolf Schlichter mit 25 Zeichnungen illustriert.

»Wieland Herzfelde«, »Hellmuth Heartfield«: Wieland Herzfelde (1896–1988) gründete 1917 den Berliner Malik-Verlag, sein Bruder Helmut (1891–1968) setzte als John Heartfield Maßstäbe in der politischen Graphik und Collage.

»Einsteinkarle«: Der Dichter und Kunstkritiker Carl Einstein (1885–1940) hatte Anfang Juli 1940 als Spanienkämpfer zwischen den Fronten den Freitod in den Pyrenäen gewählt.

»Oz und Lotte«: Otto und Lotte Schmalhausen.

»deine Geschichte Heimreise«: s. im vorliegenden Band S. 154.

»Polyphem«: s. Anm. zu Brief 8.

4. George Grosz, Brief an Rudolf Schlichter, Huntington (New York), 4. Dezember 1948, Durchschlagtyposkript, 1 Bl., 2 S.

»euren freundschaftlichen Brief«: nicht erhalten

»wie ihr beide dasitzt«: Die Photographie des Ehepaars Schlichter in seinem Münchener Wohnraum erschien in: Schwäbische Illustrierte vom 23. Oktober 1948.

»Gestade der Verlassenheit«: s. a. Brief 5, S. 312. Eine Photographie des 1946 datierten Bildes hat sich, zusammen mit 22 weiteren Werkphotos, die Schlichter seinem Freund zusandte, im George-Grosz-Archiv der Akademie der Künste, Berlin, Stiftung Archiv, erhalten.

»die Schwäbische Illustrierte«: s. o.

»den Grohmann kannte ich und den Roh«: die Kunstkritiker Will Grohmann und Franz Roh; zu Roh s. a. Anm. S. 359.

»Zimmermann«: gemeint ist, wie auch später in Brief 6 (S. 315), der Maler Mac Zimmermann (1912–1995)

5. Rudolf Schlichter, hs. Brief an George Grosz, München-Laim, 18. Dezember 1948, 2 Bl, 4 S.

»Der Aufsatz im Rhein. Merkur«: gemeint ist Schlichters Artikel »Dilettantismus und Kunst. Eine Erziehungsfrage«, Typoskript 3 S., Abdruck in: Rheinischer Merkur, 13. November 1948. Schlichter nahm darin Anregungen von Grosz aus Brief 3 auf.

»Kunstbroschüre«: Rudolf Schlichter, Das Abenteuer der Kunst. Stuttgart, Hamburg, Baden-Baden (Rowohlt) 1949, 86 S., br.

6. George Grosz, Brief an Rudolf Schlichter, o. O., hs. datiert: »SCHLICHTER DEC 48«, Durchschlagtyposkript, 2 Bl, 2 S.

»bei Nikenin dachte an Zabotin«; »Fuchs ist wohl Scholz«: Grosz bezieht sich auf die Darstellung von Schlichters Karlsruher Akademiekollegen in »Tönerne Füße«. Gemeint sind der polnische Maler Wladimir Lukianowitsch Zabotin (1884–1967) und der deutsche Maler und Graphiker Georg Scholz (1890–1945).

7. Rudolf Schlichter, hs. Brief an George Grosz, München-Laim, 1. Januar 1949, 1 Bl., 1 S.

»Tom Niederreuthers (...) Aphorismen«: Thomas Niederreuther, Aphorismen. Hamburg (Toth) 1949, 81 S.

8. George Grosz an Rudolf Schlichter, o. O., 11. März 1949, Durchschlagtyposkript, 1 Bl., 2 S.

»Polyphem von Speedy«: Speedy Schlichter, Polyphem. München (Hans von Weber Verlag) 1947, 80 S., broschiert. Das kleine Buch versammelt phantastische Nachkriegsprosa: »Heimkehr« (S. 1–21); »Zwischen Hell und Dunkel« (S. 22–26); »Ein Tag, eine Nacht, ein Tag...« (S. 27–43); »Sonntag« (S. 44–56); »Polyphem« (S. 57–62); »Mittwoch« (S. 63–69); »Vor der Türe« (S. 70–77).

9a. Rudolf Schlichter, Brief an George Grosz, München, 20. März 1949, Typoskript mit hs. Zusätzen, 5 Bl., 5 S.

»Aufsatz von mir (...) in der N.Z.«: Rudolf Schlichter, Ein Gespenst geht um, s. Anm. S. 355.

9b. [Beilage] Elisabeth »Speedy« Schlichter, hs. Brief an George Grosz, o. O., o. D., 1 Bl., 2 S.

10. Rudolf Schlichter, hs. Brief an George Grosz, München, 30. März 1949, 1 Bl., 2 S.

»Antwort des Herrn Thwaites«: John Anthony Thwaites, »›Ein Gespenst geht um‹«, s. Anm. S. 355 f.

»ein längeres Fragment einer Erzählung«: vermutlich »Der Mann, der nicht lachte«, s. S. 95 und Anm. S. 347 f.

11. Rudolf Schlichter, hs. Brief an George Grosz, München, 7. August 1949, 1 Bl., 2 S.

»das Manuskript des Aufsatzes über Dich«: s. den Artikel »George Grosz« im vorliegenden Band S. 245.

»Oz-Schmalhausen«: Von Otto Schmalhausen hat sich ein hs. Brief an Rudolf Schlichter vom gleichen Tag, dem 7. August 1949, erhalten (8 Bl., 16 S.). NL Schlichter.

»A. Toynbee ›a study of history‹«: Arnold Jos. Toynbee, Der Gang der Weltgeschichte (A study of history, dt.). Aufstieg und Verfall der Kulturen. Übers. v. Jürgen v. Kempski. Zürich, Wien (Europa Verlag) 1949, 462 S.

12. George Grosz, Brief an Rudolf Schlichter, o. O. [Huntington], 18. August 1949, Typoskriptdurchschlag, 2 Bl., 2 S.

»die interessante Zeitschrift (...) Deine Erzaehlung«: Gemeint ist die »Literarische Revue (4. Jg., H. 3, Mai 1949) mit Schlichters hier gekürzter Erzählung »Der Skulpteur« (S. 166–169); s. S. 161–169.

»Bernanos über Terror«: Georges Bernanos, Über Ungerechtigkeit, Angst und Terror, a. a. O., S. 131–140

»auch der Italiener der fuer Freiheit in der Kunst plaediert«: Elio Vittorini, Politik und Kultur. Aus einem Brief an Togliatti, a. a. O., S. 170–177

»Jackson Pollock«: Der amerikanische Maler Jackson Pollock (1912–1956) war seit 1946 mit seiner dripping-Technik der bekannteste Maler des ›action painting‹.

»dein Kampfbuch ueber moderne Kunst«: Rudolf Schlichter, Das Abenteuer in der Kunst, s. Anm. zu Brief 5.

»Polyphem«: s. Anm. zu Brief 8.

13. George Grosz, Brief an Rudolf Schlichter, o. O. [Huntington], 9. Februar 1951, Durchschlagtyposkript, 1 S.

»Nummer vom Kunstwerk, Reich der Daemonen«: Die Zeitschrift »Das Kunstwerk« brachte 1950 (4. Jg.) das Themenheft (H. 5) »Reich der Dämonen« heraus mit Beiträgen zum Surrealismus bzw. dessen Vorläufern sowie zu Salvador Dalí, Joan Miro, Picasso, Kubin u. a. Auf S. 12 wurde Schlichters Gemälde »Terror« reproduziert.

»Erinnerungsbuch der Charlotte Berend-Corinth«: Auf S. 61 f. des »Kunstwerk« (s. o.) besprach Johann Jakob Häßlin das Buch von Charlotte Berend-Corinth, Mein Leben mit Lovis Corinth. Hamburg-Bergedorf (Strom-Verlag) 1948, 235 S.

14. Rudolf Schlichter, Kunstpostkarte [Motiv: »Josef Anton Koch (1768 Tirol – 1939 Rom), Berner Oberland. Galerie des 19. Jahrh. in Wien«] an George Grosz, o. O., o. J. [vermutlich Anfang Dezember 1951]

»Hoffnung, Euch beide nächstes Jahr hier wieder zu sehen«: Zusammen mit seiner Frau hatte George Grosz die Freunde 1951 auf seiner ersten Europareise nach dem Krieg besucht; Anfang Dezember 1951 kehrte er wieder nach New York zurück.

15. George Grosz. Brief an Rudolf Schlichter, Long Island, 14. und 26. Januar 1953. Durchschlagtyposkript, 3 Bl., 3 S.

»die Fortsetzung, das zweite Buch«: Grosz hielt vermutlich »Tönerne Füße« für den ersten Band der Autobiographie. Wie er in einem Brief an den gemeinsamen Freund Otto Schmalhausen am 28. August 1950 schrieb, rief das Buch in ihm die alte Zeit in Berlin wieder wach: »(...) Vom Rudi Schlichter las ich gute Autobiographie, Tönerne Füße – guter Humor – sehr lesbar – er sandte mir's – ich sofort drei Pfund Kaffee zurück. Guter Mann, der R. Schl., gingen oft zusammen Dampfbaden, hinterher zu Maxe, Laugebrezel essen und Dortmunder Union – time 1/26 in the afternoon. Hans Borch, der mittlerweile hier vertrottelt, kam dann mit zu uns, wo wir ne Pulle Keiner von uns sehnt sich Gottseidank nach diesen alten Zeiten zurück. Das war ja alles wie'n Schleier, der's Gesicht einem bedeckte, so waren die Zeiten (...)«. George Grosz, Briefe 1913–1959. Herausgegeben von Herbert Knust. Reinbek bei Hamburg (Rowohlt) 1979, S. 448

»Heinrich Kromer, Erinnerungen eines Porzellanmalers«: Heinrich Ernst Kromer, Gustav Hänfling. Denkwürdigkeiten eines Porzellanmalers. Leipzig, Konstanz (O. Wöhrle) 1915 (216 S.). Das Buch erschien 1931 in einer neuen Ausgabe mit 11 Holzschnitten von Frans Masereel im Berliner Transmare Verlag (250 S.), als Titelausgabe ebd. 1937 (221 S.) und 1947 mit den Holzschnitten von Masereel im Lindauer Thorbecke Verlag (178 S.).

16. Rudolf Schlichter, Ansichtskarte [Motiv: »Berghaus Sudelfeld (1195 m)«] an George Grosz, München-Laim, o. D. [Poststempel nicht entzifferbar; vermutlich Januar 1953].

17. Rudolf Schlichter, Ansichtskarte [Motiv: »Das Wendelstein-Massiv«] an George Grosz, München-Laim, o. D. [Datum des Poststempels: 6. Februar 1953].

18. Rudolf Schlichter, Ansichtskarte [Motiv: »Dorf bei Bayrischzell mit Wendelstein«] an George Grosz, o. o., o. D. [Datum des Poststempels: Bayrischzell, 11. Juni 1953].

»im Monat Deine Rußlandreise 1922«: George Grosz, Rußlandreise 1922, in: Der Monat, 5. Jg., H. 56, Mai 1953, S. 135–152.

An Heinrich Maria Ledig-Rowohlt
Rudolf Schlichter, zwei hs. Briefe an Heinrich Maria Ledig-Rowohlt, beide datiert München, 23. Januar 1955, 4 Bl., 6 S.; 1 Bl., 1 S. Deutsches Literaturarchiv, Marbach a. N., Sign.: B: Schlichter, 86.2382/1, 4 Bl.; 86.2382/2, 1 Bl.

»Ihr Brief«: nicht erhalten.

»Herr Ziegler«: vermutlich Peter Zingler, Mitarbeiter im Ernst Rowohlt Verlag.

»das war noch in Stuttgart«: Der Rowohlt Verlag wurde am 9. November 1945 im »amerikanischen« Stuttgart wiedereröffnet; dazu kamen 1946 Zweigstellen im »französischen« Baden-Baden und im »englischen« Hamburg. Der Verlag übersiedelte 1950 ganz nach Hamburg und von dort 1960 in den Vorort Reinbek.

»Väterchen«: Ernst Rowohlt.

»das Buch des Komponisten Alois Melichar«: »Überwindung des Modernismus. Konkrete Antwort an einen abstrakten Kritiker«, Wien, Frankfurt a. M., London, Josef Weinberger, 1954. Die mit Zitaten argumentierende polemische Broschüre wandte sich gegen Stil und Tendenz der modernen Kunst; die lebhafte Diskussion des Pamphlets führte 1955 zur zweiten Auflage. Hier führte Melichar neben zustimmenden Äußerungen von Igor Strawinsky, Wilhelm Furtwängler, Thomas Mann und Oskar Kokoschka auch einen Brief Rudolf Schlichters an (S. 11 f.). Der Brief und sein Begleitschreiben vom 9. November 1954 hat sich mit einer Reihe von Briefen der Kunstkritiker Fritz Nemitz und Franz Roh an Schlichter aus den Jahren 1954 und 1955 im Melichar-Nachlaß der Stadtbibliothek München, Monacensia, Literaturarchiv, erhalten.

»Vortrag über Kunst«: Schlichter hatte Mitte September 1953 in der Münchener Scholastika einen Vortrag über »Die Situation der modernen Kunst« gehalten, der in der »Abendzeitung« am 18. 9. als Enttäuschung bezeichnet wurde. Schlichter verwahrte sich gegen Inhalt und Ton der Kritik in einem Leserbrief vom gleichen Tag.

Der zweite Brief Schlichters an Ledig-Rowohlt vom gleichen Tag lautet:

»Lieber Herr Ledig / Anbei 20 Photos von neueren Arbeiten, damit Sie sich einigermaßen ein Bild von meinem derzeitigen Schaffen machen können. Die Titel und Besitzervermerke, soweit sie verkauft sind, habe ich auf der Rückseite angegeben. Bitte senden Sie mir die Bilder nach Durchsicht wieder zurück.
Herzlichst / Ihr / Rudolf Schlichter

Die Größe der Zeichnungen und Aquarelle bewegt sich zwischen 43 x 63 u. 74 x 52.«

Dirk Heißerer

Nachwort

> »Von jenem Schlichter weiß ich wenig. Er hat auch Bücher geschrieben, u. a. eine Autobiographie, die ihn als begabt-pathologisch zeigt, von seinen frühen feinfühligen Zeichnungen, aber auch mit einem leichten Stich ins Perverse, hatte auch ich einst einen Eindruck.«
>
> *Hermann Hesse, Brief an Ludwig Renner, August 1952*[1]

Zwei alte Pläne werden hier verwirklicht. Das vorliegende Buch rekonstruiert die Ansätze zum dritten Band der Autobiographie des Malers, Zeichners und Schriftstellers Rudolf Schlichter (1890–1955) und vermehrt diese Fragmente um weiterführende Texte einer noch im Januar 1955 von Schlichter selbst dem Verleger Heinrich Maria Ledig-Rowohlt vorgeschlagenen »Malerbiographie«. Als ein »Mittelding zwischen Kunstbuch und Belletristik« sollte sie, unter einem »zügige(n) Titel«, »kleine Novellen, kurze Story's von mir, Abhandlungen über Kunst, Bemerkungen, dazwischen jeweils passende Reproduktionen von Bildern und Zeichnungen« versammeln. Dieser Vorschlag bestätigte die Ordnung des schriftlichen Nachlasses in der Galerie Alvensleben, München, in autobiographische, zeit- und kunstkritische Schriften und ermutigte zu einer Auswahl, die – im Anschluß an die beiden ersten Bände der Autobiographie *Das widerspenstige Fleisch* (I, 1932) und *Tönerne Füße* (II, 1933) – Schlichters Lebensweg nach 1914 in Karlsruhe (bis 1918), Berlin (bis 1932), Rottenburg am Neckar (bis 1936), Stuttgart (bis 1938) und München anschaulich dokumentieren sollte.

Der Splitternachlaß weist allerdings, etwa bei den Briefen, erhebliche Lücken auf. Ein Grund dafür ist sicher der Verlust von Wohnung und Atelier in der Münchener Pettenkoferstraße 25/III vermutlich nach dem Bombenangriff auf München vom

21. Dezember 1942. Der überwiegende Anteil von Texten zeit- und vor allem kunstkritischer Art der Jahre nach 1945 ist wiederum das Ergebnis von Schlichters damals verstärkter journalistischer Tätigkeit. Aus der Fülle dieses Materials war eine Auswahl zu treffen und zusammen mit den autobiographischen Fragmenten, den zeitkritischen Schriften und verbindenden Anmerkungen in die von Schlichter gewünschte »völlig neuartige Form der Malerbiographie« zu bringen.

Ansätze

Wie es scheint, hat Schlichter erst 1949 die Arbeit am dritten Band seiner Autobiographie begonnen. An seinen Freund George Grosz schrieb er im Dezember 1948, Rowohlt plane die Neuauflage der beiden ersten Bände – »hinzu soll noch der dritte Band kommen 1914 bis 1933 den ich nächstes Jahr zu schreiben beabsichtige«; im März 1949 meldete er Grosz, er »habe mit Rowohlt über meinen dritten Band der Autobiographie abgeschlossen«. Doch kam es weder zur Neuauflage der beiden ersten Bände noch zum dritten Band. George Grosz fand zwar *Tönerne Füße* eine »gute Autobiographie (...) – guter Humor – sehr lesbar«, doch traf sich sein Vorbehalt, niemand aus seinem Kreis sehne sich nach »diesen alten Zeiten« zurück,[2] offenbar mit der damaligen Einschätzung des Verlegers.

Schlichter könnte aber auch schon während seiner Zeit in Rottenburg (1932–1936) das erste Kapitel des dritten Bandes (»August 1914«) ganz geschrieben und das zweite begonnen haben. Diese Texte stehen jedenfalls in einem schwarzen Wachstuchheft der Rottenburger Buchhandlung Wilhelm Bader, das außen den aufgeklebten handschriftlichen Titel *Die Verteidigung der Folterkammer* trägt; dieser Titel wurde später für die maschinenschriftliche Transkription in *Die Verteidigung des Panoptikums* geändert. Zumindest war, wie aus dem Brief Schlichters an Ledig-Rowohlt hervorgeht, dieses erste Kapitel schon fertig, als Schlichter mit dem Rowohlt-Verlag in Stuttgart 1949 den dritten Band plante. Das Projekt dürfte dabei durch die im gleichen Brief erwähnte Kritik des Lektors Peter Zingler ebenso behindert worden sein wie durch Schlichters eigene Bedenken dem Inhalt – »heikle Dinge (...) teils krimineller, teils politischer Natur« – und der Form gegenüber beim stilistischen Schwanken zwischen Autobiographie und Fiktion. Mit seinem Plan einer »Malerbiographie« versuchte er, aus der Not eine Tugend zu machen und die unterschiedlichen Texte in einem größeren Ganzen zu versammeln und zu belassen.

Die Verteidigung des Panoptikums folgt demnach einem bestehenden Konzept und kombiniert die Rekonstruktion des dritten Bandes mit einer erweiterten »Malerbiographie«. Der Titel ist zu beziehen auf eine Stelle im sechsten Kapitel »Karpokrates« von *Tönerne Füße*. Schlichter schildert hier einen Berlinbesuch im Frühjahr 1913 bei seinem Bruder Max. In einer Passage zwischen der Friedrichstraße und Unter den Linden erlebt er Schaufenster mit krassen morbiden und pornographischen Exponaten als »Vorhof zur Hölle«. »Doch das weitaus Eindrucksvollste von allem«, fährt er fort, »war zweifellos das große Panoptikum. Hier erreichte das Grauen eines geschändeten, denaturierten Menschentums in der unfreiwilligen Selbstpersiflage seinen Höhepunkt.« Dann folgt der Höhepunkt in diesem Reigen: »(...) die Rekordleistung an Greueln stellte zweifellos das halb plastische Kolossalgemälde ›Dantes Inferno‹ dar« (I, 224 f.). Männer und Frauen werden von einem riesigen Rasiermesser zerschnitten. Das Bild ist für Schlichter der Inbegriff des Grauens und zeigt ihn selbst als Teil einer puppenhaften, dem Untergang zusteuernden Welt. Das Panoptikum steht dabei jedoch für das künstliche und damit immer auch distanzierte Bild des Grauens. Die späteren wirklichen Massenvernichtungen von Menschen erscheinen hier prophetisch vorweggenommen und erinnern thematisch an Alfred Kubins Roman *Die andere Seite* (1909) oder Franz Kafkas Erzählung *In der Strafkolonie* (1919). Der Titel *Die Verteidigung des Panoptikums* verdeutlicht also erneut die Hauptabsicht der Autobiographie: die sprachliche Darstellung des Grauens als Warnung und vielleicht auch als erhoffte Läuterung.

Die von Schlichter mit seiner Autobiographie angestrebte »Liquidation der dargestellten Epoche« erklärte »die Aufhebung seiner [des Buches] privaten Existenz« zur Voraussetzung für den Weg »zur substantiellen Erkenntnis der absoluten Wahrheit«, wie es im Vorwort zu *Das widerspenstige Fleisch* heißt. Diesen Weg deutete er an mit seiner Erzählung *Zwischenwelt. Ein Intermezzo* (1931; Neuausgabe 1994), die erkennen läßt, welche Bedingungen zu Schlichters Wandlung um 1927 geführt haben: Die Begegnung mit seiner späteren Frau Speedy, die »Beichte« seiner sexuellen Obsession und die Umkehr vom phrasenhaft erlebten Sozialismus zur substantieller empfundenen katholischen Religion. Schlichter dürfte bald nach dieser Begegnung mit dem ersten Band seiner Autobiographie begonnen haben; schon 1928 erschien im *Kunstblatt* (H. 12) sein Text »Kleine Stadt. Calw. Aus einer ungedruckten Selbstbiographie. Mit sechs Zeichnungen vom Verfasser«, ein Auszug des späteren zweiten Kapitels »Landschaft und Umwelt« von *Das widerspenstige Fleisch* (I, 30–40).

Im Rückblick auf das Motto der *Zwischenwelt* – die sechs Anfangsverse aus dem »Inferno« von Dantes *Divina Commedia* – und das Thema der Heilung einer Seelennot durch die geliebte Frau lassen sich die beiden ersten Bände der Autobiographie als »Inferno« der Jugendjahre in Calw (1890–1914) und als »Purgatorio« bis zur Akademiezeit in Karlsruhe (1910–1914) deuten; dementsprechend hätte die folgende Zeit bis 1933 das »Paradiso« werden sollen. Doch die Spanne zwischen dem Ausbruch des Ersten Weltkriegs und der Machtergreifung Hitlers ließ sich von Schlichter nicht mehr als Läuterung oder gar »Erlösung«[3] darstellen.

Es gab keinen Ausweg. Schlichter war unversehens selbst in den Strudel der »Liquidation der dargestellten Epoche« geraten. Seine Entscheidung für den Katholizismus rief Hohn hervor: »Schlichter als Betbruder. Gestern rot, heute tot«, schrieb die *Rote Fahne*[4]. Die vermutlich um 1949 entstandene Erzählung *Karl, der Terrorist. Portrait eines Berufsrevolutionärs* gibt einen guten Einblick in Schlichters kommunistisch-künstlerische Lebenswelt der zwanziger Jahre und ihre mehrfache Schäbigkeit. Die Geschichte ist zudem ein Beispiel für die von Schlichter 1955 im Brief an Ledig-Rowohlt erwähnten »heikle(n) Dinge (...) teils krimineller, teils politischer Natur«, die er im dritten Band schildern wollte; im persönlichen Gespräch gestand Schlichter während seiner Rottenburger Zeit, er habe sogar mit einer Bombe die Berliner Siegessäule in die Luft sprengen wollen, den nötigen Mut dazu aber nicht besessen – »Wißt Ihr, ich bin kein Held!« – und die Bombe schließlich ausgerechnet in einem Kamin versteckt.[5] An das Portrait-Fragment schließt zeitlich unmittelbar die *Zwischenwelt* an und verschärft den Kontrast.

Landschaft und »Realismus«

Etwas von der »Erlösung«, die der dritte Band darstellen sollte, läßt sich an Schlichters Landschaften in Prosa und Gedichten zwischen 1931 und 1933 erkennen. Doch überwog hier erst recht die *Drohende Katastrophe,* das Gespür dafür, daß sich das künstliche Panoptikum von einst erneut – wie schon beim Ersten Weltkrieg – in konkretes Grauen verwandelte. Hatte bereits den Karlsruher Akademieschüler an der Landschaft ganz unimpressionistisch »das Gerüst ihres Leibes, nicht ihre Hautfarbe« interessiert (II, 105), versuchte der Stadtflüchtling 1931 dieses »Gerüst« jetzt auch sprachlich in seiner überzeitlichen und zugleich konkret gegenwärtigen Bedeutung darzustellen. Die Landschaftsschilderung *Flucht auf den Hohentwiel* (1931) verbindet eine – in den Erinnerungen nicht enthaltene – Jugendgeschichte mit Schlichters Stadtflucht aus Berlin und kann als ein Auftakt zu den Erinnerungen gelesen werden. Kurz vorher hatte er noch vehement versucht, sich vom Klischee des Großstadtkünstlers im Umkreis von George Grosz zu befreien, wie seine *Kritik der Kritik* und der Brief an einen Dresdner Kritiker (1930) mit dem wichtigen Hinweis auf »die innere Dämonie von Menschen und Landschaften« belegen.

Auch Schlichters Gedichte dieser Jahre zeigen, daß seine Hinwendung zur Landschaft keine bloße Flucht ins Idyll war. Die pathetische Hölderlin-Imitation der *Hymne an den Schwarzwald* (1931) trifft in ihrer Ambivalenz aus Ernst und Kitsch Schlichters restaurativen Ansatz in dieser Zeit des Umbruchs genau.

Der Anlaß für die spätere ausführliche Landschaftsbeschreibung *Juratäler* (1942) läßt sich über das Gedicht *Sommerende* im Jura auf August 1933 datieren. Deutlich spürbar ist in dem Text aber auch Schlichters Stifter-Lektüre für die zwölf Illustrationen der sogenannten *Scharnast*-Erzählungen, die Max Stefl 1942 im Königsberger Gräfe & Unzer Verlag herausgab. Schlichter versucht hier, Stifters Kombination aus Idyll und Katastrophe in die eigene Gegenwart zu übersetzen. Der Text ist zwischen den Zeilen zu lesen und zeigt das journalistische Lavieren der *Frankfurter Zeitung* unter Benno Reifenberg und Wilhelm Hausenstein im Jahr vor ihrem endgültigen Verbot.

Von seiner Einstellung zur Landschaft leitet sich Schlichters künstlerischer Realismus-Begriff ab, den er noch im Herbst 1933 ausdrücklich als Beitrag zur »nationalen Revolution« verstand. Etwa gleichzeitig wie sein Freund George Grosz hatte sich Schlichter 1927 von der kommunistischen *Roten Gruppe*, für die er seit 1924 als Schriftführer gearbeitet hatte[6], abgewandt. Aber während sich Grosz dem Portrait und in Südfrankreich der Landschaft widmete, steigerte Schlichter zunächst, im Tausch der Ideologien, seinen katholischen Enthusiasmus. Grosz portraitierte den Freund 1929 in einer entlarvenden Atelierszene: abgewandt von den als Malermotive versammelten kommunistischen Requisiten Hammer, Sichel und Arbeiterfaust, auf einem Scheiterhaufen knieend in der Pose inbrünstig betender Verehrung eines weiblichen Unterleibs.[7] Schlichters Unterstützung der »nationalen« Revolution um 1930 war ebenso eigenartig idealistisch wie zeittypisch; George Grosz kommentierte Schlichters Wechsel der politischen Vorzeichen treffend:

»Dann waren jetzt die neuen Reichstagswahlen, wo die Nationalsozialisten enorm zugenommen haben. Was allgemein erwartet wurde. Diktaturgerede geht immer mehr um. Wenn, kommts wohl bei uns auf sogenanntem kaltem Wege. Diese Leute ziehen augenblicklich viele in ihren Bann. Mein alter Freund Schlichterrudi ist auch ganz umgeschwenkt, und sein bester Freund ist derzeit jener Ernst v. Salomon, der beim

Rathenaumord mithalf[8]. Tolle Welt, kann man da nur sagen. Die Jungs, die sich in die Hosen schissen wenn nur eine Flinte knallte, werden auf einemmale heroisch und beten das mystisch=nationale Blutopfer an. Rätselhaftes Deutschland ... (...) Augenblicklich geht eben das allbekannte Pendel nach rechts. Historischer Realismus, wie einer der Führer der Nazielite es nennt, ist Trumpf.«[9]

Zu dieser Tendenz gehörte das Erscheinen eines weiteren Auszugs aus dem ersten Band der Autobiographie, genauer dem sechsten Kapitel *Die Schwestern* (I, 129 ff.). Unter dem Titel *Der Schwager* und versehen mit dem Motto »Mörder, Hoffnung der Frauen. / Kokoschka« erschien der Auszug in der Sammlung *Mondstein. Magische Geschichten,* die Franz Schauwecker 1930 im Berliner Frundsberg-Verlag herausbrachte. Im gleichen Band veröffentlichte Ernst Jünger erstmals seinen *Sizilianischen Brief an den Mann im Mond;* unter den anderen insgesamt 18 Beiträgern finden sich der zum Katholizismus konvertierte Werner Bergengruen ebenso wie die rechtsradikalen Autoren Hanns Johst und Ernst von Salomon. Noch im gleichen Jahr entwarf Schlichter die Umschlagzeichnung für die von Ernst Jünger herausgegebene Textsammlung *Krieg und Krieger.*

Schlichters Sympathie für Arnolt Bronnen, Ernst Jünger und Ernst von Salomon muß allerdings auch im Licht der weiter andauernden Freundschaft mit Bertolt Brecht gesehen werden. Beide orientierten sich 1932 zurück in die Landschaft ihrer Herkunft: Im Sommer sandten Brecht und Schlichter aus Rottenburg auf einer Ansichtskarte »schüttelhände« und »Herzl. Grüße« an Helene Weigel in Berlin[10]; im Herbst erwarb Brecht ein Landhaus in Utting am Ammersee. Besonders merkwürdig klang das Jahr aus. Der marxistische Sozialwissenschaftler Fritz Sternberg – von Schlichter im Künstlerlokal seines Bruders Max mit Brecht zusammengebracht – erinnert sich an die Silvesternacht 1932 in Berlin, als in Brechts Wohnung Schlichter, Bronnen und Salomon »auf einen glücklichen unblutigen Rechtsputsch anstießen.«[11]

Realität Hitler

Schlichter begrüßte die Zäsur von 1933 aus kunstpolitisch-antisemitischer Warte, wie eine Postkarte an den Kollegen Franz Radziwill vom 24. April 1933 belegt (S. 353); der in seinen Augen jüdisch dominierte Kunsthandel war für ihn an den Kritiken und falschen Zuordnungen schuld, gegen die er sich schon in seiner »Kritik der Kritik« 1930 zur Wehr gesetzt hatte. Schlichters im Herbst 1933 zusammen mit Wilhelm Wenger als *Grundsätzliches zur deutschen Kunst* entworfenes religiös-nationales Realismus-Konzept versuchte die größtmögliche Annäherung an die aktuelle politische Ideologie mit dem Blick auf die deutsche Kunsttradition zu einer neuen Perspektive zu verbinden. Doch schon 1934 bezog Schlichter entschieden Position gegen die herrschende Totschlagmentalität: Seine Titelzeichnung *Goliath verhöhnt das Volk Israel* für die Zeitschrift *Junge Front – Wochenzeitung junger Deutscher* wurde von der *National-Zeitung* als Verhöhnung der NSDAP erkannt und mit dem Verbot der Zeitschrift bestraft.[12] Schlichter reagierte darauf mit seinem großen Gemälde *Blinde Macht* (1937)[13].

Waren die ersten beiden Bände der Autobiographie nach Meinung Ernst Blochs schon stilistisch »das bezeichnendste Stück Hitler-Pubertät ante rem«[14], erweist die Rekonstruktion des dritten Bandes auch inhaltlich Schlichters anfänglichen Idealismus gegenüber der »nationalen Revolution«; die folgende Ernüchterung und eigenwillige Querstellung ist allerdings ebenso symptomatisch. Nach dem Ausschluß 1935 aus der Reichsschrifttumskammer, der Präsentation einer Lithographie 1937 als »Entartete Kunst«[15], einem Prozeß mit Inhaftierung wegen »unnationalsozialistischer Lebensführung« 1938 und dem Ausschluß – für ein Jahr – aus der Reichskammer der bildenden Künste bis zum Januar 1939 blieb Schlichter als Medium der Selbstbehauptung nur noch das Schreiben. Eine – in den Band nicht aufgenommene – »dramatische Groteske« (1940, 23 S.) mit dem Titel *Der Stubaf* (d. i. Der Sturmbannführer) zeigt satanische Kleinbürger beim Plündern und Töten in den Tagen der Pogromnacht vom November 1938. Dazu gibt es eine interessante literarische Entsprechung. Im dänischen Exil schrieb Bertolt Brecht eine – vielleicht sogar von Schlichter angeregte – Szene zu *Furcht und Elend des Dritten Reiches* (1935/38) (Nr. 19, Der alte Kämpfer). Schauplatz einer Tragödie im Jahr 1938 ist ein Fleischerladen neben einem Milchgeschäft in Schlichters Geburtsstadt Calw. Die Milchhändlerin, eine »Frau Schlichter«, kommentiert das Schicksal des Fleischers Lettner, der erhängt im Schaufenster seines Ladens aufgefunden wird. Um seinen Hals hängt eine Preistafel, auf der geschrieben steht: »Ich habe Hitler gewählt!«[16]

Schlichters massive persönliche Schwierigkeiten in der Zeit um den Kriegsausbruch 1939 reflektiert die Geschichte *Der Mann, der nicht lachte.* Hierbei dürfte es sich um das »längere() Fragment einer Erzählung« handeln, das Schlichter seinem Freund George Grosz in einem Brief Ende März 1949 mit der Bemerkung beilegte, er könne daraus entnehmen, »wie unser Lebensraum im Dritten Reich beschaffen war. Der größte Teil beruht auf persönlichen Erlebnissen und ich glaube, es gibt Dir ein gutes Bild.« Die traumhafte Situation dieses Textes hat mit Schlichters eigenen Träumen der beschriebenen Jahre zu tun; das Schaufenster-Bild aus »Traum 4« ist direkt in die Erzählung übernommen worden. Schlichters »Träume« erlauben überhaupt einen unmittelbaren Blick in die Seele des Künstlers und korrespondieren vielfach mit surrealen Themen seiner Bilder. Dem Surrealismus wiederum hat Schlichter seine Betrachtung *Ein Wort macht die Runde* (1946) gewidmet.

Schlichters Schwierigkeiten verschärften seinen Blick für die lauernde Dämonie der kleinbürgerlichen Welt, aus der er kam und die er am eigenen Beispiel so schonungslos zu entlarven versucht hatte. Selbst zum Opfer des konkreten Grauens geworden, analysierte er dessen Ursachen jetzt in – notgedrungen versteckten – zeitkritischen Texten wie *Karl May. Ein deutsches Phänomen, Der kleine Mann* und *Attentäter.* Gerade Schlichters aus gründlicher Kenntnis erwachsene Kritik Karl Mays – für Carl Zuckmayer war Schlichter neben ihm selbst und Ernst Bloch »der gründlichste Karl-May-Forscher dieser Zeit«[17] – zeigt, wie er die bekenntnishaften autobiographischen Ansätze zu einem allgemeineren Bild deutschen Totschlagwesens erweiterte; zugleich konnte er 1942 seine kritischen Ansätze sogar als Subtext in einem Artikel zum 100. Geburtstag Karl Mays veröffentlichen.[18] Was Kurt Tucholsky 1921 angesichts von Schlichters berühmtem ordentlichen und symmetrischen *DA-DA-Dachatelier* als künstlerischen Grundzug feststellte – »Vielleicht hätte Schlichter nichts Wuchtigeres zeichnen können als diese Demonstration gegen die Provinz Deutschland«[19] –, übernahm und vertiefte der Künstler in seiner Autobiographie. Nur war eben die »radikale Häßlichkeit«, mit der Schlichter nach Meinung Klaus Manns die »deutsche Kleinstadt des Kaiserreiches in ihrer gespenstischen Oede« dargestellt hatte[20], war die Autobiographie insgesamt als »wertvolles Dokument zur Geschichte des deutschen Kleinbürgertums«[21] über die dargestellten Ursachen hinaus von einer noch brutaleren Wirklichkeit eingeholt und übertroffen worden. Polemisch wetterte Schlichter 1941 gegen seine Landsleute: »Wenn ich mir das widerlichste Exemplar eines Deutschen vorstelle, kommt allemal ein Württemberger heraus«, heißt es da, und »Bayern: ein Volkstum, das an einer geradezu pathologischen Stammesidolatrie leidet.«[22]

Die autobiographische Prosa Schlichters nach 1945 beschließen drei Texte, deren surreale Motive die Reprise wichtiger Lebensstationen verfremden: *Die Heimreise* als »Alptraum«; die Erinnerung an einen Nazisadisten und schließlich der Untergang einer Faschingswelt in einer Schneelawine – das Gegenstück zum Kriegsausbruch 1914.

Ernst Jünger

Schlichter konnte also das geplante »Paradiso«, den von vielen Rezensenten erwarteten »Erlösungs«-Band, nach 1933 nicht mehr schreiben. Statt dessen entstand in dieser Zeit das Fragment eines »Christus-Romans« unter dem Titel *Kreuztragung* bzw. *Sosias aus Kapharnaum* (108 S.). Diese Erzählung ist in großen Zügen und konkreten Details eine Übertragung von autobiographischen Aspekten Schlichters in die jüdische Welt vor 2000 Jahren. Ernst Jünger, dem die Geschichte sehr gut gefiel, empfahl sie dem Verleger Hans von Hugo in Berlin.[23]

Doch zu einer Publikation der *Kreuztragung* kam es nicht. Schlichter erhielt das Manuskript Ende Dezember 1938 ohne besonderen Kommentar auch vom Rowohlt-Lektor Friedo Lampe zurück. Der Text ist in Umfang und Thematik so ungewöhnlich, daß für ihn nur eine separate Veröffentlichung in Frage kommt.

Also kein dritter Band und auch kein Christus-Roman – dafür freute sich Ernst Rowohlt 1936, seinem verehrten »Meister« einen umfangreichen Illustrationsauftrag für ein Kochbuch von Otto Nebelthau verschaffen zu können (*Vom heiteren Kochen,* 1936). Schlichter nahm den Auftrag dankend an.

Vielleicht hätte sich seine Situation etwas verbessern können, wenn Ernst Jünger seinen Plan von 1936 wahrgemacht hätte, in einem »Büchlein« auf die Zeichner Kubin, A. Paul Weber und Schlichter hinzuweisen.[24] Jünger, der Schlichter um 1930 in Berlin bei Ernst Rowohlt kennenlernte[25], besuchte ihn im November 1935 in Rottenburg und erwarb dabei das Bild *Atlantis,* wie seinen Briefen und Postkarten im Nachlaß Schlichters zu entnehmen ist. *Atlantis* beeinflußte, wie Jünger 1940 schrieb, auch sein Buch *Auf den Marmorklippen* (1939)[26]; und seinem wohl 1937 entstandenen Torso-Portrait[27], das Schlichter von ihm vor einer Felsenlandschaft – dem Albtrauf – malte, wollte er – vorausgesetzt Schlichter male ihm noch ein figurenbezogenes »Mäntelchen« – sogar den Titel seines Buches geben.[28] Sodann wurde der Plan, ein kurzes Vorwort zu einem bei Piper geplanten »Bändchen Zeichnungen«[29] Schlichters zu schreiben, von Jünger Ende März 1940 »In Stellung« aufgegeben.[30] Letztlich kam es nur und auch erst 1975 zu Jüngers Buch über Kubin[31]. Die beiden abgedruckten Briefe Schlichters an Kubin reflektieren eine künstlerische Sympathie, die sich auch an den Federzeichnungen zu *Tausendundeine Nacht* (1940–1945) erkennen läßt.[32]

Ernst Jüngers Beziehung zu Schlichter und seiner Frau überdauerte die Jahre und wurde freundschaftlich. Nach einem Besuch in München schrieb Jünger im Oktober 1952, ihn habe am Stammtisch Schlichters erheitert, »wie schön konservativ auch der tollste Stürmer und Dränger wird, wenn er in die

Jahre kommt.«[33] Den insgesamt sieben Briefen und sechs Postkarten Jüngers an Rudolf und Speedy Schlichter aus den Jahren 1935 bis 1973 entsprechen nach Auskunft Jüngers etwa sechzig einer eigenen Publikation vorbehaltene Gegenstücke in seinem Archiv.

George Grosz

Ein wichtiger Bestandteil der »Malerbiographie« Schlichters, ihr fragmentarisches Herzstück, ist der Briefwechsel mit seinem alten Freund George Grosz, schon deshalb, weil Schlichter bis heute vor allem im Vergleich mit Grosz gesehen und gewürdigt wird. Der Briefwechsel zwischen 1948 und 1953 zeigt die beiden Kunststreiter von einst als historische Gegenfiguren ihrer selbst nach eben der Weltkatastrophe, deren Entwicklung in ihren Arbeiten so deutlich nachvollziehbar ist. Grosz: ebenso sarkastisch wie resigniert im amerikanischen Exil; Schlichter: verbindlich und kämpferisch im zerstörten München. Schlichters Aufsatz *George Grosz* ist auch als Selbstbefund zu lesen beim Versuch, an eine deutsche Kunsttradition anzuknüpfen. Schon 1927 hatte der französische Journalist Marcel Ray George Grosz als einen »Virtuosen der Miniatur« bezeichnet, der sich in direkter Linie von Baldung, Schongauer und Dürer ableite.[34]

Gerade weil der Briefwechsel nur fragmentarisch überliefert ist, lassen sich Gemeinsamkeiten und Unterschiede der beiden Freunde besonders gut erkennen. Es scheint aber, als habe Grosz auch in den verlorenen Schreiben seine eigene Biographie *Ein kleines Ja und ein großes Nein* (1955) nicht erwähnt, deren Erscheinen Schlichter nicht mehr erlebt hat. Hier gab Grosz seinem Freund das Zeugnis zurück, das der ihm 1949 ausgestellt hatte. Im neunten Kapitel *Kunst und Wissenschaft* schildert Grosz die Dada-Zeit in Berlin:

»Ein anderer, der sich zu uns gesellte, war mein alter guter Freund Rudolf Schlichter. Er ist einer der belesensten Maler, von geradezu enzyklopädischem Wissen. Damals war er von seiner heutigen religiösen Einkehr noch weit entfernt und voller Widersprüche. Er hält seine Kunst für die eines Außenseiters« – Grosz spielt hier an auf den Aufsatz *Außenseiter der Kunst* –, »aber für mich ist er das keineswegs. Ich sehe in seinen Werken eher die Fortsetzung einer ›romantisch-deutschen, mittelalterlichen Tradition‹.«[35]

Die Briefe zeigen eine intensive Annäherung, aber kein wirkliches Gespräch mehr. Dabei ist der Grosz-Monolog im Brief vom 26. Juni 1948, der Rückblick auf die Freunde und Bekannten der zwanziger Jahre und zugleich krasse Befund ihrer Schicksale und gegenwärtigen Emigrantensituation, gerade in seiner Gebrochenheit ein sprachliches und historisches Zeugnis von hohem Wert. Obwohl zwischen den Freunden das latente Problem »Speedy« ausgeräumt werden konnte, obwohl Schlichter materiell und informativ von Grosz sehr profitierte, ging er auf den Freund nur noch so weit ein, wie er dessen Schilderungen für seine eigenen Argumente gegen die abstrakte Kunst verwenden konnte. Grosz' Resignation war jedoch schon ungleich größer geworden; Speedys als solche eher ungewollten Schlußworte des Briefwechsels verhallten ohne Echo.

Ausblicke

Die Auswahl der kunstkritischen Schriften akzentuiert, wie Günter Metken im nachfolgenden Essay ausführt, Schlichters Positionen zwischen 1930 und 1955. Zentrales Anliegen waren ihm nach 1945 der »Kampf« gegen die abstrakte Kunst und damit verbundene Differenzierungen. Nicht ohne Hintersinn betitelte Schlichter seinen programmatischen Artikel *Ein Gespenst geht um* (1949) mit dem Anfangssatz des Kommunistischen Manifests von Karl Marx. Eine eigene Publikation würde die berühmte Debatte um die abstrakte Kunst erfordern, die, ausgelöst durch einen Leserbrief Schlichters[36], 1954/55 in der Zeitschrift *Der Monat* von so prominenten Kontrahenten wie Hans Sahl, Karl Hofer, Will Grohmann, nochmals Schlichter[37], Oskar Kokoschka und anderen geführt wurde. Neben seiner Streitschrift *Das Abenteuer der Kunst* (1949) ist Schlichters bedeutendster Beitrag in dieser Zeit der seither mehrfach wieder abgedruckte Aufsatz *Ateliers im elfenbeinernen Turm* (1952).

Die letzten drei Texte seiner hier präsentierten kunstkritischen Schriften sind Bekenntnis und Selbstportrait in einem.

Neben dem Maler, Zeichner und Illustrator ist der Erzähler und Kritiker Rudolf Schlichter erst noch wiederzuentdecken. Dabei besteht die schon 1920 von Carl Einstein konstatierte »repertoirereiche Begabung«[38] Schlichters von Anfang an auch im Literarischen; es gibt eine Nähe, ja Verwandtschaft seiner ausgeprägten zeichnerischen und erzählerischen Begabung. Schon früh wurde erkannt, daß Schlichter künstlerisch »Handlung« brauche: »Er selbst ist flotter Erzähler, weiß zu steigern und durch Einfälle zu überraschen.«[39] Aber erst die Autobiographie machte klar: »Tatsächlich gehören der Erzähler und der Maler Schlichter auch innerlich zusammen.«[40] Der hier rekonstruierte und erweiterte dritte Band der Autobiographie ergibt mit seinen beiden Vorgängern zusammen eine in ihrer Radikalität, Vielseitigkeit und Deutlichkeit der Analyse ebenso aufschlußreiche wie einzigartige »Malerbiographie« des 20. Jahrhunderts. Schlichters Texte sind das unverzichtbare Komplement zu seinem künstlerischen Werk, dessen nächste Retrospektive für 1997 in der Kunsthalle Tübingen geplant ist.

1 Hermann Hesse, Gesammelte Briefe. Vierter Band. 1949–1962. Hrsg. in Zusammenarbeit mit Heiner Hesse und Ursula Michels von Volker Michels. Frankfurt/M. (Suhrkamp) 1986, Bf. Nr. 172, S. 162. Hesse war wie Schlichter aus Calw gebürtig.

2 George Grosz, Brief an Otto Schmalhausen, o. O., 28. August 1950, zit. n.: George Grosz, Briefe 1913–1959. Hrsg. v. Herbert Knust. Reinbek bei Hamburg (Rowohlt) 1979, S. 448

3 Hedwig Rieth, Tübingen, in einem Gespräch mit dem Herausgeber am 16. Dezember 1991

4 undatierter Zeitungsausschnitt im NL

5 Hedwig Rieth, Tübingen, in einem Gespräch mit dem Herausgeber am 16. Dezember 1991

6 Vgl. das Gründungsmanifest der »Rote(n) Gruppe / Vereinigung kommunistischer Künstler (...), Berlin, den 13. Juni 1924« in: Rote Fahne, Nr. 57, 1924, zit. n.: Manifeste Manifeste. 1905–1933. Hrsg. v. Diether Schmidt. Dresden (VEB Verlag der Kunst) o. J. [1964], S. 318 f. (Schriften deutscher Künstler des zwanzigsten Jahrhunderts, Bd. 1)

7 George Grosz, Rudolf Schlichter, 1929, Öl auf Leinwand, 190 x 140 cm. Vgl. Peter-Klaus Schuster (Hrsg.), George Grosz, Berlin/ New York. Kat. Ausst. Nationalgalerie Berlin 1995, S. 360, Nr. IX.45. Schlichters eigene Auffassung eines katholisch geprägten Sozialismus zeigen dagegen vier Illustrationen für das Buch »Jugend an der Maschine« von Hans Hümmeler (Hans Sauerland), Freiburg i. Br. (Herder) 1932. Das erklärte Ziel des Buches war, laut Vorwort, »den bewußt katholischen, lebenstüchtigen und lebenstapferen Jungarbeiter zu schaffen«. In den Zeichnungen Schlichters wandelt sich die Fabrik zur Kirche, aus den Arbeitern wird eine Gemeinde, und Christus überstrahlt den jungen pathetisch-visionären Arbeiter inmitten seiner Kollegen.

8 Ernst von Salomon besuchte Schlichter 1930 in Calw und schrieb darüber: »Schlichter (...), der sich im Laufe seiner künstlerischen Entwicklung folgerichtig auch durch eine Reihe politischer Richtungen, durch Nihilismus, Anarchismus zum Kommunismus und von dort zum Nationalismus Jüngerscher Prägung durchgemausert hatte, folgte wohl dem natürlichen Instinkt, als er, durch die Hölle aller Ganzheitssysteme gehetzt, nun die Berührung mit der Heimaterde suchte wie der Riese Antäus. Ich traf ihn, entschlossen, es nun mit der Rückkehr zum Katholizismus genug sein zu lassen (...).« Ernst von Salomon, Der Fragebogen (1951). Reinbek bei Hamburg (Rowohlt) 1961, S. 346

9 George Grosz, Brief an Mark Neven DuMont, Ahrenshoop, 16. September 1930, in: George Grosz, Teurer Makkaroni! Briefe an Mark Neven DuMont 1922–1959. Hrsg. v. Karl Riha in Zusammenarbeit mit Angela Merte. Berlin (Argon) 1990, S. 164

10 Bertolt-Brecht-Archiv, Akademie der Künste, Berlin, Stiftung Archiv, Bestand-Nr. E 12/109

11 Fritz Sternberg, Der Dichter und die Ratio. Erinnerungen an Bertolt Brecht. Göttingen (Sachse & Pohl Verlag) 1963, S. 37 (Schriften zur Literatur, hrsg. v. Reinhold Grimm, Bd. 2)

12 Karl Streckfuß, Verbot der »Jungen Front«, in: National-Zeitung, Essen, 8. August 1934

13 Günter Metken, Rudolf Schlichter, Blinde Macht. Eine Allegorie der Zerstörung. Frankfurt/M. (Fischer Taschenbuch Verlag, Reihe kunststück) 1990

14 Ernst Bloch, Erbschaft dieser Zeit (1935). Erweiterte Ausgabe (1962). Frankfurt/M. (Suhrkamp Verlag) 1985, S. 180

15 »›Annäherung, Liebespaar/Vergewaltigung‹; Lithographie, Maße unbekannt. Erworben 1924 vom Kupferstichkabinett, Berlin (...) Verbleib

unbekannt«, zit. n.: Stephanie Barron (Hrsg.), »Entartete Kunst«. Das Schicksal der Avantgarde im Nazi-Deutschland. Kat. Ausst. Los Angeles/Berlin 1991/92, S. 339

16 Bertolt Brecht, Furcht und Elend des Dritten Reiches. 24 Szenen, in: ders., Gesammelte Werke, Bd. 3. Frankfurt/M. (Suhrkamp Verlag) 1976, S. 1073–1193, hier S. 1165–1169

17 Carl Zuckmayer, Als wär's ein Stück von mir. Horen der Freundschaft (1966). Frankfurt/M. (Fischer Taschenbuch Verlag) 1981, S. 255

18 vgl. Anm. S. 350

19 Peter Panter [d. i. Kurt Tucholsky], Rudolf Schlichter, in: Die Weltbühne, Nr. 47, v. 24. 11. 191, S. 538 f., hier zit.n. Kurt Tucholsky, Gesammelte Werke. Bd. 3. 1921–1924. Hrsg.v. Mary Gerold-Tucholsky u. Fritz J. Raddatz. Reinbek bei Hamburg (Rowohlt Taschenbuch Verlag) 1989, S. 89–91, hier S. 91

20 Klaus Mann, Rudolf Schlichter: »Das widerspenstige Fleisch«, in: Acht Uhr Abendblatt, Berlin, 28. Januar 1932

21 Franz Joseph Schöningh, Rudolf Schlichter, in: Der Kunstwart, 45. Jg., H. 5, Februar 1932, S. 329–331, hier S. 331. Vgl. dazu Schlichters undatiertes Typoskript »Der deutsche Kleinbürger« (2 S.): »Der deutsche Kleinbürger (...) ist (...) Idealist von jener gefährlichen Sorte, die aus purem Idealismus alles unmittelbare Leben um sich herum mit der tödlichen Massivität ihres Lebenshasses erstickt.« (S. 1)

22 s. S. 177.

23 Hans von Hugo erinnerte Schlichter in einem Brief aus Berlin vom 3. November 1936, er habe schon 1930 versucht, »Das widerspenstige Fleisch« an den Verlag Cotta zu vermitteln. »Nun schreibt mir Ernst Jünger, dass er einen Abschnitt aus Ihrem Manuskript ›Die Kreuztragung‹ gelesen hat, der ihm sehr gut gefällt.« NL Schlichter

24 »Im Jahre 1936 war ich in seiner [Ernst Jüngers] Goslarer Wohnung und hielt dort eine geheime Versammlung ab. Er trug sich damals mit dem Gedanken, ein Büchlein zu veröffentlichen, in welchem Kubin, Schlichter und A. Paul Weber behandelt werden sollten.« Ernst Niekisch, Gewagtes Leben. Begegnungen und Begebnisse. Köln, Berlin (Kiepenheuer & Witsch) 1958, S. 190. Kurt Otte, Kubins Archivar, schrieb Schlichter in einem Brief aus Hamburg vom 11. März 1936, Jünger sei »ja erst im Beginn seines Buches über Kubin – Weber – Schlichter.« NL Schlichter

25 »Es war schwer eine heterogenere Gesellschaft zu finden, wenn man nicht die Feste besuchte, die Ernst Rowohlt veranstaltete, der sich offenbar ein Vergnügen daraus machte, pyrotechnische Mischungen auszutüfteln, besonders an seinen Geburtstagen. Man traf dort Brecht, Bronnen, Ernst von Salomon, Rudolf und Speedy Schlichter, und starke Trinker, wie Thomas Wolfe.« Ernst Jünger, Die Hütte im Weinberg. Jahre der Okkupation (1958), in: ders., Tagebücher III. Strahlungen II. Stuttgart (Klett-Cotta) 1979, S. 430

26 »Schon Ihr Atlantis war für mich sehr bildend; ich hatte es immer vor Augen, und sicher floß davon ein wenig auch in die ›Klippen‹ ein.« Ernst Jünger, Brief an Rudolf Schlichter, »In Stellung 7. 2. 1940«. NL Schlichter. Der Herausgeber dankt Ernst Jünger für die Erlaubnis zum auszugsweisen Zitieren seiner Briefe an Rudolf Schlichter.

27 Alfred Kubin beurteilte das Torso-Portrait nach einem Photo in einem Brief an Jünger aus Zwickledt vom 2. Dezember 1937 als eine »völlig ehrliche Arbeit – bis ins Tiefe der Form eindringend (...) Eigentlich ein ›Galeriestück‹ (...) – und wie brillant der landschaftliche Hintergrund hat dieser eine gewisse Beziehung zum Dargestellten? mitwirkt, weiß niemand als ein Künstler selber (...).« Ernst Jünger/Alfred Kubin, Eine Begegnung. Frankfurt/M., Berlin, Wien (Propyläen) 1975, S. 49

28 »Ich würde es daher begrüßen, wenn Sie mich mit einem Mäntelchen wie auf dem schönen Bilde von Speedy mit dem Monde bekleiden würden, und wie es dem Kostüme – schwarz mit rotem Futter – entspräche, das ich auf den ersten Seiten der ›Klippen‹ schildere.« Ernst Jünger, Brief an Rudolf Schlichter, »In Stellung 7. 2. 1940«. NL Schlichter. Die Stelle im Buch lautet: »Wir lebten damals daher mit einer gewissen Strenge und in schlichten Gewändern, obwohl kein Gelübde uns band. Zweimal im Jahre ließen wir indessen das rote Futter durchleuchten – einmal im Frühling und einmal im Herbst.« Ernst Jünger, Auf den Marmorklippen (1939). Frankfurt/M, Berlin (Ullstein) 1990), S. 5 f.

29 Ernst Jünger, Brief an Alfred Kubin, »In Stellung 17. 2. 1940«, in: Ernst Jünger/Alfred Kubin, Eine Begegnung. Frankfurt/M., Berlin, Wien (Propyläen) 1975, S. 59.

30 »Dennoch hoffe ich, noch einmal im Leben zu der Monographie zu kommen, die ich, wie Sie wissen, über Sie plane. Außer Ihnen kommt nur noch Kubin in Betracht, da der Dritte im Bunde [A. Paul Weber] inzwischen durch die neue Propaganda mit Beschlag belegt worden ist und so den zeitigen Ruhm, sich selbst entlarvend, dem künftigen vorgezogen hat. (...) Nehmen Sie mir also bitte die Absage nicht übel; die Verhältnisse sind zu unangemessen der Aufgabe. (...)«. Ernst Jünger, Brief an Rudolf Schlichter, »In Stellung, 28. 3. 1940«. NL Schlichter

31 Ernst Jünger/Alfred Kubin, Eine Begegnung. Frankfurt/M., Berlin, Wien (Propyläen) 1975. Das Buch versammelt neben dem Briefwechsel 1921–1952 innerhalb eines »Rückblick(s)« Jüngers Aufsatz »Die andere Seite« über Kubins Roman (in: Widerstand, 4. Jg., 1929, H. 3, S. 76–81) und den jetzt »Staubdämonen« betitelten und auf 1931 vordatierten Aufsatz »Alfred Kubins Werk« (in: Widerstand, Jg. 8, 1933, H. 1, S. 24–27).

32 Rudolf Schlichter, Tausendundeine Nacht. Federzeichnungen aus den Jahren 1940–1945. Textauswahl und Einführung von Günter Metken. Berlin (Edition Hentrich) 1993

33 Ernst Jünger, Brief an Rudolf Schlichter, Wilflingen, 24. Oktober 1952. NL Schlichter

34 Marcel Ray, George Grosz (1927). Herausgegeben und aus dem Französischen übersetzt von Dirk Heißerer. Berlin (Verlag Das Arsenal) 1991, S.30 f.

35 George Grosz, Ein kleines Ja und ein großes Nein. Sein Leben von ihm selbst erzählt. (1955). Reinbek bei Hamburg (Rowohlt Taschenbuch Verlag) 1974, S. 132

36 Kritik der abstrakten Kunst. Rudolf Schlichter, Leserbrief, in: Der Monat, 7. Jg., H. 75, Dezember 1954, S. 284

37 Zur Diskussion um die abstrakte Kunst. Rudolf Schlichter, Leserbrief, in: Der Monat, 7. Jg., H. 80, Mai 1955, S. 187–189

38 Carl Einstein, Rudolf Schlichter, in: Das Kunstblatt, Jg. 4, 1920, S. 105 f., zit. n.: Carl Einstein, Werke Bd. 2, 1919–1928. Hrsg.v. Marion Schmid. Berlin (Medusa) 1981, S. 59–61, hier S. 60

39 K.H., Illustrierte Bücher, in: Das Kunstblatt, Jg. 5, 1921, S. 221. Auch Paul Westheim konstatierte 1923 bei dem von Grosz »geradezu mitgerissen(en)« Schlichter ein »flottes Erzähltalent«, mit dem er »das Zeug hätte, Jungens=Bücher zu illustrieren.« vgl. Paul Westheim, Die neue Sachlichkeit. Zur Entwicklung der jüngsten Kunst in Deutschland, in: Sonntagsbeilage des Tagesboten Brünn, 73. Jg, Nr. 414, Samstag, den 8. September 1923

40 Franz Joseph Schöningh, Rudolf Schlichter, in: Der Kunstwart, 45. Jg., H. 5, Februar 1932, S. 329–331, hier S. 329

Günter Metken

Nähe zum Gegenstand

Theater der Physiognomik

»Schlichters Grundbegabung ist zeichnerischer Art«, schreibt Karl Scheffler im Juni 1928 anläßlich einer Ausstellung in der Berliner Galerie Neumann-Nierendorf. Die Besprechung erscheint in der Zeitschrift *Kunst und Künstler*. Vom »Zeitprogramm«, meint der konservative Rezensent, sei der Ausgestellte nicht sehr beeinflußt; dies Gewand könne jederzeit abgestreift werden. Im Grunde handele es sich um Charakteristik, um den aus der Erscheinung gewonnenen unmittelbaren Ausdruck: »Wie es auch bezeichnend für Schlichter ist, daß ihn nur der Mensch interessiert, daß ihm alles zum Bildnis wird.«

Scheffler stellt dies angesichts des – seither verschollenen – Portraits von Alfred Döblin fest. Der Schriftsteller, hinter dessen randloser Brille der wache, diagnostische Blick des Arztes aufblitzt, sitzt sehr präsent vor uns, mit altmodisch genauer, reliefartiger Modellierung der Züge, welche das photographische Abbild zum Kupferstich hin zu vertiefen scheint. Schlichter rückt nach Ansicht des Kritikers die Objektivität der Neuen Sachlichkeit, die die Teile gleichmäßig berücksichtigte und manchmal isolierte, allmählich wieder in ein Gleichgewicht »malerischer Ganzheiten«, beeinträchtige dies allerdings wieder durch eine Gebirgslandschaft im Hintergrund, die eine Zutat überhöhender Phantasie sei.

Nur zeigen fast alle bekannten Portraits Schlichters aus den zwanziger Jahren solche Hintergründe. Oskar Maria Graf steht neben den Zwiebelhauben einer bayerischen Barockkirche als Grundmuster der eigenen Existenz. Der Publizist Egon Erwin Kisch ist am Romanischen Café vor der Litfaßsäule postiert, die Anschläge mit Sportveranstaltungen und eigenen Buchtiteln als Inhaltsverzeichnis seines Engagements aufweist. Der schmächtige Bertolt Brecht mit Lederjacke und Statuszigarre lehnt neben einem Automobil, vielleicht jenem, das der erfolgreiche Librettist der *Dreigroschenoper* in einem Werbe-Preisausschreiben gewonnen hatte. Und Ernst Jünger, gegen Ende des Jahrzehnts zum engeren Umgang Schlichters gehörend, erscheint gleich zweimal: 1929 straff und in Dreiviertelansicht, konzentriert vor sich hinblickend. Die lockere Farbgebung bekennt sich zu Liebermann, Corinth, ja Menzel. Das Licht ist auf Hände, Halsausschnitt und die helle, hohe Stirn unter akkurat gescheiteltem Haar konzentriert. Einige Jahre später steht er starr, wie gemeißelt und visionären Blicks mit entblößtem Torso vor der ebenso nackten Juralandschaft der Schwäbischen Alb: das emblematische Bild scheint auf den Autor der *Marmorklippen* vorauszuweisen.

Brecht, Döblin, Graf, Jünger, Kisch, Arnolt Bronnen – ist es Zufall, daß vorzugsweise Schriftsteller als Modelle dienen, daß an ihnen der sprechende Charakter von Attributen ausprobiert wird, wie es die Maler der Renaissance mit ihren Standesporträts taten? Wechselhaftes Mienenspiel wird hier erforscht und zu Synthesen gebündelt, zu Inbegriffen der zwanziger Jahre. Wenn Schlichter am Menschen interessiert ist, wie Karl Scheffler erkannte, dann scheint es vorrangig der schreibende Mensch zu sein, und das heißt, er selber.

Denn der Künstler, von früh an ein maßloser Leser und enzyklopädisch gebildeter Kenner von Literaturen, der europäischen, besonders englisch-französischen wie der mittelalterlichen, dessen Interessen über die Bibel, Tausendundeine Nacht bis nach Persien und China reichen, dieser Allesleser, der auch Fenimore Cooper, Friedrich Gerstäcker, Kolportagehefte und Karl May nicht verschmäht, fühlt sich ausgangs der zwanziger Jahre mehr und mehr zum Schreiben hingezogen. Schreiben als Selbsterforschung im Sinne Rousseaus und seiner *Confessions,* als Eigentherapie eines religiös wie erotisch Umgetriebenen, endlich als Rechtfertigung dessen, der ideologisch einen Schlängelweg gegangen zu sein scheint, von den müden Wonnen des Fin de siècle zum Linksaktivismus, vom dekadenten Narzißmus zur Sachlichkeit des Neuen Menschen, und nun offenbar zurück zu Portrait und Landschaft im ganzheitlichen Sinn des 19. Jahrhunderts – lehrten nicht an der Karlsruher

Akademie, als er dort vor dem Ersten Weltkrieg studierte, noch ein Hans Thoma, ein Wilhelm Trübner? Zurück auch vom Marxismus zur Katholischen Kirche und ihrem Wertekodex. Schreiben demnach als eine der Psychoanalyse verwandte Art der Selbstheilung, parallel zur Ehe mit seiner attraktiven Frau Elisabeth (Speedy) aus Genf.

Die Intention der in zwei Bänden, *Das widerspenstige Fleisch* und *Tönerne Füße,* bis zum Ersten Weltkrieg vorangetriebenen Autobiographie mag zunächst noch erläuternd gewesen sein: Darlegung der Antriebe eines möglicherweise exemplarisch gemeinten deutschen Künstler-Sonderwegs vom revolutionären zum gemäßigten, wo nicht reaktionären Flügel. Aber im erzwungenen inneren Exil verändert sich die Motivation. Aus Berlin 1932 in die württembergische Heimat zurückgekehrt, erhält Schlichter, in manchem der nationalsozialistischen Kunstideologie gar nicht so fernstehend, als destruktiver, morbider Künstler von den neuen Herren Ausstellungs- und Publikationsverbot. Seine unorthodoxe Lebensführung, der Minnehof um seine ausländische Frau tragen ihm parteibehördliche Schikanen ein, denen er sich durch den Umzug aus Rottenburg nach Stuttgart, schließlich nach München zu entziehen sucht. Schlichter malt und zeichnet in den gloriosen zwölf Jahren weiter. Ja, die literarische Illustration wird mehr und mehr zum Broterwerb, aber auch zur zeitkritischen Entlastung, wie sich an den Grausamkeit und despotische Willkür betonenden Blättern zu Tausendundeine Nacht ablesen läßt. Alfred Kubin und Ernst Jünger sind davon fasziniert. Letzterer plant noch im Westwallbunker und später nach dem Krieg eine Ausgabe, die nicht zustande kommt.

Schreiben als Entlastung

Doch zum Hauptventil wird in diesem erzwungenen Rückzug von der Öffentlichkeit das Schreiben: Briefe, Gedichte, Tagebücher, Traumprotokolle, Erzählungen und Einlassungen zum Zeitgeschehen, die den Charakter von Abrechnungen und weltanschaulichen Rundumschlägen annehmen. Je isolierter ihr Autor ist, desto ingrimmiger die stets allegorische Beurteilung der politischen und im Krieg militärischen Lage, desto wüster und wütender auch die Ausdrucksweise. Mit dem ihm verhaßten Spießer teilt Schlichter die Eigenschaft des Rechthabens. Furios rechnen die redundanten Texte mit Deutschland als verspäteter Nation, seiner Großmannssucht und Verführbarkeit, seinem moralisch verbrämten Tatendrang und Muskelüberschuß ab. Sogenannte »Führer« füllen als geschmeidige Demagogen, denen man bedingungslos folgt, die innere Leere dieser Herdenmenschen aus.

Schlichters glänzender Essay über Karl May ist in dieser Hinsicht gnadenlos. Parallel zu Nietzsches Übermenschen entwikkelt, entsprechen die Mayschen Doppelgänger Old Shatterhand und Kara ben Nemsi als Superhelden den Sehnsüchten von Millionen rasch aufgeschossener, doch von der Reife her im pubertären Stadium stehengebliebener »Gründerzeitflegel«. Machtgierig und merkantil drängt es sie in die weite Welt, welche sie sich – wir schreiben 1942 – mittels »Wunderwaffen«: Bärentöter und Henrystutzen, unterwerfen, taktlos und voller ideologischer Verlogenheit, durch höhere Weihen gerechtfertigt und ohne Mitleid für die Besiegten. Es ist eine Verblendung – und nun sind wir in Schlichters unmittelbarer Gegenwart –, welche die »Nachtmahr des Radebeuler Phantasten« zum blutigen Run auf die europäische Kulturwelt ausufern läßt, dabei den Kontinent und das eigene gelobte Land in Schutt und Asche legend.

Nur der *Liebende*, dem Schlichter einen persönlich motivierten, auch für die Emanzipation der Frau eintretenden Aufsatz widmet, opponiert als zu bekämpfender Störenfried gegen die zweckgerichtete Gesellschaft der Untertanen oder *Attentäter*. Dies sein Name für den kleinen Mann als personifiziertes Unheil der Neuzeit, das er in Zeichnungen als Reptil, Lurch und ekliges Mischwesen aufspießt. Dem technisch glatten und verführbaren Neuen Menschen fehlt die Liebe. Er ist demnach Schlichters Hauptfeind, den er pausenlos attackiert, vielleicht weil er Elemente des Kleinbürgers in sich selbst verspürt. Es ist jene Angestelltenwelt, die sich im Haßtaumel und der Spionenhysterie des ausbrechenden Ersten Weltkriegs zusammenrafft – *Die Verteidigung des Panoptikums* –, als »verratene« Masse später von links und rechts kanalisiert, von den braunen Propagandavirtuosen unter Berufung auf Reinheit und Vaterland fanatisiert und mit dem notwendigen technischen Overkill ausgestattet wird.

Solche Phobien halten die Texte zusammen. Ihr Auftreten ist so extrem wie die darin gespeicherte Spannung. Vom Alltäglichen zum Phantastischen ist für Schlichter nur ein Schritt. Wir haben gesehen, wie der kleine Mann, dieser »Quasimensch«, in seinen Augen zum »eigentlichen apokalyptischen Monster« mutiert, das alle Verantwortung auf seine Ver-»Führer« abwälzt und sich im chauvinistischen Exzeß wahrhaft enthüllt. So in den Tagen des Fremdenhasses anläßlich der Kriegserklärung: »Die Gesichter um mich herum verwandelten sich in höllische Fratzen. Ich hatte die Empfindung, mich unter völlig fremdartigen Wesen zu bewegen.«

Visuelle Vorbilder sind hier in der Maskenwelt und den Umzügen von James Ensor und im alltäglichen Grusel des bewunderten Alfred Kubin zu suchen. In seiner Studie *Außenseiter der Kunst* stellt Schlichter eine ganze Ahnenreihe zusammen: Hieronymus Bosch, dessen Höllenbilder die Verdinglichung des Menschen zur Maschinerie und furchterregenden Apparatur unter einem Insektenhimmel vorführen. Der Genuese Magnasco als wohl erster Künstler, »der die Isolierung und Beziehungslosigkeit des Menschen zu seinesgleichen im betriebsamen Hin und Her seiner Verrichtungen wahrnahm«. Füßli und Blake sind zu nennen, Gustave Doré, vor allem aber der Zeichner Grandville, der »die gewagtesten surrealistischen Kopfsprünge« vorwegnimmt: »In seinen Blättern tobt ein kurioser Verwandlungshexensabbat«, während der Belgier Wiertz – wie Schlichter selbst, möchte man hinzufügen –, hin- und hergerissen ist »zwischen ethischem Fanatismus und ungezügelter Sinnlichkeit«.

Auch schreibend bewegt sich Schlichter in solchen Extremen. Himmelhoch jauchzend und dann zu Tode betrübt zu sein, ist für ihn der Normalzustand. Er kann vom hohen Ton in banalstes Parlando fallen, geschärfte ästhetische Reizbarkeit, die zu treffsicheren Formulierungen führt, mit groben Dialekteinlagen mischen. Geht die Rage mit ihm durch, schießen die Texte, wie erfrischend auch immer ihr Ansatz, verbal wie sachlich über das Ziel hinaus. Entsprechend bewegt sich das Dargestellte in beträchtlichen Ausschlägen. Vergegenwärtigen wir uns noch einmal den August 1914. Eben noch von patriotischen Auswüchsen angewidert, rührt den Erzähler im nächsten Moment die Marschmusik zu Tränen. Man kann dies aufs Konto der Hypererregbarkeit des Adepten der Dekadenz buchen, für den das Brutale schon immer mit der Idylle koexistierte, was die Brüche in seiner Kunst, die er Ende der zwanziger Jahre zu harmonisieren sucht, verständlicher macht, jene Apparate- und Fetischistenatmosphäre der Collagen und Aquarelle, die das Raffinierte, erotisch Hochgezüchtete mit grausamen Praktiken und scheinbarer Teilnahmslosigkeit koppelte.

Schwankend ist auch die persönliche Befindlichkeit Schlichters, wie er sich aus dem Abstand von zwanzig Jahren in Erinnerung behält. Eben noch drohten Krieg und Einberufung, da trifft er die vergeblich umworbene Ninon, deren russischer Freund Nikenin, wohl Schlichters Akademiegefährte Wladimir Zabotin, als feindlicher Ausländer verhaftet wurde. Und plötzlich ist alles vergessen. Der sich gerade noch selbstmitleidig – ein durchgehender Zug – als »Menschenfleisch mit einer Nummer, ein belangloses Objekt für Sprengstoffe« sah, überlegt nun ohne Umschweife, wie er die entstandene Lücke ausfüllen kann. Der Stil oszilliert zwischen spätexpressionistischer Überhitzung bei der Analyse und Verdrängung eigener Charakterdefekte und der so scharf wie witzig pointierten Kasernenhumoreske der Tauglichkeitsprüfung, die mit einer vorläufigen Freistellung wegen Myopie endet.

Theater der Physiognomik

»... daß ihm alles zum Bildnis wird« gilt auch für den Schriftsteller. In der Tat ist die Häufigkeit physiognomischer Notierungen, wie sie dem Portrait vorausgehen, auffallend. Sie reichen vom »zerknitterten Rattengesicht« eines patriotischen Scharfmachers bis zum Wutanfall des bisher unterwürfigen

Akademiesekretärs, der sich in Uniform als Kommißkopf mit abgehackten Bewegungen entpuppt: »Seine Stimme schnappte über, die schlaffen, von Büroluft gebleichten Wangen bebten, die Zornesader schwoll an der flachen Schläfe und auf der weißen Glatze erschienen Schweißperlen. Der hohe rote Kragen schien bersten zu wollen unter dem Druck des vor Entrüstung geblähten Halses.« Diese dynamische Veränderung, wie von eigenen Arbeiten der ersten Berliner Jahre abgesehen, aber auch an George Grosz erinnernd, beschleunigt die Metamorphose und hat Äquivalente in der französischen und englischen Karikatur des 19. Jahrhunderts und dem Kleinbürgerinferno eines Wilhelm Busch. Auch Äußerungen der Massenseele sind präzise erfaßt, etwa bei den ins Feld Ausrückenden: »Die Mehrzahl der Soldaten trug eine gezwungene Heiterkeit zur Schau. Ihr Lächeln glich auf ein Haar jener fatalen Gesichtsverzerrung, die man vielfach auf den Schnellaufnahmen der billigen Vorstadtphotographen beobachten kann.«

Hier wird eine der Anregungen für die oft schief oder stumpf erstarrten Antlitze auf Schlichterschen Zeichnungen greifbar. Ein anderes auslösendes Moment ist sicher der Film, dessen anfängliche Stummheit allen Ausdruck ins mobile Gesicht verlagerte, bis hin zur Maske und zum Schrei. Auch die Sprache der Hände – und des Körpers – wurde damals Teil des Physiognomischen. Das Kino nennt der vom Militärdienst vorläufig Zurückgestellte übrigens noch vor Theater und Literatur als erste der Freuden, denen er sich nun lebensgierig widmen will.

Hier ist auf das Interesse an Gesichts- und Charakterkunde hinzuweisen, wie es sich während der Weimarer Republik in vielgelesenen Untersuchungen von Kretzschmar, Ludwig Klages, Max Picard und Georg Simmel äußert. In dem Maße, wie moderne Sprachlosigkeit überhand nimmt und das von der Aufklärung bis zum Positivismus genährte Vertrauen in das Wort schwindet, setzt man auf die Gesichtszüge als Auskunftsmittel. Aus ihnen sollen Charakter, Herkunft und Handlungsweise verständlich werden, was den Mißbrauch angeblich ablesbarer rassischer Merkmale schon mit einprogrammiert.

Schlichter, dem Vielbelesenen, waren solche Studien nicht entgangen. Zudem hatte er Ende der zwanziger Jahre Umgang mit Ernst Jünger, in dessen a-psychologischer Essaywelt Überlegungen zur Physiognomie eine Rolle spielen. Es entstehen die ersten jener phänomenologisch angelegten Capriccios, die in dem Band *Das abenteuerliche Herz* (1929) versammelt sind. In dem historisch eingekleideten Text *Der Hippopotamus* heißt es:

»Trotz der bedenklichen Umstände meiner Einführung konnte ich, während wir uns eine gute Weile schweigend betrachteten, nicht meiner phyisognomischen Neigung widerstehen, die sich in mir ausgebildet hat, seitdem ich an meinem Werke über die Mimik der geistigen Erkrankung arbeite, und die mir selbst oft lästig fällt und auch ein wenig lächerlich erscheint. Diese Neigung, der ich während meiner Gänge in Ostend oft lange Nächte fröne, indem ich Tausende von Gesichtern kaleidoskopisch an mir vorübergleiten lasse, hat mich mit einem fatalen Scharfblick begabt, der mich gewissermaßen bereits die Samenkörner des Absonderlichen erraten läßt.«

Bleiben wir in den zwanziger Jahren. Unter den Texten, die jene Zeit behandeln, fällt einer mit dem Titel *Karl, der Terrorist. Portrait eines Berufsrevolutionärs* von ca. 1949 ins Auge. Portrait also. Schlichter verarbeitet hier persönliche Erfahrungen mit militanten Linken aus seiner dadaistisch-anarchistischen Periode in Berlin, als Anarchisten sich Geldmittel durch Bankeinbrüche – in ihrem Jargon hieß das Expropriation – verschafften und bei bürgerlich lebenden Sympathisanten Unterschlupf fanden. Es ist das Portrait eines utopiebefangenen Ideologen, der keine Ahnung von wirklichen Menschen hat, sich auch nicht für sie interessiert, ganz ähnlich wie die »Männer des Geschäfts«. Für Schlichter sind das zwei Spielarten des Neuen Typs, humorlos, »ohne Liebe, ohne Barmherzigkeit und ohne Demut«, wie der Text moralisierend, aber auch selbstironisch resümiert: ». . . ein alter Revoluzzer von damals, als wir noch alle hoffnungsvoll der chiliastischen Sonne der klassenlosen Gesellschaft nachjagten.«

Dieser kurze Bericht nun bietet eine Musterkarte von Gesichtstypen: »Einer der Genossen glich einer aus Sauerkraut und geriebenen Karotten geformten Leninmaske«, also einem Kompositkopf in der Art Arcimboldos. »Nach ihm kam ein Schriftsetzer, dessen Züge an die japanische Fratze eines Europäers erinnerten« – hier darf an Filme und Kolportageliteratur über die »gelbe Gefahr« gedacht werden. Karl selbst wird »gläserne Sprödigkeit« bescheinigt. Seiner Lebensfremdheit, Schlichter sagt: Unmenschlichkeit, entspricht ein Gesicht, das »zur Maske grimmiger Enttäuschung versteinerte«. »Solange er bei uns war, habe ich ihn nie lachen gehört, nie kam ein Scherz über seine Lippen.« Lachend entspannt sich der Mensch und verrät seine Regungen; hier schlägt die aus Kino und Rassenlehre vertraute Typologie von Härte und Schwäche, Herrenmenschen und Underdog durch. Es ist aber auch ein Bekenntnis Schlichters selbst zum Lachen, neben der Liebe das andere befreiende Moment im Alltag des Tausendjährigen Reiches sowie in einer für ihn absehbaren Zukunft, in der es »nur noch das Notwendige und in den Dienst gestellte« geben wird.

Der Mann, der nicht lachte heißt denn auch, im Titel Victor Hugos Roman *L'homme qui rit* paraphrasierend, Schlichters bedeutender Text über die Bespitzelung, Verfolgung und Gefangennahme des Schriftstellers Moritz Steger während der Nazizeit. Es ist ein Dokument der Entfremdung. Nicht lachen, keine Fragen stellen, niemand ins Gesicht sehen, immer in den Beifall oder das Mißfallen der Menge einstimmen – das ist die einzige Überlebenschance des Einzelnen, in seiner Meinung Abweichenden innerhalb eines Heeres von Mitläufern, die einer Führerrede lauschen und sich aus Kleinbürgern in Fratzen, Getier, Mollusken verwandeln wie bei Bosch, Brueghel, den zeichnenden Satirikern des vorigen Jahrhunderts oder auf gotischen Bildtafeln mit der Versuchung des heiligen Antonius, um das Einzugsgebiet des sich damals bei Schlichter herausbildenden Spätsurrealismus zu umreißen.

Sich erkannt wähnend, sieht Steger im Lokal nur »Haare, Ohren, schadhafte Zähne, Krägen und Schaufelfinger«. Auf der Straße fixieren ihn »zwei kalte Augen aus einem grauen Löschpapiergesicht«, »blaßrosarote Quallengesichter«, »Kopfungetüme«. Er sieht »Klumpen von Kleidern und Hüten, aus denen böse und leere, glasige und interessierte Augen blinkten« – Richard Oelze und Magritte sind hier nicht fern. Der Gehetzte, sicher ein Verwandter von Edgar Allan Poes *Mann in der Menge*, erlebt auf seiner Flucht die Transformation der vertrauten Umgebung ins Unheimliche, Kafkaeske. Die Straßenbahn wird zur Höllenfuhre, die Stadt selbst unterweltlich, die Vision dantesk bei allem Spießermief, der gleich einer dicken Glocke über diesem Panoptikumsinferno aus Judendenunziation, moralisch getünchter Fadheit, Lemminge- und Lemurenmentalität steht. Dazwischen hochfahrende Gespräche über Frau Welt, die Kurtisane Babylon und das unabänderliche Strafgericht. Und nach der Festnahme Stegers das Souterrain der Zellen als Wartesaal des Todes, das Ausgeliefertsein an entfesselte Durchschnittsbürger, der alltägliche Faschismus.

In die Erzählung sind Träume eingelassen, wie sie Schlichter während des Krieges aufzeichnete. Sie enthalten seine Wahrnehmung fast unzensiert: das nicht Trennenkönnen zwischen erotisch komplizierter Privatexistenz und äußerer Katastrophe, die als Naturereignis, als Überschwemmung erlebt wird. Lust am Untergang spielt mit, Lust überhaupt in Form einer heftig ausbrechenden Knabenliebe, Transvestitentum. Schauplätze sind die Fastnacht in Calw – Fastnacht als verkehrte Welt ja auch bei Max Beckmann in Frankfurt –, der heimatliche Schwarzwald, Amerika, das jüdische Galizien. Nie ist dies Pandämonium ganz überblickbar, immer wird man hineingesogen, betrachtet lustvoll schaudernd und wie unter dem Vergrößerungsglas einen wimmelnden Ausschnitt. Das zunächst Normale und äußerlich Ruhige entläßt aus sich das Unheimliche,

So auch in den beiden Prosastücken *Flucht auf den Hohentwiel* (1931) und *Juratäler* (1942), die im Auf und Ab der Stimmungen, im Wechsel von Überschwang und darauffolgender Ernüchterung wie die – enttäuschte – Suche nach dem verlorenen Paradies anmuten. Gewiß kamen für Schlichter die langen Linienzüge und das Urgestein der Schwäbischen Alb einer ursprünglichen Reinheit am nächsten. Doch jede Ruhe ist trügerisch, Idyllen bergen Gefahr. Der Mensch trägt seine Geschäftigkeit, seine Industrie noch in die abgelegensten Täler, auf die entlegensten Berge. Immer stehen Exotik und unausgelebte Fernsehnsucht im Hintergrund, das Leben wird als Abenteuerroman durchlaufen. Die Landschaft ist dramatisiert und zum drohenden Alptraum gesteigert in der drückenden Hitze und Schwermut der *Juratäler*, die, aus der Heimatschriftstellerei des 19. Jahrhunderts kommend, in eine fast surreale Katastrophenfühligkeit münden.

Das Abenteuer der Kunst

Rudolf Schlichter war ein streitbarer Künstler, der in späteren Jahren die Feder oft treffsicherer handhabte als den Pinsel. Wie in der Lebensphilosophie, sah er die Künste einem gesetzmäßigen Ablauf von Blüte, Reifezeit und Verfall unterworfen; die Moderne bildete für ihn den logischen Endpunkt dieses Niedergangs. Darin berührte er sich mit dem Darwinismus, mit Oswald Spenglers *Untergang des Abendlandes* und, nach 1945, dem zyklisch orientierten Universalüberblick *Der Gang der Geschichte* von Arnold Toynbee. Auch Dekadenztheorien im Schlepptau Nietzsches und der Evolutionslehre, die rassisch determiniert waren, interessierten ihn. Den »Rassen« wurden bestimmte kulturelle Verhaltensmuster unterlegt. In der jüdischen Bilderfeindlichkeit sah Schlichter, wie seine geraffte Bilanz *Das Abenteuer der Kunst* ausführt, eine der Wurzeln der ihm suspekten Abstraktion, für die er aber auch, ein wenig nach dem Beispiel von Max Weber, die protestantische Ethik – Du sollst dir kein Bild machen – verantwortlich machte, weshalb er die Ursprünge des Konstruktivismus in Holland und Amerika lokalisierte.

In seinen kunstkritischen Schriften geht es Schlichter um mehr als nur ästhetische Positionsbestimmung. Vehement eigene Überzeugungen verteidigend, zeigt er sich als eifernder Diagnostiker und Pamphletist. Seine Berührung mit verschiedenen Formen der Moderne, von der Menschheitsdämmerung des späten Expressionismus über das perverse Nachkriegs-Berlin und eine puppenhaft erstarrte Spielart des Dadaismus bis hin zur Neuen Sachlichkeit, deren scharfsichtigster Porträtist er war, hatte seine Grundüberzeugung von der Priorität eines

Realismus mit der menschlichen Erscheinung im Mittelpunkt gefestigt. Einem Rezensenten des *Dresdner Anzeiger*, der ihm als Großstädter die Bindung an den Boden der Landschaft abgesprochen hatte – »man wurzelt nicht durch den Asphalt im Erdreich« –, stellte er sich 1930 brieflich als »Bauernsohn, geboren und aufgewachsen im Schwarzwald« vor, »in den obskursten Hinterwäldern«. Nur der in die Großstadt verschlagene bäuerliche Mensch – der Schlichter, Sohn eines Lohngärtners und einer Näherin, nicht einmal war – erlebe wirklich den Dualismus von Natur und Zivilisation, Geist und Intellekt. Dieser Gegensatz erinnert nicht von ungefähr an Thomas Manns bekannte Unterscheidung in den *Betrachtungen eines Unpolitischen* (1918) zwischen deutschem Geist und westlicher Zivilisation.

In dem erwähnten Brief wie in der ihn vertiefenden *Kritik der Kritik* aus dem gleichen Jahr zeigt sich Schlichter allergisch gegen seine schematische Abstempelung als Porträtist oder Maler von Kokotten. Auch das aktuell Soziale hält er als Movens nicht für vorrangig: »Und wenn ich zufällig Arbeiter darstelle, so geschieht es ohne politische Pathetik.« Was nebenbei auch eine nachgelieferte Antwort auf Karl Scheffler ist, der in der anfangs zitierten Besprechung von 1928 gemeint hatte, zeichnerisch gehöre Schlichter zu Grosz, und in den Aquarellen sei er ihm »sozusagen parteipolitisch nahe«.

Schlichter fühlt sich eher der Donauschule verbunden. Er plädiert ausgerechnet 1933 in *Grundsätzliches zur deutschen Kunst* für einen umfassenden Realismus als »Besinnung auf unsere beste Tradition: Dürer, Cranach, Holbein, Grünewald, Altdorfer«, was schon seit den zwanziger Jahren für Max Beckmann, Otto Dix und fast alle Sachlichen galt, hier allerdings gegen den »Geist von 1789« ausgespielt und mit allerlei modischen, vorerst noch unbelasteten Reizwörtern wie »nationale Revolution«, »Volkskultur«, »rassischer Führeranspruch«, »gemeinschaftsbezogen« garniert wird, wohl auch unter dem sprachlichen Einfluß des Mitverfassers Wilhelm Wenger. In diesem Rahmen hat das zeichnerisch-strukturelle Element Vorrang; Gestaltung und »Ethos des Bildinhalts« stehen gegen die

Geschmackskultur der – natürlich vom Westen auferlegten – Moderne. Zentrum der Kunst sei das Gesicht mit seinen vielen Möglichkeiten und seiner »menschlichen Brüchigkeit«, was schon authentischer klingt. Weder die »kalte Photomontage« noch ein idealistischer Pseudorealismus könne diese Ganzheit leisten. Kunst sei, bedeutete er dem Kritiker des *Dresdner Anzeiger*, konservativ und habe in Zeiten der Entpersönlichung und Technisierung eine bewahrende Funktion.

Der völkische Enthusiasmus verflog bald, wie bei so vielen anfangs Mitgerissenen. Prompt erhält der individualistisch eingestellte Schlichter Schreib- und Ausstellungsverbot. Im November 1936 gibt ihm die *Einführung* in eine private Werkübersicht Gelegenheit, seinen Kunstbegriff zu erläutern. Es geht ihm um die Gestalt des Menschen, seine Fahrten und Abenteuer, sein Verhältnis »zur Welt und ihren Hintergründen«, nicht wertfrei, nicht als interessanter Augenreiz, sondern räumlich, in gegenständlicher Nähe und Treue. Daher auch – und das gilt ebenso für die Prosa – die Erstaunen hervorrufende Verschiedenheit seiner Arbeiten: »Jeder Gegenstand verlangt die ihm angemessene Ausdrucksform, die Zerstörungen, die Auswüchse des Häßlichen« als innere Spiegelung mit einschließt. Schlichter spricht sich dann, dies ein Tenor seiner Kunstanschauung, gegen »verabsolutierte Teilbezirke« und »ästhetische Vereinseitigung«, sprich reine »Formengeometrie«, Wiedergabe »unartikulierter stammelnder Gefühlsausbrüche« (Expressionismus), leere Intellektualität und Verengung auf aus Paris importierte »Zöllner-, Briefträger- und Negerkunst« aus. Vielmehr gelte es, im dreidimensionalen Raum »die unaufhörliche Zwiesprache des Menschen mit der umgebenden Wirklichkeit zu führen«.

»In welchem Style sollen wir malen?«

Von diesem Credo weicht Schlichter auch zehn Jahre später nicht ab, als er in München zum Wortführer der Anti-Abstrakten, zum sprachgewandten Antipoden Willy Baumeisters und seines Buches *Das Unbekannte in der Kunst* (1947) aufrückt. Ungewöhnlich seine Verve, die Aggressivität. Sie erklärt sich aus der neuen Redemöglichkeit des lange zum Schweigen Verurteilten, aber auch aus der selbstgewählten Position mit dem Rücken zur Wand, einer gegen alle. So wie die Darstellung der Hölle immer saftiger ist als der heile Himmel, so leisten auch seine griffig formulierten Texte, die zum Brillantesten des Wiederanfangs in Deutschland gehören, wesentlich mehr bei der Relativierung der in seinen Augen abgestandenen Avantgarden, an die es nicht sklavisch anzuknüpfen gelte, als beim Versuch, eine realistisch grundierte neue Ästhetik zu entwerfen. Es gilt, die in der Tagebucheintragung vom 9. Mai 1945 konstatierte »ungeheure Leere« des – auch kulturellen – Zusammenbruchs zu überwinden. Dem Architekten des Frühhistorismus Heinrich Hübsch folgend, stellt sich dabei die Frage: »In welchem Style sollen wir malen?« Da Schlichter in München lebt, drängt sich ihm das Beispiel des *Blauen Reiter* auf. Es war, betont er 1949, »eine notwendige Explosion« begabter Dynamiteros und idealistischer Bombenwerfer, ein »Großfeuerwerk, das die sich auflösende bürgerliche Gesellschaft kurz vor ihrem endgültigen Abrutsch noch einmal in ein wundersames bengalisches Licht tauchte«. Dies geschah in dem optimistischen Glauben, »endlich in den Bereich der reinen, der absoluten Kunst eingedrungen zu sein«. Doch ein Explosionsergebnis kann man nicht, wie Kandinsky versuchte, »in ein strenges Reglement von Gesetzen zusammenfassen«. Auch der »explosive Plakatstil« Franz Marcs darf nicht das letzte Wort gewesen sein, der Kräfteverschleiß war zu groß. Revolutionen lassen sich einfach nicht »auf Eis legen«.

Aber welche Moderne trägt noch? Schlichter hängt sich eine Zeitlang an den Surrealismus, bei dem er 1949 eine »echte Hinwendung zum Metaphysischen« und den Versuch erkennt, die Paradoxe unserer Existenz nach dem Versagen einer ordnenden Vernunft als Triumph der Absurdität sichtbar zu machen. Der Surrealismus zeige an, »wie sehr der desequilibrierte Mensch, kopfüber aus dem zersprungenen Gehäuse der *philosophia perennis* hängend, der Geborgenheit verlustig gegangen ist«. Die weltanschauliche, sinnsuchende Deutung steht also wie immer obenan. Hans Sedlmayrs *Verlust der Mitte*, die Darmstädter Gespräche um das Menschenbild kündigen sich an, jene großen Debatten, die heute, nach dem abgeschlossenen Parcours der Moderne, wieder interessieren.

Schlichters eigene Position ist dabei keine einfache, nicht selten erinnert sie an eine Zwickmühle. Er urteilt als Teilnehmer, ja zeitweiliger Parteigänger der Moderne. Er gehe, heißt es in *Bemerkungen zu meinem künstlerischen Schaffen*, »von der Weltoffenheit aus, nicht, wie die Abstraktion, von der Weltverschlossenheit«. Der Mensch ist – Heideggers Reizvokabel – hineingeworfen in eine rätselhafte Welt, »die ihn ängstigt und zugleich fasziniert; er leidet an ihr und liebt sie zugleich, er möchte ihr entfliehen und flüchtet doch immer wieder zu ihr. Kunst ist in Form transponiertes, erlittenes inneres und äußeres Leben. Darum wird alles Zeichen, Menschen, Tiere, Pflanzen und Gegenstände.«

Daß Kunst sich auch über das Kontingente erheben, die Welt durchdenken, strukturieren, gegenwärtiger formen kann, wie von De Stijl, dem Bauhaus und dem Konstruktivismus vorgeschlagen, gerät nicht in Schlichters Blickfeld oder gehört für ihn vermutlich gar nicht zur Kunst. Seine eigene weitgefaßte »neue Gegenständlichkeit« ist prekär, wie er klarsichtig in dem ausgefeilten Text *Ateliers im Elfenbeinturm* (1952) erkennt, »angesichts der immer weitergreifenden Möglichkeiten der Photographie und des Films«, der »Massenfabrikation von Bildern«, die zur Teilnahmslosigkeit des Publikums führt. Durch »entfesselte Betriebshysterie« wird Mißbrauch mit den Sinnesorganen getrieben. Deshalb wendet man sich von der Wiedergabe wirklicher Themen ab und flüchtet »in die Isolierzelle des reinen Formalismus«. Den hygienischen Aspekt solch puristischer Strömungen ignorierend, die auf ihre Weise der Reizüberflutung wehrten, sieht Schlichter hier nur »Malerei an und für sich«, Tod der Phantasie und des Erzählerischen.

Selber reaktionär gescholten, unterscheidet Schlichter aus seiner Sicht zwei Arten der Reaktion: die vom Dritten Reich verordnete und, nach 1945, den Rückgriff auf die »Zerstückelungsästhetik« – man spürt sein Festhalten an einer, auch religiös bedingten Ganzheit – der früheren Moderne. All dies führe zur Verödung der Kunst, zu einem profanen Dekorationsstil. Aussichtsreich ist für ihn nur der zugegeben fast verzweifelt trotzige Versuch, »die Gestalt in ihren unzähligen Spielarten zu fixieren ... Dies wäre natürlich keine Sujetmalerei von früher mehr, sondern es liefe eher auf die Erfindung neuer mythischer Gestalten hinaus.«

Erfindung, die zweifellos die eigenen Möglichkeiten überforderte. Zudem war sie schon geleistet, im Werk von Max Beckmann. In den Scheinantinomien von abstrakt und gegenständlich befangen, erwähnt Schlichter ihn nicht einmal. Fiel er für ihn unter den abschätzig bewerteten Magischen Realismus? Schlichters fatalistisch angehauchtes Evolutionsdenken ließ ihn die Gleichzeitigkeit verschiedener künstlerischer Äußerungen unterschätzen, obschon er selber sich in kein Stilkorsett zwängen ließ und sein literarisches Werk an Vielfalt nichts zu wünschen übrig läßt. Es ging ihm nicht um ausgewogene Beurteilung, sondern um Stellungnahme zur Erreichung oder sagen wir, Verteidigung künstlerischer Ideale. Er wußte sich in der Defensive, daher die Heftigkeit und gelegentlich das Grobianische solcher Scheingefechte. Seine unruhige, antagonistisch angelegte Natur brauchte Gegner, auch imaginäre, um sich an ihnen zu entzünden.

Weder Tachismus noch Lyrische Abstraktion traten in den Gesichtskreis Rudolf Schlichters, obschon George Grosz ihm brieflich eine höchst anregende Schilderung von Jackson Pollock und seinem Dripping-Verfahren ins Haus lieferte. Das nachfolgende, material- und medienorientierte Kunstschaffen beiderseits des Atlantiks wäre für ihn sicher nicht mehr vorstellbar gewesen. Aber als Chronist der Stunde Null und des Neubeginns ist Schlichter unverzichtbar und bleibt er zu entdecken. Wann sind schon Kunstdebatten in Deutschland auf diesem rasanten Niveau geführt worden? Hier spricht ein Überzeugter, manchmal auch sich selbst überzeugen Wollender, der im Grunde nur von der eigenen Person redet. So wie auch das künstlerische Werk in allen Einkleidungen von ihm handelt, seinem Fernweh, der delegierten Abenteuerlust, den erotischen Spiegelungen und dem Abgestoßensein durch

Banalität. Es ist eine immanente Welt, in die man hineingezogen wird, über die man sich kaum erheben kann. Mit einem Standpunkt außerhalb ist Schlichter nicht gedient, er ist en bloc zu nehmen. Und selbst wo seine kritische Einstellung obsolet erscheint, liest man vieles mit wiedererwachtem Interesse. Die heutige Lage ist jener von vor fünfzig Jahren nicht ganz unähnlich. Die Tradition der Moderne scheint in die Jahre gekommen und verpflichtet niemanden mehr, es herrscht eine neue Freiheit, aber auch Unsicherheit. In dieser Situation den Schriften Rudolf Schlichters und seinem wachen Geist zu begegnen, ist mehr als nur ein retrospektives Vergnügen.

Register Band I–III

I = Das widerspenstige Fleisch (1932/1991)
II = Tönerne Füße (1933/1991)
III = Die Verteidigung des Panoptikums (1995)

(G) = Erwähnungen in den Briefen von George Grosz

Kursive Seitenzahlen = Erwähnungen in den Anmerkungen

ORTE UND LANDSCHAFTEN

Lebensdaten

1890	6. Dezember Geburt in Calw als Sohn einer Näherin und eines Lohngärtners. Volks- und Lateinschule in Calw
1904–1906	Lehre in einer Emailfabrik in Pforzheim
1907–1909	Kunstgewerbeschule in Stuttgart
1911–1906	Studium an der Kunstakademie Karlsruhe, später auch als Meisterschüler, bei den Professoren Wilhelm Trübner (Zeichnen) und Kaspar Ritter (Malerei) sowie bei Walter Conz (Radierung und Lithographie)
1916–1917	Militärdienst als Munitionsfahrer an der Westfront; nach Hungerstreik entlassen
1918–1919	Soldatenrat in Karlsruhe und Mitbegründer der »Gruppe Rih«.
1919	Umzug nach Berlin. Mitglied der »Novembergruppe« und der Berliner Secession. Dadaist im Kreis von George Grosz, Wieland Herzfelde und John Heartfield.
1919–1927	Mitglied der KPD
1920	Erste Einzelausstellung in der Galerie Otto Burchard
1924	Gründungsmitglied und Schriftführer der »Roten Gruppe«
1927	»geistige Wandlung und Umkehr«
1928	Heirat mit Speedy
1932	»Zwischenwelt. Ein Intermezzo« (Rowohlt)
1932	Umzug nach Rottenburg am Neckar »Das widerspenstige Fleisch« (Rowohlt)
1933	»Tönerne Füße« (Rowohlt) Erhebliche Angriffe gegen das Ehepaar, das mit zwei Freunden (Otto Blessing, Paul Wilhelm Wenger) zusammenwohnt
1935	Ausschluß aus der Reichschrifttumskammer

1936	Umzug nach Stuttgart. Ausstellung in der Galerie Hugo Borst
1938–1939	Ausschluß aus der Reichskammer der Bildenden Künste
1938	Drei Monate Haft wegen »unnationalsozialistischer Lebensführung«
1939	Umzug nach München. Kontakte zum »Hochland«-Kreis um Carl Muth
1942	Nach Bombenangriff Verlust von Wohnung und Atelier in der Pettenkoferstraße 25/III. Anfang 1943 Umzug in die Wohnung Egetterstraße 17/II in München-Laim
1946	Beteiligung an der »1. Deutschen Kunstausstellung« in Dresden. Beginn der ausgedehnten publizistischen Tätigkeit
1948	Wiederaufnahme des Briefwechsels mit George Grosz Plant den dritten Band der Autobiographie (1914–1933)
1949	»Das Abenteuer der Kunst« (Rowohlt) Mitglied der »Neuen Gruppe«. »Große Münchner Kunstausstellung«
1955	Im Januar Plan der »Malerbiographie«. Am 3. Mai Tod nach kurzer Krankheit

Abbildungen

Rudolf Schlichter

Autobiographie

Band 1

Das widerspenstige Fleisch

Herausgegeben und mit einem Nachwort
von Curt Grützmacher
Mit 11 Zeichnungen von Rudolf Schlichter
414 Seiten, Festeinband
ISBN 3-89468-016-4
DM 48,– / sfr 49,– / öS 375

Band 2

Tönerne Füße

Herausgegeben von Curt Grützmacher
mit einem Nachwort von Günter Metken
Mit 10 Zeichnungen von Rudolf Schlichter
352 Seiten, Festeinband
ISBN 3-89468-017-2
DM 48,– / sfr 49,– / öS 375

Der Band 3, »Die Verteidigung des Panoptikums«,
enthält ein Personen- und Ortsregister der Bände 1 bis 3

EDITION HENTRICH